Looking for the Lost

Journey through a Vanishing Japan

日本秘境之路

非典型日本玩法,
追隨太宰治的足跡、西鄉隆盛最後長征之路、
尋訪《平家物語》中的平家遺事

亞蘭 · 布斯
Alan Booth

廖素珊 譯

素貞和未來謹將此書
獻給所有喜愛亞蘭的人

—目次—

第三部　尋找消失的平家

第一部

津輕

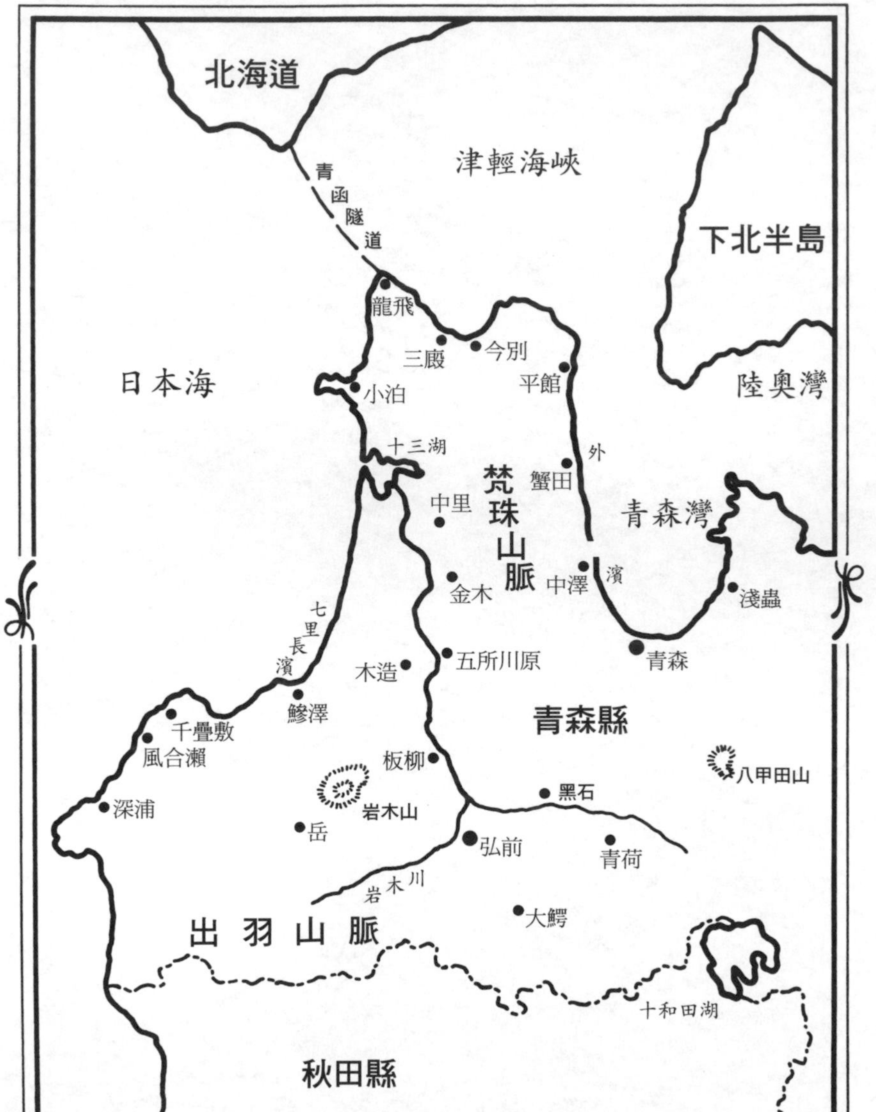
北海道
津輕海峽
青函隧道
下北半島
龍飛
三廏
今別
平館
日本海
小泊
陸奧灣
十三湖
外
梵珠山脈
蟹田
中里
青森灣
中澤
濱
金木
淺蟲
七里長濱
五所川原
木造
青森
鰺澤
青森縣
千疊敷
風合瀨
板柳
八甲田山
深浦
黑石
岩木山
岳
弘前
青荷
岩木川
大鰐
出羽山脈
十和田湖
秋田縣

第一章　外濱

津輕遲來的春雨混合著雨雪和冰雹。地上所有的水坑變成小溪，小溪中充滿著柏青哥鋼珠般大小的冰雹。我啪喳啪喳地走過水坑，將尼龍頭罩在我的臉邊拉緊，覺得自己像個傻瓜。我只不過在雨中走個十來分鐘，頭罩和雨衣早就濕透了，毫無用處。此時正值五月中旬。根據我背包裡的一本書說，此時在這偏遠的北方地帶，「杏樹、桃樹、櫻樹、蘋果樹、梨樹、梅樹一起百花盛開。」春雨在我下了新幹線列車，走出青森（Aomori）車站兩分鐘後，於傍晚五點時開始落下。我在稀疏落下的雨中，到處詢問飯店，但都被告知飯店已經客滿。小雨轉為綿綿細雨，我踩著大步走回車站的觀光資訊服務台，詢問一位穿著橡膠靴的老人，飯店是否都瘋了。那是個淡季的禮拜四。不可能有那麼多的觀光客想坐在梅樹下，賞梅賞得全身濕透。

「不，都是像這樣的，」老頭憂心忡忡地說，「問題是那些到處旅行的業務員。如果你是位行程預定在北方的業務員，你一定會經過青森。所以我們每天都爆滿。」

在車站外，細雨將剛下列車的人趕進商店街的走廊下。

「那麼在這裡找不到飯店房間的業務員會怎麼做呢？」

「他們會先預約。」

「但是如果他們沒有預約呢？」

「他們——嗯——他們會共用一個房間。」

從我走近服務台後，老頭便顯得不自在而表情慌張，呼吸沉重，發出小到快聽不見的呻吟聲。

「你瞧，每晚都是這樣的……」

「如果只有這個選擇，我願意共用房間。」

「這個，只是……」

「什麼？」

「這個，只是它很便宜……」

我請他將能夠共用房間的飯店名稱給我，然後踏著大步走過越下越大的細雨，和北方傍晚時刻的寒冽。那個飯店叫做「新大和」；大和（Yamato）是個使日本人振奮的名字。飯店的玄關在一排滴著雨的樓梯上面，兩旁是賣塑膠拖鞋的商店和一家柏青哥。櫃檯小姐和車站的老頭一般，看起來不自在而慌張。也許是天氣的關係。

當然，我願意租一間飯店的「友善房間」（furendorri ruumu〔friendly room〕）。房間裡沒有浴室，也沒有食物，而且那個樓層還沒有廁所。有人可能會在稍晚時投宿，到時我就得跟他同房。

「妳是說現在房間裡沒有人？」

櫃檯小姐頭低下來，眼神往下看地說：「是的。」

「妳想我跟別人同房的可能性大嗎？」

櫃檯小姐抬起頭來，安靜地咳嗽著說：「我懷疑。」

所以我就自己一個人擁有那間友善房間。我出去吃晚餐，在靠近漁港的地方找到一家餐廳。餐廳老闆跟我說，我是餐廳開張十二年來，第四個——不，第五個——來他這用餐的外國人。他讓我吃下一碗泡著蛋黃汁的活幼鯡魚。幼鯡魚在我的筷子間蠕動不已，因此我得用牙齒大力嚼碎牠們，好結束牠們悽慘的命運。

我邊喝著啤酒，邊告訴老闆，好些年來，我心中一直盤算著要從東京坐列車到青森來，然後走出城市，沿著津輕半島（Tsugaru pennisula）徒步旅行。這個旅行計畫很吸引我。（他覺得我頭腦不正常。）你從看地圖得到的印象是，走出青森市也許只要花一個小時，在那之後，你會經過一連串越來越鄉下的小鄉村。在都會日本人的想像中，想到「津輕」這個字眼時，閃過他們腦海的便是這類小鄉村。津輕在人口擁擠的日本最大島——本州，仍是個偏僻的地方，充滿令人想像和玩味的魅力。這個地方以冬天生活的嚴苛而聞名，生產香甜多汁的蘋果，有著精力充沛的民謠音樂，固執地頑守它的傳統。它的夏季祭典宛如熱鬧的戲劇，盲眼女巫[1]仍然存在，方言令人難以理解，人們有著倔強陰鬱的個性。整體而言，它保存了大部分已被日本人揚棄，卻仍被視為能代表「真正日本」的生活方式。

1 即 itako。

今年，津輕地區發動一場熱烈的觀光活動，慶祝世界上最長的海底隧道竣工[2]。它連接本州和北方的北海道，一端銜接著津輕，到處都是宣傳此事的海報和觀光手冊。「在海岸邊的人民已在抱怨列車帶來的隆隆聲響。」餐廳老闆警告我。但我在青森卻沒有聽到誰在抱怨。為慶祝海底隧道所舉辦的青森博覽會將在六月開展。根據餐廳老闆給我的手冊上說，博覽會將有旋轉木馬、遊戲廣場、太空船、飛毯、氣球遊戲和鬼屋。

「你不會相信青森的改變有多快，」餐廳老闆說，在慌亂的幼鮭魚群中又丟下一顆蛋黃，延長牠們的酷刑。「在老舊碼頭那邊有座觀光中心（一座十四層樓高、打著紫光的金字塔）；商店街裡充斥著擴音器和精品店，多了好多時髦的工藝品商店，人們講話變得故作優雅；老式渡輪被拖去拆毀，你能坐著列車通過海峽……你到底期待在這裡找到什麼？」

「我不知道，」我告訴他，「也許是我在東京找不到的東西。」

我在回到新大和飯店的路上經過那座打著紫光的金字塔。它看起來像是保險套的巨型廣告。隔早，我在五月中旬的冰雹中啪喳啪喳地行走，穿越鐵軌，走過一條滑溜的鐵製人行道，然後往北，開始向稱做外濱（Outer Shore）一帶的沿海，展開我夢想的旅程。

追隨太宰治之旅

「我已經忘了北部一帶有多寒冷，」生長於津輕的太宰治（Dazai Osamu）寫道。我的背包中塞著一本他的書，他在四十四年前的這個五月天，重訪青森。「我盡量將我的手和腳縮在衣服和鞋子裡，直到我看起來像蜷縮在龜殼內的烏龜。我試著告訴自己，這是將我的心靈自世俗中解脫的方式。」他稍後在同本書中，以不同的心境列舉出所有開花的果樹。

在這個五月天的早上十一點，我已往北走了三公里半的路，正坐在東日本渡輪停靠站，整個腦子裡充斥著世俗的思想。我喝著熱清酒，試圖驅趕寒冷的天候。風從西方的西伯利亞吹來，越過津輕，將雨水變為冰雹，猛打在我的衣服上。我在開始下冰雹後二十分鐘，便進入市立森林博物館中逛了一個小時，試圖躲開這陣雹雨。賣票窗口的兩個女孩一看到我，立即躲了起來，直到一個像是管理員的人不斷哄勸之下，才露臉出來賣給我一張入場券。然後，其中一個女孩鼓起勇氣，說我全身濕透了，協助我將我那毫無用處的雨衣脫下來，掛在一個大油爐旁。室內有兩座油爐，博物館館員坐在一旁烘著他們的手。而根據傳統農曆的算法，這是夏天的第九天。

透過渡輪停靠站的平板玻璃窗口，可以看見狂風捲起海水，翻來覆去，彷彿海豚的灰色背脊。當我去上洗手間時，在鏡子裡端詳著自己，驚訝地發現我臉上滿布著深紫色的污點。這一路上除了再繼續往北，朝被淹沒大半的海岸線邁進之外，仍然無事可做。我答應自己會在第一個碰到的日式旅館休息，但走了好幾公里的路，還是沒有看到一家旅館。想像中的鄉野村莊其實就只是一條馬路，兩旁是破舊襤褸的郊區住宅，偶爾間隔著破敗的美容院或滿是灰塵的理髮廳。美容

2 青函隧道於一九八八年完工。

院和理髮廳裡傳出陣陣髮油的惡臭。我在森林博物館和青森市的邊界之間，可以理上十幾次的頭髮和拉同樣多次的皮，可是卻找不到可以喝個熱飲的地方。我沿著馬路的內側走著，低矮的屋簷給了我一些擋雨的庇護，但其實幫助也不大。雨水劈哩啪啦地打在可口可樂自動販賣機的塑膠門上，將櫻花打得七零八落，花瓣紛紛平躺在潮濕的人行道上。四點，我大約又走了十八公里的路，越過青森市的官方邊界，進入中澤（Nakazawa）這個小村落。中澤隱藏在眼前這片一望無際的邋遢建築物之間，看起來毫不起眼。在漸走漸隱的建築物間，我發現一家旅館。

旅館的老闆娘是一位祖母，穿著藍色開襟羊毛上衣，將我的濕衣服掛起來。她發出催促的噓聲，要我趕緊去洗澡，並替我找了一件乾燥的棉質浴衣。每當我開口說話時，她便點頭微笑，稱呼我為「先生（Sensei）」。先生是學生對老師、出版商對作家、選民對議會議員、酒店公關小姐對出手闊綽的顧客的尊稱。一般大眾對顯然擁有豐富學問的人都會用這一類的尊稱，但它也是一種表示特別輕蔑的玩笑稱謂。

「有一位來自澳洲的外國人曾經住過我們這裡，先生，還帶著他的外國女兒。你該看看他們的！外國人的皮膚好漂亮！有一次我和我丈夫跟團去澳門玩，碰到了一個外國家庭——我想他們是英國人吧——嗯，我們要求他們排成一行，好讓我們照相留念。我從來沒看過像那些外國人一樣可愛的人。你有女兒吧，有嗎，先生？我敢打賭她看起來一定也很可愛——就像一般的外星人。」

我在廚房隔壁小而擁擠的餐廳用晚餐，祖母端來第二瓶啤酒。她的兩個孫女——分別是七歲和九歲大——站在餐廳外面的走廊上，將臉平貼在玻璃門上，一有人進出餐廳，就扯高嗓門地叫著「老外！老外！（Gaijin）」。穿著藍色開襟羊毛上衣的祖母替我倒啤酒，微笑著用力點頭。

「沒錯，現在大家都通勤了，所以這裡的旅館生意變得慘淡。開車到青森只要二十分鐘。大家的生活變得很安定。不像以前年輕人只在春耕和秋收時才會回家。他們在一年中大部分的時候，都得到南方的小鎮去打零工。而現在有了公車和更寬廣的路之後，他們當天就能夠往返青森。以前他們在龍飛（Tappi）建造隧道時，卡車整天在這條路上來回駛過。你該看看它們帶來的灰塵！真是一場惡夢啊，先生。但那些都已經結束了。現在安靜多了。我們的確沒有什麼好抱怨的。」

小餐桌旁還有三位房客，他們自己帶了四公升裝的燒酎（shochu）。燒酎是一種用米或馬鈴薯釀造而成的烈酒。這三位是在海灣對面的陸奧橫濱（Mutsu Yokohama）工作的藍領階級。此地仍屬於青森縣，但卻不是津輕。這點成為他們熱烈討論的話題。

「這些津輕人，」當祖母走出餐廳去拿豆腐湯時，工頭低語著，「你能了解他們說的話嗎？我連聽都聽不懂。靠近青森市附近是還好，因為有很多人是從其他地方來的。但你一往北到五所川原（Goshogawara）的附近，感覺就好像到了另一個星球。這是因為他們說話時，嘴巴張得不夠大，這裡的冬天太冷，結的霜會讓他們的牙齒掉出來，所以他們講話才這麼快，免得冷風跑進體內。」

「但在海灣對面不也是一樣的冷嗎？」

工頭想了想，靜默不語。

然後，祖父帶著相機進來。他是個輕快活潑、妙語如珠的人。他堅持要我們拍個合照。他為了將那三位工人、祖母還有我全部擠進鏡頭裡而煞費周章。他趁著祖母去幫他拿一瓶燒酎時，繞著桌子和我們一一握手。他的手指非常黑，短而粗硬，好像在指關節處被削掉了一樣。他兩隻大拇指上那兩道骯髒的綁帶更加深了我這個印象。

「爸爸喜歡唱歌，」祖母告訴我們，「你喜歡唱歌嗎，先生？」

「是的，我喜歡。」祖父跳起身來，握握我的手。

「看見那個在牆壁上的海報了嗎？」祖母說，「那是一位住在這附近很有名的歌手，她在馬路那邊開了一間叫迷人（Charmant）的酒吧。你一定聽說過她。她在東京也非常有名。那是她其中一張唱片的海報。她現在是酒吧的媽媽桑。酒吧有三個公關小姐。酒吧很大，還有雷射唱片等等的。我們有時會去那兒玩，因為爸爸喜歡唱歌。」

「我想那裡很貴吧，」工頭喃喃抱怨著。他的身材矮胖結實，滿臉漲得通紅，一頭亂髮就跟掃帚的鬃毛差不多。祖母跳起身來和他握手。

「不，沒有那麼貴，」祖母說，「一個人通常花三千日幣就夠了。」

「那比東京還要便宜。」我說。祖父跳起來和我握手。

「你們為什麼不全過去那邊唱唱歌？」祖母建議，「我們可以借你們雨傘。我敢保證，你們一定會玩得很開心的。」

坐在我旁邊的工人是個笨重的大個子，有著小小的眼睛，開始用他的拳頭輕敲著桌面。

「不，今晚就算了，」工頭說，小心翼翼地從對面看著工人。「我們就在這裡唱吧。來吧，唱些津輕的歌給我們聽。」

祖父唱了一首〈Aya節〉（Aya Bushi），嗓音在高音時變得尖銳嘶啞，流露純淨的鄉野風格。但坐在我旁邊的工人仍低頭盯著桌面，繼續安靜地以拳頭輕敲。

「現在，先生，輪到你為我們唱首歌，」祖母說。因此我唱了〈鰺澤甚句〉[3]。大家聽到第一句，彷彿都麻痺了，靜止不動。

……七里長濱的高山稻荷神社……

但我唱到第二行時，祖母開始操作她的相機，而那些工人——除了眼睛小小的那位之外——則用他們的筷子敲著四公升的燒酎酒瓶，發出叮噹聲響。祖母圍著桌子開始跳舞，在每一小節結束時，停下來握握我的手。然後我繼續唱：

老邁的吉姆·佛萊納根有一隻小豬，
他用鏟子打牠，牠昏昏然地跳舞。

3 Ajigasawa Jinku，由津輕三味線和太鼓伴奏的民謠。

所有的工人都用他們的拳頭輕敲著桌面。站在玻璃門外的那兩位孫女僵在原地，大拇指含在嘴中。

十一點，我最後一個離開餐廳。我一數，我總共喝了六大瓶啤酒。我走上樓梯時，祖父又和我握手。我帶著飽意鑽進溫暖的被窩，就像一位循規蹈矩的先生一般。

一九四四年五月，正值太宰治嘗試四度自殺的七年後，也就是他第五次自殺成功的四年前，這位書寫心靈純淨和果樹盛開的作家，接受東京一家出版社的委託，再度重訪他生長的津輕，並打算寫一本有關它的書。他在五月十三日抵達，也就是我以沉重的腳步邁出青森、被雨打得濕透的那天。他從外濱往北到了龍飛岬，這也是我打算要去的地方。

我在中澤所住的旅館房間外面有一道走廊。走廊上有個油爐，我的背包和裡面裝的東西，包括一本潮濕的太宰治著作，都散置在油爐旁邊烘乾。牆上的一張海報中，是太宰治在為津輕的景點招攬觀光客。海報裡是一片太陽照耀的亮藍海水，北海道渡輪在海報中悠閒地打轉。它現在因新鐵路隧道的完工而變得毫無用處。太宰治站在深褐色的前景中，圍著斗篷，手指夾著一根抽了半截的香菸，頭髮整個往後梳，蓬鬆地豎立在平坦的頭頂上。他的臉上帶著自制冷靜的陰鬱，眼神望向大海，深褐色的身影彷彿是傑考．馬利[4]的鬼魂。海報標題引自他的書籍：「這裡是本州的北極。」

太宰治在一九四四年時已結婚兩次，生過一個女兒。他曾兩度獲得日本最優秀的文學獎提名，但都遭到文壇的否決，使得他的雄心受挫。他是個帝國大學的中輟生，為時時發作的肺結核和因治療而致的麻藥中毒所苦，曾在精神病院住過一個月，被警察懷疑為政治顛覆分子而拖去盤問五次。太宰治在二次大戰期間，於津輕展開為期二十三天的春末之旅。他與朋友痛飲清酒，拜訪親戚，回到老家居住。十四年前，他曾被趕出老家，而且不准再踏入家門一步。他最後尋求與他認為所深愛的保母來場感情上的重聚。這些情節都被納入《津輕》這本書中，並被學識淵博的人視為太宰治最感人的作品之一。《津輕》不是一本小說，也不像是遊記，更不是東京出版商期待他寫的「旅遊指南」。這是一本忠實反映太宰治精神的書——與命運和世界搏鬥的自己——在他探討出生地的特性之際，也碰觸到了構成、哺育這塊土地，同時也使這份土地精神日漸式微的其他因素。

「我總覺得與都市格格不入，」他寫道，「我希望在津輕找到我真正的身分認同。」他那時是三十五歲，比我年輕七歲。他在東京住的房子離我家很近。我也結了兩次婚，生了一個女兒，但從來沒住過精神病院，也未久病不起，或被警察盤問過。我身處的國家或時代都允許人民公開反對政府，異議分子的身分是種時髦玩意，而非責任。況且，我在日本是個外國人，所以人們以為我會有奇怪和不負責任的想法。做為男人或作家，我並不怎麼在乎太宰治，但我計畫像他一樣在津輕待上二十三天。所不同的是，我將以徒步完成太宰治以公車、火車和渡輪所做的旅程。而太

---

4 Jacob Marley，英國名作家狄更斯寫的《耶誕頌歌》（*A Christmas Carol*）中所出現的鬼魂。

宰治看過的人事物，我可能會去看，也可能不會去看，因為我不知道我要尋找的是一個人、一個鄉野、還是日本消失的景致。

鄉野日本

暴風雨過去了。這是個天空清澈風兒狂吹的早晨，理髮院慢條斯理地做著生意。一家理髮院裡坐著一位年輕人，讀著色情漫畫，頭上捲著粉紅色和天藍色的髮捲。沿著外濱而行的道路在某些地方拓寬，以容納這二十五年來，裝運著混凝土和砂石，來回奔馳在隧道地點的卡車車流。但它在成排毫無色彩的鄉野低矮房舍之間，仍然只是一條細窄的小道。房舍後院緊鄰著山丘，無法在地圖上確認的小村莊變得越來越狹窄，推擠著彼此，簇擁在山丘和築著牆堤的海岸間。如果你能從空中鳥瞰這些村莊，它們就像是土褐色的長蛇所褪去的蛇皮那般。當我在海邊發現房舍之間的大片空隙，我便以沉重的腳步走向那塊分隔後門，與海邊的混凝土空地上觀望。在那兒女人戴著頭巾，從堅硬的魚網上刮掉髒物。越過陸奥灣，下北半島（Shimokita peninsula）看起來青蔥茂密，離我非常近。如果我回頭凝望我的來時路，循著那條沿海灣而鋪設的混凝土堤防，可以看見青森市中噴著煙的煙囪，還有那座荒謬可笑的十四層樓高的觀光金字塔。它從數哩外的海岸仍然清楚可見。在它身後聳立的是八甲田山（Mount Hakkoda）的蒼白鬼魂，襯著珍珠色澤的天空。

這裡被稱做外濱（Sotogahama）有點奇怪，它是津輕半島兩個長型海岸中較受庇護的一方；

海岸受到天然屏護，海面是平靜的陣陣漣漪，而不像七里長濱那般，得面對日本海的瘋狂巨浪。逼近房舍後院的山丘形成一道縱脈，將外濱與山丘的另一邊，即位於中西部平原的半島大部分人口間隔開來。當太宰治於一九四四年來到此處，越過山丘後，這裡仍然沒有道路，即使這些山丘的高度不超過四百公尺。而平原上的人們只要辛勤工作加上好運氣，就能從自家耕種的稻田收穫中得到豐衣足食的生活，因此相較之下，他們視這塊偏僻的海岸窮苦困頓。這道海岸線之所以被稱為「外」，便意味著它被阻擋於當地財富的主要來源，即平原之外。靠近青森市對它也沒什麼好處，因為從過去以來，就像現在那些疲憊的業務員一般，青森只是個供人來去匆匆的城市。沒有什麼好值得誇口的地方，不過是官僚主義的愚蠢下所設定的縣府。真正的地區都會核心一直在南方，也就是曾為城下町的弘前（Hirosaki）。

中午我抵達蟹田（Kanita）小鎮。邋遢的低矮郊外房舍似乎終於在此告一個段落。而馬路就在進入蟹田之前，向上騰升，銜接我所見到的第一段開闊的海灘。然後，在十五分鐘之內，馬路又滑進擁擠的建築物之間，成為蟹田的主要街道。蟹田是太宰治第一段旅程的重心。一位竭盡所能幫助他的老同學就住在這裡。這位老同學是一家碾米廠的老闆和鎮議員，太宰治稱他為「N君」。N君設法解決戰時酒類配給制度所帶來的不便，並以議員的身分使這位來訪的名人賓至如歸，提供太宰治毫無限量的飲酒機會。太宰治在此地停留了四天四夜。他對這段期間N君陪他到其他的外濱地區，並與他在龍飛岬共度一晚的記載，交代得潦草敷衍，根本不像是個旅遊指南。而這六十幾頁鋪陳的主要是狂飲清酒和後繼的酒醉不醒，兩者之間的輪番交替。

但這段期間，太宰治也不盡然是完全酒醉不醒，他起碼有足夠的時間保持清醒，記錄下他在蟹田吃到的可口螃蟹。我午餐因此吃了頓大餐，品嚐螃蟹、扇貝、生烏賊和蝦蛄（shako）。蝦蛄是種海洋甲殼類動物，我的字典叫牠螳螂蝦。牠看起來像是個巨大的潮蟲。我邊吃著午餐，邊觀賞一個午間綜藝節目。那個大型彩色電視機，比我在博覽會場外所看到的螢幕還要龐大。一些日本喜劇演員正在模仿外國人，戴上薑黃色的假髮和一呎長的假鼻子，以好笑的口音說些無意義的話，藉此製造笑料。我對坐在我身旁的年輕男人解釋，如果英國電視上有一群喜劇演員戴上黯淡無光的眼鏡和爆牙，說著「我們喜歡吃炸跳蚤[5]」諸如此類的話，隔天每家日本報紙都會有讀者小題大作的投書，還有憤怒的編輯異口同聲地譴責英國第四頻道侮辱日本和潛藏的種族主義心態。但那位年輕男人在知道我是英國人後，重重地吸了一口氣，打斷我的話。

「萬歲！」他驚呼。

「抱歉？」

「萬歲！」他又說，「諾頓和國際商業軟體聯盟！我愛他們！是的，我愛他們！但阿拉伯的勞倫斯在萬歲聲中死去！」

當我離開蟹田時，一個擴音器廂型車正在廣告相信耶穌的好處。日本人有時在綜藝節目裡扮演耶穌，戴上薑黃色的假髮，掛在十字架上。一個男人用強力水管沖洗他的愛車，卻沒有注意他沖水的方向，結果沖得我全身都是水，就像昨天冰冷的雨將我弄得濕透。

「你怎麼不小心一點呢？」我咆哮著，但他只是滿臉疑惑，奇怪我那一呎長的鼻子跑哪去了。

兩旁的山丘和海岸線將道路壓擠得如此狹窄，以至於在往北走一公里後，沿路的建築物失去蹤跡，只剩下偶爾可見的船屋。我想我終於抵達鄉下。我地圖上那些灰色的斑點，現在不像火車相撞後相互推擠的車廂那般嵌疊在一起，而是真的開始逐漸成形，擁有個別的身分。但是，它們還是沒有建築上的明顯地標，來讓它們與鄰村有所區別。哈洛德百貨公司在賣給日本顧客的餐具墊上，印著精美的岡貝城堡[6]和它的教堂以及橋梁，還有綠地滿布的伍皮特（Woo pit）中古小鎮的景象。很難想像會有這類日本村莊的餐具墊。日本村莊看起來都一樣。我常納悶，人們搭巴士時怎麼知道要在哪下車。大部分村莊中的建築物不會超過二十或三十年，而那些可追溯自戰前的建築物不是神社、米店，就是已經毫無用處的火警瞭望塔。建築物歷史的短暫與轟炸或地震無關——至少在津輕是如此。它與在都市中心之外，習慣用木材來做建築物的主要建材也毫無關聯。如果你有心的話，木製建築一樣可以持久，就像日本的古老廟宇所證明的一般。說起來，它還是和日本人喜歡拆毀房屋和重建新房舍有關；某些觀察家認為這反映了佛教對物質世界的無常觀，但其他人則認為這是瘋狂的浪費。根據《講談社日本百科事典》（*Kodansha Encyclopedia of Japan*）統計，日本全國境內總共登錄有五十一萬家建築公司，他們雇用的人力大概占全國勞動者的十分之一；因此，顯然無法讓建築物兀自佇立原地超過一個世代，免得必須解雇一批可觀的

---

5 We rike eat flied lice，日本人的 r 和 l 音發不清楚。

6 Castle Combe，被喻為英國風景最優美的村莊。

勞動人口。

村莊中另一件普遍可見的事物就是賣酒的酒店——不是你可以坐下來慢慢啜飲的那種店，而是買了就帶走的酒店。小型社區有時還是會有三、四家這種店，常常成排毗鄰在街道上。津輕人似乎都寧願躲在家中暢飲清酒，而不是出門在小型酒吧或「點心[7]」中放縱自己。後者已多少成為全國性的娛樂。（我後來在今別鎮〔Imabetsu〕聽到一段對話；一位從仙台〔Sendai〕來的週末釣客問他所投宿的旅館老闆，鎮上是否有「點心」。老闆歪著頭，不斷地重複這個字眼，納悶他的住客指的也許是鋁箔包裝的章魚乾或馬鈴薯片。）

呼朋引伴地在家裡喝酒是鄉野習俗；它發源自大家庭的生活型態。於此，兄弟與伯叔和堂兄弟共住在一個屋簷下，大家一起開懷暢飲。但如今在大部分的鄉下地方，年輕的家庭成員成批遷徙到大都市去，大家庭在面臨瓦解的危機下，使得鄉村不得不採納某些都市習俗，比如到酒吧裡度過夜晚。許多鄉下村莊現在已有外面掛著紙燈籠的傳統居酒屋，或是內有麥克風和媽媽桑的「卡拉OK點心」。但津輕似乎是個特例。我在一、兩個比較大型的村莊外圍地帶，曾經經過某些簡陋的小木屋，木屋總是拉上鐵門，看起來髒兮兮的。它們是卡拉OK點心。這些木屋位於村莊的外圍地帶，總是啟人疑竇的，彷彿伊莉莎白時代的倫敦動物園和戲院，雖然大受歡迎，但卻惡名昭彰。

拓寬的公路繞過幾個位於海邊的村莊，支撐這條旁道的路樁為小漁港提供附加的保護。而為建築這道保護所付出的代價，當然就是村莊和海港也許曾經擁有過的旖旎風光，完全毀於一旦。

但日本的沿海社區似乎都願意接受這個代價。當村莊沒有興建公路來破壞景觀時，建築業的起重機總是會抵達當地，在海岸邊鋪設防波堤。它那混凝土多面體所形成的成排尖銳梁柱，永遠讓人覺得醜陋礙眼。我注意到，沿著這條海岸線有那麼一、兩次，人們試圖創造出一小塊天地以吸引品味奇特的度假旅客，但結果總是顯得漫不經心而過於矯揉與人工。孩童們攀爬的鐵架、蹺蹺板或溜滑梯，在枯黃的草地上兀自佇立，油漆在潮濕的鹹風中斑駁掉落，看起來彷彿是作為一批消失的游牧民族，最後所居住的部落地標。有次，我看到一位風帆玩家試圖將風帆固定到彩色的滑板上，在掙扎數次不果之後，沮喪地用腳踢踹風帆和滑板藉以發洩。我還曾經過一處停車場，有三家小餐廳圍繞著，但餐廳的門全都用木板覆蓋住了，停車場也空空如也。

我在四點抵達平館（Tairadate）這個村莊。村裡剛舉行過一場喪禮，三三兩兩的老人穿著黑衣，自火葬場回來，在近傍晚的陽光下走在唯一的主要街道上。也有人坐著紅褐色的吉普車回家。我找到的第一家旅館正在舉辦喪禮之後的宴會。第二家旅館給我一間十八帖榻榻米大的房間，並替我點了油爐。老闆十歲的兒子為我端來生烏賊片。他滿臉嚴肅地對我說，我的腳上起滿了水泡，並盯著我右腳跟磨破了的水泡直看。也許是他聽到我在澡堂裡的呻吟聲。房內掛著一個畫軸，下面有個垃圾桶。桶上的圖案是個溜著滑板的小象，貼著繃帶，表情憂鬱，從牠的軀幹上冒出一個泡泡，裡面寫著「好痛！（Itaiii！）」在小象身下，以英文書寫這則故事的道德寓意：

7 snacks，小酒吧。

他老是失敗。他永遠學不會教訓。喔，說得多麼貼切！

小鎮今昔

從隱身在山丘高處的神社裡傳來渾沌而規律的太鼓聲，低徊沉重。在陰雲密布的天空之下，一些表面凹凸不平的烏賊被掛著風乾，採集海草的人沿著海岸蹣跚行走。他們涉水走過月亮般形狀的岩石所形成的水坑，將手臂伸入滿是黑色和灰白色海草的池子裡。在海水中飄浮的海草呈現綠色的羽毛狀，飄上岸後，在潮線之處，纏住荒廢傾倒在那兒的腳踏車輪子。一面標示牌告訴我，我正進入津輕國家公園。我四處觀望，尋找是否有合乎此說法的風光景致。在一個叫砂森（Sunagamori）的小漁村內，我看到一道賞心悅目的石製防波堤。在這個寂靜村莊的道路高處，路肩上矗立著一棵古老的櫻花樹，櫻花在樹的黑色軀幹和枝幹上盛開著，空氣中傳來一陣濃郁綿密的香味。

我在路上行經紀念碑一、兩次。在靠近今別鎮有兩處紀念碑，分別是：一道達摩（Daruma）瀑布，以及獻給慈悲大士觀音的石頭。達摩是菩提達摩的日本名字，相傳他是將禪宗傳入中國的印度聖人[8]。據說，他在洞穴中面壁沉思了九年之久，其間，他的手臂和雙腿逐漸萎縮。因此，比較習於外在表象而非內在玄想的日本人在聯想到祂時，想到的並不是祂宗教上的虔誠，而是祂圓滾滾的身軀。雪人在日文裡稱做「雪達摩」，圓形火爐則稱為「達摩火爐」。最普遍的祈求好運的護身符就是沒手沒腳的達摩人偶，以混凝紙漿做成，在神社祭典時販賣。人偶也沒有眼睛（另一種說法是達摩在沉思中打盹，憤怒的他自行削掉他的眼瞼，他的眼瞼掉到地上，變成了茶樹）。買這些人偶的人——比如競選中的政治家——會先畫上一顆眼珠許願，等願望達成後，再畫上另外一顆。

靠近今別鎮的達摩瀑布有三、四道細小的涓流，自高高的岩石上淌流而下。瀑布順著岩勢雖然有些鼓起，但卻絕對不像一個沉思中的聖人，除非看到的人是個空想家或是個醉漢。而岩屋觀音（Iwaya Kanoon）——「岩之慈悲大士」——則棲身在一個從道路上看不到的小洞穴中，僅有的提示是一個木製的指標。我攀爬過黑色的尖銳裸岩，就為看祂一眼。入口處貼著一排骯髒的許願紙，在空洞的洞穴地上，一、兩處平坦的地方，朝拜者堆起小石作為祈禱之用。有些石堆尖銳有如打火石，有些則飽經風雨，變得圓潤而灰暗，透著淡淡的粉紅色。當我回到路面時，一輛車剛好停下來，兩個女孩輪流在達摩瀑布前為彼此照相，顯得有點兒不自在。我快速走過，經過一個宣告今別鎮最新名聲的標示牌——青函隧道起點的小鎮——我一抵達鎮上，便開始尋找能坐下來喝一杯的地方。

太宰治在今別鎮豪飲數番。太宰治的朋友N君說服他住在鎮上的一房遠親（太宰治的堂兄弟的兒子，稱之為「M君」）家，到鄰居家收集他們所分配到的清酒，如此一來，他和這位名人才

8 傳說他在西元五二〇年抵達中國。

能在他們計畫待在龍飛岬的那晚開懷暢飲。不巧的是，在抵達今別鎮後，他們發現當天往龍飛的船並不出航，因此他們不請自來地跑去拜訪M君的家，要他的妻子將還在工作中的他叫回家來，並開始酣飲M君分配到的清酒。

在太宰治的記憶中，今別是個「令人愉快的港口」，這個判斷顯然和他受到的熱烈招待有關。就我看來，今別就像外濱的其他小鎮一樣，在我走過時，鎮上死氣沉沉的。津輕地區的小鎮或村莊很少試圖讓來訪的旅人印象深刻，甚至對那些回返家鄉的陰鬱居民也不以笑臉相待。而從表面上看來，今別鎮是一個最荒蕪的小鎮之一。

我所經過的第一棟建築物，就是所有津輕小鎮的外圍地帶幾乎都存在著的：水泥工廠。下一個建築物則是個荒廢的保齡球館，從一個破爛的門口中，跑出十幾個高聲尖叫的男學童。最先映入眼簾的是一群房舍，它們的塑膠波浪板牆壁上都補綴著被雨水浸軟的條狀三夾板。主要街道上有幾家餐廳，但是都關門大吉，門口和窗戶均用木板封住。整個鎮好像適合用來作為喪禮的背景。正當我這麼想的時候，我看到一場正在進行的喪禮。喪家的外牆上靠著三個巨大的花環，用木柱支撐著。花環底是白色、黑色、金色和銀色，以人造花點綴著，在風中颯颯作響。這些是我在整個鎮上，所見過最朝氣蓬勃的事物了。我走過今別，在快接近三廄（Minmaya）的地方，找到一家在路旁的簡陋餐廳。裡面沒有任何顧客。老闆娘是一位老婆婆，正坐著織毛衣，一邊和她的貓咪說話。

我點了一瓶啤酒和一盤炒麵。不久，四個年長的觀光客抵達。他們停好車子，選了我旁邊的桌子坐下。他們對津輕不似我這般熟悉，愚蠢地以為那位織毛衣的婆婆能提供貼在四處牆面上的全部菜單。

「我們來點特別的吧。」一位年長的觀光客說道，他來自日本另一端的長崎（Nagasaki）。當那四位觀光客逐一地大聲唸出菜單時，織毛衣的老婆婆在一旁聽著，一聲不吭。一面窗戶上貼著色彩繽紛的海報，促銷著當地的特產：烏賊。

「烏賊！我們就來點烏賊！」

「沒有烏賊。」老婆婆說。觀光客們轉身看向菜單。

「好，那我來一道燉肉好了。」長崎來的男人說。

「好主意。」他的兩位同伴說。

「我來一道炸豬排飯。」第三個人說。

「我今天沒煮燉肉。」老婆婆說。

「那我們全點炸豬排飯。」長崎來的男人說。

「我沒有做炸豬排飯。」老婆婆說。

一片寂靜。觀光客們羞怯而沉默地再瀏覽了菜單一遍，最後點了四盤炒麵。老婆婆從鋁箔調理包中倒出炒麵和燻豬肉香腸，將它們攪拌一下。那四位尋找特產美味的年長觀光客在炒麵上桌時，臉色難看地看著食物。這個簡陋木屋的牆壁上掛著一些黑色的魚乾。

「那是什麼？」長崎來的男人納悶地問，「鯖魚？」

「是鱈魚吧？」他的一位同伴說。

「沒錯，是鱈魚。」第三位同意道。

「不對，應該是鯖魚。」第四個人說。老婆婆邊靜靜地聽著，邊織毛衣。

「那是什麼魚？」一位觀光客最後問她。

「鯖魚，」她簡短地說，「想要的話，可以吃一點。」

他們為此展開一場辯論。

「多少錢？」

「不收錢。」

老婆婆站起身來，手上仍拿著編織的毛衣，抬起手來，從牆上拿下兩片黑色魚乾，放在觀光客面前滿是刮痕的塑膠板桌面上。然後，她坐下來，放下毛衣，雙手交叉於胸前，盯著他們看。觀光客輪流試著用手剝下一些魚肉來，我也試了試，但它像皮箱一樣堅硬。我拿出小刀，試著想切一塊下來，但刀子只在魚上刮出一道淺淺的刀痕。我們將那兩條魚從這張桌子提到那張桌子，來回撥弄了五分鐘，但都徒勞無功。老婆婆這時站起身，發出心滿意足的咕嚕咕嚕聲，將魚拿回，走到院子裡，將它們一片接一片地放在一大塊木頭上，用鐵鎚用力捶打一陣。

「好了，」她說，「現在味道也變好了。」

我開始告訴觀光客如何抵達小泊（Kodomari）。他們一早從盛岡（Morioka）出發，準備開過青森、秋田（Akita）和岩手（Iwate）縣兜風，再趕回盛岡吃晚飯。

「這麼趕做什麼？」

「旅行呀。」他們臉上散發出光彩地說。

當我告訴他們津輕的路況時，老婆婆非常小心地聽著。等那四位觀光客離開之後，老婆婆認為我給的建議很好，於是賞我一小盤醃烏賊內臟和一大盤蕨菜。我整個下午幾乎都待在她的餐廳裡，喝著啤酒，逗貓咪玩。就在我離開前，一位當地工人走進餐廳，在貼著烏賊廣告的窗戶桌旁坐下，臉埋在三吋厚的漫畫書裡，經驗豐富地說著：「炒麵。」

天空開始下雨，漸漸暗了下來。我站在一個玄關門口，拉上雨衣，然後以快速的步伐走向鄰近的三廄。太宰治和N君曾在此地的旅館度過一夜，因為船不開，又在漫長的下午暢飲了別人的酒，所以只好將出發到龍飛岬的計畫延期。

今別是個名副其實的小鎮，而三廄只是一個村莊。但三廄顯然得到了為地區「發展」所籌募到的大部分資金，可見它的村長一定是關係比較好。大部分的「發展」看來似乎是建造青函隧道的結果。在向海的那邊有座新橋、新的村公所和新的四線道公路。公路兩旁佇立著兩排街燈，呈現橘色的單調燈光，將雨水照成像是直直而落的蛆，形成一片雲霧。到處可見被拆毀的房舍和商店（村中最興盛的生意似乎是一家木材工廠）。一大片綠地被鏟平，現在是塊泥濘的巨大工地。我詢問旅館的資訊，有人告訴我，村內沒有旅館。但我在一個叫做新町（Shimmachi）的地區，一所非常乾淨的寄宿公寓裡，找到了一間房間。所有的窗台上都擺著用平底杯裝盛的塑膠花，西式馬桶座上有個粉紅色的電熱馬桶蓋。使用衛生紙時，捲筒會播放〈在我的家〉（In Meine Haus）

的音樂。從我房間的窗口，越過雛菊塑膠花，可以看到靜躺著的橘紅色公路，傳達出怪異的廢棄感。靜躺了整晚的那條公路，無疑整年都乏人問津，彷彿是輸了的戰爭中被遺忘棄置的飛機跑道。

太宰治的三廄與龍飛印象

太宰治花了數頁篇幅描述三廄這地方，有一部分的記載是專注於調侃一位早期旅行作家。這位旅行作家將當地一個荒誕的傳說當成事實——這在注重史實的一九四四年陰鬱的環境中，只會得到訕笑。在一七八〇年代，一位宮廷御醫橘南谿[9]在偏僻的日本到處旅行，後來出版了四卷旅遊見聞。這位御醫在《東遊記》的第一卷裡，記載下三廄這個名稱之所以永傳不朽的由來。

三廄（或更確切地來說是Miumaya，村莊以前的稱呼）的漢字意味著「三個馬廄」。橘南谿敘述道，日本的悲劇英雄源義經[10]在被其兄源賴朝追殺而逃向北方的一一八九年，與兩位忠心的家臣抵達三廄，準備由此逃往北海道。當他忙著向觀音祈禱，希望海面上風平浪靜之際，他的家臣則將馬兒藏在海岸附近，一座巨大岩石的三個洞穴中避風。太宰治質疑這份記載的正確性，因為源義經不太可能來到三廄的方圓兩百五十公里之內。雖然有很多傳說記錄他在北方偏遠之地的行蹤，甚至還有傳說他最後逃到中國，成為成吉思汗，但這些可能都是無稽之談。（青森縣有許多荒誕不經的故事，如果你有時間的話，其中一個景點，可以去拜訪耶穌的墳墓。）

但這位御醫的記載（被太宰治嘲笑為「荒誕無稽之說」），至少包含了兩個無法否認的事實。一個事實就是，數個世紀以來，直到青森市崛起之前，小小的三廐的確是前往北海道的海港。太宰治認為，這個事實正解釋了他所發現的外濱旅館的優異品質，因為它們有長期接納來自全國各地旅人的歷史。四十四年後，我想尋找的這份優異品質卻消失了。另一個無可否認的事實則是，御醫提到的那塊岩石，雖然飽經風雨而有些改變，但直到今日仍可以看到它。

幾世紀以來，海水侵蝕著日本的海岸線，當太宰治從這裡經過時，津輕海峽的海浪已經近到可以猛烈沖刷著三廐的岩石，讓它的三個大裂縫噴出強大的泡沫；你沒辦法讓馬兒在這裡躲上一分鐘的。今天，那塊岩石已經無法讓浪沖刷得到了，因為它的周圍鋪設和環繞著粉紅色的石塊。一道村公所模仿木樁的混凝土柱頭籬笆就在眼前。還有一塊平坦的灰石碎屑場，是用來掩埋挖掘隧道的砂石的。那塊岩石就像日本大部分的人工或自然紀念碑一樣，被人馴服，並在一旁插上標示牌。太宰治說他在經過那塊岩石時走得飛快：「我有種奇怪的尷尬感，」他評論道，「在我的故鄉發現這類傳說。」我也尷尬地經過那塊岩石——為其愚蠢的馴服手法。

三廐和龍飛之間的道路提供了大好機會，可以用來比較昔日太宰治所見和今日的差別；因為這段道路是太宰治極少數親自走過的路程之一，也是他選擇發揮描寫風景的才華之所在。寫景並不是太宰治的長處，也不是我的。雖然他所下榻的旅館無法提供他清酒暢飲，並用拙劣的煮法糟

---

9 Tachibana Nankei，一七五三—一八〇五。
10 Yoshitsune，一一五九—一一八九，壇之浦大戰率軍打敗平氏家族的軍事天才。

踢了他的一條魚，但太宰治似乎認為三廄是個令人愉快的地方。但我卻覺得三廄比今別還讓人感到沮喪，因為我偏愛緩慢的毀壞，而不是村當局破壞景觀的那種突兀。太宰治寫著三廄與今別，「在這些整齊和設備完善的海港裡，氣氛宜人，生活沉穩。」如果這句描寫忠實反映了太宰治的所見所聞，那在我們相隔四十四年的到訪之間，這些可憐地方所遭遇到的改變，可能大於冰河時期的破壞。

也許太宰治是喝多了清酒。一旦上了路——他最不喜歡的事就是徒步旅行——太宰治便發現這世界沒有那麼整潔和令人愉快：「……環繞我們的風景開始看起來有股異樣的淒涼感，甚至可以說是淒愴。它不再是風景。當說到風景這個字眼時，讓人想到的是長久以來，許多人觀賞和描寫的事物。人類用他們的眼睛凝視，使得風景變得柔和，用他們的手撫育和馴服這些風景……人們在繪畫或詩歌裡所讚美頌揚過的陡峭崎嶇地域，都可毫無例外地找到一絲人類的因素。但這片本州極北的海岸一直頑強地拒絕轉變成任何風景之類的事物。它甚至對常存在風景繪畫中的人類肖像嗤之以鼻……這片土地並不能成為繪畫或歌曲……只有一個字眼可以貼切地描述本州沿岸最遙遠道路中的岩石和海洋，那就是『令人恐懼』。打從那時開始，我便轉開眼睛，只凝視著腳下的地面。」

如果風景要激起人類的美感，便需要人類的介入；我在徒步走過相同的道路時，沉思著這個概念。我對這個概念感到厭惡，尤其它顯然是水泥製造商和三廄發展委員會的中心理念。但在我以沉重的步伐經過宇鐵（Utetsu）這個小村莊時，我對大自然的美所能提供的任何爭論，則遭到尖銳的反駁。一隻烏鴉以從第三紀以來的正確瞄準度，在我的頭上拉屎。

往北到龍飛的路已不復是當年太宰治眼睛盯著地面，蹣跚而行的那條道路。在這個陰暗的早晨，雲層低矮，下著濛濛細雨。龍飛岬拖著長調的低沉霧角於灰黑色的海面迴盪，數段朦朧的荒野在眼前延伸。這條路在近年來被加以拓寬，以容納來到隧道建設現場的卡車。從太宰治的記載中，我們得知，這條路在一九四四年已有稍加改善。在此之前的六、七年，海浪仍然沖刷著這條道路，而在惡劣的天候時，此路完全不能通行。太宰治提過，這條路一到晚上依然窒礙難行。現在，在數個小村莊中，蔬果攤販的廂型車停在路旁，擴音器不停地尖聲吶喊，並蓋過霧角的嗚咽聲。到了中午，村莊內的擴音器加入廂型車的吵雜，發出大笨鐘的報時聲，提醒每個人是放下工具，拿出飯糰來吃的時候了。一、兩位無精打采的漁夫冒著近海的細雨，將槳平放在小船上。走過宇鐵後，一輛計程車停了下來，司機走出車外，套上一雙塑膠靴，在毛毛雨中涉水走進海邊岩石的水池裡，利用午餐時間採集海草。

我走出一連串岩石隧道的最後一段，漁夫們在裡面凌亂地掛著釣魚用具。在下午一點過後，走進龍飛的一群簡陋木屋中。「我正在想著路徑怎麼變得如此狹隘時，」太宰治說，「突然發現自己一頭探入一個雞舍中。我有一會兒不知道發生了什麼事。」

「『龍飛，』N君說，語調不同於以往。

「『這個？』

「當我心情稍微平靜地環顧四周時，我發現我以為是雞舍的東西，其實是龍飛的小村莊。」

木屋之間有一條窄徑，一座小而空蕩的漁港，還有普遍可見的混凝土防波堤。在木屋盡頭，也就是窄徑消失的地方，有一座紀念太宰治與其作品的小型石製紀念碑。上面雕刻了太宰治發現那個雞舍其實是一個社區之後的文章：

「這裡是本州的極北地帶。過了這個小村莊之後便沒有路徑。路的盡頭只有向海的懸崖峭壁。這是本州的絕境。讀者們，留心聽著：如果順著路勢往北走，一直往北走，絕對會抵達外濱的路；路徑會變得越來越狹隘。但如果繼續往北走，最後總會抵達這個奇怪的雞舍世界，然後就將走到路的盡頭。」

太宰治的確是這麼想的，因為他剛花了毫無特色的三小時，鍛鍊他的腿部肌肉。（「當你得走路時，」他稍後抱怨道，「津輕沒有想像中的小。」）但如果真的從本州中央往北一路徒步而上，而且真如太宰治所堅持地要抵達龍飛的話，就得在野邊地（Noheji）往左轉，而非往右轉，否則你要順著平行的下北半島，到達本州真正的盡頭，大間岬（Cape Oma）。而大間岬的緯度大約比龍飛還要高十八度。但地理對作家毫無用處，除非他是位旅遊指南作家，而太宰治顯然不是。何況，下北半島缺乏津輕的聲望、歷史、語言、音樂、驕傲、祭典和城下町。而且要考慮到的是，北海道直到日本近代才被視為是本土的一部分[11]，所以這條在龍飛通往海洋的窄徑對日本人來說，堪稱世界的盡頭。

我在寒冷的濛濛細雨中往上走到燈塔，視線的能見度大概只有一百公尺，並坐在附近的一家小餐廳裡喝著啤酒，靠在火爐旁取暖。龍飛現在有兩個社區（它在青函隧道興建的二十五年間原本有三個社區，第三個社區住的是隧道工人，他們住在草草搭建的臨時公寓裡。隧道通車後，公寓便被拆除）。這裡有住在山腰下的雞舍農夫、漁夫、中盤商、採集海草的人，以及在迷霧籠罩的山頭工作的人。山頭上有一些較大但同樣破舊骯髒的建築：一座小學，潮濕而歷經風吹雨打的運動場；一家「龍飛溫泉飯店」，但餐廳老闆娘告訴我，那裡用的並不是真正的溫泉水；一個沿岸警衛隊哨站；一座燈塔；還有一個看起來像是雷達觀測所的軍營式建築，裡面住著管理員。

太宰治在整本書中，考量到國家安全的微妙議題，佯裝並非出於情願地描寫津輕北部的村莊。毫無疑問地，這個安全議題在一九四四年是種執念，儘管太宰治每每在提及時，總帶著尖酸挖苦的口吻。但津輕海峽直到今日仍是個戰略重地。萬一發生戰爭，它是日本必須保衛本國、防堵西方國家入侵的三大關鍵海峽之一。我坐在小餐廳的油爐旁，油爐上掛著我冒著煙的尼龍衣物，發著抖的我，凝望窗外的一片白色牆壁。在這個山頭的生活會寂寞得叫人發瘋。霧角聽起來像是失去方向感的挪威海怪，從海床探起頭來望向遠方，納悶天空發生了什麼事情。

三點前，細雨仍然落個不停，我蹣跚走下山坡，回到雞舍處，並尋找太宰治住過的旅館。得來全不費功夫。我從村莊的盡頭就可看到牆壁上標示的大字：「太宰治投宿過的旅館」。

太宰治和N君住過的那晚成為旅途中最知名的插曲之一。太宰治在往三廄的路上，曾有那麼一小段時間能將眼睛自腳丫上轉開，並和N君討論如何取得新一批的清酒，免得旅館因戰時物資

11 日本政府於一八六九年設置北海道開拓使。

缺乏而無法提供足夠的量。N君在抵達龍飛前的最後一個村莊，連哄帶騙地從一位友人那取得一瓶清酒（N君從房子出來時，「盡力忍住他的笑意」）。後來，在他們得知龍飛的旅館並不缺酒時，鬆了一口大氣。

「我們想喝很多酒，」N君告訴領著他倆到房間的「優雅老女士」。

「儘管喝吧。酒多的是。」她微笑地說著，並不曉得她將面臨的災難。

沒多久，N君便喝得爛醉如泥，開始唱歌，嗓門震天價響，毫無音調可言。「他呻吟，」太宰治寫道，「他尖叫，他嚎哭；這場面真的很令人厭惡。」那位優雅的老女士旋即出現在房門口，說道：「啊！你在唱歌！該睡了吧？」她移開他們所有的酒瓶，將床鋪好。「N君的大吼似乎使她嚇得發抖，」太宰治哀嘆說，「我原本還想多喝一點，但場面變得非常愚蠢……我喃喃抱怨著，只好上床睡覺。」他們在無事可做的情況下，睡著了。

那位女士的女兒現在已年華老去。她出現在玄關裡，回應我的呼喊。當我問她有無空房時，她說整座旅館都是空的。旅館如洞穴般深邃，空蕩無人。我們將我濕得滴水的衣服掛在樓下客廳的晾衣繩上，並小心翼翼地掛好，免得擋住她看電視的視線。我房間的窗簾像吉普賽人的帳棚。房內有兩個大油爐，茶壺正煮得冒煙。對面的大房間門口豎立著十幾盞粉紅色、綠色、藍色和白色的電動旋轉燈籠；就是你在夏天的盂蘭盆節[12]可在喪家看到的那種。旅館瀰漫著市集場地的氣氛，但卻了無生氣，從後面客廳的陰暗角落傳來唯一的聲響，一個大鐘的滴答聲。而我卻看不到那個大鐘。

我那六帖榻榻米大的房間位於二樓，俯瞰著海洋。防雨的木板窗被拉開一半，以阻擋暴風雨的雨勢。為了觀賞風景，我得將走廊的椅子拉進房間，並一直拉到床之間（凹室）為止。然後我坐在那，從剩下的窗口向外凝望，看見排排的海鷗全面對著大海，停在防波堤的混凝土多面體柱上，沐浴在暴風雨的吹襲中。在二樓，木板窗被吹得發出尖銳的嘎嘎聲響，不停地打斷霧角漫長的嗚咽。

太宰治描述他住的房間家具齊全，房內有木炭圍爐可以取暖，他還有件鋪棉的和服用來禦寒。但在他和我的造訪所相隔的年間，冰河時期來了又去，帶走所有的舒適。我的房內沒有圍爐、鋪棉的和服和任何暖氣設備。我套上厚襪子，在旅館的薄浴衣下穿著運動服，坐著顫抖，觀賞停在混凝土上的海鷗。房內幾乎沒有裝飾，只有一卷嚴肅的書法掛軸：五個漢字襯托在白色的背景中，看起來比較像木雕作品而非書法。這五個字引自太宰治的一則短篇故事〈聖諦第一義〉：人類必須先思考到精神事物。

女侍端來放在塑膠盤子上的一小塊綠色布丁。她的脾氣有些暴躁，因為她從辮舍被叫出來，只為了替一位住客煮晚餐。

「那是誰的書法？」我問她。

---

12 八月十三至十六日，日本人返鄉祭祖的佛教節日，相當於中元節。

「伊馬春部[13]，」她說，「他死了。」然後她便離去。

我拖著腳步走到樓下，去泡澡取暖，聽著那位女侍在走廊喋喋不休的說話聲和咕噥的抱怨。在陰暗的宴會廳裡，牆上掛著太宰治的名言和照片。其中有一張是金木太宰協會所捐贈的。金木是太宰治出生的小鎮。旅館方面為了廣泛的商業利益，似乎早已原諒了太宰治待在這裡時，所引起的喧鬧騷動。直到我轉身要離開宴會廳時，才從眼角餘光注意到一件我幾乎忽略的房間特徵。一帖神道護符釘在床之間陰暗角落的最高處；淡黃色的紙張折成奇怪的形狀，像一棵松樹，或是一個有六隻手臂的生物，舉高前臂對抗某些看不見的邪魔惡靈。

我爬進浴池，從早上以來，第一次覺得暖和起來。此時，我仍能聽到那位女侍的嘀咕和砰然敲打聲。敲打聲離我越來越近，然後乍然停止，低聲抱怨則轉成喘著大氣，最後是長長的一聲嘆息。澡堂裡充斥著一股燻天臭氣，我則寫下這段旅程中的唯一一首俳句[14]：

可怕的臭味
以為是我發出的
隔門撕紙聲

當發洩過後的女侍在晚餐前端來菸灰缸時，我說：「太宰治曾經住過這裡，對不對？」

「嗯。」她咕噥著改變話題。

「我跟一位外國人說過話，」她說，「那是在十二、十三年前，就在我丈夫入院之前。我記得那個外國人有個錄音機，那是我第一次看到錄音機。我們這裡沒有那麼多先進的東西。他錄下人們所說的方言，還錄了我丈夫說的話。然後我丈夫過世了。我不知道那位外國人後來怎麼樣了。」

我獨自吃著晚餐。房內非常寒冷，我猛喝著一瓶又一瓶的清酒，好讓身子暖和起來。那位女侍前來收拾碗盤，並拿給我一張登記住宿的表格。她跪坐下來，將拳頭放在桌上，盯著我寫上名字、年齡和住址。

「你沒有填職業欄。」她說。

「抱歉。」我說，填上作家。

她取走表格，略瞥了它一眼，然後站起身來，走到門邊。她又轉身，再看了表格一眼，看著我說：「哈！」

我又喝了許多酒，努力伸長耳朵，希望在木板窗的嘎嘎聲響中，捕捉到一個友善的聲音。任何聲音都可以，任何嘶啞刺耳的歌聲。我起身往窗外看去，但外面空無一物。我只好穿著厚襪子、運動服和浴衣，鑽進那位女侍為我鋪好的被窩中，盯著木製天花板看。在我之前沒仔細看的房間角落，那個用淡黃色紙做成的六臂生物，正舉起臂膀以阻擋侵入者。

13 Ima Harabu，一九〇八—一九八四，廣播作家。
14 haiku，以五・七・五共十七個音所組成的短詩。

「人類必須先思考到精神事物……」

「你這個騙子。」我想著，轉個身，墜入夢鄉。

第二章　稻田之湖

我離開陰鬱的海洋，轉向內陸的山丘和平原。天氣溫和，天空呈現淡藍色。在氾著水的稻田裡，農夫們正在忙著插秧。我感覺很開心；我離開荒廢破舊的海岸，第一次為鳥鳴聲所包圍，身處高高的樹所劃定的天際線下，遠離混凝土金字塔和尖樁。

太宰治盡情書寫他對酒類配給制度的憂心忡忡，以及對國家安全的挖苦，但在戰爭的議題上，他卻保持緘默。而在一九四四年五月，戰爭的進展一定是許多人念茲在茲的課題。當然，直到戰爭結束很久以後，政府和最高司令部以外的平民百姓才看清真相。但在此時，官方大肆宣傳日本在亞洲和太平洋戰場勢如破竹的場場勝利，人民幻想的情緒越來越高漲。比如，在一九四四年的日本，很少人會聽說印度有一個小省叫曼尼浦（Manipur），其首府是因普哈（Imphal）。當太宰治在津輕痛飲清酒的這三週，在因普哈那個小鎮外所發生的事，可說是自珍珠港以來，最能完全影響日本人生活的關鍵。

在太宰治抵達津輕的九週前，牟田口廉也中將所率領的第十五軍，從占領了五個月的緬甸，越過邊境進入印度，發動攻擊。這時，同盟國的大軍正在印度大舉集結。在馬來半島和其他地方的日軍，都認為這道直抵因普哈的攻勢將會萬夫莫敵，全未料到這場戰爭即將扭轉日本的軍事命運。日軍帶著盲目的自信出兵，不顧過長的供給線和幾乎不存在的空中補給可能帶來的嚴重後果。季風開始吹起，雨季來臨，這使得日軍用來攻下馬來半島和緬甸的側翼包圍戰略，毫無用武之地。第十五軍陷入苦戰。當牟田口中將最後率領軍隊在五月底離開淹水的戰壕時，已有五萬三千名士兵戰死、受傷或被俘（士氣如此低落，這是開戰以來第一次，於是大批日軍選擇投降），而回到緬甸的士兵則因飢餓和疾病而潰不成軍。

因普哈是日軍的史達林格勒[1]，被稱之為日本陸軍最慘痛的戰役。的確，日軍也曾戰敗過，但都是在一些南洋小島，而非大陸。五個月後，真正的絕望降臨，聯合艦隊慘敗。在東京，陸海軍的參謀本部為此辭職。而在津輕，就像在整個日本列島一樣，村莊的郵差穿著卡其色的綁腿，騎著腳踏車經過這些剛插秧的稻田，走進色澤變暗的農田前院，站在玄關的泥土地上，一手握著帽子，另一手拿著一封薄薄的信封。戰死的通知已成為一種新而令人麻木的習慣。

我的戰爭意識可能比太宰治的要來得濃厚。我一路上在這些內陸村莊，經過許多蔬果攤販的廂型車。它們都停在路邊，擴音器大放著聽起來像是一九四〇年代早期的歌曲。我認出一首歌是進行曲。但即使廂型車播放的是一些民謠，對一位東京居民來說，也馬上就能認出其中的軍事節拍。因為這些廂型車會讓人聯想到那些右派愛國團體的廂型車。它們巡迴在東京街頭，用震破大眾耳膜的高昂音調，試圖引發大眾對（左派的）日本教師工會（日教組）產生反感。

日本是個偉大的國家！在東邊的天空
輝煌的日本國旗升起！
在第一道乍現的曙光中
大和魂透過日本國旗
被染成同一個色調！

你也可以從數哩之遠外，聽到這些蔬果攤販的廂型車。彷彿對一位津輕的家庭主婦來說，尊敬輝煌的日本國旗的適當方式，就是急忙跑出屋外，去買一根蘿蔔。

一個女人將小平板車停在路邊，為她的稻田噴灑殺蟲劑。她有兩隻大黑狗；一隻用鐵鍊綁在平板車上，一隻則在輪子附近徘徊。當我走近牠們時，牠們採取經典的夾擊攻勢。綁上鐵鍊的狗試圖跳下平板車，想將牠的牙齒埋在我臉上，但這動作卻讓牠差點窒息。我正為這隻狗而分心時，沒有綁上鐵鍊的狗出其不意地繞到我沒防備的一邊，從我的小腿上咬了一小口肉下來。我對那兩隻狗高聲咆哮著。女主人在稻田的另外一邊跳起身來，丟下噴嘴，用手揪掉頭巾，開始跑向我們，並狂叫著：「五郎！五郎！五郎！五郎！」等到她趕過來時，她一句話也說不出來。她站

1 Stalingrad，於一九四二至四三年間的戰爭中幾乎遭到德軍全毀的蘇聯都市；由於蘇聯軍民的誓死抵抗，德軍嚴重受挫。

在平板車旁的路面上，彎著腰，喘著大氣，「我很……抱……歉……我很……抱……歉……我很……抱……歉。」此時，五郎對我的膝關節發動神風特攻隊式的突襲。我全身發著抖，跛行地跳開。那女人將五郎拖到車上，用鐵鍊扣住牠的項圈，開始用一根笨重的棍子打牠。我沿著馬路迅速離開此地。有那麼整整一分鐘，我都可以聽到木棍打在狗背上的重擊聲。等我走到下一個村莊，看見一家餐廳時，便踉踉蹌蹌地走入，坐下來，捲起牛仔褲，用餐巾輕輕沾著腿上的血。我點了一瓶啤酒，靠在椅背上看著電視。

電視是地方特色的指標，但節目的內容則不是。日本全國境內有著大同小異的遊戲節目、歌唱比賽、綜藝節目、「倫理劇」（homedrama）、時代劇、推理劇和棒球比賽。真正不同的是廣告的內容。假設，你能坐在東京的家中，觀賞插秧機的廣告——這不太可能是都會消費者的購物單上的重要項目——但這些是「公司形象」的廣告，目標僅在於鞏固製造商在股市中的地位。相反地，在鄉村地區的插秧機廣告則注重其實用價值。因此，在東京的電視中，以飾演黑幫老大而聞名的演員，從插秧機的駕駛座爬出，緊抿著嘴唇，用手掌重擊機械的底盤。他這樣做是為了向潛在的投資者顯示，如果連黑幫老大都這麼做，這公司的股價一定會高漲。而另一方面，在津輕，插秧機是場景的中心，三位穿著彈性絲襪的年輕女士圍繞著它，興奮不已。她們背對著我們，彎著腰觀賞機械。攝影機則拍攝她們緊實臀部的特寫。我們很難說，這個場景如何影響東京股票交易的投資，但對鄉下的農夫來說，它的效果恍若一場電擊。

多年以來，偏遠地區的農村家庭很難替他們的兒子找到老婆，主要因素在於人口的流失。大部分的鄉村地區都為其所苦。現今的日本年輕女性不想嫁入農家；她們想嫁給銀行家。在冷冽的早晨，農夫的妻子得在五點起床，並在寒徹骨的稻田裡潑灑一桶又一桶的糞便。年輕女性是看著「倫理劇」長大的。倫理劇的背景大部分是設在明亮活潑的大都會。而這些花了兩年時光在大都市裡念短大的年輕女孩，可對一桶又一桶的糞便沒什麼興趣。在北方的某些地區，村政府當局一直試圖要解決這個難題。有些村鎮甚至鼓勵年輕農夫到海外娶妻子，特別是從菲律賓。他們組織十五到二十人的年輕農夫相親團，而領隊的目標就是在抵達馬尼拉的四十八小時之內，幫助他們找到配偶。「仲介」將得到一筆佣金，集合一批女孩，交款，然後登記結婚。但，悲哀的是，這樣的婚姻關係常常只能維持到第一道天氣驟變的寒冷時分，或是和婆婆的第一次見面，或是與一些永恆障礙的初次衝突（比如，「文化障礙」和「語言障礙」），或是第一桶糞便。難怪那些沮喪的年輕農夫會被廣告誘惑，不惜散盡家產以買到一台插秧機，因為在他們的幻想中，插秧機與穿彈性絲襪的女性臀部有所關聯。

還有其他指標強調津輕的偏遠，其中最明顯的就是我在這個空蕩的小餐廳所觀賞的電視節目，全部來自於北海道。外濱的北部沿岸和側邊的內陸地區，無法收看到青森縣的自製節目，因為山丘比電視台的發射台還要高。因此，中午的廣告鼓勵他們到八個小時車程外，在北海道的百貨公司去購物；天氣預報全都是北海道的天氣預報；觀眾諮詢專線也是北海道的電話號碼；而在津輕這地區的年老居民，則被鼓勵（透過彈性絲襪的緊實臀部）在北海道的新墓園入土為安。

天氣清爽，我離開餐廳，精神勃勃地走進低矮的山丘。一路上所看到的人只有一些夫婦。他們在路旁盤根交錯的草叢裡，採集筍子、蕨菜和款冬，並清除矮樹下的雜草。他們用手帕將小瓶的健康飲料包起來，準備在開始攀登山丘時一口飲盡。

就在道路開始以螺旋狀攀爬時，它穿越一條鐵軌。而鐵軌再往北延伸數哩後，便消失在新的青函隧道裡。以任何標準來說，這條隧道都是個令人讚嘆的壯舉。它有五十三點八五公里長，耗費了二十五年興建，曾碰到四次大出水的危機，建築經費超過一兆日幣，期間並有三十四名工人喪生。青函隧道在五月開始通車。二十九天後，將有另一場更加誇張歡騰的慶典。這個慶典是慶祝花費同等鉅資所興建的數道橋梁；皆位於瀨戶內海，銜接著本州和日本第四大島嶼，四國。因此，在短短的一個月間，兩座巨大島嶼不再是島嶼。而是在史上第一次，不用坐船或搭飛機，就能從本州的任何地方旅行到北海道、四國和九州。

我在經過一個空無一人的火車站時，納悶著誰會從這些歡欣鼓舞的慶典中得到好處。除了建設公司以外，我想不出有誰。首相稱瀨戶大橋是「未來世代的驕傲」。皇太子說它將會「豐富我們的生活」。而運輸大臣則告訴我們，青函隧道是「人們夢想的實現」。但這裡指的是誰的生活，哪些人，還有他們的夢想究竟是什麼?現在，津輕北部的家庭主婦可能只需花六個小時，而非八個小時，就能抵達札幌的百貨公司。畢竟，她的電視一直鼓勵她去那裡購物。一個四國的卡車司機現在能更快地將橘子送到大阪，比以前搭渡輪要少花五十分鐘。我們當然不能忘記觀光客；四國和津輕將有大批觀光人潮湧入。瀨戶內海的一個小島正計畫為觀光客興建一座一百四十四公尺高的高塔，好讓觀光客俯覽價值一兆日幣的瀨戶大橋，並購買些紀念T恤。如果青森的建設公司老闆現在正凝視著藍圖，打算沿著整個半島，等距地設立更多的紫色金字塔，我也不會覺得意外。

山丘帶給我無上的喜悅。最後一位採集蕨菜的女人從她的車窗探出頭來，塞給我大塊的硬糖。之後，就只有鳥聲相伴，還有今泉川（Imaizumi River）安靜的細流。午後，我開始冒汗，好不容易得到片刻的安寧。幾台裝運木材的貨車從我身邊咆哮著駛過，順著曲折的山路開往山巔。儘管這條山路提供了便利的好處，也花了不少時間和金錢來興建，但一路上卻看不到巴士和蔬果攤販的廂型車，只有幾輛房車經過。我獨自走著，對著自己咧嘴而笑，彷彿逃學的小孩。山丘仍然呈現春天的新綠，而不是夏季濃密的銅綠色。草地盡頭是成排的高壓電鐵塔，矗立在野生櫻樹之上。此處，遙遠北部的櫻樹似乎更頑強地守住花朵，只三三兩兩地勉強飄落，而不像南方櫻樹那種櫻花遍灑的風情。

我對青森並不陌生。近十八年前，我定居在東京時，第一個拜訪的縣就是青森。我有一個禮拜的假期，不知道該上哪兒去，於是我打開地圖，尋找一處離東京最遠的地方。青森就在那時躍入我的眼簾。北方：那就是我要去的地方。我從來沒有想到往西或往南。甚至到現在，當我想到那些在日本鄉野間徒步前進的日子時，我仍然偏愛北方。再者，為了那為期一個禮拜的徒步旅行，我買了一本厚重老舊的日本指南，內容不但錯誤百出，而且過時。我在書裡發現下北半島的恐山（Osorezan）以「盲眼女巫」而聞名。於是我跳上第一班過夜火車。雖然我在恐山沒有看到盲眼女巫（那次沒有；數年後，我去參加恐山大祭，發現二十五位女巫，有些眼睛瞎了，有些沒瞎，全坐在寺廟地面上成排的帳棚裡，忙著和亡魂心電感應），青森對我來說仍是魅力十足。我看過佞武多（nebuta）燈籠遊行過夏季的街道，前面是大型的太鼓；我曾在鰺澤坐過捕鮭船在秋天出海；我曾在二月冷冽的黎明，於長者山（Choja Hill）觀賞跳 Emburi 舞的太夫[2]；我總共蒐集了四十六張津輕民謠和三味線演奏的雷射唱片；我曾因吃了生鹿肉而拉肚子；我也曾在高山稻荷神社、岩木山神社和其他不知名的神社中擊掌祈禱。恐山的一位女巫曾告訴我，因為我在前世造了一些孽，我這輩子才會投胎為外國人，而三百年前，我住在弘前。這些都是我在青森縣的所見所聞。在東京，我仍然會去尋找由青森的媽媽桑所經營的酒吧，享受她們的殷勤招待，說著結結巴巴的方言，並開玩笑說我出生在她們的城下町。不，我不是個陌生人，而這趟走過津輕的旅程在我開始前，早已裝滿回憶。

我現在經過的無名小徑直到一九七六年才完工，因此，太宰治從未越過這些山丘。相反地，他坐著船和巴士，循著來時路返回青森市，然後從南方坐火車，往北至津輕的核心地帶。他在一段罕見的旅遊指南般的段落中，簡短地討論外濱和內陸平原之間的天然障礙，並指出這些山丘上的高級木材一直是津輕的驕傲和財源，它的歷史遠比後來使此地區成名的清脆多汁的蘋果還要久遠。津輕直到十九世紀末才開始栽種蘋果，種子是由一位隱沒無聞的美國人所帶進來的，一位法國傳教士則傳授栽種的秘訣。但津輕的木材，特別是扁柏或金鐘柏，種植的年代可追溯自十六世紀；太宰治說，此地長期被視為日本三大森林地之一。太宰治以指出青森縣的名字就意味著「青色的森林」，來總結他的論點，雖然，如果你以為日本地名都和它的漢字有關，那你就錯了。比如，就拿千葉縣（Chiba）來說吧，它在日本人心中並未喚起「千張葉片」的意象。就像牛津[3]也並未讓英國人的腦海聯想到牛群經過河流的畫面。千葉縣讓人聯想到的是上千個通風良好的公寓住宅區，而位於東京南方的神奈川縣（Kanagawa）可一點也不像「神之河」，倒比較像祂的排水溝。

儘管如此，津輕的幾個地名的確很有趣，不是因為它們表面的字義，而是因為它們喚起此處和原住民部落的長期關聯。早在我們現在稱之為日本人的民族來到此地之前，原住民部落就世代居住於此。在第七、八和九世紀，京都朝廷數度展開滅族運動，將他們驅趕出祖先的土地。而在日本歷史記載中所描述的各個部落，像Michihase（毛人）、Emishi、Ebisu、Ezo[4]和Ainu（愛奴），是否從一開始就是個單一民族；還是在日本人無情地侵入他們的土地時才被迫合作，為尋求保護而形成一個單一民族此點，學者仍無定論。這些部落曾居住在大部分的本州（有些人獨排眾議地說，神聖的富士山〔Mount Fuji〕的名字就來自原住民），在第八世紀末被驅趕到北海道（這島嶼如此偏僻，直到一五九九年才出現在日本地圖上，當時稱做「蝦夷」）以及本州的遙遠北部，

2 Emburi，一種民俗藝能，拿著農具跳舞，以笛與太鼓等伴奏，祈求豐年的舞蹈；跳此類舞的舞者稱做太夫，約有三至五人。

3 Oxford，ox為公牛。

4 以上三者的漢字均為「蝦夷」。

包括津輕一帶。他們在那生活至封建時代末期。

今日，很少日本人曾經聽說Michihase或Emishi，學校課本更對此保持沉默。愛奴人則為人所熟知，因為北海道還有兩萬四千位左右的愛奴人，其中少數是純種愛奴人，能說愛奴語的人更是難得可見。愛奴人現在只是觀光景點，而他們的「村落」，比如在阿寒湖的愛奴村，幾乎完全是販賣書擋、牆頭匾額和木刻熊像的紀念品商店。太宰治曾經提到八七八年出羽蝦夷的叛亂，以及津輕蝦夷也許在背後支持的歷史。每年在夏季盂蘭盆節時分，於津輕街道遊行和慶祝的侫武多燈籠，它的由來說法不一。但最常聽到的解釋是，這些放在巨大滾輪車上，以紙和鐵絲形成的奇巧機械，是坂上田村麻呂的精心發明。坂上田村麻呂於第八世紀末奉朝廷之令來征討蝦夷，據說他用這類燈籠在蝦夷間製造恐懼和混亂。坂上田村麻呂後來被封為「征夷大將軍」，成為所有將軍的原型，包括那本賣了幾百萬本的《幕府將軍》[5]。

但其他對津輕蝦夷的記憶則幾乎付之闕如。沿著外濱海岸，我經過一、兩個城鎮和村莊，它們的名字聽起來像北海道的地名：比如，今別（Imbetsu）就是一個例子（betsu意味著「分支」或「不同」，是北海道特有的地名），而龍飛（Tappi）的促音則是愛奴語的普遍特徵。但我看不到其他證據，足以證明有任何個別種族，可能在這個半島生活了近一千年，我也不期待我會找到這樣的證據。日本的首相、先生、遊戲節目主持人和「意見領袖」不斷說服今日的日本人，宣稱他們是一個同質性高的單一民族，而這點是種族優越的必要特徵。很少人願意相信他們的祖先也許曾經隸屬於一個不同的種族，特別是一個與濃密的毛髮和其他遺傳學上的「劣等」有關的種族。因此，人們在津輕找不到Michihase的紀念品商店，而每個夏季的佞武多燈籠喚醒的不是蝦夷的傳統，而是它的挫敗。

我在兩點半抵達山丘的山巔，開始緩緩漫步而下，走向平原。蔥鬱繁茂的森林裡一片沉靜。在提醒大家愛護森林的小型木製告示牌旁，躺著一個生鏽的三門電冰箱、五個洗手槽、一部冷氣機、兩個廚房瓦斯爐、三台破爛的洗衣機、八個凹凸不平的油罐和三個大型藍色塑膠袋。塑膠袋內的空罐子還流著水，蒼蠅滿天飛舞。我在徒步經過這類安靜的山丘時，常常會看到諸如此類的垃圾；不會有垃圾車將這類垃圾搬走。這些冰箱、洗手槽和洗衣機將會放在這裡生鏽，直到最後審判日的號角響起的那天。

四點過後不久，我走近位於十三湖（Lake Jusan）東邊的今泉村（Imaizumi）。十三湖是個二十平方公里的潟湖，水位很淺，只比它周遭新近氾濫的稻田還要深一點。兩旁的山丘緩緩成為平地，十三湖和堤防形成死寂平坦的天際線。今天發生了好多事情——咬我的狗兒們、彈性絲襪的臀部和洗衣機——因此我停在第一家雜貨店，並喝了一瓶啤酒。老闆站著，雙手交握在身後，身體前後搖擺，像是喝醉的教授。他的個子非常小，牙齒掉得精光。他告訴我，所有的國家都有興盛和衰敗的時候。他承認，韓國、新加坡和台灣的經濟現在正在起飛。英國總會從現在的衰敗中

5 *Shogun*，詹姆士·維爾著（一九二四年生）。

再度崛起，只是那需要花點時間。我細細咬著香腸，問起他那收在椽木上，連著旗杆捲好的大型日本國旗。是的，他說，在國定假日時，他總會把它掛出來。如果不這樣做的話，他會覺得sabishii（悲傷和寂寞）。村莊中的其他商店和住家，即使是在天皇誕生日，也懶得掛國旗，看來日本是要走下坡了。

我在湖前的十字路口發現一家小餐廳，坐下來喝了另一瓶啤酒。年輕健康的老闆用濃重的方言腔告訴我，十三湖現在是個國家公園。他很以此為傲。他這一生大部分是個「出稼」（dekasegi），也就是說，是個到處打零工的藍領階級。這個靠湖邊的村莊仍然出賣這類勞力。他們會在插秧結束後的下個月離開家鄉，然後在盂蘭盆節返鄉。而在這些時間的空檔，村莊裡只剩下女人、小孩和老人。餐廳老闆說，太宰治那個位於平原中央的金木老家，已被翻修成一家旅館，但很少人去那裡住。許多太宰治的書迷特地去參觀那棟建築，其中一個房間有很多玻璃櫃，裡面存放著重要的遺物。餐廳老闆去參觀過，他對太宰治的內衣印象深刻。

我投宿在村內唯一的一家旅館，通風非常良好。餐廳老闆替我打電話訂房，好讓旅館方面有時間平撫受到的驚嚇。六年前，有位中年美國人曾經在那住了一個禮拜，啊，他惹的麻煩可多著呢！他是開採近海油礦的地理學家，在沒有選擇餘地之下，住進了這家旅館。不消說，他住得很不愉快。他完全不吃日本食物，討厭睡在床墊上，在十月的寒秋中得了感冒。我能吃日本食物嗎？是的，沒問題。我要睡在床上嗎？不，我不要。我願意跟旅館的另一位住客共進晚餐嗎？那位住客這輩子都在抽水肥。是的，我覺得很榮幸。

我在吃晚餐時下了結論，抽水肥絕對不是我嚮往的生活。那位住客身材細瘦，教養頗好，規矩地跪坐在漆製的托盤後面，一舉一動和說話都如此客氣委婉，將我襯托得粗野不文。他有兩個小孩，住在離此地三百公里遠的仙台。他整天開著一台空間侷促的小卡車，從一個加油站駛往另一個加油站，抽它們的污水坑。他只在禮拜天才會回家。他在禮拜六晚上抽完最後一個污水坑後，他會從那裡開車（平均五個小時），回到等待著他回家的家人和小房子裡去。他說，他孩子還小時，日子很不好過，但現在孩子們都上小學了，他的妻子也適應了沒有他的日子，這些使得他在污水坑之間來回往返時，心情好多了。污水坑通常每年要抽一次，他算算他一天大概得抽三個污水坑。他每晚都不知道會住在哪裡，所以他就專門投宿旅館，每次都得試試運氣，就像我一樣。如果他一天的花費超過五千日幣，他的老闆就會對著他大聲咆哮，所以他吃晚餐時不喝啤酒，有時連早餐和午餐都沒吃。是的，這家旅館似乎非常友善。他會找到這家，完全是瞎貓碰到死老鼠。他們在他抵達時，告訴他一個非常好笑的故事。好像是有位美國人六年前曾經住過這裡，他吃不慣日本食物，又感冒了。

翌晨，當我八點起床時，抽污水坑的那位工人早就在一個小時前上路了。我悠閒地吃著早餐，從房間窗口欣賞太陽照耀在銀灰色的十三湖，以及延伸至天際的稻田上。稻田閃爍，形成一片較大的湖泊。

岩木山（Mount Iwaki）山巔的雪模糊而遙遠，如同清晨霧靄中的細小裂縫，涓涓地流入稻田之湖中。小貨車沿著馬路零落地停放，帆布蓋被掀開，駕駛座空無一人。貨車的平板上堆放著放置幼苗的木箱，高度在人手可觸及之處。農夫在稻田裡來回地開著插秧機，發出軋軋的聲響。戴著頭巾的女人尾隨其後，彎著腰，將一把把幼苗推擠入所費不貲的插秧機所留下的精確空隙中。稻田邊緣豎立著高聳的金屬擋風板，用以抵擋從七里長濱和波濤洶湧的海面上，向十三湖吹來的強風。我在十八年前在日本到處旅遊時，還沒看過這類擋風板。我不知道它算是津輕農夫靈敏巧思的傑作，還是為了對抗這片反覆無常的土地而做的沮喪措施。

想像與現實

太宰治的《津輕》中包含了幾段沉痛的段落，其中一個便是N君給太宰治看的某本書中的年表。那份年表所列的是這塊平原從一六一五年至一九四〇年間的稻米歉收。在那三百二十五年間，曾有五次「小歉收」，三十三次「歉收」，以及二十一次「大歉收」。也就是說，每隔五年，平原的居民就得面臨一次嚴重的米糧危機。

津輕三味線大師高橋竹山[6]出生於一九一〇年，比太宰治晚一年。他有次告訴我他的童年生活情景。他的父母是津輕農夫，從艱苦的經驗中了解這塊土地的變化無常。因此，就像這片荒涼蕭瑟的半島上的其他父母一樣，他們計畫讓兒子在十二、三歲時輟學，然後去學習一種可養活自己的職業。事實上，竹山得在更早的年齡離開學校。痲疹在他三歲時肆虐整個村莊，使得他與幾個小孩變成半盲（他的視力自此一直惡化，等到他中年時，已然全盲）。他在輟學後的六年間，搖搖晃晃地在農地上行走，為他父母看管幾隻牲畜。十四歲時，他開始跟鄰村的樂師學習三味線。那位老師是位盲人。就像日本其他傳統弦樂器一般——比如琴（koto）或琵琶（biwa）——三味線長久以來，提供盲人賺取生計的機會。竹山十七歲時展開「門迴」（kadomawari）的生活——流浪在本州北部和北海道的冰凍小徑上，在庭院、門口或玄關彈奏三味線，以換取幾枚銅板或一碗飯。那種生活只比乞丐要好一些。而童年時期的竹山從瞇成一條縫的眼瞼中，認為這些穿著骯髒、背著破舊包袱的漂泊樂師，「可恥丟臉」。

「城市居民，」他以苦澀的口吻評論道，「對本州北方的生活抱著非常浪漫的想法。津輕的生活如此嚴苛，當我小時，有句諺語說，連狗都不能忍受。南方有錢的都市人來此轉個一或兩天，也許會欣賞他們所謂的『融合大自然的生活』。這是因為他們不用過這種生活。他們享有特權。他們有閒暇時間去想像。他們不必將手浸入發臭的土壤中，來賺取生計。」

太宰治也有想像的閒暇時光。「我是個津輕人，」他在我背包裡的那本書的序言中寫道。「我的祖先代代在這片津輕的土地上耕種。因此，我是個純種的津輕人。」但是，從相同地區出生的太宰治的童年記憶，以及我們在他的回憶錄和故事中發現的早期生活記載，在在都提供了與竹山沉鬱的回憶完全相反的例證。

---

6 Takahashi Chikuzan，一九九八年去世。

太宰治的家族，津島（太宰治的本名是津島修治）是本縣最富裕的地主之一。像全世界的暴發戶一般，他們對自己的地位非常敏感，而他們在金木的大宅邸是個壯麗的磚造建築，直至今日，仍然讓人讚嘆不已。津島一家從太宰治的曾祖父開始發跡，不是靠「在這片津輕的土地上」耕種起家，而是以借錢收取利息來囤積財富。太宰治三歲時，他的父親源左衛門成為國會議員。等太宰治十三歲時，源左衛門靠著財富優勢，被選為貴族院議員。太宰治十五歲時，他的大哥文治成為家族的戶長和金木鎮鎮長；他在後來被選為青森縣知事。文治供給太宰治上高中和大學的錢財，並在太宰治輟學後，繼續提供金援。

太宰治所歷經的坎坷歲月有時的確真實：他在十三歲時死了父親；他的母親一直臥病在床；他去東京前死了兩位兄弟。但就像他的企圖自殺一般，他的艱辛往往是自我意識選擇的結果。在他病態的神經過敏和與社會生活扞格不入之下，太宰治過著優渥的生活。反之，竹山的生活艱困不已。太宰治想像自己是個局外人；而穿著襤褸衣衫和流浪在小徑的竹山正是那個情況的具體展現。太宰治選擇成為一位作家，部分是出自於自戀和渴望得到認可，部分則是因為受到酒吧和溫泉藝妓那份「頹廢」生活的吸引。而最主要的是，他說，因為他「將被永遠召喚的惡魔吞食」。竹山對他藝術的奉獻則較為直截了當：「雖然那樣很可恥丟臉，但卻是我唯一所能從事的行業。我是瞎子；我還能做什麼？」

我在十一點抵達小鎮中里（Nakasato），蹣跚地行走在唯一的主要街道上。這天天氣溫暖，迅速凋零的淡色櫻花在風中飛舞。整個早上，儘管有金屬防風板的屏障，平原的風還是將砂礫和灰塵吹入我的眼中。而現在，我的眼簾裡充斥著花的舞蹈。老婆婆蹲在小小的後院中，對著杜鵑花沉思。她們可以在這些盆栽前蹲上一整天，用手指扯掉枯死的樹葉。櫻花則飄落在她們的頭髮上，有些順勢掉落地面。越過道路，有位駝背的老婆婆用兩根枴杖跛行而進。當她轉頭看到我時，「喔喔喔！」地叫了好一大聲，就跌落在地面，臉朝著地。兩位騎著腳踏車去購物的人將她扶起來。我快步走進一家餐廳，一位老頭走向前來，拍了拍我的背。

「哈囉！」他說。

「你好嗎？」

「該死！」他喘著大氣，或者這是他津輕方言要指的是，「你怎麼聽得懂我的話？」

我放下背包，坐在一個空桌子旁，研究貼在四面牆壁上的複雜菜單。兩個穿著工作服的男人走進來，脫下鞋子，爬上餐廳裡的榻榻米，在矮几旁盤腿而坐。我在例行休息的半小時，鮮少坐到榻榻米上。一個原因是，要鬆掉我靴子上的鞋帶太過麻煩。另一個原因是，我發現用手肘撐起身體後再度行走，遠比坐在比我臀部小三倍的凳子上下來再走，還要痛苦。但今天，穿著工作服的男人們在安靜地問了我幾個問題之後，邀請我加入他們。當我掙扎著脫掉靴子時，他們害羞地為我點了一盤內臟，準備放在桌子中央的鐵板上烤。

我爬上榻榻米，坐下來，想起我為何不常這麼做的另一個原因：我的襪子臭氣燻天。相較之下，在鐵板上噴著水珠、正在吱吱燒烤的內臟味道要好聞多了。穿著工作服的男人們在山丘上採了一整早的蕨菜，呼吸過新鮮空氣，假裝什麼也沒聞到。我在津輕做什麼？我正在追隨太宰治的路徑。啊，那我就是第二位太宰治了。不，不，我沒和藝妓結婚。我們開著玩笑，點了更多的啤酒。一位高齡七十的單車手幾天前經過中里，詢問前往淺蟲（Asamushi）方向的道路。七十歲，男人們羞怯地讚嘆，而且他要去的是以夜生活聞名的小鎮！一個男人有次將車停在這家餐廳外頭，想知道該怎麼去小泊。餐廳那位上了年紀的老闆向他解釋，但他一個字也聽不懂。他們告訴我的故事都是有關外地人的怪異，以及他們方言的難以捉摸。我們發出輕笑，用力咀嚼著劈啪作響的內臟，老闆在一旁看著我們，也不斷輕笑。

太宰治在他書中幾個篇幅裡，視他書寫當時的情緒而定，將津輕人形容為「如暴風雨般的熱烈歡迎」、「害羞敏感」、「剛毅」、「反抗心強烈」、「愚直可憐」、「複雜」、「頑固」和「優雅地肯為他人著想」等。竹山向我解釋，他們是一群「競爭心強烈」的人民；他們以速度和精力，極力讓六個月沒雪的日子所生產的農作物產量，等同於別人十二個月的努力。他相信這闡釋了津輕方言裡的一個字眼，iifurikoki——想要誇示成就的慾望——他說這是津輕三味線樂師技巧如此精湛的部分原因。我在今泉碰到的那位抽水肥的藍領階級則認為津輕人跟他家鄉的仙台人比起來，「比較沒那麼專注於自我，較為直接而外向」。

顯然，要形容津輕人得有用不完的形容詞。那兩位使勁地嚼著內臟的男人開了一、兩次有關自己的玩笑——就是方言和土包子的老玩笑——而這些玩笑並非是出自於自卑感，而是來自一種深沉隱密的驕傲。我聽著他們說笑，發出柔和的輕笑（如那位老頭一般），尋找太宰治在書中所描述的挑釁、頑固和複雜。一個男人穿著白色的工作服，另一個穿著藍色的，他們付了所有的啤酒錢。

這天變得很熱。強風消失，我的手臂開始感到灼燙。八天前我還在跟冰雹掙扎；現在我需要一頂遮陽帽。沿著稻田邊緣開始出現一些類似沼澤的淺池，我在這裡停下來休息了一、兩次。每個淺池旁都有個小心書寫的告示牌，其中寫道，這些淺池的設立是為了提供布穀鳥半野生狀態的棲地。透過熱氣騰騰的霧靄，我可以看見金木。金木是太宰治出生的小鎮，主要觀光景點就是一座高大、屋頂令人印象深刻的建築。我從看過的照片中認出，遠處那棟房舍就是太宰治的老家。但我想多看點平原上的小鎮和村莊，再來拜訪此地。因此我加快腳步，全速往五所川原前進。這個小都市的百貨公司似乎近在眼前，但在我走了一個小時的路後，卻還沒抵達百貨公司。我在兩點時看到淺野水泥工廠，在它後面，於最後的幾塊稻田之間，矮胖的蘋果樹開著粉白色的花朵。

我十年前來過五所川原；它在這段期間似乎改變劇烈。就像所有津輕地區的大鎮一般，太宰治一定認不出它來，儘管在他的孩童記憶中，五所川原是個「活潑或吵雜的地方，端看你想為它說好話或壞話。」在他於一九四四年重返此地時，他說，它完全沒有「農鎮的味道，反而散發出大都市所特有的孤寂況味。這份改變已悄悄掩上這類小鎮。」

當我在十、十一年前的十月底初次探訪五所川原時，它基本上是個農夫的小鎮。在幾乎空蕩無人的主要街道上，商店裡滿是塑膠靴和沉重的油爐。沿著商店之間的安靜街道和河流前行，可以感覺到一股秋收後的空蕩和冬季單調腳步的逼近。當太宰治在附近的金木長大時，五所川原的人口有一萬兩千到三千人。自此之後，它的人口成長了四倍。它是這地區繼青森和弘前之後的第三大都市。但它的產業仍然十分原始——主要是稻米，還有分銷至全日本的大紅蘋果。太宰治說過一個故事；他在七、八歲時，曾跌進城市中心一個一公尺深的溝渠。而在我初次拜訪五所川原的記憶中，它就是那種老婆婆會在結冰的排水溝蓋上滑跤，或握著楞杖，跌進溝渠，叫著「喔喔喔！」的地方。

但現在街道上蓋上屋頂，變成購物街；擴音器裡傳來興高采烈的女孩聲音，用幼稚園的腔調鼓勵我去逛精品店。商店街裡有麥當勞、Mister Donuts甜甜圈、精品店和鄉野氣息濃厚的時髦咖啡店。咖啡店有著類似拉布拉多犬的名字，還在窗口上寫上：自一九八三年開始營業。我看不到塑膠靴、油爐或溝渠。我在記憶中所喜愛的那棟木造車站已被拆毀，換上一座鋼筋水泥建築。而在這個陽光燦爛的禮拜六下午，全市的人口似乎傾巢而出，於煩擾喧鬧的購物街上漫步閒晃。父親們穿著帕瑪運動衫，母親們燙著頭髮，娃娃們煩躁不安，使勁地磨來磨去。穿著黑色制服的學生則凝視著成排的色情錄影帶。

我這晚打算住在五所川原，所以有好幾個小時的餘暇。我漫步越過馬路，進入一家看起來剛開幕不久的咖啡店。老闆娘身材細瘦，五十多歲，穿著藍色緊身牛仔褲和以金屬亮片裝飾的T恤。她給了我幾個免費禮物：第二杯咖啡、兩個甜點和一片發霉的麗滋餅乾。一位家庭主婦提著三個購物袋進門，砰地坐在靠近窗戶的桌旁，點了一杯咖啡和蛋糕。「我沒有賣蛋糕，」老闆娘告訴她，「來一片吐司抹果醬怎麼樣？」那位家庭主婦顯然期待著能慢慢品嚐蛋糕，而且她從窗口就可以看到三十呎外的對街就有一家咖啡蛋糕店。但她漲紅雙臉，眼睛往下看，摸索著購物袋，清清喉嚨，點了一份吐司抹果醬。

當那位家庭主婦吃完吐司並離開時，老闆娘告訴我，她最近才開了這家店。從她不斷試圖調暗燈光的實驗中，我看得出來，她這大半輩子顯然都在替人倒這種或那種酒。啊，是的，如果我在十月底造訪五所川原，感覺一定和現在的五月有所不同。在五月，「出稼」（到處打零工的工人）都趕著在插秧前回家；而像在這樣的禮拜六，他們會帶著家人出門，花著他們在遙遠的生產線上所賺來的錢。但在十月底的秋收之後，他們會再度全數離開家鄉，城市便陷入只剩老弱婦孺的常見荒涼景況。她說到男人不在的情況時，口氣彷彿個人受到侮辱一般，我猜想，這就是她為什麼將酒類換成家庭主婦式的咖啡的原因。她最後決定讓店裡的燈全部點亮。

太宰治形容五所川原「活潑」，並在《津輕》的某處評論，「五所川原的人喜好玩樂」。但如果他們的玩樂是被限制在一年的兩次探訪中，這顯然很難形成穩定的經濟結構。在日本的大都市裡，酒吧老闆視二月和八月（ni-pachi，「二八」）為淡季：二月是因為它接續在人們頻頻參加的忘年會之後，沒有人有多餘的錢再去喝酒；八月則是因為許多常客不是去度假，就是在盂蘭盆節時返鄉探親。但在「出稼」仍然構成主要人口遷徙因素的地區，酒吧老闆的月曆應該有所不同。五月和九月一定是旺季；而由於津輕的冬季長達六或七個月，淡季應該持續九、十個月。

在這個禮拜六下午觀看五所川原的繁忙街道後，我決定不在這裡過夜了。我會改變心意，也許跟擴音器有關，或者是穿著緊身牛仔褲的老闆娘一直叫我愛住多久就住多久，以及她在碗櫃中尋找另一片麗滋餅乾的方式有關。我覺得心煩意亂。我一向喜歡淡季。我喜歡雨中的市集、融雪時的滑雪勝地，和一月的海邊漫步步道。我離開商店街，越過岩木川，以沉重的步伐走過最後的五公里路，進入木造（Kizukuri）小鎮。岩木山在禮拜六下午的陽光下，看起來清新宜人，其矮坡上鬱鬱蔥蔥的草原恍若是融雪的毛巾。

在木造，一個化著濃妝、斜眼看人的藥劑師為我指出到旅館的路。我一抵達旅館沒多久，就被一群老婆婆包圍著——這是我最喜歡的娛樂之一。一個穿著暗紅色開襟羊毛上衣的老婆婆端茶來給我，另一個圍著黑色圍巾的老婆婆則替我找來浴衣，另一個拿著掃帚的老婆婆指導我該怎麼用自動洗衣機。她們咯咯叫個不停，不斷地說我看起來好帥，我的日文說得真好，還有評論我襪子的狀況。這不禁讓我想像，她們會牽起手來，向我高呼致敬，推崇我為考德的領主[7]。我大約花了十分鐘，站著看我的牛仔褲、襯衫和內衣隨著洗衣機旋轉，變成一團泡沫，捲成貓咪嘔吐物的顏色。我對著衣物低聲瘋狂地說，「泥土和水一樣有泡沫」。但等我將頭探進廚房，想詢問塑膠洗衣籃放在哪裡時，那幾位老婆婆卻消失得無影無蹤。這時是五點半。我沿著走廊，一路在澡堂和樓上尋找她們，但就是看不見任何蹤跡。我穿上旅館的塑膠拖鞋到院子裡去找。院子裡沒有人。庫房裡也沒有人。我開始覺得緊張。木造的街道上也空無一人。

我轉身回到旅館的玄關，看見對著門的牆壁上貼著一幅大型彩色照片。照片中的男人有一張娃娃臉，溫柔地往下看。照片底下有一張手寫告示，標明他是相撲力士旭富士，並解釋他是木造出身，為此鎮最有名的人。從旅館建築深處傳來一陣「呼出」（yobidashi）低而沉悶的聲音。「呼出」是正式召喚相撲力士進入土俵的人。我看看手錶。現在是五點三十五分。我曉得老婆婆們到哪去了。我循著「呼出」的聲音一路尋找，終於在旅館老闆的客廳裡發現旅館的所有雇員、一兩個特地趕過來的人，全都坐在一部二十九吋的大電視機前，觀賞「十五日間大相撲夏場所」（十五日夏季相撲錦標賽）倒數第二天的比賽。它從東京實況轉播。兩個老婆婆安靜地遞給我一些仙貝，我則坐在她倆之間的地板上。老闆娘坐在前面，向螢幕伸展雙手，合掌祈禱，鞠著躬，直到前額碰觸到地毯上。我身後傳來不斷唸咒的聲音。我怯懦地細細咀嚼一片仙貝。

旭富士進入土俵。他的敵手，也就是橫綱北勝海，從對面進入。此時，老闆娘突然精通起人相學：

「看看他的臉！」當北勝海拍擊腹部，以拍掉手上的濕鹽時，她幸災樂禍地說，「看得出來他會輸！是的，旭富士將把他打得落花流水！看那些眉毛！毫無疑問！你看！還有他嘴巴往下彎的方式！」

「所有最棒的力士都來自北方，」她發出嘶嘶聲，「寒冷使得他們性格堅毅。」她往前伸長脖子，眼睛捨不得離開電視，繼續發洩她對北勝海的敵意。一個老婆婆輕微地呻吟出聲，扯著一塊

7 Thane of Cawdor，考德是蘇格蘭奈恩夏高地議會區村莊和城堡，目前仍是考德歷代伯爵的駐地。

抹布。另一個老婆婆則咬著指甲。

旭富士用木製杓子漱口，將水吐在紙巾後方。他比敵手還要高出半個頭，但從他過去的表現中看得出來，他在碰到危機時，往往束手無策。他的支持者在一場又一場錦標賽中，期待他晉升橫綱，但他都失敗了。在這最後的關鍵數日，他會變得緊張，他會輸給位階較低的力士，或不怎麼盡全力地敗給現任的三位橫綱之一。然後，橫綱審議委員會將決定他仍然不符合資格。但這次，旭富士面臨數個月以來，晉升橫綱的最佳機會。難怪老婆婆的抹布被扭得不成樣子，還啃咬著指甲。一位精通數學的老婆婆跟我解釋：

旭富士在這次比賽的前十三天，成績是十一勝二敗。而領先的橫綱千代之富士的成績是十二勝一敗。旭富士明天將迎戰千代之富士。如果今天旭富士打敗了，千代之富士也一定得輸才行，這樣他們明天比賽時，旭富士要是贏了，才能以十二勝三敗和千代之富士打成平手。如果旭富士今天贏了，而千代之富士輸了，他們便會以十二勝二敗的平手成績在明天對戰。如果兩位力士今天都贏，而旭富士明天又贏，他們倆的比數會是十三勝二敗，仍是平手，還是得再比一場。如果千代之富士今天贏了，而旭富士輸了……

我嘎滋嘎滋地咬嚼著仙貝，看著北勝海小小的眼睛怒目凝視進旭富士呆滯的眼神。自從旭富士於昨天傍晚五點四十五分時，贏得第十一場比賽以來，木造小鎮就充滿了數學家。大家反覆計算著、憂慮著、不斷談論著和夢想著；小餐廳的神龕上供奉著米飯、鹽和清酒。這些都是為了旭富士。如果他今天比贏了，將有一隊攝影小組在明天之前抵達此地，拍攝支持者的臉龐——地點也許就在這家旅館。日本全國各地的相撲觀賞者將觀看到數秒鐘的介紹，得知這國家還有個沒沒無聞的小鎮叫做木造。（太宰治曾開這地名的玩笑。）我想像著旅館的老婆婆們整天坐立不安地走動著，拿針猛刺北勝海的娃娃，扯下蝙蝠的毛，丟進冒著泡泡的大鍋內，心有旁鶩地用茶水來刷洗廁所，並將抹布塞進電鍋裡。

行司（裁判）伸開腳丫，並讓扇面傾斜。力士彎腰蹲下。所有的呼吸聲都停止。長話短說，旭富士那晚贏了。整個客廳陷入一場混亂之中。兩個老婆婆跳起來，繞著房間跳舞。老闆娘把茶壺打翻了。老闆的弟弟在隔壁開壽司店，我們可以聽到他在店內後面走廊上狂奔，像瘋子般的大叫。現在，我能以後見之明來結束這個故事。旭富士在翌日輕易地被千代之富士打敗。橫綱審議委員會再度審核他的資格。我很高興我是在禮拜六，而不是在禮拜天，來到木造。數學家們在力士還未離開土俵之前，又開始精密的計算：

現在，如果大乃國打敗千代之富士，那麼旭富士和千代之富士就會在最後一天，以十二勝二敗成為平手。但是如果千代之富士打敗大乃國，他的成績就是十三勝一敗，這意味著旭富士……

在我吃晚餐時，老婆婆要我在便條紙上寫下我的名字和住址。原本，我用日文寫下，但這似乎讓大家感到失望。因此，我用英文寫了數張便條紙。老婆婆們圍坐在我的桌旁，小心翼翼地將便條紙折好，彷彿它們是某種愛情符咒，並將它們塞入開襟毛衣之內。

我出門散步。月亮和星星非常明亮。那晚，在被窩中，我夢見回到我那位於倫敦的幼年老家，我的父親躺在床上，正快死去。我的妻子和女兒不知去了哪裡。它是倫敦，但它也是日本。

李頓斯敦[8]成為東京的郊區。我在小學認識的一位朋友也在日本，我到處衝來衝去，想要找到他。我念小學時，很少和他說話。我遇到一位大學同學，彷彿找到失散多年的兄弟般地跟他打招呼。但我從來沒有喜歡過他。

我在四點鐘驚醒。平坦的屋頂那邊是鮮紅色的天空。我告訴自己，是枕頭裡的殼讓我無法熟睡。

早上六點，老婆婆們開始打掃和擦亮樓上的走廊，發出可怕的劈哩喀答聲響。當我揹起背包，疲憊地走下擦得光亮的樓梯時，穿著雙層毛襪的腳丫差點在光滑的地面上滑跤。那是個典型的津輕日子，寒冷而多風。老婆婆們熱烈歡送我離去。她們在旭富士的照片之下，那片光可鑑人的地板上圍成一圈，仔細地看著我為靴子綁上鞋帶。

「還要再來喔！」她們開開心心地說。

「我會的。」我叫著回答，走出門外，踏上烏雲籠罩的道路。一輛腳踏車在我身邊嘎吱地停了下來。騎在車上的老頭大聲叫道：「現在是幾點？」他在我來得及回答之前，便用像是燒焦骨頭般的手指，抓住我的手腕，盯著我的手錶。他的臉因憤怒而緊繃。

太宰治形容木造是個「陳舊古老和安靜的小鎮」。我走到鎮上那條唯一的主要街道，開始沿著它踏著重步。街道上最明顯的特徵，是在一側狹窄的人行道上，設有騎樓屋頂和牆壁，使得它們成為店面的延伸。如此一來，行人可漫步在這些可供兩人擦肩而過、舒適的小型走廊裡，免於受到大雪、強風和交通的侵害。但太宰治觀察說，這卻使行人暴露於「在商店裡工作的人們的凝視之下，造成小小的不便」。太宰治用方言komohi這個字眼，來描寫這些北方特有、蓋著屋頂和牆壁的人行道，並說「在大部分的津輕老城鎮中都看得到它們」。但這已不再是事實。我只在木造看過最粗略的komohi；他們只在一邊的購物街上設置騎樓，而且只有一小段仍是木製牆壁，其他已用鋁和玻璃重新翻修過。

我不知道，商店老闆是否也用凝視我的強烈眼光，來凝視太宰治。但根據太宰治自己的記載，在他花了三個禮拜，徘徊於這些偏僻的小鎮之間時，他本身就是個奇怪的光景。他在自傳體的故事中，數次展示身為紈褲子弟的熱情，細細描述他的穿著。《津輕》的開場白便是他旅行穿著的細微描述。他穿著暗藍色工作褲和短袖上衣（戰時除了卡其衣外，人民唯一能穿的另一種選擇）。長褲和上衣是由妻子手工縫製和染色，但有著「令人迷惑和無可辨識的形狀」，並在他穿著出門時，變成了紫色。為了搭配這套紫色的服裝，他穿上綠色人造纖維綁腿、塑膠底的白色帆布鞋、一頂人造纖維網球帽和一個帆布背包。從他自己的眼光看來，他「看起來像個流浪漢」。這個外表一定讓他在尷尬之餘，又私下有股沾沾自喜之感。（在他覺得這身打扮過於尷尬時，他會打開背包——不像真正到處流浪的竹山——換上「有著家紋徽飾的羽織（和服外套）」、「大島絲的精緻和服」和「仙台絲製的正式袴（hakama）」。他帶著這些衣服以因應緊急時刻。流浪漢

8 Leytonstone，位於倫敦東區。

的衣服很少準備得這麼齊全。）

道路對面佇立著警察局，那是一棟大型鋼筋水泥建築；在太宰治的時代，那只是一棟木造房舍。「當然，它是木造建築，」他沉思，讀著一個指示著「木造警察局」的標示，然後對自己的「錯誤」發出「挖苦的微笑」。那就是他對此鎮鎮名的笑話。之後，他拜訪他父親出生的製藥批發商商店。他跟一位快活的堂兄弟M桑暢飲清酒。M桑告訴他，木造的稻米產量是日本第一，因為「我們辛勤耕作」。然後，不用辛勤工作的太宰治往西部海岸出發。我現在也要往西部海岸出發，將行走在蘋果園之間的道路。蘋果園裡，粉色的花兒從樹枝上被擰了下來。我想像不出誰會對櫻樹如此殘忍。

我喜歡平原上灰塵撲撲的小鎮。它們擁有某種尊嚴，一種衰微的優雅，沒有上流仕紳的溫文。這是那些倉促拼湊的外濱小鎮所缺乏的。稱呼津輕的內陸小鎮「魅力十足」是錯誤的，因為它們不是——至少這對熟悉歐洲那些「古老安詳」的小鎮的人來說，的確不算是。當我們在西方說一個小鎮魅力十足時，我們通常指的是，從高處俯覽整個小鎮時，所看到的景觀會非常迷人。每棟建築物、廣場和尖塔透過設計或其他技巧，形成完美的整體。日本城鎮或都市卻很少如此。轟炸、火災、地震、暴風雨和五十一萬家忙碌的建設公司，都確保這種整體美不會發生。當一個日本人告訴你，以前的首都，京都是個「美麗」的都市時，他指的絕對不是當你登上比叡山（Mount Hiei）時，往下看到櫛比鱗次的屋頂時的景觀。這個景觀絕不同於你從菲耶索萊（Fiesole）觀賞佛羅倫斯，或從大學教堂的高塔欣賞牛津時，所感到的整體建築美。當你從高處俯瞰京都時，比如從子彈列車的高架展望台俯瞰，看到的景觀醜陋到讓人想掉淚。它電線交錯的天際線，與日本其他規模差不多的都市所呈現的景觀，沒有什麼不同。它的醜陋只會讓你受到衝擊。日本都市的迷人之處——如果真有迷人之處的話，在於大街小巷之內包含的隱密地點，而非整體的景觀。京都很「美麗」，因為在它的巷弄之間隱藏著美麗的事物：微妙的微小細節抗拒著周遭的雜音，需要一輩子來挖掘它。

但這並不是我喜歡津輕平原小鎮的原因。我並非為了任何如詩如畫的景致，或從中發現微小的美麗細節而喜歡這些小鎮。我喜歡的是，人們在工作天時所表現出來的無動於衷，所展現的一種魅力哲學。（那和對魅力的無動於衷有所不同；這點我在外濱看夠了。）有時，這些內陸小鎮確實包含著微妙的細節——一棟老舊的石砌房舍，或是更微小的事物，比如壽司店用淡色細繩編成的簾子——儘管連這些也算不上是迷人。但它們給人一種生氣勃勃的感受，而不只是路過一條暮氣沉沉的街道。內陸小鎮的居民的確要比沿岸小鎮來得注重生活細部。

日本確實是個島嶼國家，因此海洋在歷史和國家意識中，扮演非常重要的角色（但在文學中並非如此）。但觀看島嶼的方式有兩種。島嶼可以是一個堡壘或是一座囚籠。對天性外向獨立自主的人們來說，島嶼是座堡壘，而周遭的海洋是力量的來源：

自然為自己所建築的堡壘，
將傳染病和戰爭擋於門外……

這塊位於銀色海洋的珍貴岩石，
成為一道高聳的城牆，
或是一座房舍抵禦外侮的護城河，
擋住來自悲傷土地的嫉妒……

甚至在莎士比亞書寫這些詩句時，英國的冒險家正忙著建立一個帝國，航過洶湧的海浪，征服半個已知世界。

當日本人試圖描述他們國家特徵的缺點時，他們常常拿「島國根性」（shimaguni konjo）來做比喻；這是指一種狹隘、排他性強，和固執向內的思考方式。海洋是個牢門，從來不是條公路。越過海洋意味著和混亂為伍，並玩弄著好比可怕妖怪一般的未知世界。海洋並非是一個同夥，或是欣然樂意的供給者；它是人們必須總是提高警覺的敵手，也不贈送免費的禮物；人們必須用蠻力或祈禱，從海洋處奪得禮物。我曾一次又一次造訪日本的海邊小鎮，徒勞無功地尋找俯瞰海洋的旅館或住宿房舍（西方人喜歡俯覽海洋的景觀）。但卻一次又一次地，我得勉為其難地投宿在下町擁擠的後巷某處，所看到的景觀總是公車總站，而非船隻。你可以在東京住上一輩子，卻不記得東京是在面臨太平洋的東京灣上。這個大都會成功地將海洋拋諸腦後。作為一個國家，日本似乎很懼怕海洋。這也許就是我認為津輕的內陸小鎮，比起鄰近變幻無常的海岸村莊，要來得舒適宜人的原因。而這也正是太宰治發覺，常為歉收所苦的平原地帶毫無魅力可言，而這些平原與「令人恐懼」的岩石和海浪所衝擊的外濱相較之下，卻又顯得如此荒涼的原因。

我帶著這個想法繞過岩木山，海洋再度映入眼簾。

第三章　佛岩

鰺澤這個漁鎮有她自己的民謠：

西方的八幡神社守護著海港，
男人離去時女人守護家庭。

我一向喜歡這首歌，因為它捕捉了我所欣賞的津輕人的特質：對他們嚴苛的生活抱著一股咬緊牙關、嚴肅和頑強的態度。鰺澤的八幡神社沒有什麼特點；這類神祇所保護的神社常常位於俯瞰村莊的小山丘上，或是佇立在漁港上方的懸崖。但我喜歡的是女人守護家庭的那一節，男人不在家是天經地義、沒有辦法的事情——不管他是跟著鯡魚船出海，還是在橫濱的工廠裡做著大夜班的工作。

這裡是同一首歌的另外一個小節：

她是個鰺澤女人，所以她有黝黑的肌膚，
但她嘗起來的味道像大和的柿餅。

南方的都會人總是充滿遐思地認為北方的女人皮膚白皙，長相美麗。但事實上，許多津輕女人身材矮胖且皮膚黝黑。黝黑的皮膚從來不被日本女人視為一種優點，因為它暗指一種勞動生活，因此缺乏女性的優雅，以及可能擁有粗野的禮節。再者，雖然歌詞中沒有明確表明，但黝黑的肌膚可能暗示（真是恐怖！）這個女人並非百分之百純種。大和民族強調的是「種族純淨」。這個民族排擠原住民部落，並在現今被視為等同於日本的民族性。在那些不是日本人的許多人中，混血的祖先來源可能使他們徹夜無法成眠。由於這麼多日本人不斷斤斤計較於民族的「同質性」和「獨特性」，一旦他們懷疑某人不是純種的大和民族時，此事會嚴重到不能以輕笑或聳肩輕輕帶過。

民謠中的女孩對她的肌膚可能毫不在意。她在此展示了另一個津輕的優點：執拗地不願畏卻於「適當本分」的概念之下。我必須承認我很欣賞她。我非常想吃柿餅。我在進入鰺澤時一直尋找著她的蹤跡，卻只看到同樣的混凝土多面體的防波堤、永恆存在的淺野水泥工廠和一台正在破壞剩餘海邊風光的打洞機。

我曾於七年前在鰺澤住過數晚，所以我知道，沿著海岸線尋找擁有海景的旅館是徒勞無功，因為沒有這類旅館。何況，這個小鎮延伸有數哩之長。因此，我在中村川（Nakamura River）的沿岸訂了一家溫泉旅館，沒注意到旅館的一整個側翼都在整修（工人剛好跑去抽菸休息），於是我的這個禮拜天下午被氣壓式鑽孔機吵得震耳欲聾。櫃檯後的女人矮胖而黝黑，非常謹守本分，不願多談。所以我用僅需的三言兩語替我自己訂到一個房間——名字、地址、年齡和職業（我寫上建築工程師）——然後就到澡堂去泡澡，因為鑽孔機就在我的窗戶下動工。

太宰治沒有提到鰺澤是個溫泉地區，這並不令人驚訝，因為這個礦物質溫泉直到一九四三年，也就是他來訪的前一年，才開挖，而當時的大部分日本人還沒有度假勝地的概念。泉水湧出地面時的溫度是五十二度，在日本最佳溫泉的標準之中屬於涼爽，而與某些北方的山區溫泉相較之下，堪稱寒冷（比如，秋田的玉川〔Tamagawa〕溫泉是九十八度）。但鰺澤溫泉有橘紅色的球狀浮渣在水中飄浮，用此來證明是天然溫泉。整個澡堂只有我一個人。

晚餐後，我出門去散步，找到一家叫做「雪國」（Yukiguni）的居酒屋。我在那與老闆、老闆娘和三位男性客人一同度過那晚。那三位男性客人對我的反應不一。第一位是個穿西裝打領帶，戴著眼鏡，看來正派體面的胖男人。老闆介紹他說，他是位津輕民謠的舞蹈老師。老闆和老闆的妻子跟這人說話時，都帶著無限敬意（「是的，先生；不是的，先生；是那樣的嗎，先生？」）這人完全無視於我的存在。第二位客人穿著運動服，住在五所川原，是位高中老師。他那天開車載幾名學生來參加一場運動賽，所以那晚住在鰺澤。他告訴我，這裡的一家酒吧裡請了一位菲律賓公關小姐。她在三個月內就學會津輕方言，在他那些較有國際觀的高三學生中，非常受到歡迎。我那晚大半是與第三位客人度過。他是一位穿著工作服的木匠，頭髮硬得像鋼絲般。他不斷重複地跟我說，雖然他聽得懂我說的標準日本語，不過他自己只能說腔調很濃的方言。

我們整晚開著方言的玩笑，最後，除了那位木匠之外，大家都被搞得有點累了。那個木匠從啤酒換喝到清酒，每說一件事便翻個白眼，咬緊下巴，揮舞手臂，並在凳子上前後搖擺身子。他叫我「英國來的多桑」，有時就只叫我「爸爸」，我假設這種尊稱也是玩笑的一部分。我道了晚安離去，進入一家現代酒吧兼咖啡廳的小店，在那坐了十五分鐘。我很後悔來到這家店。我坐在黑色塑膠表面的吧台旁，那位穿著荷葉邊襯衫的年輕酒保和一臉嫌惡不快的酒客們，不發一語。店內，不鏽鋼製的玩具和酒瓶倒放在外國風味的測量器中。一杯貝納倫敦辛辣琴酒要價五英鎊半。三個年輕人進門，在一個桌旁坐下，緊張地低語討論。他們叫了一杯白蘭地。

「人頭馬或軒尼詩？」酒保不客氣地問著。

我離開酒吧，回旅館睡覺。

喝醉的老頭

太宰治認為鰺澤「令人沮喪」。它是個「零零落落的小鎮，」他寫道，「整個鎮上只有那麼一條沿著海岸的街道，房子都很類似，沒有什麼變化……鰺澤沒有中心。在大部分的城鎮中，房舍圍著一個中心分布，即使是一位路過而未停下腳步的旅人都能感受到，這是城鎮的心臟地帶。但鰺澤並非如此。它似乎晃蕩地散落著，像是扇軸破損且合起來的扇子。」

這個小鎮的名字取自鰺（aji），我的字典稱這種魚為「金槍魚」或「斑點圓莢」或「竹筴魚」。這種魚小到讓大西洋的漁夫都認不出牠的種類。七年前，我在拂曉時分跟五位漁夫坐著六噸重的漁船出海打魚，當時捕獲的鰺非常少。但那時是在十月，主要的漁獲是回溯至河口的成熟鮭魚。漁夫們說，一旦回到河裡，鮭魚的味道就會變差。現在，在五月，主要漁獲是鯛。鯛在日本的傳統烹飪中非常重要，因為牠的發音是tai，與「恭喜」（omedetai）的部分發音相同。所以，鯛常出現在婚宴和其他慶祝場合的餐桌上，牠通常意味著好運。在太宰治的時代，此鎮最著名的魚似乎是鰰（hata-hata），或砂魚。這類低俗便宜的魚類常遭到城市饕客的嘲諷，卻一直是北方這類小鎮的冬季主食。有次，在秋田的聖誕節，我走進一家餐廳吃飯，菜單上只有鰰魚。我可以吃到燉鰰魚、醬油煮鰰魚、鹽烤鰰魚、奶油炸鰰魚，或甚至是鰰魚生魚片。但如果我想吃別的東西，我就得準備餓肚子。

雖然，溫泉帶給鰺澤——至少是對「一位路過的旅人」而言——一種太宰治認為不存在的中心感，但他當時對此鎮的描寫，比如「疲憊」和「衰微」，卻似乎仍能沿用至今。在封建時代末期，鰺澤曾是津輕最繁榮的海港之一。漁船出海數日，甚至數週，到北海道撈捕鯡魚。而鰺澤的人民為他們比青森縣新近崛起的首府，還擁有更長而富冒險心的歷史而感到自豪。但現在這個地方幾乎不能被稱為富有冒險心了。七年前，我坐的那艘在黎明前離開海港的船，於八點就趕回港口，漁獲在八點半秤重（縱排捕魚的兩艘船總共捕到三個魚網的魚），漁夫們則在九點前返家。在鰺澤最荒涼的角落，一排木製小屋賣著皮革般的烤烏賊，每間都沒有客人上門，老闆娘獨自坐在煤爐前。一個老闆娘忙著編織，一個正在跟貓咪玩耍，一個則凝望窗外。窗口上的大型標示宣稱，這棟灰塵撲撲的小屋曾經上過國內的電視節目——這是唯一可見鰺澤海港昔日繁華的殘留物。

今天是個寒冷的日子。我套上毛衣，以沉重的腳步走在單調的海岸線上，往深浦（Fukura）而去。一層低矮的烏雲籠罩在權現岬（Cape Gongen），黑色陰鬱的海浪則頻頻拍打在防波堤上。道路兩旁的排水溝為褪色的櫻花所阻塞。我在赤石（Akaishi）死氣沉沉的街道上，只看到一個身影；那是一位老頭，邊咳著嗽，邊趕著往醫院方向前進。過一陣子之後，防波堤消失，崎嶇多巖的岩石散布在海岸線上。一輛電車隆隆地駛過。只有一節車廂的電車在無人的車站來回往返。我在海邊唯一經過的房子是一棟孤立的三層樓房舍。它的英國式陽台上端用大大的黑字印上「一九八四」，看了讓人頗覺突兀。

我在往深浦的半路上，一個人跡罕至的千疊敷（Senjojiki）車站，看到這段陰鬱海岸中，唯一努力試圖吸引觀光客的景點。一座飽經海浪拍打的寬廣岩架，就位於海岸道路的轉彎之處。夏天，這裡是泳客的平台。但現在，海浪的浪花透過岩石的裂溝不斷地拍打著，讓此地看起來一點也不吸引人。太宰治說，這個在一世紀半以前，「如魔法般突然升起的岩架」被稱做千疊敷，因為它寬廣平坦到足以讓數百人在此野餐。一座高聳的灰色岩石，就位於分隔這塊平台和道路的牆壁附近。從某一個角度看來，岩石就像奈良大佛。

「像透了！」民宿老闆叫著。我在那停下來吃午餐，順便躲避風勢。他讓我看他自己設計的火柴盒，上面描繪著岩石的草圖和大佛的面相。我凝視著老闆，再看著火柴盒上的岩石。

「從二樓可以看得更清楚！」他向我保證。我們上樓。我從窗口往外看。海浪拍擊在裸露的岩架上，波濤揚起，彷彿噴水的鯨魚。

「無論如何，」老闆說，「你可以在這住一晚，好好研究！」

於是我住了下來。在下午三、四點左右，四十八歲的老闆山田先生，穿著黑色運動衫和燙過的白色長褲，拿著一個托盤放到我桌上，拉起一個坐墊，為他自己倒了一杯茶。他的穿著打扮在這片荒涼蕭瑟的海岸，堪稱時髦。我可以從山田先生頭後面的大片玻璃窗中，看到波濤洶湧的海浪試圖沖毀空蕩無人的岩石平台。

「夏天，孩子們都跑來游泳，」他扯高嗓門，蓋過海浪聲叫著。「海浪有時很高，就像現在一樣！前陣子我房子的樓下才剛淹過水。但在夏天，海水的顏色很漂亮。你看看它現在的顏色，陰沉黑闇。那是因為雪水沿著河流流進海水中。每年的這個時候，不管天空有多藍，海水總是呈現烏賊的墨水色。然後，我們有佛岩，還有不錯的魚，尤其是我這裡的魚。這裡總共有四家民宿，但我是唯一自己出海捕魚的老闆。我們費盡心力地吸引顧客前來！我們還組織了一個『吃魚協會』，在所有的會員聚集時，我們唱些津輕民謠來娛樂他們！」

「誰唱歌？」

「我！」

「有人會彈三味線嗎？」

「有，有個叫荒木的年輕漁夫會彈。為什麼問？你喜歡津輕民謠嗎？」

我告訴他，我非常喜愛津輕民謠，並唱鰺澤女孩嘗起來很像柿餅的那段給他聽。

「老天，你早該說的！」他叫道，「這樣好了，我打個電話給荒木，跟他說我們要創辦一個國際歌迷協會！」

因此我去泡了澡，並換上民宿的浴衣。當我爬上二樓，整張臉紅得像熟龍蝦的時候，我發現荒木和山田並肩坐在榻榻米的空處，前面的矮几上擺著啤酒和魚，身後則是咆哮的海浪和逐漸暗沉的黃昏。

荒木是個強壯結實的年輕人，沉默寡言，臉因害羞而漲得跟我的臉一樣通紅。他說，他是靠聽唱片來學習彈奏三味線的。然後，他拿起三味線，彈奏了一首〈Jonkara節〉[1]。夜幕低垂。他再彈了一首〈Yosare節〉[2]。外面的海水帶著嘶嘶聲起伏不定，並拍擊岸邊，發出鏗鏘聲。有時候，當他的撥子滑行在弦上，而不是正面拍擊弦的時候，荒木會畏縮一下，微笑著閉上眼睛。後來，在彈奏〈小原節〉（Ohara-bushi）時，他突然停了下來，放下三味線，咧嘴而笑，按摩著肩膀。

在優美的伴奏下，山田唱起〈Aiya節〉，他的聲音令人驚訝的柔和而高昂：

Aiyaanaa……Aiya……歌曲流動著，家鄉的歌：
Yosare，Jonkara，都是好歌……

然後，當荒木按摩著肩膀時，山田展開雙臂，抬起臉，對著矮几上的空啤酒瓶說話，彷彿它們是付錢觀賞的觀眾：「嗯，我不介意跟人家說，我們曾為一些有趣的客人演唱過。是的，我們演唱過！但在所有我們演唱過的客人中，就屬今晚的客人最有趣！我們從未如此開心地為人演唱過！從未！那是事實！現在讓我們聽聽這位出色的客人所帶來的歌曲！」

我一飲而盡最後的一瓶啤酒，唱了一首古老的英國邊疆民謠。歌曲中訴說著一位年輕騎士死於戰爭之中，他的屍體遭烏鴉吞食，金髮被鳥拿去做巢。沒有人會發現他的屍骨，因為它們被隱藏在損毀衰敗的戰壕後方。風永恆地吹向這裡。當我唱完這首歌，並翻譯歌詞時，荒木突然嚴肅了起來（反正他也沒有喝醉），安靜地收拾他的三味線。山田則開始暈頭轉向地比較起歌詞：「嗯，我從來沒有！在我這一生中，我必須說我從沒聽過那樣的歌詞。但，我們必須承認它聽起來很熟悉。對，沒錯！事實上，它聽起來一點也不像英國歌，不是嗎？我想我們全都同意那點。不，它聽起來像日本歌！說起來，津輕很有可能唱出這種歌！烏鴉，我們這裡多的是！是的！還有眼睛被啄食的年輕武士。這就像漫畫裡面畫得一樣！」

荒木回家。我到樓下吃晚餐。我才剛坐下來，拿起筷子時，一位穿著卡其外套和套頭毛衣的老頭走進來，坐在我的桌子旁。他告訴我，那天早上他看到我在路上走著，所以他要請我喝一瓶

---

1 津輕最受歡迎的民謠之一。

2 只有演奏沒有歌詞，在盂蘭盆節跳盆舞時伴奏的歌。

啤酒。他的嘴唇厚重濕潤，吐著唾液，眼睛只是小小的一條細縫，鼻子往左邊過度彎曲，使得他看起來像是立體派的蠟製玩偶。他喝得爛醉如泥。山田的妻子見狀後，便微笑著從小餐廳後方的櫃檯走出來，告訴他說，她要打烊了。但他可沒這麼容易就被哄走。

「酒！」他狂叫著，「我還要一份跟他一樣的晚餐！」

山田的妻子端來一瓶清酒和一碗堅果。我們聊了一下我在這裡做的事——在城鎮和村莊間徘徊引發了一連串的問題。

然後，那位老頭狂叫著，點了第二瓶清酒。山田的妻子頗為尷尬地端來，發出咯咯的輕笑。老頭將眼睛瞇成一條縫，我猜他根本不可能從那條縫裡看到任何東西。他問我有多少個兄弟姊妹。我告訴他，我是獨子。他立刻張開小小的眼睛，開始辱罵我。

他一看到我時，就猜到這點了。獨子。他從這個問題的答案，就可以知道所有他需要知道的事情。獨子。是的。他從那天早上一看到我在路上行走之後，馬上就知道我是個毫無價值、懶惰、可鄙的無業遊民。事實上，他會坐到這個桌子旁，就只是為了確定他的直覺。一個差勁、無可藥救的蹩腳貨，那就是我。我被寵壞了，除了我自己之外，完全不替他人著想。我為什麼不做點有用的事？我為什麼浪費時間和金錢，放縱自己在鄉野間徘徊？我為什麼不去做些對他人有利的事？

山田老闆偷偷潛到我們的桌旁，將手放在我的椅背上，以一種連大街上都聽得到的低語聲說：「別管他！他喝醉了！」但這個醉鬼的眼睛牢牢地盯著我，像吹箭筒裡兩枚瞄準的毒箭一般，他的唾液開始滴落到卡其外套上。

他從我的臉就看得出來，我很討厭日本。看面相是他的特殊才華。沒錯，看看我。我討厭日本，無可藥救的蹩腳貨。

他將臉伸到我前面，唾液開始沿著他嘴角，流到我的醃蘿蔔中，瞇著雙眼，然後又睜開它們，直瞪著我的臉。然後，他張大眼睛，閉上嘴巴，他的言詞就像他剛才的辱罵，一般突兀地轉成輕聲細語和恭敬。

這裡，等一下。那是什麼？那些皺紋。他有可能……？我介意嗎……？

他站起來，身子往前傾，他的嘴唇幾乎要碰到我的鼻頭，把我的頭髮往上撫，以將額頭看個仔細。然後，他的嘴巴大開，唾液掉在我的盤子上，形成便士大小般的圓圓斑點。

三條。三條皺紋。我的前額上有三條等距相間的皺紋。天大的錯誤！在他幫人看面相三十年來，他從來沒有看過這個。在他看過的二或三千張臉中，他從來沒有碰過這麼幸運的事。只有三條。我介意嗎……？

他將我的頭髮推高，著迷地盯著我的髮際線。只有三條。那是偉大智慧的表徵。那是所有面貌特徵中的最高特徵。他唯一知道在額頭也有三條皺紋的歷史人物是——我不知道嗎？不知道？佛陀！他讀過有關祂的事，但從來沒見過祂。我得原諒他。他犯了一個天大的錯誤。

他坐下來，用袖口抹掉我盤子上的唾液。

我是個不可思議的男人。我可以做任何我選擇做的事。是的，他從面相看得出來。他現在知道我為什麼在這個世界上旅行了。我在這個世界上旅行，是因為我想發現一些大道理。

那是為什麼我在人群間徘徊……

我站起身，但他拉住我浴衣的袖子。他叫老闆娘給他一張便條紙，並請我簽名留念。老闆娘拿來一疊便條紙和一枝削得很短的鉛筆。我簽了一張紙。喝醉酒的老頭將紙撕下，顫抖著把它折好，放進外套的內袋中。

他說希望能幫我付晚餐錢。他甚至希望能幫我付住宿費。但在月底的這個時候，他的手頭通常很拮据。我得原諒他。真的。不可思議的男人……

我說了晚安，回到樓上的房間，從窗口看到山田老闆揮舞著張開的雙臂，將老頭趕出餐廳。然後，山田回到屋內，將門關上，拉上門簾。被趕出去的老頭大聲地將痰吐進排水溝裡，轉身，蹣跚地越過馬路，向佛岩方向走去。那老頭靠在鐵欄杆上，盯著岩石看了好一會兒，然後又吐了口痰，開始在腳丫周圍尋找他以為他掉了的東西。一整晚，海浪如人的胸部般，起伏地發出嗚咽聲，浪花散落在白色的欄杆上，並沖刷掉街道上的污穢。

津輕三味線風潮

津輕三味線曾經風行一時。這份熱潮始於一九七〇年代早期，在一九八〇年就悄然結束。之後引發褶傘蜥的風潮。只要打開電視或走出門時，都可以看到澳洲褶傘蜥的身影。澳洲褶傘蜥是種澳洲爬蟲類，頭的後方有一道薄膜，當有人悄悄靠近牠，並讓牠受到驚嚇時——比如日本的攝影師——薄膜就會豎起如僵直的衣領褶邊一般。然後，牠會將整個身軀拉直，用後腳踏著外八字形的步伐，一溜煙地逃開。這個特徵對日本列島的消費者來說，是如此地迷人，以至於在夏季那三、四個月的暈頭時期，這種蜥蜴要比迪士尼樂園還受歡迎。

澳洲褶傘蜥替啤酒、汽車和機油大作廣告。牠輕快奔越十二公尺寬的廣告板，並在每個黃金時段的廣告時間中，大概會遭到兩次左右的驚嚇。玩具店裡充斥著澳洲褶傘蜥的玩偶，而活生生的蜥蜴則得從澳洲動物園乞求、購買或借用而來。然後，秋天降臨，澳洲褶傘蜥突然從廣告板、螢幕和玩具店中消失。這陣風潮的結束突兀得有若它的起始。在數個小時之後，日本就像是從來沒有人聽過澳洲褶傘蜥這種生物一樣。日本的消費者將注意力再度轉向穿著彈性絲襪的緊實臀部，並等待另一個廣告主管想出「可愛」的新定義。澳洲褶傘蜥在籠子裡斷了氣或被悄悄地運回澳洲。而啤酒、汽車和機油廣告再度變回溫血動物的獨占市場。

就像任何日本的流行風潮，澳洲褶傘蜥的熱潮也有盲從和短暫這兩個特徵，像得了不治之症般，它的逝去是由過度炒作的風潮、變幻無常的口味和燃燒殆盡的狂熱所造成。與蜥蜴熱之類的風潮比起來，津輕三味線的風行算是燃燒持久的；久得足以讓一個人學會彈奏這項樂器，雖然真正學會的人並不多。風潮是一種旁觀者的運動，能讓人感到開心，卻不會希望自己的女兒嫁給一個學這個的人，而你俱樂部的會員資格會跟大家的一樣，在同一天期滿終止。

津輕三味線的所掀起的風潮，有許多要歸功於高橋竹山的高超技巧和身為盲人的這兩個事實。樂迷雖然是直到一九七〇年代，才開始在音樂廳的門外，熱心地大排長龍。但它的風潮實際上可以追溯到一九四〇年代末期，日本戰敗後，在美軍占領之下，所廣泛激起的大眾民謠音樂復興運動。在日本有歷史記載的一千六百年間，二次大戰的戰敗是日本作為一個國家所面臨最慘痛的經驗，國家自尊的喪失更是史無前例和普遍瀰漫的。在戰時被誇大宣傳的日本神性、清楚命定的命運，以及日本人民獨特而不容征服的美德，這些信條在戰後消失殆盡，只留下一個無法彌補和無以填滿的空洞。日本從未被外國勢力所打敗[3]，更別提無條件投降，並將宗主權交入他們視為次等人種的敵人手中。隨之而來的衝擊和意氣消沉，或可成為經濟復甦的巨大障礙，因此，快速重整國家自尊和找出新方向，遂成為所有社會階層的優先事項。

日本傳統文化的許多層面——比如，地方祭典——在戰時都遭到壓抑，因為它們被視為不合時宜，並缺乏適當的戰爭嚴肅性。這些祭典和娛樂現在卻受到大力復興。在日本全國境內，古老的祭典和儀式重新得到接納和展現，由於它們沒有包含戰爭的惡臭，人民熱切地擁抱這些慶典。如果人們無法從記載中拼湊出地方祭典的原貌，他們就創造新貌。傳統藝術（那些沒有像戲劇一樣遭到占領美軍檢查的藝能）也有類似的復興運動，民謠是第一個受到矚目的民俗藝能。首先，民謠音樂是種庶民文化。它從未受到統治階層（或是封建藩主）的庇護或獎勵，因此，它也並未受到那股領導日本去參戰、卻又在戰後完全喪失信用的統治力量的影響。再者，民謠音樂謳歌頌揚的是地區，而非國家。雖然國家自尊遭受空前的打擊，但個別地域——包括津輕在內——並沒有抱持罪惡感或羞恥感的理由。這些個別地域的民謠音樂能不斷地讚美自己，表現出與主流文化不同的風範，完全自外於戰爭的愚蠢荒唐和過度沉溺。而在這個自我懷疑和痛苦的重新評價的時代中，越是與世隔絕的民謠文化，越需要主流大眾的認同和喜好。

一九五一年，也就是美軍占領的最後一年，大眾對民謠音樂重燃的興趣如此快速和廣泛，一首北方民謠〈真室川音頭〉成為日本最受歡迎的歌曲。在這些艱難的年代裡，最受歡迎的歌曲當然都是最活潑的民謠；這類歌曲同時頌揚和平生活的熱情和日本獨特的感性。〈真室川音頭〉正是這樣的一首民謠。它的每一個音節都充斥著日本的感性：

我是真室川的梅花，
你是新庄的夜鶯，
不要等我的花兒開了才來，
在我仍含苞待放時就請你前來。

它也顯示了拒絕在逆境中遭到威嚇的活潑精神：

3 學者們認定，日本在十六世紀末出兵韓國所遭遇到的挫折，結局是以兩方陷入僵局收場（一五九二和一五九八年，豐臣秀吉曾兩次出兵朝鮮，最後戰事不了了之）。

房子後面有道木製籬笆，
房子前面有一隻吵鬧的狗，
噓！別吠！我不是小偷！
我是女兒的情人！

但這股民謠風潮轉眼消逝。日本的經濟開始繁榮，整個國家暈陶陶地宣稱要走向「國際思想」；展現都會風情的慾望，勝過於頌揚地方成就的激勵。因此，民謠音樂不再是舞台中心的焦點，而且被一個又一個的外來文化推擠到邊疆地帶。歷經劫數而殘存下來的民謠音樂變得安全無害。在陰暗的歲月裡，保持信念堅定不移的地方音樂師和他們骯髒的手指，被推進無人聞問的角落。取而代之的是東京和大阪出身的年輕「藝人」，穿著熨燙整齊的和服，有大型的交響樂團和出眾的管樂隊在背後撐腰。等到一九五〇年代末期，民謠音樂不再是復興國家驕傲的一個主要助力，而逐漸簡化為一個娛樂工業的次要分支：乾淨、通俗、專業而熱情不再。

儘管如此，戰後的風潮仍然改變了高橋定藏的人生。他從乞討般沒沒無聞的生活中被挖掘，冠上竹山的藝名，在全國放送的廣播節目中，彈奏著三味線。甚至在這股民謠風潮止歇之後，他仍然能在民謠酒場（minyo-sakaba）演奏，賺取更多的生活費。民謠酒場在五〇年代時興起，用以滿足擁護民謠的死硬派樂迷。竹山並不喜歡這類酒場的俱樂部氣氛，到後來，他更拒絕為不專心聽演奏的觀眾表演。在一九六〇年代，竹山在一個叫做「勞音」的組織贊助之下，為一群年輕都會藍領階層，首度在音樂廳發表獨奏會。而在一九七〇年代早期，他吸引了一群熱心的追隨者；包括年輕工人、知識分子和學生、以及五十到六十歲的長者。後者在當時和現在，都是日本民謠音樂最忠誠的擁護者。

津輕三味線的風潮在一九七三年達到巔峰。原油價格在此年飆漲，一位日裔美國人得到諾貝爾物理學獎，竹山在東京繁華的涉谷地區，開始於Jean-Jean地下劇場定期發表演奏會。這個地下劇場位於地下，比較熟悉於前衛人士的演奏，而非三味線的獨奏。竹山現在已經不單單是一位伴奏者，他向年輕都會聽眾展現津輕人的驕傲——津輕三味線（這個三弦樂器不像其他較小的樂器形式，而是介於長型琵琶和斑鳩琴之間）可以是一個音樂名家獨奏的完美樂器：竹山能修飾音調使它成為個人的宣言，也能藉它展示技巧成就和獨特的發明。竹山也是位富有才華、相當健談的音樂師。他在Jean-Jean的演奏會上，總是以他童年故事的長篇演說開場，中間點綴些方言的鄉土幽默。方言聽起來如此高深莫測，以致它本身也成為一種前衛的事物。在一九七〇年代中期，竹山達到任何藝術中最難達到的雙重身分：同時成為一個崇拜對象和家喻戶曉的人物。

我們該如何解釋，這股對沒沒無聞的鄉野音樂所產生的歡迎熱潮——尤其是在都會年輕人之間？還有它為何在那個年代發生？一個社會學家也許會回答說，在一九七〇年代早期，就像其他國家的年輕知識分子一樣，日本的年輕知識分子正在尋找新的方向，以發洩一九六〇年代逝去的掙扎中，所遺留下來的精力和熱誠。日本六〇年代學生運動的兩大主因，乃是反對日美安保條約和倡導沖繩回歸。但隨著七〇年代的腳步接近，這兩個理想都隨風逝去。日美安保條約在一九七〇年自動延長，此時若再加以抗議，毋寧是多餘之舉。翌年，日美雙方簽署沖繩回歸條約，將沖繩列島還給日本。美國並於一九七二年結束占領日本。就像其他地方一樣，失去長期奮戰的理想，使得年輕人的專注焦點變得狹隘。六〇年代崛起的決心和支撐國家的年輕力量，受到挫折或因邁向老年而消逝。重新整理世界次序的驅策力，突然由對自然食品的興趣所取代。

更確切地來說，日本戰後的反省深思在「經濟奇蹟」的海嘯中淹沒了。而國家自尊在此時更是達到頂峰，完全不需要復甦。不管到哪兒，都能聽到或讀到有關日本種族獨特和超人一等的美德。只有日本人擁有直覺；只有他們擁有微妙而模稜兩可的語言；只有他們能欣賞自然世界；只有他們工作勤奮；只有他們擁有四季。因此，就像在戰後的沮喪年間，人們頌揚日本成就的氣候成熟，但卻是為了完全不同的理由而頌揚，七〇年代和八〇年代初期見證了各式各樣自發的、或經過推動的文化復興。人們重燃對歌舞伎的興趣（像津輕三味線的風潮一般，它大部分是被極富魅力的表演者促成）。經濟寬裕和休閒旅遊的機會大增之後，鼓舞地方祭典的興盛，地方祭典受到歡迎的程度，足以使得旅行社無法應付暴增的觀光人潮。而許多較為有名的祭典開始擺脫地方祭典的純樸，搖身變成大型而鋪張華麗的演出。清酒重新得到重視，人們再度大啖壽司，而燒酎有那麼一段短暫期間，取代威士忌成為日本最受喜愛的烈酒。人們紛紛前往溫泉勝地拜訪。一套十和二十冊，以工藝、舊路和俳句為主題的百科全書曾經暢銷一時。

津輕三味線是這陣狂熱風潮中，最早興起的流行之一，它後來能風行那麼久，是因為津輕民謠音樂，除了具有日本的獨特性（從英文unique此字而來的外來語，但yuniiku只應用在日本身上，成為當時的時髦字眼）之外，還擁有別的特性。一來，它是富有「民族性的」。當時，第一批日本年輕人正開始到印度、尼泊爾和東南亞旅行，發現這些地方的民俗傳統，成功地避免成為通俗、內容潔淨和隸屬於「國際思想」的一部分，與日本的傳統完全不同。二來，它是富有「異國情調的」；因為它聽起來，與他們的父執輩有時會在婚宴上脫掉外套，令他們尷尬不已，高聲而唱的熟悉民謠如此不同。津輕民謠音樂在事實上是唱不來的，就像津輕三味線是學不來的，而盲眼大師的人生也無法模仿。竹山會在年輕知識分子之間受到如此歡迎的原因在於，他是位盲人，他的音樂技巧高超，而他說故事的功力更是不可小覷。三味線傳統上是盲人的樂器，而竹山的眼盲被視為他是「真貨」（the real thing）的確切證據，就像百分之百的麥酒和糙米。

竹山的輝煌成就，使得他為幾位津輕三味線的表演者，開闢了一條道路；他們雖然都受到顯著的歡迎，但沒有人的聲譽比得上竹山的聲望（換句話說，他們全是看得見的正常人）。他們發行唱片，發表獨奏會，而從他們的作品中——特別是唱片——你可以偵測到這個風潮即將逝去的第一個徵兆。它會消逝的部分原因，與澳洲褶傘蜥的匆匆盛行有著相同的傾向——走向極端的傾向，溺水成為唯一可能的結果。啊！製作人說，購買這些三味線唱片的顧客都是些年輕人，讓我們傾盡全力來吸引他們。我們來做一張唱片，封面是木田林松榮穿著李維緊身牛仔褲的照片（木田林松榮是個肥胖、表情嚴肅的中年演奏家，現已去世）。我們來做一張唱片，讓山田千里用三味線彈奏匈牙利舞曲，然後，再做一張他的三味線演奏會，由西式的交響樂團在旁伴奏。我們將這個交響樂團稱之為——對了！——東方幻想交響樂團，它聽起來的感覺就像米科洛斯羅茲沙[4]的電影配樂。我們來做一張唱片，其中不只有一位津輕三味線大師演奏——或兩位或十位或二十位——而是三十位，對的，三十位津輕三味線大師同台演奏……

改變的是誰？

雖然山田老闆提到雪水順著河水流至海面，但海水是一片夏天的湛藍。強風止歇。在平靜的天空中，四架從米澤（Misawa）基地起飛的戰鬥機不斷呼嘯，盤旋纏鬥，機身低掠到我可以看見上面的飛官。沿著海岸線的岩石柔軟而多孔，散發著淡綠色和灰色的光芒，小型貝類生物點綴在岩縫之間。但在憤怒的海鷗從戰鬥機的飛行路線俯衝而下時，貝類便匆匆忙忙地逃跑。我很晚才動身，當我抵達燈塔和山田出生的小港口風合瀨（Kasose）時，已近午時時分。山田將船停靠在風合瀨，我看見他正在用修車店用來清理底盤的強力水柱，來清洗魚網。之後，我們去專為漁夫開的小餐廳裡買啤酒喝。當時，一個牆上的擴音器轉播著船與船之間的通訊。（「那是荒木！」山田叫著，「那是小泊來的誰！」）我在那吃到了我生平最好吃的比目魚生魚片。

或許是比目魚也或許是短波通訊，讓我在這個簡陋的小屋中，覺得有股奇怪的舒適感。餐廳門口的階梯上擺放著荷蘭芹的盆栽。一位疲憊的漁夫正讀著漫畫書。老闆的母親則坐在角落的桌子，小心地替一種可食用的草類薄莖去皮。她稱這種草為mizu。事實上，我在這裡覺得異常舒適，以致我想捏我的腿來停止我的白日夢，我用的方法很妙，我開始談起身為外國人的一切。我對突然停止微笑的老闆娘和不再削莖去皮的老婆婆說起，十年前，當我縱走全日本時，有些旅館和民宿會假裝它們已經客滿，而不收我這個客人。

「這個，」老闆娘說，「如果我覺得那個人不能適應這裡，我也會做同樣的事。如果我碰到一個長髮的日本嬉皮上門來，我也會做同樣的事。」

山田辯解道：「但現在不會了，對不對？」

不，我對著全場安靜的聽眾說，現在很少會這樣了。擴音器發出靜電產生的嘶嘶和爆裂聲。老婆婆又在削皮。我說：「我不確定這代表著什麼意義。是代表著日本改變了，還是我改變了？」

「我很高興你喜歡比目魚，」老闆娘說，「那魚不是從店裡買來的，你知道。我是從剛靠岸的船那裡買來的。很多人認為一捕到魚，馬上做成生魚片最好吃。但那不是真的。你得將魚放上一或兩天才會好吃。」

「日本改變了！」山田叫道，「變得國際化了！」

「說到鱒魚，」老闆娘說，「在吃牠前，要將牠冷凍四十八小時。這樣才能去除牠的油脂。」

「我絕對不會將客人趕走！」

「真正會吃生魚片的行家會先打電話來問我丈夫，魚死去的確切時間。」

---

4 Miklos Rozsa，一九〇七—一九九五，好萊塢電影配樂家。

「津輕地區的人不會把客人趕走！」

「但烏賊，烏賊就不一樣了。烏賊要趁著最新鮮的時候吃。有些人喜歡牠在嘴裡蠕動的感覺。」

「我敢說，你也有改變！」山田說，「你現在比較……嗯，你比較……比較……我想是如此！」

那天下午比早上還要熱。我在俯瞰岩石海岸的草地上躺了一個小時，打了個小盹。但當我醒轉時，津輕的風勢轉強，沿著海岸不斷地吹向我和深浦海港。我詢問的第一家旅館告訴我，他們客滿了，我看得出來這是真的。他們正在舉辦一場婚宴。太宰治曾經住在這裡的「骯髒房間」中，並大啖鯛和鮑魚。然後，他去一家餐廳喝清酒，並和一位服務生起了爭執。他想和一位缺了門牙的女服務生聊天，但一位矮胖的女服務生一直打斷他們的對話，說著些愚蠢的笑話。後來，太宰治叫那名女服務生滾開，結果缺了門牙的女服務生也跟著同伴離開。

「我警告你，讀者，」太宰治如此寫道，「當一個男人走進餐廳時，他永遠不能說實話……最後我自己喝著悶酒……我更深沉地感受到身為旅人的孤獨。」

你活該，我想著，走到街上數個房舍之外的另一家旅館。我在玄關猛敲猛打，狂叫了大約十五分鐘之後，一個矮胖、穿著花朵圖案上衣的女人，從屏風後面跳出來，跪在木板地面上，對我深深一鞠躬，頭部幾乎觸及地面。她看到我的背包時，開心地微笑，嘴裡不停地說著住宿費用。

從外觀上看來，這座旅館像是個擁擠的兩層樓建築。但穿著花朵圖案上衣的女性，領著我走過數不清的樓梯，經過傾斜的走廊，爬上街道後面的整座山丘，直到我們抵達一個房間。從這個房間，能俯瞰旅館六個零落四散的側翼的紅色屋頂。當我打開窗戶、傾身而出，想看看能否遠眺漁港時，澡堂的煙霧從數哩遠的下方蒸騰而上，飄浮過我的鼻子，並帶著漂白過的香柏氣味。往下看是一片讓人頭暈目眩的煙霧。房間內的氣溫比街道上要低，因此，我在晚餐前後，還有在晚餐時，共喝了六瓶清酒以驅逐寒意。之後，我到漆黑一片的小鎮上散步。小鎮毫無任何生命跡象，沒有酒店或娛樂場所。我站在橋上，看著明亮的半月，對它說：「當我死時，我會想念你。」

我快速走回旅館，經過拉緊鐵門的店面，走上陡峭的走廊，進入空蕩的房間。我躺在床上，大半夜都醒著，聽著走廊上的熱水鍋爐漏水的聲音。滴答，滴答，滴答。熱水鍋爐的水滴到金屬洗手台裡。我將一個塑膠桶擺在洗手台上，讓擾人的滴答聲消失。我後來起床兩次，將桶裡的水倒掉。倒掉水後，我回去躺在被窩裡，覺得自己似乎扼殺了這棟房子的心跳。

除了吃喝和為自己感到委屈之外，太宰治在深浦做的唯一一件事，就是去短暫參觀丹覺寺（Enkakuji）。而在隔天早上，那位穿著花朵圖案上衣的女人靜靜地如小鳥般在玄關內跳躍，對著我跪著鞠躬。在我站著為靴子綁上鞋帶時，我們兩個都想不出來該說什麼，因此，她不斷地微笑著。我後來也去參觀了丹覺寺。太宰治提到，這個寺廟的一座佛堂已被指定為國寶（但他弄錯了；是佛堂裡有一座漆製神龕被指定為重要文化財；這個差異足以構成美術品的生死關鍵）。他也提到，這座寺廟有個令人印象深刻的大門，裡面有兩尊大型的仁王像。但丹覺寺讓我印象深刻的地方在於，這個大門門口上面的銘文，和寺院內木製佛塔上的銘文，有部分是用梵文書寫而成。而深浦這裡沒有人能理解梵文，包括此寺的僧侶。

除了寺廟和無字天書般的梵文，深浦沒有什麼看頭。太宰治發現津輕海岸的整個南部地區，與荒野固執的北部相較，顯得「聰明」、「富有涵養」和「馴服」。「津輕北部，」他寫道，「就像煮熟到一半的青菜，但南部就像煮到連顏色都消失的地方。」深浦和鰺澤一樣，曾是個以漁業繁榮的城鎮，而與大約一百五十年前的榮景相較，兩個小鎮現在都陷入悲哀的沒落之中。但還是能從兩者不同的特性中，偵測到些許階級差異。在工作天，零零散散的鰺澤小船帶回污穢、如皮革般的烏賊，引擎聲震天價響。而在活潑整齊的深浦，有著噴灑乾淨的混凝土防波堤、鐵絲網覆蓋的山坡、新月形狀的海港（一個牆面上裝飾著色彩繽紛的壁畫）、和對雜貨倉庫、包裝良好的船貨和運貨單的遙遠記憶。要是有機會認識鰺澤人的話，可以看得出他們懶散但率直；深浦人則堅定果斷卻挑剔。事實上，越往這兩個小鎮的相異處去思考時，越容易聯想到津輕兩大主要都市的不同點：青森那個搖搖晃晃的市場和每個人手指上的油脂味，以及弘前盛開的櫻花、巴哈的演奏和一個逝去但又陰魂不散的「文化」。

深浦是太宰治於一九四四年的徘徊中，最南方的景點。他顯然覺得到了這麼遠的南方，已快走出津輕的地域。所以，在海港邊度過無聊的一個小時之後，我做了太宰治當年做的事，那就是再度往北。沿著海岸，我沒有別的路可去，只能循著來時原路返回北方。我又在山田的民宿裡度過一夜，被澡堂裡的熱水龍頭燙傷腳丫。山田的妻子用我的羊毛襪將冰袋綁在我的腳丫上。我又在風合瀨的那家小漁夫餐廳用餐，吃了更多的比目魚生魚片，聽著為鄰居兒子作媒的老闆娘，詳細解釋何謂奉父母之命的婚姻。

她告訴我，在戰前，男女兩方的意願常常不會被問及。如果雙方家庭決定結婚，那就會有個婚禮，誰反對也沒用。我原本以為，她跟我解釋這個細節，是為了向我證明，不光只是想找到旅館住宿的外國人嘗盡苦頭而已。但後來她說著說著，說到美國人身上去，抱怨自他們莽莽撞撞地闖入日本人的世界之後，古老的方式都開始改變了。所以，我便跟她說再見，忘掉所有外國人的苦衷，直到我蹣跚走進鰺澤，赫然看見一個金髮碧眼的小男孩為止。他人約九歲，拖著書包走在街道上，正從學校放學回家。他和我一樣形隻影單。他看到我時，吃驚的程度不下於我。但當我們走到聽得到彼此說話的距離時，他便低下眼瞼，加快腳步，在經過我時，看著自己的鞋子。

「嗨，你好。」我說。

但他沒有回答，我看見他的鞋子磨損得非常厲害。

第四章　春天和城堡

太宰治的自殺傳奇，如果不是有牽扯到其他人命的話，讀起來就像是一齣五幕喜劇。

太宰治第一次企圖自殺發生在一九二九年十二月十日。二十歲的他吞下過量的安眠藥。家人中只有他的母親對此表示關切，帶他去洗胃和靜養了一個月。太宰治自己將這次自殺未遂歸諸於意識型態的混亂、階級罪惡感和文學先輩的前例。但至少有位學者指出，十二月十日是弘前高中期末考的前一晚，而太宰治的成績在全班三十五人中，排名第三十一。

他的第二次企圖自殺發生於一九三〇年十一月二十九日。當時太宰治因計畫要和一位年輕的青森藝妓小山初代結婚，而被金木的老家斷絕關係。他帶著一位離過婚的銀座酒吧女孩，狂喝了四十八小時的酒，然後，根據你所讀到的版本，太宰治不是和那女孩一同在江之島（Enoshima）這個度假勝地投海自殺，就是和她在海灘吞下大量的安眠藥。不管怎樣，那個女孩死去了，而存活下來的太宰治被起訴為幫助她自殺的幫凶。後來，他在青森縣議會工作的大哥文治向當局施壓，太宰治被安靜地釋放。

他的第三度企圖自殺發生在一九三五年三月十六日。他沒在東京的報社找到工作，遂拿著文治給的一個月的零用錢，與一位遠親到酒吧狂歡了二十四小時。然後，在鎌倉八幡宮後面的樹林中上吊自殺，卻在第二天早上醒轉，「脖子上帶著鮮明的勒痕」。

他的第四次企圖自殺發生在兩年後，一九三七年的三月。他此時在精神病院中住了一個月，而他的妻子，小山初代與那位跟他到酒吧狂歡二十四小時的遠親，有了曖昧的不軌行為。太宰治護送她到水上（Minakami）溫泉，兩人都吞下大量安眠藥，但都被救活。

最後，在一九四八年六月十三日夜晚。這時是他完成津輕之旅四年後的事。他剛寫完最後一部小說，《人間失格》（*Ningen Shikkaku*）。他的第二任妻子津島美知子剛生下第三個小孩。太宰治與一位叫做山崎富榮的美容師失去蹤跡。山崎富榮是位戰爭寡婦，曾有兩次自殺經驗。太宰治與她相識一年多。兩人消失六天之後，在太宰治三十九歲生日那天[1]，兩人的遺體在三鷹（Mitaka）附近的玉川（Tama）運河被發現，離我住的房子大約一哩半遠。

「我的人生充滿著恥辱，」《人間失格》開頭第一句如此寫道，「……我有時覺得我背上揹載著十種不幸，其中任何一種讓我的鄰居來承受的話，足以逼使他成為一位殺人犯。

「我就是不了解。我對我鄰居所承受的苦痛的性質或程度，一點概念都沒有。實際上的煩惱，如果有足夠的食物可以吃，就能減輕的悲苦……如果我的鄰居能以不殺死對方和不發瘋的方式，生存下來……不屈服於沮喪，決心為生存展開鬥爭，那他們的煩惱是真的嗎？……我越思考，便越是不了解。我與其他人不同的想法，為我帶來恐懼和恐怖的攻擊感受。我幾乎沒辦法與別人對話。我該聊些什麼，我該如何開口……？

「因此我開始扮演小丑……」

重遊舊地

太宰治從鰺澤坐火車回到五所川原，去拜訪叔母。但我覺得重回五所川原毫無意義，我也不打算搭火車，我更沒有叔母。於是，我開始沿著人煙罕至的道路走向岩木山的山麓，它將經過岳（Dake）溫泉和岩木山神社，最後抵達老都市弘前。在三百年前的弘前，不論有沒有前世存在，我或許真的曾在此出生。

那天天氣溫暖，低矮的雲層籠罩著岩木山，遮蔽了它的山頭。我往北走到鰺澤，在那花了四十分鐘，尋找能吃早餐的地方。九點整，一家小型百貨公司開門，我坐在百貨公司的咖啡店中，吃著「比薩吐司」。現在是十點半。我已經連續在路上步行了十四天。而在傍晚前，還有二十七公里的路等著我去跋涉。我剛剛在早餐灑上的大量辣椒醬，現在正在發揮威力。我的肚子，感覺就像岩木山要爆發前的二十分鐘一樣。因此，我坐在長著青草的堤防上，對著一隻孤單的鴨子呻吟。那隻鴨子小心翼翼地在新插好稻苗的田地中，穿梭前進。稻苗已經被強風吹得七零八落。但我仍可以在成排的秧苗間，看見農夫在銀色的土壤中留下來的腳印，粗糙而凌亂。當辣椒醬在推

1 六月十九日。

動著我的腸子時，我為那些腳印感到深深感動。蘋果樹的花朵全掉光了。稻田裡的幼蛙吵雜喧嚷，發出劈啪的爆裂聲跨越整個山谷，彷彿是足球賽加油時發出的喀噠聲響。在一個深沉的雨水池裡，擠著數千隻蝌蚪。牠們在不意中形成的監牢邊緣顯得煩躁不安，並用頭猛撞棄置在水池的三個便當盒。

一輛廂型車停了下來，兩位年輕的加拿大人從前座窗口探出頭來，問我要上哪裡去。他們是傳教士，一位來自五所川原的教堂（「來我們這裡住！你一定要來我們這裡住！」），另一位來自鰺澤。後者在那與妻子和五個小孩住了三年，愉快地對他「牧教區」的大小，和他將使本地人民皈依基督教的百分比人口，開著玩笑。

「我昨天看到的一定是你的小孩，」我告訴他，「大約九歲的男孩，揹著書包。」

「是的，沒錯，」他開心地說，「那是唐納。唐納會說流利的津輕方言。」

「他適不適應學校？」我問，「他有交到很多朋友嗎？」

「喔，有的，」驕傲的父親說，「數以百計的朋友。他從來不會孤單一個人。」

那天緩慢地流逝。我經過一家雜貨店，牆壁上釘著一張海報，宣告天國已近。我在走過一個村莊時，與一位老頭擦肩而過，他低語說：「您辛苦了。」這句打招呼的話語無法翻譯成英文。老人們在看見我走在接近他們住處的路上，並對我花那麼多功夫來到此地的這個舉動，表示欣賞時，會使用這句話。兩個年輕人則以不同的方式對我的努力展現欣賞。他們將裝著啤酒的板條箱搬到送貨卡車上，口中叫著：「Fight! Fight!（加油！）」可別弄錯，他們並不是在鼓勵我。這個口號讓他們想到一個活力飲料的電視廣告，他們隨即將板條箱放在柏油路上，笑得樂不可支。然後，道路以尖銳的く字形陡地升高，盤旋而上，直到四百公尺高的高原。我從那回頭瀏覽日本海，看到七里長濱的白浪被吞噬在權現岬的迷霧中。

我在四點抵達目的地，岩木山周邊半山腰的岳溫泉勝地。太宰治從來沒有來過這裡。但我在十、十一年前，曾在這裡住過一晚。我漫步在商店和簡陋小屋所形成的圓環中，此地有三、四家旅館，而我正在努力回想，當年住的是哪一家。

「那家有木製浴池嗎？」我探問的第一家旅館中，來應接的老婆婆喘不過氣地問我。

「是的，我記得好像有。」

「那麼，一定是這裡！一定是這裡！我們是唯一有木製浴池的旅館！我們還有一座電梯！我敢賭，你來住時，我們還沒有電梯！喔喔喔，太太！太太！（她對著旅館的老闆娘叫道。老闆娘的雙手正抹著圍裙，從大廳中，透過眼鏡，皺著眉頭盯著我們。）這個人在十年前來住過我們這！」

「嗯，帶他進來，不用大驚小怪。」老闆娘說。於是，我放下背包，脫掉靴子，搭乘嘎嘎作響的電梯抵達三樓。我的房間只有六帖榻榻米大。然後，趁著老婆婆幫我洗衣服時，我到樓下的澡堂泡澡。澡堂裡有兩個大型木製浴池，我泡在其中一個。池水呈灰色，帶著火山的臭味，熱得足以讓我睡著。

我曾在十、十一年前，泡在這個相同的浴池裡。那時我正要從北海道返家。我在北海道參加一位美國退休海軍軍官的婚禮，他的結婚對象是位日本女孩，年紀不到他的一半。他只在他聖地牙哥的公寓廚房裡，草草地給前妻寫了一個短短的紙條，便和他結褵二十多年的銀髮妻子離婚。漢克在婚宴上，穿著不合季節的白色海軍制服，袖口上裝飾著金色纓帶，閃閃奪目。他還配戴著一把軍刀。他搭乘民航機由加州飛抵日本。而那班民航機的機長替他從日本海關夾帶進這把軍刀。婚宴舉行到一半時，就在新郎和新娘要用電池發電的魔杖，到各個餐桌上點蠟燭前，司儀宣布漢克又回到學校念書，而他目前正在寫的論文題目是《日本戰後的思想控制》。我不曉得是這項宣布、白色制服、冰冷的龍蝦或是其他的事情，使得新娘父親的公司社長變得頗不開心。當他從座位上起身，穿著細條子花紋的長褲和燕尾服外套，提議為新人祝賀乾杯時，讓人感受到像是用漢克的軍刀畫開那樣的凝結氣氛。

「嗯，你是個很棒的外國人！」社長拿著麥克風用刺耳的聲音說，數百名賓客站著，眼睛盯著桌布，手裡抓著裝三得利威士忌的酒杯。「你的制服真是令人印象深刻！對！還有軍刀！太好了，太好了！一位優秀的外國人！我一直在想你到底幾歲。沒關係！讓我們歡迎國際婚姻的時代！是的！外國人來這裡和日本女孩結婚，有時候也沒娶她們！時代改變了！習俗也改變了！我祝你們永遠快樂！乾杯！」

婚宴之後，我在飯店的洗手間裡，碰到那位穿燕尾服的社長。他留著希特勒式的正方形鬍鬚。婚宴中，六位左右的外國人賓客對此悄悄地討論一番。他將臉埋在裝滿水的洗手台裡，現在鬍鬚上滴著水珠。我在鏡子裡看著他，露出不豫之色。他潮濕的臉則突然一亮，發出迷人的笑容。「我的演講太長了嗎？」他爛醉如泥，以勝利的腔調問著鏡子。所以，被搞得有點沮喪的我沒直接飛回家，而是在翌晨搭上往青森的渡輪，並決定在我從未來過的弘前度過一晚。

我還記得我在弘前走下火車時的感受。那時還是老式車站，有著聳立的石板瓦屋頂。一個聲音透過車站的麥克風，單調地吟詠著：「Hirosekiii! Hirosekiii!（弘前到了）」一個從北方都市盛岡出身的男人曾經告訴我，他喜歡回到家鄉的車站，因為月台屋頂上吊掛的鑄鐵風鈴，讓他覺得又回到一個文明且彼此關照的地方——特別是在他從東京返家的時候。我從來沒有來過弘前，但從那位站員的吟詠之中，聽著他不標準的北方母音和拉長的最後一音節，的確給我一種回到家的感覺。那是對了解他們身處何處的人們，所做的吟詠。

我找到一家旅館，吃完晚飯後，我出去喝酒。我徘徊之後進入的居酒屋，有者類似的紙燈籠、櫃檯和木製牆壁，但它太新、太明亮，也太小。我喝了兩瓶啤酒，吃了五串烤雞肝。店裡只有我一位客人。我每次在這種地方坐下來喝酒時，總覺得自己似乎有必要解釋，我為什麼會走進那道門。但那個細瘦而動作遲緩的老闆對我要說的話，沒有什麼興趣。

「我看見你燈籠上的名字，」我喋喋不休地說，「『鳥八』這個名字和我在東京時，幾乎每晚都去的居酒屋的名字一模一樣。」

「很普通的名字。」老闆咕噥說。

「我們有一群人常在那裡聚會。一個雜貨商、一位計程車司機、一個做芭蕾舞鞋的鞋販，和一個彈奏曼陀林的高中老師。」

「他們是你的朋友嗎？」

「喔，是的。好朋友。所以我才進門。因為我看到你的燈籠。」

在那之後，我們便不發一語。我吃了半個茄子，並用筷子在醬油碟子的邊緣，畫了一棵聖誕樹。老闆將高麗菜切成細條狀，放進塑膠大碗中。當他切完高麗菜後，他便將大碗放進冰箱中，坐在凳子上抽菸，瞪著冰箱門發呆。我喝了另一瓶啤酒。啤酒的泡沫消失，玻璃杯周遭變得模糊，我可以看見我印在杯上的指印。我正準備離開時，前門被拉開，老闆跳起身來，香菸燙傷了他的手指，一位顧客漫步進門。

六秒鐘內，那位顧客就有一瓶威士忌送到他眼前的櫃檯上，還有一只酒杯，一瓶冰桶，一條熱又潮濕的毛巾和一盤海鞘的醃漬內臟。那位顧客從他燙得筆直的長褲上拿掉一小塊毛球後，就坐下來。當他用毛巾抹著手和臉時，老闆在一旁調製著威士忌加水。然後，那位顧客將毛巾整齊地捲起來，放在他面前的櫃檯上，往前傾身，仔細地端詳了我一陣，簡短地點點頭，和我攀談起來。他解釋道，他的名字是松岡。他從四、五張種類不同的名片中，選出一張拿給我，隨即改變心意，將第一張收回，遞給我第二張。他換名片的手腳之快，使得我沒時間讀完第一張名片上印的小字。他是個結實強壯的男人，穿著時髦，上身是褐色格子圖案的夾克和暗色條紋領帶。很快地，我們開始聊起天來，但卻省略掉所有儀式性的問題：比如，你是哪國人？你來日本多久了？你結婚了嗎？你有小孩嗎？為什麼沒有？你為什麼來日本？你的職業是什麼？你幾歲了？你有多高？你喜歡日本啤酒嗎？你喜歡日本嗎？在日本人與外國人的交談中，日本人通常設下這些問題，作為通關儀式，要等外國人通過這些轟炸之後，才被允許參與一般的會話。

但松岡沒有問這些問題。他啜飲著威士忌，忽略那一盤海鞘，跟我聊著侫武多祭典、弘前城著名的櫻花、地價、新天文館、三味線、津輕漆器。還有弘前曾在一八七一年的短暫九個月中，成為青森縣的首府，後來這項榮譽被如暴發戶般崛起的渡船港口青森所竊取。

我在弘前做什麼？喔，我只是想慢慢看看這個地方，我明晚想在本地的溫泉過夜。松岡桑能推薦一個地方嗎？松岡於是推薦岳這個地方，但他警告我，岳已經沒落了。此時，一直靜靜地坐在凳子上，像被處罰的學童般，將雙手夾在大腿間的老闆大聲地說，他納悶岳是否還在做生意。現在沒有多少人對老式溫泉感興趣；那裡沒有夜總會、迪斯可舞廳或粉紅色和紫色的脫衣舞秀。岳曾經有個露天浴池，但早在數年前，他們就把水抽乾，將它填起來，因為來的客人人數太少，讓幫浦不斷抽著水，這樣子不划算。那裡絕對沒有脫衣舞女郎，除非你數數跟你一起泡澡的人。但只要是我喜歡的話，還有岳可以去。而且——沒問題，不必多想——松岡會載我一程。因此，在隔天下午近傍晚時分，我來到松岡的米店，他開車送我到二十公里外的岳。

松岡是個不錯的同伴。每當我說了一個平淡無奇的評論，他會說：「Soooooo？」——一個拖得長長的「是嗎？」——以一種人們保留給啟發性對談的嚴肅和敬意，來看待我的話語。有時，在我說著不完美的文法，就要鬧笑話的時候，他會說：「So so so so so（對對對）！」並展開笑顏。他的身材不高，但聲音卻非常低沉，在他總是安靜地說話時，還輕輕地帶著點吼聲。我只聽他大聲說過兩次話。一次是他在岳的一家旅館玄關，呼喚女侍出來的時候。另一次是在他打電話的時候；因為他有鄉下人習於將電話視為手提式擴音器的習慣，並根據他與對方之間的電纜距離，調整他音量的分貝。

他告訴我，他不認識在岳經營旅館的老闆。但從車子的窗戶裡看著他為我訂房時，我有那個直覺，岳這邊的居民好像認識他。我想給松岡一點小小意思，來報答他對我的仁慈。但我身上除了禮服之外，只有一本那天稍早我在弘前買的一本有關佞武多祭典的書。當我將這本書拿給他看時，他展現出無比的驕傲和愉悅，因為我肯花錢買一本對他的家鄉來講，十分重要的書，而且我知道我該把書留下來。因此，我們在我的房間喝了啤酒，然後他看看手錶，與我道別。我到樓下的澡堂去泡澡——也就是現在我在泡的澡堂——躺在黃灰色的泉水中，想著北海道的燕尾服社長、他潮濕的臉和那撇希特勒式的鬍鬚。我還想到松岡濃厚光滑的頭髮、他鼻梁上的一顆痣，以及他友善時的低吼聲和他微笑時眼睛圓睜的表情。

三個從一家弘前的壽司店來的年輕人進入澡堂，快速地解開老式的纏腰布，將毛巾扭成狹窄的細條並綁在額頭上，用水沖洗光滑無毛的軀體，然後爬入浴池。一個外國人在這麼偏僻的岳究竟要做什麼？喔，原來我想嘗試津輕的溫泉。這裡究竟是誰建議的？一個我在弘前認識的人。我的朋友？是的，我的朋友。他叫什麼名字？

「松岡。」

「松岡？」

「沒錯。」

「松岡。」

「我不知道他的名字，」我說，「他家是開米店的。」

年輕人們看著彼此。

「開米店的。」第一個低語說。

「在田茂木町（Tamogimachi）。」第二個低聲說。

第三個人將右手從鼠蹊部拿開片刻，在臉頰上用手指畫下一道疤痕。那是黑幫成員的暗示。然後，他又將手放回鼠蹊部，另外兩個年輕人盯著黃灰色的泉水和膝蓋骨，沉默不語。

在那之後，我們就沒有再交談。後來，那三個年輕人一起爬離浴池，其中一個轉身向我，稍微鞠個躬，並說：「祝你在岳玩得愉快。」

我沒有再看見他們，也沒再看見別人，只看到女侍。但在隔天清晨，在叫我吃早餐的一個小時前，女侍拉開我房間的門，並告訴我，澡堂裡有客人在等我。

「妳一定是搞錯了，」我說，「我沒在等人。」

「沒弄錯，」女侍說，「是你的朋友。」

因此，我穿上浴衣，綁上腰帶，拿起毛巾，沿著空蕩無人的走廊走去。在澡堂裡，松岡正坐在浴池中，紅色津輕漆製托盤飄浮在泉水上，裡面放著一大瓶清酒和兩個優雅的瓷杯。松岡在五點起床，從弘前開了二十公里的路前來此地，這樣他才能和他在居酒屋裡認識的外國朋友喝酒道別，並打算開車送他回車站，替他省掉搭公車的麻煩。

我離開岳的那天早晨下著大雨。我穿上雨衣，想等這陣雨過去再走。我在旅館的大廳內徘徊不去，和精神勃勃、戴著眼鏡的老闆娘聊天。她給我三個津輕蘋果，並告訴我，她小叔是位住在加州柏克萊的和尚。但他在那裡的工作並不忙，所以他還兼差作電腦的工作。我雖然泡了三次澡，還是沒睡好。也許是硫磺的關係。但我在半夜曾醒轉兩次，感覺好像是被牙醫，趁我閉上眼睛時，將吸水管和電動打磨機偷放進我的嘴巴裡一樣。因此，我無精打采又火氣很大地在走廊裡，找尋販賣罐裝蘋果汁的販賣機。八點整，建築工地開始運作，噪音震天價響。自從我在十、十一年前於此投宿過後，岳的蕭條情況一定是好轉得相當不錯，因此，旅館裡才會加裝電梯。日本全國席捲過泡溫泉的風潮，不消說，有部分要歸功於深夜的電視節目。在這些不斷播放的節目中，巧笑倩兮的女性「藝人」赤裸地坐在露天風呂裡，身上只圍著一條小毛巾，技巧性地展露令人吃驚的胸部。現在，雖然岳還沒有露天風呂，但它已經準備好要迎接尋找女性藝人的人潮。從二樓的走廊原本可眺望岩木山的風光，現在它被新蓋的別館遮去大半。而從另外兩個建築物的鷹架看來，在兩個禮拜之內，這座聖山將消失在鋁製的牆板後方。而鋁製牆板上將印著圖案，使它們看起來像是木板。

大雨逐漸變成紛紛細雨。火山爆發時所噴出的安山岩圓石，散落在它低矮的山丘，像是童話故事裡，食人巨人肚子上的面皰。我在這些岩石間撥戳了好一陣子。引導雪水和雨水的階梯形水道沿著山坡而下，在幾乎空曠的道路旁，發出潺潺水聲，並飛濺出來。一個旁邊有著鳶尾花廣告告示的巨型花圃，則完全遭到棄置。但津輕鄉村俱樂部在冷冽的雨中，仍然生意興隆。二十幾位打高爾夫球的人，由戴著白色頭巾的女性桿弟陪同，撐著寬大的雨傘，慢慢地走在果嶺上，愉快地打球。

現今日本正在興建三百一十五座新高爾夫球場，而計畫興建中的有九百一十座。日本人抱怨這個國家地窄人稠，土地因需求量高而飆漲，以及年輕貧窮夫妻永遠也買不起自己的房子；將這些項目納入考量的話，高爾夫球場的數目顯得令人驚異。日本人不斷強調這個國家不方便的地理情勢，卻罕於承認，會造成今天諸般不舒適的局面，他們自己要負很大的責任。實際上，所有戰後塑造日本社會特徵的主要發展——經濟「奇蹟」、高等教育的需求大增、各個社會階層從幼稚園開始便競爭激烈、大家庭制度的瓦解和「核心」家庭的出現、傳統價值規範的喪失，以及取而代之的肥皂劇等——都使得願意在鄉下地區居住和工作的年輕人口迅速遞減。日本各地，越來越多的家庭，情願擠在不比放兩輛車的車庫大多少的城市出租公寓裡，以追求電視、同儕壓力和電通株式會社[2]所宣傳的「較好的生活」。以前，只有像在津輕這些地區的「出稼」才會離開城鎮和村落，以在大城市中尋找工作機會。他們的妻子和孩子則留在鄉村，照顧家中的長者，並和土地維繫著關係。現在，離開鄉下的藍領階級可能帶著全家一起出走，或是在他所工作的都市裡尋找一位妻子。秋收季節再沒有人返鄉了。

當然，無法責怪那些想住在公寓大廈，而非冷風寒冽的老式農舍中的日本人。也不能怪日本

2 日本最大的廣告和傳播集團。

人想坐辦公室，而不願耕田。全球面臨相同情況的人都做了同樣的選擇。但我們必須有所認知的是，人口劇變、鄉村停滯、都市過密，以及其他的窘境，大部分是來自於這個選擇。就像生命中所有的重要事物一樣——不管是在私人生活或國家生活中——問題的癥結點在於優先次序的排列。而在日本人的社會中，高爾夫是首要考慮項目之一。

現今的統計數字顯示，高爾夫是決定日本土地該如何運用的人揮之不去的執念，也是這個國家五十一萬間忙碌的建設公司最關心的工程企畫。在工業建設的優先次序表中，鄉村俱樂部的重要性，遠大於污水處理系統。日本房舍大約只有百分之四十有污水處理系統，這在工業開發的國家中，是比率最低的。而從最近的調查顯示，那些住在沒有污水處理系統的房舍中的人們，有百分之九十六點六的人希望擁有這項設備，並相信建設省會在近期採取一些行動。這足以顯示日本人並非在文化上偏好化糞池。

建設公司老闆對高爾夫球場所抱持的高度熱忱，使得許多縣政府不得不採取因應措施，制訂土地開發面積的法定限制，以求加以約束。而促成此項決議的部分因素在於，某些與高爾夫球無緣的居民指出，那些用來維護果嶺和球道的殺蟲劑和除草劑，對飲用水所造成的污染，遠大於建設公司老闆所能保證的程度。

「休閒！」我想著，「真棒的發明！」然後走進岩木山神社的大門。

很難想像有比此地更適合這片神聖場所的地方。一條長長的鋪石路徑通往一座樸素的神殿，而神殿後方則高聳著光輝巨大的岩木山。石徑筆直而微向上傾斜，每一個站立的地點都引人望向山巔。經過鳥居，走過稍微彎曲的太鼓橋，兩旁是遮蔽天空的巨大日本杉，山巔緩緩地隱沒於視線之外。神殿在視線中顯得越來越大，鋼鐵般的灰色屋頂為雲層所籠罩。特地前來欣賞的風景，卻在越接近時反而消失。只有在重拾腳步，站在開始步行的鳥居之外時，才能重見屹立在神殿之上的岩木山。

岩木山以身為津輕的富士山而聞名，因此，岩木山神社有時被稱為「北方的日光」——這是借用比喻，讓不熟悉的事物與熟知的景致，取得一種相對關聯，以展現自己特色的闡述方式。岩木山與富士山類似是因為兩者都是休火山，並從平坦的低地直聳而起，但除了這點之外，它們可謂南轅北轍。岩木山神社的沉穩威嚴，更與日光東照宮的金碧輝煌和庸俗華麗，相去甚遠。就像德爾菲[3]的戰車駕馭者與新加坡的虎香園不可同日而語一般。

就像胡氏兄弟[4]漆得庸俗的灰泥肖像，日光東照宮更是極盡奢華的展現。原本為要引人敬畏的雕像卻使人眼花撩亂，汲汲於想呈現來世意義的細節，最後變成物質野心家單調陳腐的十足象徵。東照宮建立於一六三六年，奉祀的是德川第一位將軍家光。德川家光親自設計東照宮，並強迫藩主們進貢大筆獻金以資助興建。因此，東照宮是世界上最誇大狂妄的紀念碑之一，也是庸俗繁複建築的最主要典範之一。但是，由於它紀念的是一位非常重要的歷史人物，再者，建築本身

3 Delphi，以有阿波羅神廟而聞名。

4 Aw brothers，指創建虎豹別墅和虎香園的胡文虎、文豹兩兄弟。

充滿著色彩繽紛和異國情調的瑣碎細節，加上又位於觀光客極易到達的地點（從東京搭乘東武急行列車只需兩個多小時），使得東照宮成為日本最主要的觀光景點之一。而寫到它的旅遊指南和手冊總不忘提及這句有名的諺語——「日光を見ずして結構というなかれ」（Nikko o mizushite "kekko" to iuakare）。這些手冊的作者老將此句翻譯成「直到見過日光之後，才能說『輝煌』」，但同樣正確的翻譯是「看過日光之後，就會說『夠了』」。

岩木山神社奉祀的不是獨裁者。它祭拜的神明就是山本身，而最神聖的神靈就在四小時健行之後抵達的山巔。興建於第八世紀末期，而就像當時一樣，現在岩木山神社也不是神的殿堂，而是一個記號、標示、一個以木材和茅草顯示神靈近在眼前的示範。雖然，它不留給人們什麼，也不承諾人們什麼，但是神靈希望的是能得到認同。祂不像中國神祇般渴求賄賂，也不像其他神祇般希冀人們的祈禱。即使祂能夠，卻也不會回應人們的禱告。神靈想要的只是人們嚴謹的保證，即保證來年會再度造訪此地。一台又一台巴士的旅客，已經開始沿著擁有六十九個彎道的岩木天際收費公路上山，直抵山巔的纜椅站。而在山巔上等待他們的，好在並不是新近完工的三座十八洞高爾夫球場、兩棟十層樓的度假飯店和一個青森Club Med。

我將一百圓日幣投入賽錢箱中，以求保證——其實根本沒有保證——然後將鈴鐺搖得嘎嘎作響，把神祇從沉睡中驚醒，陷入惱火的清醒中。我擊掌，鞠躬，然後祈禱，心中明知這一切都是徒勞無功。我對山神說：「給我一個快樂的家庭。」一位年輕的神官從本殿中走出來，微笑著看著我對著拉鈴繩索嚴肅地說話。

雨已幾乎停歇，但空氣仍然沉悶，沿著日本杉道路的鋪石，閃爍著黯淡的綠色和白蠟光芒。一整輛巴士的觀光客為彼此拍攝著，聳立在單色屋頂後頭的山巔。我在一旁等待（「看！」一個女人叫道，將相機拿給另一個人，「我要對岩木山祈禱！拍我對著岩木山祈禱的照片！」）。群眾擠在神社的小商店裡，買著幸運符和御守（護身符）。等所有的觀光客都離開之後，我才走到商店櫃檯後的女孩跟前，稍微尷尬地在我的皮夾中搜尋，買了一個御札[5]。那是神官加持過的硬紙板。我小心地將它放進背包中，然後去吃了一碗烏龍麵、喝了兩瓶啤酒。

「訪問」儀式

日本人為認可神靈所制訂的儀式一向都是——也仍然是——嚴格排外的。像七五三（shichigo-san）這類特定年齡的孩童，到當地神社接受祈福的祭典，以及新年第一次的神社參拜——初詣（hatsumode）。與其說是宗教慶典，不如說是日本性（Japaneseness）的示範。這些是確定部落成員的姿態；換句話說，如果一個非成員做出這些姿態，他的動機不但遭到質疑，而且還顯得輕浮、荒謬、冒失、自以為是，和愚蠢。

但有時，會碰到例外的時刻。在某些較古老的儀式中，局外人——陌生人——被視為擁有神

5 o-fuda，在木或紙板上寫上神靈之名，可帶回家供奉。

他們的國王一樣。

靈的某些美德。就像在老式的好萊塢叢林電影中，卡萊葛倫[6]躋身食人族之間，突然被宣告成為

八、九年前的新年除夕夜，我住在離岩木山南部不遠，男鹿半島（Oga Pennisula）秋田縣的一個小村莊裡。我去那裡拍攝和記載一個令這個半島聲名大噪的年度儀式；那是一個不折不扣的部落儀式，在日本已相當罕見。人類學家認為，男鹿半島的Namahage是「訪問」儀式的唯一殘存祭典。這種儀式曾經在很久以前遍及全日本，但現在它的純粹形式——也就是說，人們對它嚴肅以待的心態——已經滅絕。在除夕夜的夜晚，村莊內的一群年輕男人會打扮成魔鬼。他們戴著鼻頭腫大的面具、披著巨大的蓑衣，穿上草製的雪靴；這使得他們看起來異常駭人。他們帶著武器或任何能發出喧囂噪音的東西，在村莊中挨家挨戶地走動，吶喊著，威脅著，並要求禮物。

他們威脅的主要對象是懶惰或不聽話的小孩，以及剛嫁入這個社區的新婚妻子——簡言之，就是那些還不認識本分，需要受教導的人們。魔鬼們高聲咆哮，在每戶人家的房間內重重地踏步，並將受到驚嚇的小孩從躲藏的地方拖出來，把他們塞進麻袋裡，威脅要將他們運到山中。比較幼小敏感的孩子往往被嚇得尿濕燈籠褲。然後，戶長會正式地跪坐在魔鬼面前，拿清酒和點心給他們吃。在某些家庭裡，全身發抖的小孩們被命令要走近魔鬼，並端清酒給他們喝。在那之後，魔鬼往街道上的下一戶人家前進，變得越來越醉，也越來越喧鬧。而透過此項儀式，在來年，好運、良好次序，和所有儒教的美德——即順從的妻子或父親的絕對專制——都會降臨他們所拜訪過的家中。

一般來說，一個局外人想參觀這個儀式並不容易。一來是因為，這個儀式是在私人的家中舉行，再者，村民們想方設法地杜絕觀光客的來臨。儘管旅行社招數盡出，他們仍然認為Namahage是個嚴肅而重要的儀式。每年，在除夕夜過後大約六週，同樣的一批年輕人——人數有時會因旅行社人員的加入而暴增——會戴上面具，穿上蓑衣和雪靴，在附近的神社裡神氣十足地跳躍，吸引大批觀光客和攝影記者，不顧深厚的大雪，前來觀賞。招攬觀光客的海報製作得色彩繽紛，以他們神氣的跳躍為賣點。它被列為「東北五大雪祭」之一。當然，每個觀光客和攝影記者回到都市時，都會以為他們看到的就是真的Namahage。其實，實情並非如此。他們看到的是魚目混珠的戲劇性捏造。那是村民們為確保這項古老的訪問儀式，在未來的好幾年間，不會淪為低俗表演，所採取的狡猾和勇敢手段。

我早就準備好會被趕走。但我決定，為增加我參與的機會，我在除夕的四、五天前，就跑到村莊裡去。我在社區中心和人瞎扯，觀看蓑衣的製作過程，並和即將扮演魔鬼的年輕人，喝著清酒和天南地北地閒聊。最後，除夕夜到了，有人開玩笑地建議，不妨讓我扮演魔鬼，因為我身材較高，又不需要面具。我的鼻子和長相就足以讓小孩發出更為淒厲的哭嚎，比任何魔鬼都還厲害。大家最後同意，我可以陪同魔鬼挨家挨戶地走動，跟著他們進入房舍，接受戶長的清酒招待，並拍攝照片，和盡我所能地去嚇壞年輕的妻子。

6 Cary Grant，一九〇四—一九八六，英國演員。

我照辦了。等我們走到第六家房舍時，我已經醉得無法對準我的相機焦距（神靈拒絕日本凡人的熱情款待是非常無禮的事）。因此，在走到第七家房舍，而那戶人家邀請我住一晚時，我非常感激。我整個人癱在沙發上，神智昏迷地睡了一會兒，醒來時剛好來得及看每年都播放的紅白對抗大賽。我的主人是村裡的警察，我們從九點開始喝酒。直到十一點半，寺廟的鐘開始敲響代表人生一百零八種苦痛的鐘聲時，我們已經喝掉一大瓶清酒。這些鐘聲在除夕夜響徹日本全境。接近午夜時，警察搖搖晃晃地起身，告訴我說，到神社去參拜的時間到了，這也是他分內的工作。然後他頹然倒進沙發中。我們最後在到處是洋芋片和酒杯的地毯上爬來爬去，試著將他的雙腿塞入制服長褲裡，還要小心不要讓拉鍊夾到他的鼠蹊部。

我在神社裡發現另一個正在進行的儀式。那是村裡的初詣。不像都市裡的人，多半是單獨或整家子一同前往參拜；這裡是整個村莊在午夜後來到神社，大家一起祈禱。女人們噓聲制止哭叫的小孩，威脅他們說魔鬼還會再來。小小的木製神殿裡沒有暖氣設備。男人們在神殿裡待到凌晨，一邊喝酒，一邊靠殿外的火堆取暖。火堆裡燃燒著一過年就無效的各種護身符——破魔矢（幸運箭）、御禮和繪馬——它們都像過去的年一般，被燒成一團灰燼。

警察和我加入神殿裡的村民，喝了更多的清酒。然後，在十二點四十五分左右，神官將他的酒杯端上來給我，在開了一些玩笑之後告訴我，如果我肯領導大家祈禱，他將會非常感激。這馬上讓我清醒過來，這段話讓我突然感到身體不適，口渴的慾望被嚇到九霄雲外。神官以毫不在意的態度和我完全聽不懂的方言，兩次向我解釋我該怎麼做。我必須用這個樹枝走近祭壇，往那邊轉，然後往這邊，然後再往那邊，將它放在這裡——不是那裡——鞠躬三次，像這樣子擊掌——而不是像那樣——最後返回我原先的位置。村民會在我身後——一點也不用擔心——跟著我鞠躬和擊掌。我在一片沉默中走近祭壇，滿腦子想著卡萊葛倫，將整個儀式搞得一團糟。我轉樹枝的方向不對，放的位置也不對，大概鞠了九次躬，弄錯擊掌的時間，然後回到我的座位上。大家都覺得很開心。之後，我到神社外頭，在草叢裡嘔吐。

有時候我會納悶，為什麼村民選擇要我來進行這個儀式，並讓我走進房舍中，觀看Namahage？而那麼多人卻遭到拒絕。舉例來說，一個日本攝影小組在那個除夕下午五點左右，抵達村莊。村民在五點半就把他們趕走。「這個，能不能讓魔鬼們為我們跳上一點舞再走？」製作人對社區中心的人呻吟著。他後來被不由分說地扶往他的迷你巴士。但我卻衝過七道大門，坐在七個火爐旁，大概喝掉一百杯免費的清酒。而在新年的凌晨，我領著村民向他們的神靈祈求新年快樂。大部分聽到這個故事的日本人都會聲稱，這顯示日本人對待外國人的仁慈與和藹體貼，還有日本人極想向局外人介紹他們「文化」的慾望。我不懷疑，我身為一個外國人——因此自始至尾是個局外人——此事和我的遭遇有極大的關係。魔鬼也是局外人。他們來自貧瘠不毛的山區，越過湖水而來。他們怪誕醜陋而殘忍。他們威脅婦孺和製造騷動。我所受到的待遇和魔鬼所受到的毫無二致。魔鬼被邀請進入家中大呼小叫，人們服從地忍受他們。但這也僅是三百六十五天中，一晚的景象，在其他的三百六十四天中，魔鬼則信守承諾，躲得不見蹤跡。

我喝完啤酒。曙光乍現。我踩著重步，往弘前而去，打算制訂我自己的訪問儀式。

最愛是弘前

「這裡居住著津輕人的靈魂，」太宰治自信滿滿地對弘前寫道，然後，他的自信像小溪流般滴流消逝。「弘前一定有些特徵，」他苦思不已，「某些在日本其他地方找不到的獨特和美麗傳統。我的確可以感受到它們，但要向讀者描述它的模樣和形狀，卻超出我的能力範圍之外。這帶給我無盡的困擾。並讓我惱火不已。」

我對弘前的感覺也大概是如此。在被問到最喜歡的日本都市時，我常回答弘前。但我從來沒住過那裡，也很少拜訪那裡。而每次我到弘前時，都為它的變化而感到震驚——新的巴士中心、新的車站建築，和新的粉紅色牆面的西式飯店。我很少感受到能解釋它特殊魅力的持久特徵。我比較常到京都和奈良，它們所包含的日本過去文化的紀念碑，比弘前的還要壯麗和輝煌。但我的確也感受到弘前這裡居住著一個靈魂；某些——也許，誰知道呢？——獨特的事物。我並未因無法描寫它們而使我感到惱火不已，反而因它拒絕被描寫的特性而感到喜悅。

儘管如此，太宰治已經準備好藉口：「好好想想，當試著傳達你出生地域的基本特質時，就好像試著描寫你最親近的親戚一樣，幾乎是不可能的事情。因為你不知道該讚美還是詆毀他們。」因此，他兩方面都加以描寫。太宰治寫道，弘前和它的居民有愚蠢頑固的特徵。他們「驕傲無禮」，然後，他以津輕子弟的典型誇張口吻斷言道，「他們孤高的倔強態度使他們成為世界的笑柄。」他在弘前找不到有意義的傳統可供他們自吹自擂，「但弘前人仍表現得趾高氣揚。」

當他在這裡念高中時，他記得〈義太夫節〉[7]在市井小民之間廣為流傳，太宰治描寫他們唱歌的嗜好：「受人尊敬的紳士真心想要精通某種無意義的藝術形式，在荒謬的長時間練習之下，汗水紛紛滾下眉間……簡言之，在弘前還有真正的傻瓜。」事實上，這個都市是「傻瓜的天堂」。

然後，如同腦梗塞發作一般地突兀，他話鋒一轉，描寫當他還是學生時，曾在春天，獨自前往弘前城探訪夜櫻。「我站在天守閣的前面，從一個空曠的角落遠眺岩木山時，突然發現一個夢幻般的城鎮在我腳下展開……我直到這一刻才看到城堡腳下的古老優雅城鎮，小房舍仍如數百年前般，櫛比鱗次地聚集在一起，城鎮似乎停止呼吸……我彷彿來到《萬葉集》[8]所描寫的『隱沼』的世界……我發現，只要古老的城鎮還存在，弘前就永遠不會顯得平庸。」

數年前，在我自己的腦梗塞發作，也或許是出版商給我的大筆訂金的驅策之下，我花了四個月的時間，輕率地完成描述整個日本的旅遊指南。我在描述弘前的段落中寫道：「（人口十七萬五千的）弘前是個極富吸引力的城市，以它遲開的櫻花、蘋果樹的花海和保存完整的優雅小城堡而聞名。城堡竣工於一六一〇年。弘前在八月的第一個禮拜舉行佞武多祭。它的祭典和青森縣縣府那壯麗輝煌的祭典比起來，顯得比較簡樸，比較不受觀光事業影響，並展現北方鄉野的嚴肅好戰精神。在弘前的祭典中，津輕Joppari太鼓的鼓聲響徹街道。據說，它是日本最大的太鼓。弘

---

7 gidayu，一種津輕民謠。

8 *Manyoshu*，第八世紀，奈良時期末期所編纂的日本最古老的詩集。

前也是色彩繽紛和昂貴漆製品的生產中心。」

不管是不是腦梗塞發作，這段話現在重讀起來，讓我尷尬不已。我對我最喜愛的日本都市沒有更吸引人的話好說。三百年前，我應該曾在這裡出生。我的描述中，只有觀光指南那份一知半解的充內行口吻，根本沒提到重要的事。舉例來說，我沒有提到弘前市民的特質（「北方鄉野的嚴肅好戰精神」與太宰治的「世界的笑柄」口氣一樣誇張）。甚至，它作為旅遊指南的價值也頗為不足，因為我沒有介紹任何一家弘前的飯店和旅館，並省略掉被指定為重要文化財的最勝院（Saishoin Temple，建立於一六七二年的五重塔）。最勝院應該是值得一去的觀光景點。我可以引用和太宰治相同的藉口——我沒有能力適當地描述那個地方，跟我曾在那裡出生有關——神靈可能會對此藉口表示輕蔑。或者，我可以假裝我其實是想使讀者對此地失去興趣——就像男鹿半島的村莊用魚目混珠的Namahage來騙走入侵者一樣——這樣，讀者就不會一股腦兒地湧去弘前。我希望弘前完全屬於我一個人。

……我第一次到訪弘前是十、十一年前的事。那時，我在一個乾爽的十月午後，穿越人行橋，從古老的車站走出來。在現在那棟粉紅色牆面的飯店屹立的地方，以往曾有一條寬廣的人行道，往左彎向空曠而灰塵撲撲的站前廣場。就在彎路前，佇立著一棟木製小屋，屋頂上有個告示，表示此地是「旅館介紹中心」。因此，我擠過那道狹窄的門口，彎著腰站在空間侷促的櫃檯前。櫃檯上散布著手冊和各種紙條。紙條上有潦草寫上的各家旅館電話。我請櫃檯小姐替我訂一間房。我說，我要老式旅館。古老而有特色的日式旅館。是的，沒錯。我不要商務飯店。一個旅館。只住一晚。

「喔，你喜歡很有氣氛的旅館嗎？一個特別的地方，有個大庭園，就在弘前城旁邊？」

「那就是我要的旅館。」我說。

那女人在紙條上寫了一個名字，並說：「計程車司機都知道這裡。」

但我坐的計程車司機不知道那個地方，我便為他指示方向：「它就在城堡旁邊。」

我們沿著馬路慢慢往前駛去，我看到一個鋪瓦的屋頂，修剪過的草叢形成一道高牆，後面是小心照顧的松樹。我說：「就是這裡。我在這下車。」

「你很熟悉這裡的路嘛！」司機說。

而這一次，十或十一年之後，我從西方徒步走進這個城市，城堡就是我的地標，我如往常般，靠直覺找到那條窄狹而通往旅館的馬路。

「老天，好久不見了！」旅館的人說，在我坐在玄關鬆開靴子上的鞋帶時，開心地微笑著。

「從我來看過佞武多祭後就沒來過了。那是五年前？或四年前？或六年前？」「你替我們旅館寫的文章實在很棒——是哪本雜誌來著？——《週刊朝日》。」

前陣子，一份週刊希望我為「我最喜歡的旅館」這個連載專欄，寫一篇文章。於是我寫了這家旅館，或者說我寫的其實不是這家。我描述我從北海道的婚宴回到弘前，車站擴音器裡拉長的「弘前——」，還有恐山大祭的盲眼女巫。當時女巫握住我的手，她撫摸著它，前後搖晃著身體，低語說：

「……啊，你是位外國人。」

「是的，」我告訴她，「但我會說日文。」

「你當然會，」她悄悄地說，脖子在熱天中往前傾，蚊子停在她頭髮上。「你以前並不是一個外國人，你瞧。三百年前，你曾出生在北方的這裡……」她撫摸著我的手，身子往後靠進陰暗的帳棚內，聲音變得高昂。「在一個叫做弘前的城鎮……」

雜誌社將連載文章集結成書時，有關旅館的篇幅就占了一頁，我並未提到它的名字。

「你寫得真好！」

「喔，你指的是那篇平凡無奇的文章，是嗎？」

旅館的老闆娘對我鞠躬。一位穿著和服的老女侍帶著我經過三位年輕的女侍旁邊。那三位女侍正站在長長的走廊上，準備為鉛管工人的宴會服務。老女侍領我到一間套房，裡面有兩個各八帖榻榻米大的房間。房內裝飾著漆製桌子和屏風，牆上掛著書法，有一個和服衣架，和一台電視。

「喔喔喔喔喔！你的手好冷，」女侍說，幫我脫下發臭的襯衫。「你想喝啤酒嗎？」

「是的，我想。」

「你襯衫上的釦子掉了，」她說，從榻榻米上撿起鈕釦，小心地將它放在漆製桌子上。

「等鉛管工人的宴會結束時，我會幫你縫好。」

她拿一罐冰啤酒來給我，我喝得頭痛欲裂。她發現我正在翻太宰治的書。

「喔！你還是位學者！」她用竹籃裝著熱毛巾送到我面前來時，我們的手短暫碰觸了一下。

「你的手還是冷的。我最好將你的浴池……」

那晚來了一場暴風雨。我躺在被窩中，瞪著天花板，以及環繞在我四周、突然被照得明亮的屏風。在閃電中，牆上書法中的三個漢字看起來顯得相當不協調地蒼白不已，像在海洋中閃爍的訊息。一個字是Shin，另一個字像是Kei。第一個字意味著「新」。第三個字意味著「慶」。但第二個字寫得如此龍飛鳳舞，我幾乎看不出來它寫的是什麼。閃電嘶嘶作響，書法畫軸一下子變得蒼白無比，我看出那是什麼字了。Gai，是吧？新涯之慶：人生的結束是慶祝的開始。我想，對某些人來說，的確是如此。神靈發出輕笑聲。雷聲轟轟，似乎庭園裡所有的岩石都爆發了。

我最後一次探訪弘前時，是為了觀賞佞武多祭。太宰治在《津輕》這本書中，對此項祭典隻字未提，可能是因為它在戰時遭到禁止，或是因為他想不出辱罵它的詞語。松岡和我在那個八月一日的晚上坐在酒吧裡喝酒。巨大的燈籠足足有一個街道寬，三層樓高，上面描繪著傳說與電視中的英雄、魔鬼、女神、怨靈和怪物，在雨中緩慢地用車輪滾動著向前行駛，彷彿另一個星球上的喪禮行列。

咚吭咚吭咚咚吭咚。大雨使得太鼓的聲響變得低而沉悶，但仍不失它的莊嚴。最大型的佞武多祭祭典是在青森舉行（青森的佞武多的發音是nebuta，而弘前的是neputa）。據說，它的太鼓是伴隨軍隊從戰場上凱旋回來的太鼓，因此，在青森，佞武多燈籠被推著經過街道時，伴有舞蹈表演、旋轉燈籠，和 Rassse！Rassse！Rassse！Rassse！的吶喊。但是，在弘前，太鼓是跟著軍隊出征的太鼓，由於在此時戰爭結果仍然渾沌不明，就算有慶典，也是為亡者舉行的慶典。因此，弘前的佞武多祭沒有舞蹈，拉著燈籠的壯漢沉默地拖著燈籠前進，草鞋在雨中啪喳啪喳地響著。燈籠裡面，讓燈泡發光的發電機嗡嗡響個不停，彷彿是腫脹到可笑程度的蒼蠅所發出的哼聲。

我和松岡站在酒吧外面，看著燈籠經過。燈籠覆蓋著乙烯塑膠布。我們喝著白梅酒，雨水掉進杯中。這場雨是十二號颱風尾巴帶來的豪雨，已經肆虐弘前的街道有兩天之久。在五十五哩遠的北海道，有四人因土石流和淹水而喪生，另外有四人失蹤。呀啊啊啊啊呀嘟嘟嘟嘟。呀啊啊啊啊呀嘟嘟嘟嘟。那是弘前的詠唱，嚴肅、緩慢而逐漸低沉。

「它們非常不同，」松岡說，「在燈籠向著你走來，和離你而去的時候。當它們朝著你過來時，他們將太鼓藏起來，因此，鼓聲聽起來就像是從描繪的戰士口中冒出來的。然後，當燈籠經過時，你可以在每個燈籠後面看到太鼓。燈籠後面繪製的情景和前面很不相同，只是單獨的一個肖像，有時是個女人，有時是個鬼魂。燈籠接近時讓人相當興奮。但我納悶，有沒有比看著燈籠離去時，更叫人悲傷的場面？」

Neputa常常是以平假名的音標寫成，而不是用漢字拼成，因此很難追溯它的起源。有人認為它是來自nebusoku，意味著「寢不足」——潮濕沉悶的八月的詛咒——祭典本身有時被稱為nemuri nagashi（「眠流」），即睡眠的驅逐者。但我也曾看過neputa用三個漢字「佞武多」寫成，意味著狡猾、武藝和大量。這三個漢字強化了坂上田村麻呂是第一個用這些大型偶像，來使「野蠻人」受到驚嚇和恐懼的傳說。他奉朝廷之命來征討這些野蠻人。不管來源如何，這些太鼓是戰鼓。它們的用途不容誤解：假使在它們之前行駛的是坦克車，就更能凸顯這層意義。參與慶典的人在青森吶喊和舞蹈，那是因為由於某人的仁厚，他們得以再自由自在地呼吸一年。而在弘前，他們說當祭典結束之時，隔早天氣會變得較冷，初秋來臨。

那年，松岡開車載我去青森，觀賞三個巨型燈籠在夜晚搭著遊船，飄浮出港的景象。那是由一個旅行社所設計，意圖重現老式放水燈的景觀。港口的碼頭擠得水洩不通，警察拉起封鎖線。但我有新聞記者的臂章。

「來吧，」我對松岡說，「我們可以告訴警察，你是我的助手。」

於是他在肩膀上掛上我的相機，我們踏越一條封鎖線，三個穿著制服的警察立即像打橄欖球般，圍了上來。

「你究竟在做什麼？」認出松岡的警察吃驚地問道。

「我是這位攝影師的助手，」松岡告訴他，天真無邪地微笑著。

有一年，我到北海道的阿寒湖，為愛奴的一個祭典取材。一陣狂風在近傍晚時分吹起，愛奴人不願冒險划著獨木舟到湖面上。原本按照祭典的程序，他們應該到湖中丟些「神聖」的水草做成的球，以宣示慶典的結束。看到他們不情不願的模樣，日本新聞攝影師和電視拍攝小組不禁火大起來。

「你們最好去丟！看在老天份上，好好做！你們要知道，我們不能空手而返！快開始，快開始，我告訴你們！給我做！」

一位愛奴的老者只好搖搖晃晃地爬進小獨木舟，裡面早已進了三分之一的水。一位年輕的愛奴青年抓著他的獨木舟。他用一公尺的短繩將獨木舟綁在木製的角柱上，獨木舟則在波濤起伏的淺灘上上下下地飄浮著。而膚色白皙、面無表情的老者，正假裝著他正進行一項宗教儀式。

「手舉高一點！喔伊，轉動你的手肘！我看不見水草球！儀式就是這樣而已嗎？做點別的事！對著湖祈禱！快點！唱歌！」

我到最後實在看不下去了，便到別處閒晃，在下町的小巷中發現一家小酒吧，跟兩位巴士司機喝了許多清酒。酒吧外面，強風沿著空曠的碼頭將掛在鐵絲上的綠色紙燈籠吹得旋轉不已。紙燈籠的形狀就像水草球。而紀念品商店裡更是充斥著放在罐子裡、袋子裡和電燈泡裡的水草球。

「我想去英國，然後是法國，」一位巴士司機告訴我，「每個國家待個三天就夠了。一天觀光，一天購物，一天好好喝個痛快。」

「你知道嗎？我在湖邊這一帶的丘陵地，獵殺過的熊超過二十隻，」酒吧老闆說，「前天我才獵到一隻鹿。你是第一個來我這家酒吧的外國人。我敢打賭，你一定喜歡吃鹿肉。」老闆打開冰箱，裡面塞滿了鹿肉，他替我切了些薄片。

「生吃。我們就是這麼吃的。」

於是我吃了一點生鹿肉。然後，我坐巴士、渡輪和火車回到弘前，在松岡的米店裡累得不成人形，胃痛得要命。他妻子讓我到樓上的一間房間睡覺，結果我整晚都待在廁所裡……

「你還記得那晚你吃了生鹿肉後的情形嗎？」松岡在我隔天看到他時這樣說著，還縱情地大笑。「還有那晚我們在青森港口矇騙警察的事……」

……清晨，暴風雨終於止歇，七點鐘，女侍悄悄地走進我房間，替我縫襯衫上的鈕釦。

我的旅遊指南至少將城堡寫對了。城堡的規模雖然比以前小得多，但卻保存良好，散發著不凡的優雅氣息。我在漫步經過城堡的庭院時，櫻花已經完全凋零殆盡。但櫻花的凋零和繼昨晚暴風雨之後的微微細雨，絲毫沒有減損由屋瓦、木材和灰泥建築而成的天守閣所帶來的恆久感。兩個女孩背對著我坐著，在雨中描繪著一道樓門。因為她們戴著貝雷帽，所以即使我沒有看到她們的繪畫簿，我還是知道她們是在寫生。一位計程車司機正向一些觀光客解釋，只有日本的城牆是以大塊岩石所砌成，但從很早以前，西方的堡壘便是以混凝土而建成。一位父親、母親和兩個兒子在一個空曠的地方玩接球。這塊地方曾經聳立著一座大型天守閣。「Naisu（Nice，好球）！」父親叫道，不是對他兒子或妻子說的，而是對著他自己。腳下，灰色的花瓣被踐踏得亂七八糟、骯髒不已。幾家向觀光客販賣章魚和蒟蒻的攤販佇立在城牆旁，窗戶深鎖。在這個五月的最後一個禮拜天，從遠處傳來練習八月太鼓的悸動聲響，即使現在下著紛紛細雨，櫻花全都凋零了，我還是知道，弘前是個寧靜安詳的所在。

松岡也還是老樣子。訪問儀式正如我預期般的展開和結束。我好久沒有來弘前了！他還以為我已經離開日本回家了。家。是在英國，對不對？看看他的兩個兒子長得多大了！還記得那晚吃過生鹿肉後，我睡在樓上，肚子痛得不得了嗎？哈哈！他的小兒子還為我吹奏笛子，希望我會覺得好些？現在他的大兒子已經在幫忙米店的生意了。是的，而且——很湊巧——他那個下午去參加碾米廠宴會的地點，就是我下榻的旅館。我為什麼不告訴他們我要來呢？我為什麼不睡樓上的房間？他的小兒子依舊對音樂有興趣。他將來也許會當鋼琴調音師。我還記得為了感謝他妻子扶我上床，而送她的那些形狀像是蘋果的小巧漆碟吧？它們就在這裡，你看！她還一直在用呢！我們那晚去看佞武多祭拍的照片擺到哪裡去了……？

那晚就像以前一樣，我們出門喝酒。我們先到山田千里開的「山唄」（Yamauta）。山田千里是位三味線琴師，在風潮方興未艾時，曾演奏過匈牙利舞曲，並與東方幻想交響樂團合奏過。我很高興他靠這些唱片賺了大錢，還在弘前最熱鬧的地段開了一家小酒店。這小酒店離車站只有兩分鐘腳程，就在有粉紅色牆面的那間新飯店的轉角處。現在，山田每晚在此徘徊，穿著T恤和褐色的塑膠拖鞋，散著一頭蓬鬆的長髮，皮帶勉強繫住他凸出的啤酒肚。他心情好時，就會敲打一下巨型太鼓，或是彈奏一下三味線，心情不好時，就什麼也不做。

松岡向山田引介我，說我是一位懂得欣賞三味線的行家，我興奮得不得了（我有四張山田的唱片，包括演奏匈牙利舞曲和合奏得很爛的協奏曲那兩張）。我為山田買了一杯生啤酒，卻不小心將它潑灑在一位顧客的菠菜上。

「現在沒有人找我錄音了，」山田悲嘆著，「過去時光不再。」

但他還是彈奏了三味線。松岡穿著剛從乾洗店拿回來、隨時可以準備到酒店喝酒的夾克，燙得僵直的襯衫，擦亮的鞋子，塞著手帕的口袋，打得非常整齊的領帶。在山田表演的時候，他緊抿著嘴巴，將眼睛瞇成細縫，對山田的鞋子發出五次憤怒的抱怨：

「拖鞋！塑膠拖鞋！那是對顧客的一種侮辱！」

「但他還是寶刀未老。你聽！」

〈Jonkara節〉的鏗鏘聲和低沉的顫動聲，瀰漫在空蕩的小酒店裡。

「拖鞋！塑膠拖鞋！」

然後，我們去一家叫做Kokoro（心、靈魂、感情、精神）的卡拉OK酒吧。那裡的媽媽桑不但記得我在佞武多祭時去過她的店，還記得我所唱過的每一首歌。

「唱一首〈風雪之旅〉，」她要求道，「你唱的啊啊耶呀呀呀很好聽。」

因此我伴著震動人心的管樂器唱了：

當我彈奏三味線時，
我的雙手被刮傷了。
當我沒有撥片時，
我就用梳子代替……
啊啊耶呀呀呀！啊啊耶呀呀呀！

「他穿著塑膠拖鞋，」我聽到繃著臉的松岡緊抿著嘴唇和媽媽桑說。松岡非常拘泥於形式。在我們觀賞佞武多祭的那晚，他突然火冒三丈，因為橫笛吹奏者弄錯了曲調。弘前的佞武多祭總共有三種曲調：一個是出發，一個是休息，一個是回家。松岡堅持說，那晚的橫笛吹奏者在休息時吹了回家的曲調，而在出發時吹了休息的曲調。

「也許他腳丫痛。」媽媽桑建議說，為她的店名作了良好的示範。

一位老婆婆從門口探進頭來，手裡提了一籃螃蟹要賣。

「螃蟹不是她抓的，」松岡解釋，「她在市場要關門時，便宜地買下牠們。」

在我為此分心的當口，一位穿著西裝、打著領帶的客人，大聲清著喉嚨，並抹抹他的臉，從眼角細細打量著我，然後拿起麥克風唱著〈沿著路走〉：

> 沒有夜晚和早晨，飄浮的野草——
> 當月亮的眼淚掉在我躺著的地方，
> 雖然是在夢中，啊，握住這隻手，
> 偷走我沉睡的呼吸……

賣螃蟹的女人消失。媽媽桑鼓掌。因此我拿回麥克風，唱了一段〈踊子〉：

妳在哭泣，別再對我說再見了，
啊，我的踊子，
我的船已準備好要出港，
我不能留下來……

媽媽桑鼓掌鼓得比剛才更大聲，並端給我一盤花生。那位客人拿回麥克風，唱了一首有關長崎雨夜的歌。我則拿回麥克風，高唱著冬天的津輕海峽。那位客人為了與我互別苗頭，又唱了一首他將他的心留在京都酒吧的歌。我看著那位客人頸部兩側如青竹幼苗般，青筋畢露的模樣，不禁想起太宰治評論有關弘前唱〈義太夫節〉的歌者，「在他們專注著嘗試要熟練這種無意義的藝術形式時，花費如此荒謬的精力，以致汗水從他們的眉毛紛紛流下。」但那晚大家想到的可不是要熟練哪一種藝術形式。我們想要的是媽媽桑的獎勵。我們像被寵壞的雙胞胎，唱著歌互相較量，以爭取母親的注意力（「媽媽」成為日式酒吧女主人的通稱，絕非偶然）。

我再喝了兩瓶啤酒，唱著〈東海是男人的海唷〉，心裡想著，如果這是愚人的天堂，那還有比做蠢蛋還要糟糕的事情。除了在這類酒吧外，在哪裡還能讓一個四十幾歲、擁有妻小的男人，坐在高凳子上，喝得爛醉，手中拿著一個製造噪音的玩具，在大家的奉承和誘騙下，展示他並不存在的音樂才華。當他張開嘴巴時，大家屏息地傾聽著，唱完後，還得到無數的讚賞。最棒的是，每晚都有人幫他確認，這些是他永遠都不會厭倦的歡愉。而在家裡，他的妻子要求他做個嚴肅的成年人。他也許必須教訓他行為不良的孩子，或對老闆拍馬屁，說「是的」以外的奉承言詞，或每個月得在棉被上發揮一次男性雄風，或在廚房的桌子上，乖乖地放上他每個月的薪水，包括夏天和冬天的獎金。但在這裡，在這個他最喜愛的卡拉ＯＫ酒吧中，他可以永遠浴沐在媽媽的關愛中。而他的媽媽永遠不會責罵他，或對他嘮嘮叨叨，或叫他去上學。這是個愚人的天堂。毫無疑問。我在此度過生氣蓬勃的一晚。

溫泉的意義

翌晨，我沿著繁忙的馬路徒步前進，從弘前走向大鰐（Owani）。前晚，我和仍然拘泥形式的松岡興致勃勃地討論他在麻將作弊上的龐大知識。早上一開始，旅館的老闆娘看在我那篇發表在《週刊朝日》上的介紹文章份上，只收了我一晚而非兩晚的房價。因此，這天以好預兆開場。通往大鰐的路上，剛開始是卡車川流不息的郊區，再來是國道七號那吵雜喧囂的輔助支道。細雨早已停歇，太陽炙熱。我有一陣子跟在一位個頭矮小的老婆婆身後行走。她將染紅的頭髮梳成鳥巢，這使她的個頭大概增高了三分之一。我納悶，她是誰的母親？

在弘前與大鰐之間，半傾塌的工業地區在蘋果園和蘋果大道（Appruru Rodo）的邊緣伸展，形成難看的景觀。蘋果大道是招攬觀光客的重點，大道從工廠彎曲而去，伸向岩木山煙霧瀰漫的山坡。在學校的運動場上，一班儀隊樂團正在練習〈洋基歌〉（Yankee Doodle）。從一家修車店的擴音器裡傳來一首流行歌曲，裡面提到，比如，神是什麼？為什麼有戰爭？我們死後到哪裡去？之類的問題，足以讓「日本學家」的智庫和由日本基金資助的教授想破腦袋。這首歌像是那種在日本書店中，將書櫃塞滿了學術著作的歌曲版本。它以沉思嚴肅的爭論語調唱著：「我們日本人到底是什麼？」

我在一家餐廳吃了一頓午餐，餐點有烤鰻魚和生啤酒。一旦中午工人的人潮消退之後，年紀很大的老闆便坐下來，觀賞一整個禮拜的職業摔角錄影帶。他在廣告時段不耐煩地按下快轉，並在每隔九十秒鐘，身體傾向螢幕，帶著嘲弄的微笑，看著外國摔角選手拉著日本敵手的頭髮，將他拖到摔角場台邊區。我想趕快付帳，好再度上路，但老闆沉溺在私人的世界裡，無法從這場混戰中抽身。他的眼神呆滯，細瘦的膝蓋、手肘和鼠蹊部因期待而緊縮成一團。所以，我向他的女兒付了帳，在大門唰地打開時，修車店的擴音器依然傳來那首歌曲：「我們日本人到底是什麼？我們日本人到底是什麼？」當我站在路旁試著等啤酒的後勁消失時，歌曲仍在我的耳中迴響。

「哈囉！哈囉！各位，ＯＫ！」一些七歲孩童在看到我穿越鐵軌，進入他們沉睡的溫泉小鎮時，對我說著，並發出吃吃傻笑。然後他們高速奔跑，消失在下町後巷之中，免得我抓住他們，並將他們塞進嘴裡，誤把「我們日本人」當成一種食物。

我找到一家已有七十年歷史的優雅旅館。它的賣點是石製的浴池。玄關的女侍非常有禮貌，在看到我後，輕巧地跳開，去問老闆娘是否還有空房。老闆娘穿著非常昂貴的和服出來迎接我。她滿嘴金牙，戴著一副眼鏡，搭配著金製串鍊。她說：

「是的，還有空房，但你會說日文嗎？」

「喔，告訴我妳是什麼？」我哀求她。不，其實我說的是，「是的，我會說。」

「那麼，歡迎。」有著滿嘴昂貴金牙的老闆娘說。

「假如我不會說日文，」我坐在玄關的階梯上脫下靴子，腦袋裡一片混亂。「妳就不收留我了嗎？」

老闆娘皺著眉頭，微笑著，露出一嘴金牙，「那麼，我們就處不來了，對不對？如果我們不會說彼此的語言的話？」

為什麼會處不來？我想著，拖著背包走上狹隘的樓梯後，將它放在房間中。我的房間非常舒適，位於俯瞰河流的二樓。老闆娘在我還來不及脫掉發臭的襪子之前，向我解釋；建築物裡的每個窗框、拉門、飛簷、接縫和木板都經過謹慎地修復，而翻修這棟建築的木工技術已經失傳，使得她得用自身的鑑賞能力，不厭其煩地要求工人，更別提她為此花了多少經費。老闆娘不但親自選擇所有的木材，還監督木匠的工作。她顯然很期待得到我的讚賞，所以，如果我不會說日文的話，我們怎麼能處得來呢？她帶我去參觀整座旅館，包括已經不再使用的三樓。其他的客房全部是空的（也許那些住客沒有通過玄關的考試）。澡堂裡，有一座赤裸的寧芙石雕，用水泥固定在方形底座上，就在湧出泉水的水龍頭上端；這個風格也已消失。然後，當我終於脫掉我的襪子，並將它們晾在書法畫軸的旁邊時，老闆娘叫女侍端來一杯即溶咖啡（這姿態增強了對我的歡迎程度，確定我們「處得來」，並強調我是個外國人）。為我攪拌咖啡的女侍建議我出門逛逛，去觀賞杜鵑花祭。這個祭典每年只舉行十二天，而那個下午是最後一天。

道路散漫地延伸而過那座俯覽著小鎮的凸出山坡，沿途掛著粉紅色和藍色的燈籠。沿著道路兩旁，路樹上面被安置了擴音器，從裡面流洩出首首情歌。深粉紅色和紫色杜鵑花盛開，有些正開始凋謝。在道路的開端佇立著一群隱密的小神社，原本是茅草的屋頂現在被換成錫製波浪板。而在道路的盡頭，兩隻黑熊在過小的籠中，拖著腳走來走去，煩躁不安。兩三位賞杜鵑花的人對牠們視而不見。而攤販早就全數離開，對牠們棄之不顧。

大鰐是個建築緊密卻又毫無生氣的小鎮。從山丘上，你可以看到小鎮僅有的旖旎風光。它安靜沉穩地矗立在河流的彎曲處，看起來彷彿曾有過輝煌的過往，但即便是在當時，人們也不甚在乎。太宰治的母親在他第一次企圖自殺之後，於一九二九至三〇年之間，就是帶他來此地休養一個月。他的家人在他小時候，常常帶他來此地，因而相對於其他地方，他對此地有種特別的懷舊心情。在《津輕》此書的最後幾段篇章，他曾考慮在大鰐住上一晚，但在後來放棄這個想法，因為他的資金所剩不多，而他又想盡快趕回東京，結束這段旅程。他在書中的起頭部分，曾一度擔心大鰐會像較為有名的淺蟲溫泉一般，「因吞食城市殘存的腐壞剩餚而變得粗野」。但他以樂觀的心情安慰自己道，「從東京到大鰐的道路路況遠比到淺蟲來得糟糕」，因此，「此地的人民仍舊頑固地守著津輕的老式生活」。而大鰐在地理上接近保存良善的弘前城此點，也以某種無以名狀的方式，對這個小鎮提供一種形而上的保護。「我想，」他嚴肅地寫道，「如果沒有弘前城，大鰐也許會因飲用城市所剩餘的渣滓而感到不適」。

但大鰐的經歷似乎與太宰治所言完全相反。太宰治小時和自殺未遂後靜養所住的旅館已被拆毀。老闆娘以一種感激不盡的聲調告訴我，暗示著好在太宰治當時所住的不是她的這間旅館。開發滑雪度假勝地一事似乎對小鎮的死氣沉沉毫無幫助。而年度杜鵑花祭、那些粉紅色和藍色的紙燈籠、兩小無猜的情歌和豢養的黑熊，都無助於此鎮的沒落蕭條。

一直以來，溫泉令我欣賞的優點有很多，其中一項本事就是他們能廣泛迎合住客的各種期待。舉例來說，太宰治就是因他母親的體弱多病而在小時常來大鰐溫泉。而許多日本溫泉的常客，尤其是那些超過五十歲的人，仍然視泡溫泉為減緩肉體苦痛的良方。太宰治在第一次自殺未遂之後，來到此地靜養，顯示出溫泉對治療心靈痛楚也有一定的聲名和療效。千疊敷的民宿老闆山田曾告訴我，過去，津輕漁夫每年至少會帶他全家到本地的溫泉泡個兩次，而且一住就是一個禮拜。他解釋，作為一個漁夫，「寒冷深深沁入到骨髓之中，以致他們有時要泡泡溫泉，用流汗的方式將它排出來，否則他們會活不久。」雖然，日本的許多溫泉已從安靜的修養中心，轉變成昂貴的度假勝地，使得一般的藍領階級無法再行利用溫泉恢復體力的療效，但山田所說的故事仍然強調了，溫泉之所以廣受歡迎，健康療效扮演了意義重大的角色。

意義重大，卻只解釋了部分的情況。因為對尋歡客而言，他們從溫泉得到的好處，和病人、精神病患，或冷到骨子裡的漁夫所得到的一樣多。日本人像大多數的亞洲人一樣，在傳統上不受海灘的吸引。而山區的魅力——如滑雪、登山、健行和興建別墅——是直到十九世紀的最後幾十年，由於早期居住在當地的西方人開始沿用，才得到注目的。日本尋歡客的傳統目的往往是溫泉地區。因此，溫泉在強化健康的名聲之外，也因各種過度放縱的形式而聲名狼藉；一擲千金、飲食過度，和縱情聲色。根據一首會津（Aizu）的著名民謠顯示，一個稱做小原庄助的捏造人物，因為三種原因而散盡家財：「朝寢、朝酒、朝湯」。這些便是傳統溫泉鼓勵和助長的行為模式。

還有第四種行為模式。現在的溫泉尋歡客徘徊在以紫色燈光打亮的脫衣舞俱樂部，或公關小姐在桌子底下偷偷按摩顧客鼠蹊部的陰暗酒吧之中，然而在那些之前，溫泉地區充斥著一種職業女性，委婉地來說，就是「溫泉藝者（藝妓）」。在咖啡茶几上做為擺飾的書、上流體面的雜誌和深思熟慮的電視紀錄節目，不斷地告訴我們，藝妓與粗俗的肉體歡愉毫無任何交易關係。她們是技巧精湛的藝人，專精於三味線民謠、精緻的舞蹈、優雅機警的應答才能、木柴棒排成的派對遊戲，以及和現任首相維持微妙的關係。將她們與那些為了金錢，而去滿足平庸人士性慾的女性混為一談，與在一九四五年不久後，占領日本的美國大兵，在銀座聚集而狂叫著「我們要『宜』妓女孩！」的行徑，一樣愚昧無知。你可以想像當地人民的憤怒！這些野蠻人不知道技巧精湛的三味線琴師，和呼拉舞者之間的差異！喔，悲哀呀悲哀，外國教育的粗野不文！「『宜』妓女孩」，連音都發不準！然後，日文講得較為流利的當地人們，為了撫平他們自己受挫的國家尊嚴，紛紛到溫泉勝地泡澡、喝酒和做愛。

但我喜歡的是居住環境的混合：鄉野中的老式旅館和位於森林中的露天風呂。一群在半山腰的旅館，溫泉裡飄散著硫磺的臭味，宴會廳裡迴盪著鎮公所公務人員，收到夏季獎金時開心的拍手和唱歌。整個溫泉小鎮有著散布在每個角落的旅館，以及在低級庸俗的小巷內的公共澡堂。一棟以灰泥覆蓋、十五層樓高的飯店，其中的浴池有馬戲團場地那麼大，浴池四周都裝有鏡子，還有著菲律賓舞者在夜總會中表演，於中場期間坐到你桌子旁，想更進一步認識你。有小孩的家庭到這類灰泥飯店和低級庸俗的城鎮，度過禮拜五和禮拜六晚上，這些家庭也許就睡在你隔壁房間，但在禮拜天離開時，小孩對你的存在毫無所知。日本溫泉是個令人讚嘆和複雜的制度。當澡堂和旅館鼓勵男女混浴時，氣氛變得更為活潑，雖然這個良好習俗從上個世紀末開始衰退，因為刻板的西方傳教士對此鞭笞聲不絕於耳。但仍然可以找到這個習俗殘存的所在；開放給兩性、所有年紀、所有品味和所有理由的浴池……

我在大鰐下榻旅館的簡樸浴池內打滾時，心裡想著這些，還透過蒸氣偷窺赤裸的寧芙石雕像。晚餐後，一個個頭矮小、身穿工作服的老頭來幫我鋪床。他的態度粗暴，有著我在津輕地區所碰到過最粗野的口音。他問我喜不喜歡溫泉。我不知道被多少人問過這類問題。就好像我坐在日本電影院的大廳內，手上拿著電影票，而人們問我喜不喜歡電影一樣。我曾坐在酒吧裡，喝著第五瓶啤酒，然後有人問我，喜不喜歡喝啤酒。我也曾在路邊攤發出吱吱聲地吃著第二碗拉麵時，被問到我喜不喜歡吃拉麵。

「不，我討厭溫泉，」我該這麼說，「所以我願意付錢住在這。」但我對那粗魯的老頭說的是，「是的，我非常喜歡溫泉。」

「你的國家有溫泉嗎？」

「沒有。羅馬人在兩千年前曾試著蓋過一些溫泉。但他們離開之後，英國人只有在禮拜六會去泡個意思意思。」

「如果你喜歡溫泉，你該去青荷（Aoni）。」

「哪裡？」

「青荷。」

松岡跟我提過青荷。他告訴我，那是真正保留溫泉風味的最後幾處之一。在山巔只有一家孤寂的旅館，而且他們還在用煤油燈……

「青荷在哪？」我說。

「我不知道。」老頭說。

「漢字怎麼寫？」

「我不知道。但我可以幫你找一找。我可以幫你畫個地圖。」

我以為他指的是早上，所以我跑到空蕩的澡堂去泡澡。但五分鐘後，那位粗魯的老頭將澡堂的拉門拉開，眼睛透過蒸氣努力看著。

「我幫你畫了一張地圖。」

「我馬上出來。」

兩分鐘後，他又把門拉開。

「你還沒出來嗎？我幫你畫了一張地圖。」

因此我起身擦乾身體，穿上濕黏的浴衣，跟著老頭回到我房間。他將一小張從日記本裡撕下來的紙，皺皺地放在我的枕頭上，並用破損的指甲指著兩個潦草的漢字，「青荷」。我想，這兩個漢字指的是，以前的村夫到山上採集草藥和樹根，以布包好，掛在桿子的兩旁，然後用肩膀扛回家的包袱。

我將老頭用鉛筆畫的道路和地勢，與印製的地圖相較，發現兩個小小的漢字，「青荷」。它們小到我幾乎看不出來。它離我計畫的路線相當遠，要經過兩個山谷和兩個很高的山隘，也許在距離此地三十公里之外。

「你有車子嗎？」

「沒有，我走路。」

「那你得花上一整天。也許還要更久。我不曉得有誰用走的去過那邊。」

「值得嗎？」

「喔，那是真正的溫泉風味。最後幾個。他們沒有電。山丘裡只有那麼一家旅館。很特殊。他們還在用煤油燈。」

「它不在我計畫的路線上。」

「你不會後悔的。我知道你不會。你會一輩子都想住在那。我就想在那住上一輩子。那就像是……」

「什麼？」

「那就像是家。」

第五章　家

天氣晴朗。我一穿越公路，窄狹的道路便開始急速攀升，經過最後的幾個蘋果園。沿著公路的廣告全是跟蘋果有關的，兩側的油漆欄杆上鑲著鐵製蘋果。商店和餐廳裡賣著蘋果，工廠則全是蘋果加工的工廠。在一座最小的蘋果園裡，一個男人正站在梯子上，從樹幹上擰掉最後一朵蘋果花。在他的梯子下面，果園的草剛被修剪過。在這五月的最後一天，草坪的味道告訴我，春天已轉為初夏。

我坐在一家小雜貨店外面的長椅上，喝著啤酒。年事已高的老闆挪開裝蘋果的空紙箱，好讓我有地方坐下來。雜貨店前不著村，後不著店，經營的老闆告訴我說，青荷很偏僻。

「青荷什麼也沒有，什麼也沒。雖然這幾年來，有不少學生和年輕人跑到那裡的山丘上去。誰知道是為了什麼。我想是有個青荷風潮吧。」

我希望沒有，我說，揹上背包，以沉重的腳步踏上陡峭的山坡。老頭從後面追了上來，原來我忘了空瓶子可以退還十圓日幣。

蘋果園逐漸消失，高處的稻田也失去蹤跡，聳立在它們之後的是一片松林。在山丘的更高處，從遠處看來像是雜亂的灌木林，原來是樅樹和紅針樅的幼樹。它們在砍伐和荒廢的山坡上，以西洋棋盤的排列方式，整齊地種植，有如一截截的木樁。在我身後，岩木山為白色渦雲所籠罩，彷彿殘株般俯蹲著，在岩木山之下，躺著顏色更白的弘前，隱約可見。在第一個山隘佇立著一個告示牌，指示著這地區的溫泉，但三夾板被雨打得腐爛不堪，告示牌中間形成一個大洞。我因此不知身在何處，而所有的道路都通往不知名的處所。

我穿過山隘，在下午進入小國（Oguni）的山谷。我一路上聽到動物逃走的混亂聲響，但結果找到的總是女人們在搜尋筍子和蕨菜的身影。女人們來自村中，戴著頭巾。然後，我徒步進入通往十和田湖（Lake Towada）的新公路，在路旁發現一小塊林間空地，裡面坐落著一群似乎被棄置的簡陋小木屋。我在其中一間木屋吃了一盤涼麵。

「這是一家餐廳嗎？」我走上瀕臨瓦解的三道混凝土台階，拉開滿是灰塵的玻璃門問道。

「是的，」一個女人從後面的房間中走出來。房間裡，一位灰髮男人面朝下地呈大字地躺在榻榻米上熟睡，他前面的電視機吵個不停。那個女人為我做了一盤涼麵，然後坐在塑膠板桌面旁，替我倒了杯啤酒。沒有車子停下來，沒有顧客經過。外面其他的小木屋靜默無聲。在這塊林間小空地上，只傳來新公路上隆隆咆哮的車聲。

這裡叫做什麼，我問。

「沒人知道；有各種不同的名字。」女人說。

嗯，郵局怎麼知道信要寄到哪裡去？

「喔，他們長年來都是如此，所以根本想都沒想到這個問題。有人說這裡叫燕（Tsubakura），有人說這裡叫切明山下（Kiriake Yamashita）。我在這裡住了一輩子，我不確定哪個才是正確答案。反正，這裡只住了三戶人家：我們、商店和溫泉旅館。其他房子是城市人夏天過來住個週末用的。」她指著一間房子。「那是馬場先生的。他是弘前大學的醫學博士。他有時會帶美國朋友來玩，所以我們這裡滿國際化的。」

她大笑，就是那種我常在津輕聽到的自我調侃的笑聲。

「現在你來了。你在這裡做什麼？」

我告訴她，我正在前往青荷的路上。

「我還記得在那裡蓋旅館的老頭，」她說，「我小時候看過他一次。他是個詩人。」她幫我倒啤酒，並看著我。「你聽過他的故事嗎？」

沒有，我沒聽說過。

「他是個詩人，」她說，「但他也是個痲瘋病患。他喜歡獨自在山丘上徘徊。有一天，非常碰巧地，他發現青荷溫泉對他的病好像有幫助。溫泉當然無法治癒他；他的病在那時是治不好的。但溫泉可以讓病情不再惡化。因此，他在河岸上蓋了一棟房子，在他死後，房子變成一座旅館。他們仍然使用煤油燈，你知道……

「這個山谷在我這一生中改變了許多，但他們在青荷仍然在用煤油燈。當我還是個孩子的時候，只要越過山隘，走進這個山谷，就會在空氣中聞到不同的味道。這裡的空氣在以前一直很清新乾淨。現在，他們蓋了公路、橋和隧道，一切都改變了。數哩外的人們會特地來山谷這裡看日落。都市裡的人仍然不遠千里地來觀賞日落，尤其是那些在此地擁有度假小屋的人。他們都說這裡的日落很漂亮。但這裡的日落已經和我小時候的不同了。但在青荷，他們仍用著煤油燈……」

我站起身，付了啤酒和涼麵的錢，然後，我也不知道為什麼，我問那女人，她有沒有小孩。她突然緊縮著肩膀，往下看著桌子，在一剎那間，緊張快速地顫抖著，搖搖她的頭。

那個下午我徒步走向青荷。沿著迤邐曲折的山間道路上，紛紛豎立著廣告旅館的新告示牌——「油燈與湯之里」——每個告示牌上都畫上油燈，並標明還剩下多少公尺的確切距離。在我身後，山谷在遠遠的腳下，公路旁有一條灰綠色的河流。河道為新的水壩所截斷，推土機在兩旁轟隆隆地來回駛過。我可以看見青森縣的另一座高山。八甲田山矗立在我面前，山巔為雲朵所籠蓋，山坡上仍點綴著皚皚白雪。然後，我從鮮少人跡的馬路，轉進一條沒有鋪柏油的小徑，循著一條潺潺作響、沒有蓋水壩的河流前進。而在我下方遠處，於這條河流花上千年所雕刻出的峽谷深處，我瞥見青荷的屋頂瓦片。

四點半，我站在旅館前方，看著隔壁正在興建新建築物的混凝土地基。在我還來不及解開靴子上的鞋帶前，一位矮胖的女侍出來玄關招呼我，端給我一小杯蘋果汁，責備我沒有先打電話。

「我不曉得你們有電話，」我說，「我以為……」

「我們當然有電話。我們可以派迷你巴士去接你。你從哪裡來的？」

「從大鰐。但我是用走路的。我以為……我是說，我想……」

「這就對了。你從巴士站一路走到這。」

「不是，我一路從大鰐走過來。」

「從大鰐！什麼！你從大鰐一路走過來。」當這位矮胖的女侍跑去跟所有在視線範圍內的人說，我是從大鰐一路走過來時，一位穿得像實習僧侶的年輕人前來招呼我。他穿著一件深藍色的燈籠褲和同色調的短袖外衣，領著我走到走廊牆壁上的櫃檯窗口。另外一位穿著相同的年輕人，則發給我一件浴衣、腰帶、毛巾和枕頭套。我在收到這些物品時，一一簽名。他問我晚餐想喝什麼，然後告訴我，我分配到的宿舍房間是二〇三號房。正適合我。

青荷和我想像的完全不同。它的建築物歷史並不久遠，屋頂不是茅草，也不像是詩人的房子。而住客居住的主要兩層樓建築物，讓我聯想到陸軍軍營和感化院的綜合體。但我房間的天花板，有兩處被煤油燈的煤灰弄髒的痕跡。沒有紗窗的窗口，可遠眺人跡罕至的山坡。我換上過短的浴衣，躡手躡腳地沿著簡樸的走廊而行。我總覺得好像會有一位看守員突然出現，訓誡我的穿著不夠適當。我在走廊盡頭看到一座位於石塊間的露天風呂，旁邊有竹子圍成的柵欄。我走過小鵝卵石到浴池前面，感激地入內浸泡。

我坐在溫熱的浴池中，觀賞夕陽從竹子編成的天篷細縫中落下的景致。當我抵達時，浴池裡還有一位客人。但他沒有跟我說話，並在我走進浴池加入他時，將臉轉開。沒多久後，他便踏出浴池，匆匆忙忙地離去。現在浴池裡只有我一個人。除了在岩石外涓涓而流的小溪的潑濺聲，沒有供我分心的東西。我冒著大汗的腦袋瓜裡，想著一首我幾分鐘前看到的歌。在我被護送到房間之前，從櫃檯窗口一個用過的托盤中，偷走裡面的木筷紙套。紙套上印著一首歌：

只有我們兩個人，
手裡提著煤油燈，
我們穿越吊橋，
啊！完美的快樂！
來，讓我們在炙熱的完美泉水中
清洗我們疲憊的靈魂，
在青荷，在北方之鄉，
在煤油燈照亮的旅館。

讀一遍就能記下歌詞並不是什麼偉大的成就，沒聽過旋律就能哼出曲調也不是什麼了不起的事。這類歌曲有數百首，它們的歌詞、曲調和感情完全可以轉換，只要熟練基本的模式，就可以哼得出來。同樣地，只消將煤油燈改為草菇籃，吊橋改為山隘，不要動北方這個字，然後將煤油燈改為大霧，就可以為另一首歌曲註冊版權。

我在露天風呂泡到夜色深沉，蚊子開始出籠，在我耳邊哀鳴。當我回到房間時，煤油燈已然點上，而貧乏粗劣的晚餐則放置在非常小的托盤上，旁邊放著我抵達時，在櫃檯點的兩瓶啤酒。

這項安排倒是省掉服務人員和住客之間，那種浪費精力的不必要接觸。因此，我獨自吃著晚餐，聽著河流的涓涓細語。木筷紙套上印了三段歌曲。我在腦海中翻譯著第二段：

在火爐旁——聞起來真棒！
上面烤著河鱒。
啊，我們一定得跟這座山間旅館道別嗎？
我們夫妻倆在此度過兩晚，
我們在未來的夜晚中將會夢到
青荷，在北方之鄉，
在煤油燈照亮的旅館。

嗯，我想將道別（goodbye）改成再會（farewell），不然聽起來缺乏一股熱忱。我環顧四周，發現沒有暖氣設備。而這盞煤油燈的燈光太暗，不適合閱讀。我打開太宰治的書，發現果真如此。因此，我決定最好是起身，顫抖著走到樓下，去浪費精力和尋找火爐以及完美的快樂。我到了樓下，獨自坐在冷冽大廳的長椅上，啜飲著矮胖的女侍端來的啤酒。值此之時，旅館的工作人員正在隔壁的宴會廳裡，以豐盛的食物和酒類，喧鬧不休地慶祝著舉辦成功的「山菜祭」。祭典才剛在那天下午結束。迷你巴士離開時，上面坐滿了住客。我喝完啤酒，又叫了一瓶，傾身彎向我的筆記本，將最後一段歌詞翻譯成英文：

在他濃厚的津輕口音中，
老頭邊說話邊擺出各種姿勢——
他的眼睛翻轉，身體搖擺——
訴說著他如何獵熊的故事。
當我們一起舉杯時
人類精神溫暖我的心
在青荷，在北方之鄉，
在煤油燈照亮的旅館。

煤油燈（lamps）？或許應該說是大聲咀嚼的聲音（champs）吧？要不也應該說是潮濕（damps）或抽筋（cramps）才對吧？……

「你想要的話，可以進來坐，」白髮像鋼絲般堅硬的老闆叫道，他穿著工作人員的實習僧侶服裝，躺在榻榻米上，用手肘撐起身子，拿牙籤剔牙。

「我不想打攪你們。」我說。

「沒關係，我們吃完飯了。」

但兩個長桌上裝滿著生魚片、煮好的整隻魚和各類山菜。

「你自己來。還剩很多。」

「你的生意一定很好。」我說。

「喔，沒有什麼好抱怨的。沒有什麼好抱怨的。你喜歡這裡嗎？」

「我喜歡露天風呂。」

「青森縣只有三座露天風呂，我們就占了其中一座。你覺得旅館怎麼樣？」

「『油燈與湯之里』。」我說。

「哈哈哈！」

「『完美的快樂！』」

老闆拿開牙籤，露出微笑，顯露混合著了解和紆尊降貴的表情，就像你在賣百科全書的業務臉上所看到的一般。

「你知道，我研讀過哲學，」他說，「我念過叔本華[1]。我念過蘇格拉底[2]。我不是沒受過教育的人。我經營旅館三十年了，在札幌還有家建設公司。我是老闆。」

他傾身將我的酒杯斟滿，大聲說：「我是老闆。」

---

1 Schopenhauer，一七八八—一八六〇，德國哲學家。

2 Socrates，西元前四六九—三九九年，古希臘哲學家。

「你跟那位詩人有親戚關係嗎？那個在這裡蓋旅館的男人？」

「老天，沒有，」他說。他身子又往後傾，以手肘撐住身體，仔細觀察他的八名男性員工。他們用大平底杯子喝著清酒，偷聽著我們的談話。「我來自於山下的黑石（Kuroishi）。我在年輕時跑去北海道闖天下，因為那裡的機會比較多。我在六年前回到這裡，打算蓋一座溫泉旅館。這裡的旅館早就年久失修，搖搖欲墜。沒有告示牌或任何東西。它竣工於一九二八年，在那之後，就未曾加以翻修。你可以想像它的狀況，多年來人們對它不聞不問，並飽受風雪的侵襲。你不能讓日本房舍荒廢著，然後還期待它能住人。當然，我得先把它拆毀。然後我重蓋了這間旅館，接上電話，裝上發電機。找到一些年輕人來工作。翻修澡堂。開始廣告。但我保留煤油燈。啊哈，喔，是的……」

那是他的秘訣。

「……我保留煤油燈！」

一位年輕員工來自岩木，身材瘦削，有著凸出的下巴，喝得爛醉如泥。他跟房間裡的每一個人穿得一模一樣，深藍色的燈籠褲和短袖上衣。房內只有我穿著浴衣。我喝著越來越多杯的清酒。他將坐墊拉到我對面。我開始覺得他身上那套制服散發著邪惡的氛圍。

他對我說：「你從事哪個職業？」

「喔，我寫些東西。」我回答。我被問到這個爛問題時，總是很不自在。

「你寫東西。喔，是嗎？你是作家嗎？」

「嗯。」

「你都寫些什麼樣的『東西』？」

「什麼都寫一點。」

「喔，什麼都寫一點！那麼，你最新的一本書是寫有關什麼的？或者，你沒有出過書？」

「嗯，我寫過一些書，」我說，「最新的一本是遊記。」

「遊記！哈！那是最簡單的書。那根本不算寫書。我是指嚴肅的書寫。寫遊記根本不需要任何風格或技巧。只是把你看到的事情寫下來。」

「太宰治的《津輕》不就是一本遊記嗎？」

「不，它不是，它不是。」年輕人自信滿滿地說，彷彿他花了一輩子沉思這個問題。

「ＯＫ。」我說，吃了一片生魚片。

「我可以請問，你是哪國人？」

「你可以問，」我說，「我是英國人。」

「英國！原來如此。哪個國家比較容易居住？英國或日本？」

「我沒辦法一概而論。」

「我沒叫你一概而論，」年輕人吼叫似地回嘴。他的臉因喝酒而漲得通紅，挑釁意味十足。

「我問你的是一個直接單純的問題。」

「很難用幾句話總結喜歡或不喜歡的事物。」

「我沒問你喜歡或不喜歡什麼。我問的是，哪個國家比較容易居住？你不懂日文嗎？」

老闆在一旁微笑著聽這段對話，偶爾剔剔牙，傾身過來，斟滿我的酒杯，並說：「不要介意。他有點醉了。」

「我不介意，」我說，「我下樓來聊天。」

端給我蘋果汁的矮胖女侍進門，在我身旁的椅墊頹然坐下，我有那麼一剎那之間，期待這段對話會變得比較愉快：「你從大鰐一路走來。」她會這麼告訴我。

但老闆嘴裡叼著牙籤起身，非常禮貌地跟我說聲晚安。那位矮胖女侍吐了一口氣，跟他走到門口。

「留下來好好聊聊，」老闆建議道。

「晚安。」我說，吃了些蕨菜。

老闆消失。女侍跟著離開。那位下巴凸出的男人轉身，背對著我，開始用腔調很濃的方言，快速地和同事聊天。一會兒之後，他倆起身，拿起清酒和一盤生魚片，走到長桌的盡頭處坐下，繼續他們的慶祝。因此，我拿著我的酒杯，去加入坐在第二個長桌旁的六位員工。剛開始時，我只是靜靜聽著，他們對我有點視若無睹。我試著加入話題，沮喪地使出兩次攻擊策略。

「你們不喜歡唱歌嗎？」我開心地說，「住在森林裡一定很好，」這些提示大概引出六個音節，其中五個是咕嚕聲。我們斷斷續續地舉杯兩、三次，以促進國際和諧。

「乾杯。」

「嗯，好的，乾杯。」

但是那個魔法很快就消逝。二十分鐘後，我起身離開，沒有人跟我說晚安。

我將煤油燈吹熄，躺下來聽著潺潺的河水聲。有次，我起身去上廁所，發現河水就直接奔流在馬桶下面。我蹲著的時候，小心翼翼地保持著平衡。晚上作了幾個夢，河床邊的岩石和鵝卵石都變成糞便。翌晨，我比往常還要早離開旅館，那位矮胖的女侍在門口送行。天氣明朗，八甲田山閃閃發光。那些以西洋棋盤方式種植的樅樹和紅針樅，讓山坡看起來像一片沼澤灌木叢。我走回通往推土機的漫長道路。杜鵑鳥在一棵紅針樅上啼叫。

想當然耳，有些人認為太宰治的《津輕》是本「小說」，而不是一本「遊記」，或隸屬於其他可以加以歸類的文學作品類別。如果你傾向於將自傳視為「小說」的次文類，那你就會同意這個論點。但，無庸置疑的是，所有第一人稱的旅遊書寫都算是一種自傳。它主要的技巧困難在於，如何在第一人稱的敘述者和他的所見所聞（或以為、甚至假裝的所見所聞）之間，取得有效的平衡。而將通過山丘的平庸無奇的徒步之旅，誇張地轉變成震撼心靈且形而上學式的暗喻（比如，禪學和磨損橡膠靴的藝術），則將形成敘述語調上的重要缺陷。

太宰治在他死前一年，也就是一九四七年拍的一張照片家喻戶曉。他穿著他尋常的作家打扮，在厚重的襯衫和長袖內衣外，套著和服外套。他坐的地方看起來像是便宜的酒店。他坐在沉重的木製桌子旁，桌上有兩瓶啤酒和一小盤食物，一根點燃的香菸放在桌子邊緣，慢慢地燒著木頭。太宰治的左手遊移在半滿的平底酒杯旁。他的右手關節則支撐著臉頰，凝望向桌子的另一方，彷彿正在凝視著一位景框外的同伴，臉上帶著仔細傾聽的表情。我們看不見整個桌面，但我們看得見桌上只有一個平底杯、一雙筷子和一根點燃的香菸。當太宰治帶著悲傷的眼神、緊抿的嘴唇和凌亂的頭髮陷入沉思之中時，我們心中閃過一個想法：太宰治凝望的桌子對面，那座椅上應該是空無一人。

那股強烈、時常病態的自我觀察，讓太宰治在他的家人和出生地之間，將自己塑造成一個永遠不自在、也不適應社會的小丑。這個結果使得他參照自己的人生，書寫下各種軼事、人物，和情節的文學作品，而自傳和創作之間的那條界線——在他最好的作品中變得模糊——則消失殆盡。太宰治在這點上並不孤獨。日本二十世紀小說的特徵便是，作者將自己視為讀者閱讀興趣中的唯一合法客體；這種強烈的傾向導致私小說（shishosetsu）的濫觴。在私小說中，作者在最薄弱的虛構掩飾之下，訴說著專注在他自己身上的各類事物、冥想和話語。私小說可說是這類小說中，最具意義和歷久不衰的形式。

太宰治在《津輕》中，對書中主要的主角就是他自己的這個事實，絲毫不加以掩飾。此書中，最小心處理的兩個主題便是太宰治與他家人的關係（尤其是描述到與他的大哥文治），以及照顧他到六歲為止、然後突然消失的保母的相關章節。在倒數第二章中，太宰治以大篇幅文字，鋪陳他在睽違多時後，回到老家的情況。文治在無法阻止太宰治和年輕的藝妓小山初代結婚之後提出，如果太宰治一意孤行，他將再也不能踏入金木的老家。在一九三〇年十一月，也就是太宰治第二度企圖自殺前幾天，太宰治被從津島家的戶籍中除名。太宰治十二年來都尊重這項安排（他成為一個新家庭的戶長和文治仍然持續寄現金給他這兩件事，都使得斷絕關係變得較不那麼難受），只在一九四二年十月打破這項禁令，帶著他的第二任妻子津島美知子和十八個月大的女兒返回老家，去探望重病纏身的母親。他的老家敞開大門溫馨地歡迎他的到來。兩個月後，他又再度回到金木老家，參加母親的葬禮。但太宰治在《津輕》中描述的是第一次返回老家的情景。他覺得——或假裝覺得——十三年來，在沒有緊急事態的前提之下返家，大哥文治的反應最讓他不安。

「大約在十年前，」他回憶起文治的事，「我們在東京郊區的一條鄉村小道上走著，我大哥沉默不語，彎著他的背……我走在他背後，離他有幾步遠，凝視著他的背，啜泣不已……我懷疑我大哥是否會有原諒我的那一天。也許他這輩子都不會原諒我了。破碎的茶碗無法修補。不管你怎麼修補它，它永遠無法恢復從前的樣子。津輕人與其他人相較起來，更不會原諒和忘記他們被傷害的感情。我那時以為，我此生再也沒有和我大哥一起走路的機會了。」

太宰治描寫著，在一九四四年的這次春季拜訪中，他如何「闖入」他大哥和二哥在樓上的房間，並「對他未能保持聯絡而道歉。他們只發出咕噥聲，稍微點了點頭」，然後他們彼此之間變得非常客套，使得太宰治更為不安：「我感覺，」他描述他兒時的老家，「彷彿我是在龍宮或其他不同的世界裡。」他們最後坐在一起，吃著太宰治從蟹田帶來的螃蟹。而他對這段團聚的最終評論，則混合著典型的命定主義、通俗感傷、誇張和自我憐憫：「光想到金木老家便讓我覺得疲憊。沒錯，但我需要把它寫出來嗎？一位背載著惡業，必須靠出賣充滿家庭細節的手稿而賴以為生的作家，是不會受到神的眷顧。我恐怕早已被注定要從一間單調的東京居所，搬到另外一間，毫無目的地到處徘徊著，在夢中渴求我的老家，直到我最後死去的那天。」

但《津輕》中展現的更為關鍵的虛構式自傳主題是，太宰治對他和他的老保母，越野竹（Koshino Take）之間的關係的描述（或應說是部分的捏造）。在太宰治書寫《津輕》之際，竹已經是四十多歲的婦人。她在太宰治兩歲到六歲期間，曾經照顧過他，那時她還只是個年輕少女。對津島家這般富有和地位顯赫的家族而言，為小孩雇請保母是稀鬆平常的事。尤其因為太宰治是第十個小孩，他母親又長期臥病在床，在竹抵達之前，他已經被許多保母照顧過。但頻換保母對太宰治這般想像力豐富又極度無安全感的孩童，所產生的心理影響想必相當複雜。而這位成年作家不放過任何戲劇性自我感情流露的機會。為了讓讀者開心，他將返回老家的情感之旅發展得更為複雜。在太宰治出生的老家，連僕人算在內，總共有三十幾個人，其中大部分是女性。除了太宰治的母親之外，她們包括他的曾祖母、外婆、四個姊姊、寡居的叔母和她的四個女兒。成年的太宰治宣稱，他在孩提時代就被搞得頭昏腦脹，不知道哪位女人才是他真正的母親。他說，這股混亂感有時會增強，讓他認為其實她們一直沒在他親生母親是誰一事上說實話，而他實際上是別人的小孩——也許就是他叔母，或甚至是竹的小孩。他在幼時與這兩個人的關係最為親密。如果這類懷疑真的存在的話，那在太宰治六歲時，這份不安全感一定增強十幾倍，因為他在數個月內連續失去這兩位女性；他的叔母搬去和結婚的女兒同住，而竹結婚了。

「竹毫無預警地消失。她在一個漁夫的村落裡找到一位丈夫，她一定是怕我會跟著她不放，所以便突然離開，沒跟我說一個字……我有天早晨起床時叫著竹的名字，但竹沒有過來……『竹不見了！竹不見了！』我啜泣著，覺得心都要碎了。我哭了兩、三天……」太宰治說道，「當我聽到家鄉這個字眼時，我聯想到的是竹……我將她視為我的母親。」因此，在《津輕》此書的末尾，太宰治決定「將最美好的事留到最後」，出發去找竹。

太宰治只知道竹的閨名，以及她住在一個叫做小泊的漁村裡。那是「本州西海岸最北端之港口，」太宰治搭乘火車和巴士——「慌慌張張地匆忙上路。我覺得每分鐘都很緊急」——他在快要中午前抵達小泊。有人告訴他，竹開的那家小五金行的地點，但等他到時，窗簾都已拉上，門被鎖住。竹帶著小孩去參加當地學校的運動會，太宰治跟著到那。當他看見會場的帳棚時，寫出他最令人屏息的誇張字句：「我感覺像是童話故事裡的英雄，翻山過海，並走了三千里的路，來尋找他的母親。他在旅行時，經過土地邊境的圓丘，並看到美麗的神樂表演……

「我恍若被附身般，至少繞了運動場兩圈，到處問人，『竹在這裡嗎？開五金行的竹。她在這裡嗎？』沒有人能幫我……幸運女神就是不眷顧我……神祇們諭令我們不得見面……也許這個結果正適合我這些年來所過的拙劣人生。我懷著極大的喜悅所做的計畫，最後總是以不忍卒睹的結局收場……我不是個幸運的人。」

但在回返的路上，當太宰治經過五金行時，他碰到竹正值青少年的女兒，這使得他更加確定一件事：「我是竹的小孩。即使這意味著我是女傭的孩子，我不在乎！我要大聲說：我是竹的小孩。我不在乎我的兄弟們會嘲笑我。我是這女孩的哥哥。」那女孩將他帶回運動場，回到竹和其他小孩在吃午餐的帳棚裡去。

「我是修治，」他宣布。

「不可能！」竹說。

太宰治加入他們，跟他們一起坐在帳棚裡。「我覺得非常有安全感，」太宰治寫道。「我伸長我的雙腿，看著比賽，腦海裡一片空白。我覺得無憂無慮，一點也不關心下面會發生什麼事。」

然後，他突然拋掉笨拙的人、英雄，不適應社會的小丑等等姿態，甩開誇張或自我嘲笑的口吻，近乎真誠地寫下：

「這種感覺就是平靜嗎？如果它是的話，我要說，這是我有生以來第一次感到平靜。我真正的母親於兩年前逝世，她是個非常高貴、溫柔而且和藹的母親，但她從來沒有帶給我這股奇妙的安全感。我納悶，這世界上的母親有賦予全部的小孩這份安心感嗎……？」

在太宰治死後良久，竹在一家新聞報社的專訪中，否認了他對這次重聚所描寫的大部分細節，尤其是太宰治所描述的情感強烈的那些場景。比如，太宰治說，竹「對他滔滔而語，恍若水壩崩潰一般」，後來還失神地站著，「好像進入恍惚狀態」。竹死於一九八三年。在她死前不久，她告訴一位《津輕》的英文譯者說，是的，太宰治去找過她一次，而譯者所需要知道的所有細節都已經包含在書中了。也許，透過年齡漸長、後見之明或其他省思，竹也得到下述結論：即真實事件和創作之間存在著相互牴觸的衝突點，而當它們相互矛盾時，則產生不屬於兩者的事物；也許它就是某種類似於平靜的感受。

岩木山從高山的隘口，在清晨的雲朵之下，像個自瀰漫著珍珠般霧靄的海洋中，昂然崛起的島嶼。山丘緩緩地下降到平原上，看起來崎嶇不平而起伏不定。它們蜷縮著蹲著，像一隻咬了主人，因而失寵的狗。一隻沙沙作響的蛇快要斷氣，在公路邊緣對著我高舉牠的頭。牠一定是在夜裡爬出森林，並遭受到某些莫名的折磨。中午，一連串越來越誇張的看板，歡迎我到黑石這個溫泉小城市。第一個看板說，「歡迎來到黑石，喚起回憶的城鎮」。第二個看板說，「〈Jonkara節〉（津輕最有名的民謠）的誕生之里」。第三個看板則說，「黑石，溫泉與小芥子（Kokeshi）之鄉」。我暗自輕笑。

〈Jonkara節〉風行於整個津輕半島，因此，沒有城鎮可以明確地自稱為它的誕生地。小芥子人偶製作和販賣的地區包含本州東北的六個縣（而在觀光業發展蓬勃的地方，小芥子也逐漸開始出現在其他地方）。而日本全國境內都可以發現溫泉。但這些看板提醒了我，太宰治在他的「旅遊指南」中，所曾舉出的津輕活潑的特徵——不願為單純事實所阻礙的強韌。這也證實了廣告和事實之間，總是有那麼點出入的全國共識。此外，更別提一種稍微不同的共識——歷史總是在方便時才有所關聯。這點則反映在新津輕小芥子博物館的看板上。它聲稱，Yasashisa（精緻、優美、溫柔和可愛）是小芥子人偶的主要特質。這項主張使我陷入沉思（這不是第一次），納悶現今這些受到歡迎和有人收藏的小型紀念品，原本的意義為何。

很少有日本人知道小芥子的來源，和它們最初的用處何在。他們對此也未加以多想。會導致如此的部分原因在於，像nebuta一樣，kokeshi此字通常不是以漢字寫成，而是用平假名的音標拼成，因此很難追溯它的語源。舉例來說，Ko可能意味著「小」，而keshi指的也許是「芥子」——日本人偶博物館的館長聽到這點可能將雀躍不已。但我卻認為此字的漢字組合可能有所不同。在我的想法中，ko意味著「子（小孩）」，而kesu這個動詞則意味著「消除」。因此，這些由兩個簡單的木塊製成，頭部是球狀，身軀是圓柱體，可愛又面容祥和的小人偶，極可能是代替出生時便遭到謀殺的嬰兒的神物（fetish）。

殺嬰在封建時代的日本鄉間是常見的習俗，在某些地方，它甚至延續到近代。美國一位歷史學家，湯姆斯．C．史密斯[3]表示，至少在十八世紀和十九世紀初期，「與其說殺嬰在日本是面對貧窮的絕望手段，不如說它是一種家族生育計畫的策略。」在城鎮裡，墮胎是最普遍常見的生育計畫形式（由於日本政府直到今日，仍然禁止口服避孕藥上市，墮胎被廣為採用，且為婦產科賺進大把鈔票）。而在鄉村地區，雖然遭到大多數藩主的明文禁止，但殺嬰仍是民眾偏好的選擇。拋開道德問題不談，殺害新生兒，而非胎兒，使得一個家庭——或村莊——能夠確切控制性別的比率，並從此得到實質的益處。不像中國或亞洲其他地方，日本殺嬰兒的恐怖手段，似乎並不完全針對女嬰，它被冷酷和公平地使用在兩種性別上，以建立性別平衡，並保障團體的延續和穩定。

一八九八年出生於茨城縣（Ibaragi）的鈴木文太太，她的出生地離東京北部不遠。當地醫生為寫一本名叫《絲與稻草的回憶錄》（*Memories of Silk and Straw*），便請她錄音。根據她說，即使在她出生的時候，「殺嬰兒的情況仍然非常普遍」。「生下雙胞胎是種惡兆，」她解釋，「因此得在鄰居還沒發現之前，便先解決其中一個。畸形的嬰兒也遭到殺害。如果你想生男孩，生下的卻是女孩，你也只讓她活『一天』。」謀殺通常是由接生婆來進行。「殺嬰兒是非常簡單的事，」鈴木太太回憶道，「只要將一張紙用唾液弄濕，然後將紙放在嬰兒的鼻子和嘴巴上，沒多久，嬰兒就會停止呼吸。」但還有其他的方式，佐賀醫生的另一位資料提供者是寺門田井太太。她出生於一八九九年。她描述了兩種方式。第一種是「用膝蓋壓住嬰兒的胸口」。第二種稱做「臼殺」（usugoro），謀殺者通常是母親：「女人自行到房舍外頭的倉庫裡去，將嬰兒放在草席上。她用兩只麻袋將嬰兒包起來，用繩子綁緊，並放在草席上。然後，她用厚重的木製研缽滾過嬰兒。當嬰兒死去後，她將嬰兒拿到外面埋起來。隔天，她必須像平常一般，在曙光乍現時起床，做著屋內的雜事，並到田裡幹活……」

大約在十五年前的夏天，我回到英國去拜訪父母，並帶了兩個小芥子做為禮物。那些是沒有這類沉重歷史的人偶；它們的歷史只有放在商店架子上的時日，直到我買下它們為止。它們很貴，以傳統手法描繪，工藝匠並在底座簽名。傳統的小芥子沒有手臂或雙腿。它們只有個圓柱體

3 Thomas C. Smith，一九一六年生。

的身軀，上面畫了些平行的條紋，而它寬廣蒼白的臉部中間，則用墨水畫了小小的、花瓣般的圖案。我想，如果你知道小芥子和殺嬰之間的可能關聯，又讀過鈴木太太敘述接生婆試圖用破布緊緊包裹住嬰兒，讓他的手臂被綁得看不見，以便使他斷氣得更快等這些資料的話，小芥子的缺乏四肢便很令人感到不安。何況，傳統日本鬼魂的特徵之一就是它們沒有腳。

無須贅言，我的父母對這些一無所知。他們只是單純的藍領階級，我想，他們連殺嬰都沒聽過。我的母親那時六十多歲，出生成長於倫敦東區的卡科尼（Cockney）。我的父親則已高齡七十幾歲，來自德貝夏的製粉廠鄉間。直到他們死後，我在回想時才領悟到，有些微證據顯示，他倆都有點通靈能力。舉例來說，我的母親對她的死亡早有預感。我有天下午發現她安靜地躺在床上哭泣。當時，我們認為她正要從輕微的感冒中恢復，結果沒想到，病情發展成致命的肺炎。她哭著告訴我，她能從她臥室衣櫃的紋理圖案中，看見耶穌門徒的臉。在她的葬禮那天，我正站在廚房裡，房子裡只有我跟我父親。我父親原本坐在一間房間內，突然出現在廚房門口，一臉冷靜地問我，剛剛走過那房間的奇怪女人是誰。我後來才知道，我父親在年輕時，對招魂術曾有短暫興趣，而一位靈媒曾告訴他，他也許有些天賦。在他死之前，他向我坦白，我母親的鬼魂曾到他的床上看他，這帶給他極大的喜悅。無論如何，我的父母從沒喜歡過小芥子。我的父親告訴我，在我母親死後，他對那對小芥子感到非常不安，並拒絕讓它們留在餐具架上。小芥子原本放在那兒和瓷狗一起展示。我父親死後，我在整理他的遺物時發現，小芥子被包在報紙裡，放進用釘書機釘緊蓋子的盒子中，並鎖在碗櫃裡。我後來將小芥子送給別人。

如果小芥子原本是代替遭到謀殺的嬰兒的神物的話，人們是怎麼使用它們的？我假設它們會被放在神龕，又或許是放在佛教的佛壇（butsudan）中，讓人們向代表它們靈魂的安息物祈禱。在日本的冥府架構中，那些在社會上沒有得到適當地位的早死孩童的靈魂，會在賽之河原（地獄邊緣）徘徊。但賽之河原主要是提供這些早死的孩童靈魂，感謝父母賦予他們生命和悉心照顧的機會。我假設，遭到殺害的嬰兒的靈魂不會到那裡去。他們的案例似乎較類似於日本的捕鯨漁夫，在用魚叉抓到母鯨後，將牠肚子打開，在裡面發現的幼鯨。日本境內還有捕鯨者為這類幼鯨的靈魂，所豎立的紀念碑。就像未出生的幼鯨有石做的紀念碑一樣，這些遭到殺害的嬰兒，有著不是拿來玩的小芥子人偶作為憑弔。

我在一家幼稚園隔壁的餐廳吃午餐。幼稚園佇立在稻田之間。我透過窗口，看著孩童們在灰塵滿布的運動場上，輕巧地跳躍。他們看起來非常有紀律。小女孩穿著粉紅色制服，小男孩則穿著藍色制服。所以，如果性別平衡無法再用人工方式調整，至少它被顏色標示得很清楚。對街停著一輛蔬果攤販的廂型車，它的擴音器召集著這一帶所有的家庭主婦。雖然孩童們對這輛廂型車完全視若無睹，但這顯然是他們母親一天中的高潮時刻。廂型車對她們來說，不只是個到處徘徊的商店，還是個音樂廳和會議室。她們在車後用手肘推擠著彼此，低聲笑著，並交換八卦新聞。而身材瘦長的蔬果攤販則昂首闊步，跟她們說笑話，試著賣出胡蘿蔔。

在黑石的東方有一座巨大的水壩，像是外星人的太空船，矗立在溫泉的房舍之上。但一走過小城市中央，抵達它的西方郊區，便看見一些精緻的老式木造建築。屋頂大而陰暗，鋪著磚瓦。還有自我離開木造後，所見過保存最為良好的柏油路徑。這之後是木材堆置場和木材工廠，空中瀰漫著鋸屑和死樹的成熟、甜美氣味。但沒多久後，我又走進蘋果園間，大片的蘋果園延伸到平原的盡頭。現在是午後三、四點，風和日麗。一路上可看的風景只有幼樹，和為蒼白雲朵所環繞的岩木山山巔。當我跨入板柳（Itayanagi）的邊界時，一個看板歡迎我到「蘋果之里」，並標明此鎮的人口（一萬九千五百人），和蘋果園每公頃的年度產量。

一個非常破舊的旅館兀立在此鎮的主要十字路口旁。老闆娘上上下下地打量著我，問我是不是單車騎士。她很安靜而緊張，我無法判斷出，她是怕我，還是對她旅館的狀態感到尷尬。旅館裡的每件事物，不是破爛不堪就是坍塌陷落，或隨時準備瓦解。餐廳的混凝土地面，恍若是小型單座賽車的跑道，凹痕累累而缺口處處。一位年輕女性剛拖過餐廳的地板，頭上戴著頭巾，右腳丫包著塑膠袋，無力地跛行著，安靜地進出廚房。但在吃晚餐期間，老闆娘對我的態度轉為和藹。隔天早上，我到樓下餐廳吃早餐時，她站在一旁侍候，使我大為訝異。

我對她泡的綠茶讚不絕口，她點點頭，咧嘴而笑。她坦白說，茶並沒有什麼特別，但也許是水質好的關係。我習慣喝井水嗎？不，她想這是不可能的。我是個城市佬，對不對？在板柳的每個家庭仍舊從井水取水來用。但在今年，這一切都將改變。他們在黑石上方蓋了一個水壩。我在來的路上有看到它吧？今年，他們會從水壩上的儲水庫牽管，引水來到板柳。因此，他們要提高稅金。今年之後，她的客人再也不會讚美綠茶好喝了。

興建這樣一座水壩是否為聰明之舉，我覺得呢？你瞧，板柳常常有地震。不是那種掩埋人們、毀壞房屋的大型毀滅性地震；而是小型但持續不斷的震動。常常一天之內可以感覺到兩、三次。在這樣的地方蓋個水壩，建造足以供給一個城市和數個小鎮用水的儲水庫，到底是好是壞呢？此地區的地震頻仍不斷，萬一有天撼動水壩，或讓水壩出現細小裂縫（我低頭看著凹痕累累的混凝土地板），裂縫又小得看不出來時，那該怎麼辦？啊，算了，她想政府應該知道他們在做什麼。

現在小鎮都在倡導都市化了，對不對？城市的改變不會只做到自來水為止，不會。他們還有蘋果，沒錯。沒有蘋果，就沒有板柳。但都市化的腳步每天都越來越接近。別說什麼，才在不久前，這個十字路口在一個禮拜內，就發生兩起車禍。就在她的大門前。

她的臉因驕傲而散發著光芒。世界正在崩潰。她從蘋果園摘來兩個蘋果，在我喝茶時，替我削皮。我將蘋果吃光。我在出門時，發現掛在臭氣燻天的廁所旁的小鳥籠，裡面的金絲雀一邊的翅膀斷了。這件事並不讓我吃驚。

我覺得，該是去參觀太宰治在金木的老家的時候了。我再度快步走過五所川原。五所川原的大部分居民，剛剛才投票罷免了他們的市長，因為他們懷疑他與建設工業之間的關係是否合法：到處填滿的古井和挖空的水壩。市長的立即繼位者因為被控貪污的罪名，也被迫辭職。副市長則在不久前，才因在公共工程上收受發包商的賄款而遭到逮捕。在津輕的小鎮裡，經濟奇蹟進入一個發人省思的階段。

但當我抵達時，感覺上金木一點也不像個津輕小鎮。它是平原上看起來最富庶繁榮的小鎮，感覺上比較像伊豆半島的度假勝地，而不像荒涼艱苦的北方前哨。車站候車室裡的塑膠椅都有小坐墊。對街的咖啡店叫做——還能叫什麼呢？——太宰。太宰治的本姓，津島，頻頻出現在鎮上較富裕的行業的看板和標示牌上——津島外科，津島牙科。一位企圖心強烈的商店老闆，顯然要從這股經濟奇蹟中撈盡所有的好處，於是他將狹小的店面隔成幾個區域，不但可以出租錄影帶，賣電腦軟體，提供壽司便當，還經營一個撞球桌。

太宰治出生的老家，是金木最大和最令人印象深刻的建築物之一，它矗立在鎮上主要街道的尾端。它在數年前自津島家易手，翻修成旅館，並以太宰治最膾炙人口的小說，將它命名為斜陽館[4]。這名字的選擇顯示日本人的文學品味和魅力概念，比之於中國人的觀點，的確相當的不同。中國的企業家為了吸引大眾上門，絕對不會將商店名稱取成如此不祥的名字，不管它的文學關聯有多強。在中國社區裡，餐廳和旅館的名字通常是繁榮、快樂和幸運，取這些名字是用來保護老闆的財富，並有招財之意。

但太宰治的書名與日本戰後的百業蕭條有著微妙的關聯。小說中的女主角原本出身於顯赫的家庭，但在戰後卻面臨悲慘的窘境。它也描寫了一九四〇年代末期，一般大眾的不安全感、無力感，以及貧窮和陰鬱。《斜陽》在一九四七年初版，正好是二次大戰結束兩年後。雖然太宰治並非諾貝爾文學獎得主川端康成的弟子，但他的作品完全反映了作者序言中的精神，那就是在戰敗和遭到美軍占領之後，日本作者的唯一選擇是書寫哀歌。幾乎就在太宰治的小說出版的同時，斜陽這個詞語成為掛在人們嘴邊的常見字眼，尤其是那些最擁護太宰治的空虛年輕人。他們是他書籍的主要顧客。他們並將之視為戰後那個沮喪消沉的社會的暗喻。而現在，在金木繁華的商店街道尾端的大型看板上，正紀念著這段往日氣氛。

我站在旅館前面，試著朝樂觀的方向去思考。畢竟，太宰治老家的新主人可以翻閱他的作品集，取個更糟糕的名字。即使對中國旅館經營者來說，斜陽館都算是個比較吉利的名字。總比取個人間失格館，或瘤取館，或姥捨館來得恰當。何況，面臨殘暴命運的個人衰敗、意氣消沉和無助感，正是構成日本大半文學傳承的意境和感傷，也是日本國家性格的特性。因此，帶著這三種情緒的名字，一定會使付錢參觀的訪客印象深刻。我走過斜陽館的正門，哼著〈There Isa Happy Land〉，然後在咖啡廳裡休息。

太宰治故居

太宰治在一九四四年重返老家，對它幾乎沒有多少改變而感到震驚。「我感覺到，」他寫道，「我大哥一定花了不少功夫，以保留老家的原始狀態。」可惜現今的主人並無意保存這個原始狀態。現在的訪客可以在重新翻修的大廳中，啜飲昂貴的吉力馬扎羅即溶咖啡，在紀念品攤位

4 Shayokan，現已改為「太宰治紀念館——斜陽館」。

上，購買有太宰治照片的明信片、書籍和電話卡。訪客們更可以從放在後面樓梯下方的大型窩利茲（Wurlitzer）點唱機中，進行文治大哥所未曾幻想過的娛樂方式。

太宰治從咖啡廳的四面牆壁上，俯覽著並不存在的浪蕩子弟。而經營者選擇的背景音樂則是美國之音。在我進門時，美國之音正以英文勸告聽眾，如果太陽足以將混凝土公路曬得彎曲，那不妨想像它對你的肌膚會造成什麼樣的影響。我漫步走過點唱機，在建築物的後部發現一座小型博物館。大部分的展覽品都是照片。有一張是太宰治的作家女兒津島祐子[5]，出席她父親唯一的一齣戲劇〈新哈姆雷特〉上演時的照片。那齣戲劇寫得平淡無奇。津島祐子顯得有點尷尬。在一個角落上，鋁製骨架撐起太宰治的斗篷，看起來像被掠奪過的木乃伊棺材。

那個禮拜六下午陰鬱沉悶。我回到咖啡廳，點了一杯吉力馬扎羅咖啡，結果難喝得要命。環顧四周，不見浪蕩子弟的身影。一個豐滿的女人坐在敞開的門旁的一道玻璃隔牆之後。我猜她是旅館的老闆娘。她在記事本上輕敲著手指，看起來彷彿正在販售一齣還沒寫出的戲劇的入場券。美國之音用英文警告我，小心別感染到愛滋病。我坐在藤椅中，慢慢啜飲著難喝的吉力馬扎羅咖啡，當下決定我要在此住宿一晚。

在玻璃隔牆後方的老闆娘精神一振。是的，還有間空房。我可以住在叫做Yuri（百合）的房間。

「Yurei?」我說。Yurei是幽靈。那是個玩笑。老闆娘端莊地嗤嗤而笑。

一位精神奕奕的女侍領著我經過僕人的樓梯，走到二樓。我發現二樓的保存狀況，遠較一樓良好。文治會認得每一片壁板。我的房間很小，我猜想它的住客應該是比較年輕，而不重要的遠房親戚。但房間的天花板很高，有著精緻堅固的踢腳板（這在日本房舍中相當罕見），厚重的木製門框裡是一扇磨得光滑的木門。手工刺繡的椅罩放在投幣式電視機上。

連我在內，總共有五位住客出來吃晚餐。其中兩位是一對年輕夫婦，正在度蜜月，穿著牛仔褲。還有一位年長的母親和她中年的女兒，女兒剛從北海道經過青函隧道來到此地。女侍一將蜜月夫婦的漆製托盤放在他們面前的榻榻米上時，丈夫便開始用自動相機，打著閃光燈照相。他的自動相機有三種變換式焦距，他小心翼翼地用各個焦距拍下三張晚餐照片，並警告他的妻子別擋住鏡頭。

「妳知道太宰治所有的事吧？」那位老母親問年長的女侍說。

「不，我什麼都不懂，」女侍開朗活潑地說，「我只是暫時來代替全職員工的。」

「我一直以為金木是在津輕平原的南端，」從北海道來的老母親認真正經地說，傾身俯向漆製托盤，皺起眉頭。

「嗯，」女侍說，盯著老母親，彷彿她是個瘋子，「它在平原的正中央，妳知道。」

「我一直以為它是在南方，」母親重複著，搖搖頭。

「嘛嘛嘛……」女侍說，大笑了起來。

---

5 Tsushima Yuko，一九四七年生。

「你要吃我的焗烤牡蠣嗎？」老母親問我，「你的個頭這麼大。我想這麼一點菜哪能讓你吃飽。你的個頭好大！他的個頭好大，對不對？」

女侍又說「嘛嘛嘛……」，爆笑出聲，聲音如此之大，以致另一位女侍跑進來看出了什麼事。我剛好與中年女兒的眼神對望，她憤怒地瞪著地板。

蜜月夫婦在整個晚餐中，沉默不語。那位丈夫雙腿盤坐，但穿著牛仔褲的妻子則規矩地正座（seiza）——也就是說，她以膝蓋著地，腿整個折起，臀部的重心放在腳跟上。這是在榻榻米上的傳統坐姿，但現在被視為過於正式，只有少數年輕人會覺得它舒適，除非他們曾花上幾年研究傳統藝術（事實上，在某些學校和武術館中，正座是種處罰手段）。

我唯一採取正座姿勢的時候，是在受邀參加茶會的偶然機會，和我愛戀一位女孩的短暫時期。那女孩在學習能劇中拍擊伴奏的小鼓。我因此也決定上一些課。我上課時的大部分時間，是花在如何避開鼓面上裝飾用的繩索，並試著不要去想我的腿快要爆炸的這個事實。我有一位英國朋友曾受訓要當一位禪僧。他有我所聽過最慘痛的正座經驗。他有一邊的膝蓋完全痲痹，無法再伸直那條腿。這件事發生在永平寺（Eiheiji），所舉辦的一個重要參禪儀式之時。在那天早上，我的朋友與大約一百五十幾位實習禪僧，盤腿坐在堅硬的木製地板上好長一段時間。然後他們要迅速地起身，圍繞本堂繞經行。在大家起身時，我的朋友被三、四位實習僧侶攙扶著，單腳跳著，繞著本堂前進。他的另一隻腿在身後彎曲，像飾演隆・約翰・司伯[6]的演員。不久之後，他成為棒球帽製造商的業務。

無論如何，那位年輕妻子整個晚餐都採取正座姿勢。我不確定，她這樣做是不是要讓我這位外國人、她的新婚丈夫，還是太宰治的鬼魂，感到印象深刻。結果她發現她站不起來。從北海道來的母女很快地離開，免得她尷尬。但我慢慢吃著我的第二盤焗烤牡蠣，當她在榻榻米上翻滾時，仔細地觀賞著。她的丈夫自行起身，不發一語地跑去拍攝點唱機。那位年輕妻子爬過榻榻米，然後踉蹌地起身抓住門框，一跛一跛地往後面樓梯的方向前進，在八、九秒鐘後，便傳來她摔下樓的聲音。兩位女侍笑得快窒息了。

「喔，看看你的腳丫！」當女侍跪下來收走我的托盤時，她說。我總算吃完晚餐，我的腿直直地伸在我前面，幾乎橫過半個房間。女侍跪坐回來，拍拍我的腳丫。

「水泡，」她令人安心地說。日文的水泡是mame，聽起來總有股讓人安心的感覺。「看看你的手臂，」女侍輕笑著說，「都被曬傷了。你是做了什麼？」

「走路。」

「你是太宰治的書迷嗎？」

「不算是。」

「感謝老天。」

也許是為了治療我的水泡和曬傷，女侍建議我去拜訪斜陽館的酒吧。酒吧在翻修的倉庫內，

---

6 Long John Silver，迪士尼〈星銀島〉中聲名狼藉的大盜。

但有別的入口，就在磚砌高牆的後方。它已經開業十四年，設備完善，直接由旅館經營，所以我去那時不用感到不自在。女侍告訴我，所有的住客都去那裡消磨過時光，聽起來更使我覺得非去不可。因此，我換下浴衣，穿上斜陽館的塑膠拖鞋，在涼爽的夜風中，繞過旅館，走到廚房後面的老舊倉庫。酒吧門前是一堆長得雜亂的長春藤，點著燈的招牌上，注明它是個「直營」機構。直營的第一個直字有率直、正直、明朗和誠實的意味。我輕快地走進狹小的大門，穿越重重的天鵝絨布幔。

我一眼就看得出來，太宰治一定會喜歡此地，而大哥文治則會當場昏倒不起。他的鬼魂一定每晚都忐忑不安，尤其是當顧客站在酒吧中央的小型半月形舞台上，在聚光燈的照明之下，高唱一首〈我將我的心留在舊金山〉的時候。我拉開布幔時，看到的便是這個光景。我坐在空蕩的吧台旁，點了一瓶啤酒。牆壁上了漆，模仿灰泥木架建築的效果。椅子全裝飾著紅色的假天鵝絨，以配合門口的布幔。歌曲的音樂以雷射唱片伴奏，有些還有色情畫面。舞台上則掛著打摺的絲幔。

年事已高的媽媽桑似乎不喜歡說話。她為我指出，吧台上方的海報裡，那位穿著暗色西裝，戴著墨鏡，身體向前彎曲，無精打采的人其實就是吉幾三。我原本以為那是本地的警察在模仿承包商工人的苦幹動作。吉幾三是位住在金木的電視演員和演歌歌手。媽媽桑告訴我說，他常來這裡。酒吧裡大部分的桌子都是空的。在離吧台最遠的角落裡，坐著六位年輕人和兩位專心聆聽的公關小姐。因此，我決定加入他們。而我的這個舉動引發了下述的發展。

「我想唱首歌。」我說。

媽媽桑將歌表拿給我看（它在卡拉ＯＫ酒吧裡被稱為「菜單」），並指著貓王的歌。

「唱〈溫柔愛我〉（Love Me Tender）好不好？」她建議。

「不，」我說。「我想唱〈与作〉。」

「〈与作〉很難唱，」她說，「〈奪標〉（My Way）怎麼樣？」

「不，」我說。「我要唱〈与作〉。」

媽媽桑挑了雷射唱片。我跨上舞台。全場安靜下來。

「〈与作〉很難唱。」她說。

我微笑著，喝了一口啤酒，然後唱道：

与作用斧頭將樹砍倒。
嘿嘿咻！嘿嘿咻！
回音從遠處的山丘迴盪回來。
嘿嘿咻！嘿嘿咻！

歌曲第二段的嘿嘿咻是個長音，必須用上高潮迭起、起伏不定的假音。我使盡全力，扯開嗓門唱完。台下傳來如雷的掌聲。我將頭傾斜在聚光燈下，好讓坐在遠處的那兩位公關小姐，注意到我這個男人的魅力。我唱完歌後，往下看著螢幕，第一次發現有本筆記本放在它上面。裡面是幾首日本的卡拉OK酒吧中，最受歡迎的歌曲，全用鉛筆費力地以羅馬拼音拼成。〈与作〉不在裡面，所以那本筆記本不是為我準備的。在掌聲還沒有結束之際，我便被邀請加入那群年輕人之中。公關小姐慌張地為我騰出空位。

那六位年輕人全都隸屬於日本航空自衛隊。日本的憲法規定，日本並不能擁有軍備，因此，自衛隊一詞是一個富有想像力的名詞，彷彿「軍隊」並不存在這個國家。航空自衛隊其實就是日本的空軍。這六名航空自衛隊隊員，正在為一位即將要住院的隊員慶祝，他要開刀取出鼻息肉（「就像雷根一樣，」他驕傲地告訴我）。那兩位公關小姐是菲律賓人。我看到螢幕上的筆記本時，就猜到此點。她兩人都穿著紅色的洋裝，非常美麗。她們都不會說日文，英文也不靈光。她們以三個月的觀光簽證入境，非法在日本工作。五所川原的黑幫企業幫她們找到這份工作。像吉幾三一樣戴著墨鏡的黑幫分子，經過深思熟慮之後，堅持將她們的護照鎖在他們的保險櫃裡。我很高興地見到，航空自衛隊官兵並不將黑幫或非法的菲律賓人，視為國家安全的威脅。

波麗席拉身材纖瘦，人很活潑。她告訴我，她二十五歲，這是她第三次到日本工作。羅倫有張圓臉，眼睛大而悲傷，要我猜她的年紀。我說，我猜她的年紀和波麗席拉差不多。羅倫大吃一驚。

「我二十一歲！」她驚呼，咬著她的下唇。「我才二十一歲！」

這是羅倫第一次來日本工作，但她學得很快。我一坐下來時，羅倫便將她的手放在我的膝蓋上，這不是為了激起我的性慾或表達愛意。她這麼做只因為這是她工作的一部分，希望我在高興之餘，能在她的帳單上多加上幾千日幣。當然，這筆錢不會落到羅倫手上，而是進入五所川原黑幫的口袋。波麗席拉告訴我，五所川原有很多菲律賓公關小姐，但在金木只有三位。直到上個月還有四位，但其中一位嫁了日本人，並且懷孕了。

波麗席拉說長了鼻息肉的男人是她的「男朋友」。他發出輕笑，並高舉酒杯。

「他有一個老婆和三個小孩，」波麗席拉說，咧著嘴開懷大笑，一點也不像日本女人的拘謹。她啜飲了一口萊姆酒加可樂。

「我想特別為你唱一首歌。」羅倫說，握住我的膝蓋，表情非常認真。

「謝謝。」我說。

二十一歲的羅倫起身，跨上半月形的小型舞台，翻了螢幕上的筆記本，唱了〈愛已結束〉（Love Is Over）。

坐在我隔壁的阿兵哥瘦削蒼白，說話沉穩。他趁羅倫在台上唱歌的時候，告訴我，他非常欣賞英國在福克蘭群島戰役[7]中的表現。他也告訴我，他和他的同袍為能保衛日本而感到非常驕傲，雖然他們知道真有戰事時，依據憲法，自衛隊不能保衛日本。他的嗜好是聽爵士音樂，他很

7　一九八二年，英國和阿根廷為福克蘭群島開戰，結果英國勝利。

羨慕奧斯卡・彼得生[8]的大手。當我們在聊天的時候，我看到房間裡還有兩位公關小姐。她們頹然坐在陰暗角落的椅子上，用手掌支撐住下巴，孤單地坐在一旁，幾乎快要入睡。她們都是日本人，年紀比菲律賓女孩還大。她們知道她們競爭不過年輕小姐。她們的長相也不夠甜美，還顯得死氣沉沉。她們試圖表現出世故的風情，結果只是令人討厭。

「你喜歡這首歌嗎？」其中一個日本公關小姐，疲憊無力地對著我叫道。羅倫在舞台上，抬起她悲傷的眼睛，透過聚光燈對我凝視。

「喜歡什麼？」我問，但那位日本公關小姐轉過身，點燃一根香菸。

羅倫回到座位上，請我跳舞。我們走到吧台前的地板上，沉默的媽媽桑正在擦拭破損缺口的菸灰缸。羅倫使盡全力要教會我跳曼波。但在我腳丫上冒著水泡，斜陽館的塑膠拖鞋鞋帶又不巧斷掉的情況之下，我就是跳不好。她好像是動物園裡的小動物，被管理員忘了餵餐，直到很晚後才想起來，並帶給她一些殘羹剩飯。她將我抱得很緊，我都不能移動我的臀部。

「你是基督徒嗎？」羅倫說。

「不是。」我說。

她低下眼睛，盯著我的襯衫鈕釦。

「你信什麼教？」

我想到我客廳裡的神龕，然後說：「解釋起來要很久。」

當我們坐下來時，我問羅倫：「妳是基督徒嗎？」

「是的，我是。」她非常嚴肅地說。她的右手放在我的膝蓋上。她的左手撫摸著坐在她另一邊的男人的大腿。那男人叫自己吉米。

那晚稍後，我躺在被窩裡，看著高而單調的天花板，想著羅倫和她悲傷的眼神。也許她晚上也睡在太宰治的老家。這個老家是當過金木鎮鎮長和青森縣知事的文治，在面臨崩潰瓦解的世界之下，盡全力保留下來的。為此，他與想跟藝妓結婚的弟弟斷絕關係，認為後者鑄下了大錯。也許，太宰治曾經睡過我這個房間，並躺著想起在江之島的海灘上，在他身旁斷氣的女孩。那位女孩叫染子（Shimeko，音譯），只有十九歲。太宰治在她死後還不到一個月，就和藝妓結婚了。在往後的歲月裡，太宰治對染子的興趣只停留在，她對他的沮喪文章所能提供的注腳上面。

我輕易入睡。沉重的房門、牆壁和踢腳板，扼殺了這棟老房子夜晚所會發出的聲音。我聽不到〈奪標〉或〈愛已結束〉。我沒受到鬼魂的干擾。

「……這種感覺就是『平靜』嗎……？我納悶，這世界上的母親有賦予全部的小孩這份安心感嗎……？」

太宰治「慌慌張張匆忙地」趕去小泊，尋找他認為他深愛的保母；但我不必如此匆忙。在接下來的三天之內，我又走過津輕半島，這次是靠向日本海，沿著七里長濱前進。一道早來的颱

---

8 Oscar Peterson，加拿大鋼琴手。

風，從波濤起伏的海面上，帶來一連串煙霧般的雲朵，籠罩住土地，並蓋上濕潤的山丘，恍若它們是空房子裡的家具。我經過的村莊街道空空蕩蕩，大家都跑去躲雨去了。半島北部是野生石南叢生的荒野，長著矮小的黃松和醜陋的灌木林。荒野向內陸延伸至天際，新蓋的寬廣混凝土的道路旁支，在其上交錯。道路上不見車輛的身影。一個肥胖的女學童尖叫著對我說早安。她穿著制服的手臂直直向前伸出，彷彿是一隻飽受威脅、憤怒的鳥兒的翅膀。另一位女學童想將她的傘借給我。保護荒野免受強風吹襲的淡灰色斷崖，歷經風吹雨打而變成崎嶇的峭壁。視線所及之處，沒有稻田。

太宰治在小泊尋找到竹。我則在小泊碰上最糟糕的暴風雨。它為期三天。我慌慌張張、跌跌撞撞地找到一家旅館，他們卻將我打發到樓上一間位於角落的房間，免得我干擾到漁夫的宴會。

「我不能和漁夫一起用餐嗎？」我問。

「不行，」他們說，並將我的晚餐端來房內。窗戶可俯覽街道。眺望出去的景觀是混凝土電線杆，和越過煙雨瀰漫的空間的電線。

但，在三天前的禮拜天下午，離開太宰治在金木的老家後，我實在很想躺下來好好休息，無所事事也好。我希望至少有那麼一晚，我的感覺不像是位闖入者。於是我返回南方，走了半天的路，抵達木造的旅館。我曾在那裡觀賞相撲大賽，而穿著開襟羊毛上衣的老婆婆們，對我照顧得無微不至。她們又對我的出現大驚小怪，並讓我住在上次的房間裡。

在那個房間裡，我又被一個與津輕毫無關係的怪夢所驚醒。我跟我母親同坐一輛計程車，奔馳在艾色克斯（Essex）炙熱的馬路上。計程車停下來，我們下車。舉目四望，看不到任何建築物或車流，空空如也。我轉向我的母親，並開始打她巴掌。我的妻子和女兒站在路邊看著我。計程車司機點燃一根香菸。我在馬路中央，一次又一次地打我母親巴掌，斗大的眼淚流下她的臉頰。然後，我便驚醒過來。還不到六點。我聽到遠處傳來一個奇怪的聲音。它聽起來像是一個男人詠唱的聲音，我豎起耳朵仔細傾聽，但聽不出是什麼。

「……uunn……gaiiii……mm……uunnn……gaaiii……」我從被窩中起身，凝神站在窗口旁邊，俯瞰杳無人跡的街道。街道上什麼也沒有，空曠寂寥。濛濛細雨飄落在鄰居的屋瓦上。但那聲詠唱變得更為大聲，我的嘴唇跟著發音。

「Muuu……nngaii。Muuu……nngaii……」

它毫無意義。但聽起來很淒美。對我來說，它毫無意義。聲音開始消逝。我一直聽著它，直到再也聽不到為止。然後我鑽回被窩，清醒地躺著，先是聽到電動刮鬍刀的嗡嗡聲響，然後是一場小型地震的嘎嘎聲。充滿母愛的女侍端早餐來給我。

我問女侍那是什麼聲音。她不曉得我到底在說什麼。

「它聽起來像是男人的詠唱聲，」我說，「Muuuuungaiii。Muuuuugaiii。從街道的一邊傳到另外一邊。」

「大概是誰的電視機吧。」女侍說。

「那時才六點，」我說，「我看過手錶。」

「我想你一定是在作夢。」

我想，也是，我一定是在作夢。直到我穿上靴子，站在玄關門口，向圍著我的老婆婆們道別時，我才得知那是什麼聲音。老闆娘向我說明。

「我知道那是什麼了！那是賣蜆貝（shijimigai）的男人。你在十三湖可以撈到這類小型貝類。他有時候用廂型車載過來，那時他會用音樂。但有時他是一早就在賣，他就會騎腳踏車，用自己的聲音叫賣。那就是他聽起來的聲音。」

「蜆貝？」

「是的。」

「怎麼寫？」

「Su，zu……」

從走廊走過來的男人大笑著。

「妳用津輕方言在拼那個字，」他告訴她，「不是su，是shi。Shi-ji-mi。」

「喔，是shi？」老闆娘說，冷靜沉著地發出輕笑。

我與他們道別，第二次離開這家旅館。雨勢幾乎是即刻增強，木造的街道上空無一人，就像在六點時，沒有人會起身去買蜆貝一樣。

那個詠唱仍然縈繞在我心田。它聽起來非常淒美：第一個音符長而堅定，第二個音符逐漸消逝，留下一陣鼻音的低低哼唱，飄浮在空中。它聽起來好像被唱了數個世紀。也許，這是我認為它迷人的原因。太宰治在幼時一定聽過這個聲音。他到高山稻荷遠足時，因為穿錯鞋而趕不上同學。嘲笑他的同學用病人用的手推車，推著他上路。或是他沿著這條路抵達小泊，去和有晚不告而別的保母碰面。他認為他深愛著那位保母。在這兩個重要人生片段中，他可能都有聽到這個聲音。這條路沿著十三湖的岸邊前進。我那晚會經過湖邊，看著大雨延展和模糊它的邊界，直到一眼望去，湖水似乎與氾濫的稻田連成一片為止。也許，我會再度聽到那個詠唱，並向那位男人買一些蜆貝。但對我來說，它聽起來不像是蜆貝的叫賣聲。在木造，在細雨紛飛的清晨，它聽起來像是一個非常寂寞的男人，對著月亮發出的嚎嗚。

第二部

西鄉隆盛的最後長征

南方的樹上長著奇異的果實，
血染紅了樹葉，也染紅了樹根。
——路易斯・亞倫（Lewis Allan）為比莉・哈樂黛（Billie Holiday）所譜之歌

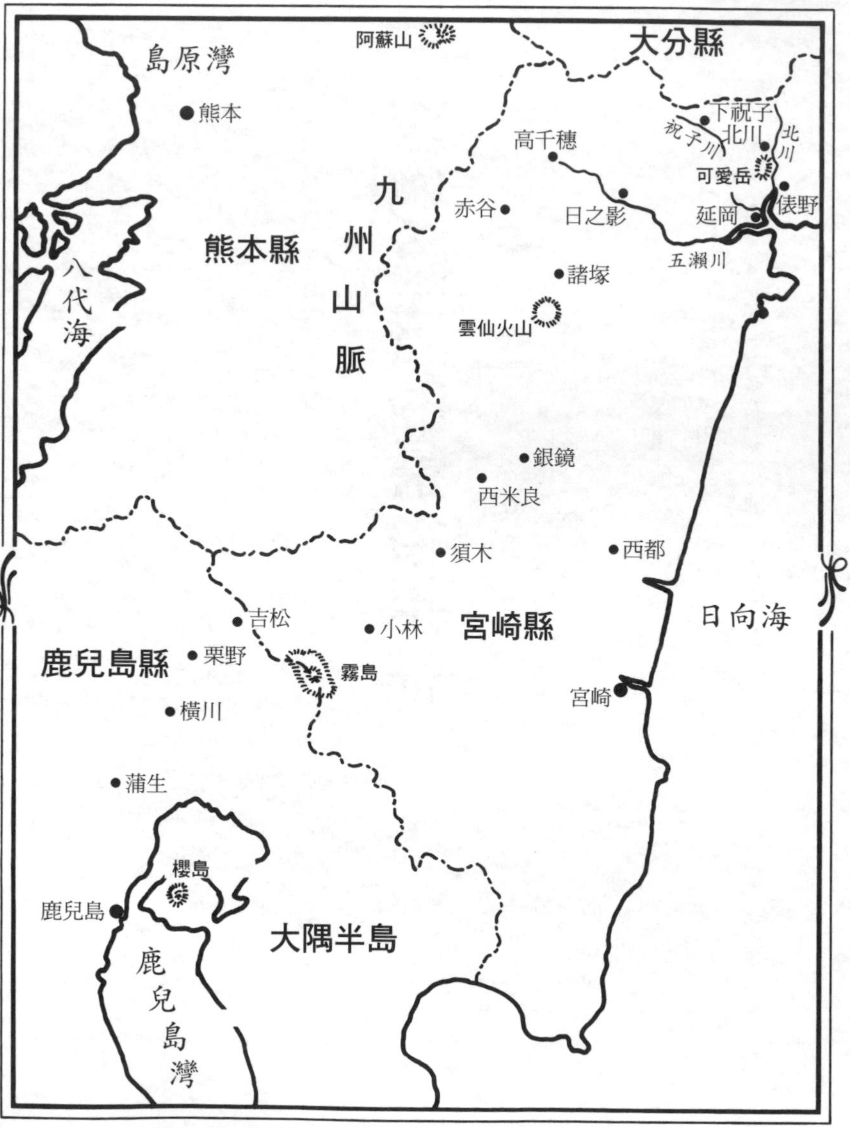

阿蘇山
大分縣
島原灣
熊本
下祝子
祝子川
北川
北川
高千穗
可愛岳
九
州
山
脈
赤谷
日之影
俵野
延岡
熊本縣
五瀨川
八
代
海
諸塚
雲仙火山
銀鏡
西米良
須木
西都
日向海
吉松
小林
宮崎縣
鹿兒島縣
栗野
霧島
宮崎
橫川
蒲生
櫻島
鹿兒島
大隅半島
鹿
兒
島
灣

第一章　可愛岳

我走進延岡市的一家郵局。一位坐在長椅上等著領年金的老頭對我鞠個躬，大聲對我說：「早安。」然後，他透過郵局的玻璃門，看見他的妻子從對街走過來，他的脖子因憤怒而青筋畢露。他站起來咆哮說：「我的印鑑！我的印鑑！」並用枴杖用力敲擊地面。他的妻子站在緊閉的門的另一邊，透過玻璃盯著她渾身發抖的丈夫。老頭則站在郵局中間，對她揮舞著拳頭，狂叫不已。他來郵局領年金，卻忘了帶印鑑。她現在可有大麻煩了，蠢女人。

我走過這個小城市的街道，經過因盂蘭盆節而大門深鎖的商家，用毛巾抹抹整個都是汗的臉。八月天氣炙熱。我攀爬上通往今山神社（Imayama Shrine）的陡峭石階，幻想著天空會在蟬兒重重的尖銳鳴叫下，破裂開來。我那天很早就起床，剛聽到蟬聲時，還以為那是吸塵器的聲音。我可以從神社俯視整個悶熱的城市。城市屹立在四條河流的河口平原之上，薄霧瀰漫。閃閃發光的近海海面上，可見黃蓋鰈的養殖場。海浪緩慢而平靜地拍打海灘。卡車轟轟駛過遙遠的大橋。旭化成工業株式會社的塑膠、化學肥料、製藥和合成纖維工廠的紅白色煙囪矗向天際。在延岡十三萬六千人的人口中，旭化成工業株式會社的雇員大概就占了三分之二。旭化成一九二三年便在此市設立工廠。如今，它擁有大部分雇員的房舍、超市、百貨公司、大瀨川（Ose River）南岸的「旭町」，以及城市北上巴士的終點站，「合成纖維」。

在今山神社的庭院裡，日本國旗飄揚。今天是八月十五日，也是第二次大戰終結紀念日。對日本而言，戰爭在八月十五日結束，簡直就是場歷史性的反諷。一八七三年，日本改採陽曆，將八月十五日制訂成重要節慶盂蘭盆節（也就是亡魂祭）的國定假日。亡魂在這天將回到現世尋求人間的短暫安撫。

一位老頭跛行經過神社的庭院。他告訴我，他已經「七十三歲又四個月」了。戰前，他住在韓國。當時韓國是日本的殖民地。他還記得他的英文老師，以及那個老師在聖誕節給學生的聖誕禮物。朴正熙[1]是位偉大的人；他讓韓國被伐木工人砍伐得童山濯濯的山丘，再度青蔥茂密起來。今天的漢城是個熱鬧的城市，除了韓文看板以外，跟東京沒有什麼差別……

「四十年前，光看臉就可以分辨出韓國人和日本人。現在沒那麼簡單了，尤其是年輕人。四十歲以下的年輕人長得都差不多。但我還是看得出誰是中國人，喔，沒錯……

「……我也看得出誰是義大利人，」老頭對著我叫著，拖著腳步走向神社的階梯，用手帕抹抹他的臉。

我在餐廳裡喝啤酒，以躲避八月的暑氣。我對電影院裡播的電影沒啥興趣。電影院裡整晚播放著〈太空入侵者〉、〈金牌警校軍第三集〉，還有席維斯史特龍主演的〈眼鏡蛇〉。沿著蓋有屋頂的商店街，擴音器裡傳來日本歌手，輕哼保羅．安卡（Paul Anka）曲調的歌聲。在這個假日，商店街上還在營業的商店，包括賣西瓜的水果攤和柏青哥。時髦的精品店裡，貼著黑色壁紙，鋪著黑色地毯，掛著稀疏幾件經過小心挑選的成衣，可惜衣服的顏色只會讓你想穿去參加喪禮。賣農具的商店也沒關門，裡面擺的是手製的鐮刀、鋤頭和草耙。一個老闆跟我解釋，這些農具是數百年前由韓國發明的。

夜色深沉時，有一場盆舞表演。海報上沒注明它開始的時間，只簡單地說是「晚上」。我在七點抵達神社階梯附近的碎石廣場，階梯上掛著兩個紙燈籠和一些電燈泡。廣場中間有一張小桌子，掛著紅白條紋的布幔，桌上放著一個太鼓。但舉目所見空無一人。我離開廣場，四處走走，在一家小酒吧裡喝了一瓶啤酒。一對年輕情侶坐在吧台旁，相互擁抱著，女孩的頭部靠在年輕男人的肩膀上。他們點了可爾必思加燒酎。那喝起來就像是一場惡夢。我連我的啤酒都差點喝不下去。

我在八點回到廣場，發現那裡有十五個人，其中三人穿著浴衣。一個骨瘦如柴的男人，嘴裡叼著一根沒點燃的香菸，伴著擴音器裡傳出來的〈延岡Bamba踊〉[2]，敲擊著太鼓。掛在枯萎樹上的擴音器嘎嘎作響。整場只播放這個音樂，沒有其他的歌。音樂斷斷續續，開始又結束。一個只有一隻眼睛的瘋子，穿著寬鬆的卡其短褲，在廣場上跳上跳下，彷彿他正在示範旭化成工業的晨間柔軟體操。他像稻草人一般，瘋狂地舞動雙臂，用他的獨眼盯著我，狂叫著「跳舞！」當打

1 Park Chung Hee，韓國政治強人，一九六一至一九七八年任韓國總統。
2 盆舞的一種。

太鼓的鼓手換上另一個人時，除了那位跳上跳下的瘋子之外，每個人都移開。新的太鼓鼓手打得毫無節奏可言，而那個瘋子是唯一能跟上節拍的人。最後，那位嘴裡叼著香菸、骨瘦如柴的男人回到場地，拿回鼓棒，再度開始敲擊太鼓，舞者們才又慢慢地回到碎石廣場上。

一個肥胖的女人上前來給我一片西瓜和兩罐冰啤酒。「我不能喝，」她說。九點二十分，所有的人離開廣場。一個男人拿著麥克風請求大家留下來，但沒有人想再跳舞。也許是八月的夜晚過於炙熱，或者是燒酎加可爾必思澆熄了他們的熱情，又或者在這個都市裡沒有可供舞蹈的亡魂，再不就是飄盪回來的亡魂是以合成纖維製成的。

「今晚，在延岡，大家都聽著這首歌跳舞，」那位肥胖的女人告訴我，然後將〈Bamba踊〉的錄音帶自錄音機中取出。但我走過這個小城市的街道，沒有看見或聽見其他人在跳舞。在拉緊鐵門的商店街裡，日本歌手仍在婉轉唱著保羅．安卡的歌曲：「你和我就像樹上的小鳥一般自由。」在「單色」咖啡店中，一位老頭告訴我，如果我走過空曠的九州山地，我將會看到「奇怪的景象」。「你會看到奇怪的景象。真的。」

我在單色咖啡店裡待了一個小時，喝著罐裝的百威啤酒。吧台以百威和海尼根的空啤酒罐堆成一座金字塔來裝飾。一位三十幾歲的女人戴著嚴肅的眼鏡，正在籌辦一場披頭四電影節。另一位光頭酒客是個業餘攝影師，穿著克倫坎貝爾的格子花呢襯衫。他告訴我，西鄉隆盛（Saigo Takamori）有天底下最大的睪丸。

「它們很巨大，」他邊用手比劃著邊說，「它們大到他沒辦法走路。」

「你是說他有病嗎？」籌辦披頭四電影節的女人問。

「不管有沒有病，」攝影師抓住一罐百威啤酒說，「他都是個稀有的男人。」

西鄉隆盛事蹟

我是在十二年前的鹿兒島（Kagoshima）之旅中，第一次聽說西鄉隆盛的事蹟。鹿兒島是九州南端的城市，西鄉隆盛於一八二八年在此出生。我的旅行慵懶閒散，主要目的是購買民俗陶器、痛飲麒麟啤酒，並徜徉在夏季的海洋中。我在鹿兒島的市立美術館外看見西鄉隆盛的雕像。他昂然挺立，巨大的青銅身軀穿著日本最初的軍服（他是陸軍元帥），手放在軍刀的刀柄上。他的整個身體往前傾，頗像就要傾塌的石堆。而他巨大的眼睛從加農砲般的頭部凸起，就像腫大的橄欖。

我第二次碰到他是在神田（Kanda）。神田是東京的古書中心。我在那個冬天下午，悠閒地翻閱著一批十九世紀末期的木版畫。畫中都是些可怕的獰笑、古怪的姿勢和下巴。其中有一張翻印於一八七八年的西鄉隆盛畫像，那是在他死後一年的事。他仍然穿著陸軍軍服，但他戴上的金色飾帶之多，使那件軍服看起來就像是，魯里塔尼亞[3]輕歌劇中的戲服。劍和刺刀形成一道光環

3 Ruritanian，安東尼．霍普（一八六三—一九三三）小說中虛構的中歐王國。

圍繞著西鄉，從他的身體散發出如旭日般的光芒。根據說明，這張木版畫的印製是為了紀念他於死後升至火星，並被授與軍神封號的豐功偉績。

西鄉的出生地是薩摩藩（現今鹿兒島縣的舊名）。薩摩藩在當時是——有人說現在仍是——日本最傳統和反動的地區之一。在一八六〇年代，它領導倒幕運動（幕府被批評家指責，在平撫那些吵鬧著要求通商協約的「野蠻人」時，做出太多的讓步），並讓直屬天皇之下的政府取代將軍幕府。天皇是所有日本獨特美德的源頭。西鄉原本是個小藩士，透過對封建藩主全然的信賴、無庸置疑的誠實以及忠誠，得以在薩摩藩中晉升到大總督參謀的地位。他並在一八六八年明治天皇的「大政奉還」中，扮演主要的推動者角色。諷刺的是，這個事件（將發動此項運動人士口中的「蠻人追放」口號，納入考量的話）結束了日本的封建鎖國政策，並開始它現代化的腳步。西鄉領導的勤皇派打敗了擁幕派的死硬支持者。他在新生內閣中成為重要的一員，並在賦予新政府的穩定和權威上，扮演重要的角色。

但即使是在大政奉還之後，封建制度的行為模式和態度仍然殘存不去。西鄉的忠誠和野心，與薩摩藩的利益和追求「進步」的新國家利益之間，構成嚴重的利害衝突。其中的難題之一是，薩摩藩的人口包含了比例頗大的武士。他們是昔日士族特權階級的成員（即西鄉所屬的階級）。武他們不用耕作土地，不靠貿易或製造貨品為生，而由徵收自農夫、工匠和商人的稅收所俸養。武士的傳統職業便是打仗。新政府在成立後不久，便在針對這個危險的特權階級，就如何逐漸削弱、終至消除他們力量的手法上，展開辯論。表面上，新政府是要創造一個更為「平等」的社會，但同樣緊急的課題是，必須削減西鄉反抗中央的權力，以及這類獨立行事的藩主的軍事能力。配戴刀劍和將頭髮梳成髮結，都是武士地位的重要象徵。新政府在剛開始時對此不予鼓勵，後來頒布禁令。（但據說，在刀劍和髮結都已消失良久之後，它們仍是鹿兒島街道上常見的景觀。）武士的年度米糧津貼遭到削減，隨後米糧津貼的部分價值又被換成以現金領取，最後終於變成一筆微薄的遣散費。武士的階級徽章被剝奪，不能再仰賴藩主，失去以死效命的對象，並喪失幾世紀以來的薪俸。有些士族便遷移到，比如，遙遠的北海道開拓定居，學習新的維生方式。北海道在一八七〇年代仍被視為「殖民地」。但武士階級也因此鬱積著不滿，各地的人們抱著極大的懷疑和沮喪，觀察著這些發展，其中以薩摩最為激烈。

一八七三年的十月，西鄉在他視為卑劣和只顧追求自我利益的現實主義氛圍中，憤而辭官回鄉，在家鄉附近展開退隱生活。他的憤怒，一來是出自於他對內閣成員之間，名利權勢的自我擴張和表裡不一的景象，懷有與生俱來的厭惡。再者，是他對新政府之下，他所屬的武士階級所受到的待遇，極度地不滿。西鄉原本想向政府展示，維持一個訓練有素的武士階級對日本而言，至為重要——即若是個「現代的」和「進步的」日本。為了實現這項計畫（他的某些傳記作者如此推論，但想將西鄉描繪成擁有現代思想的人道主義者的傳記作家，對此點則加以質疑），他鼓勵新政府對「傲慢不遜」的韓國出兵，藉由戰爭，來大力振興和彰顯武士的美德。他甚至建議由他本人出使韓國——根據某些人的論點——他相信他將在韓國遭到暗殺，如此便給予日本開戰的口實。但新政府不斷延遲他的計畫，最後並駁斥了他的「征韓論」。因此，在四十六歲時，這個最受人景仰和最有領袖魅力的男人，自行辭官回鄉從事耕作，與狗兒一起打獵，並創辦了幾座私立軍校。他創辦軍校的目的在於，延續武士階級的特權和力量所仰賴的武藝技巧和威權主義哲學，並在可能算是日本最頑強反抗新政府的藩屬中，為武士燃起一線希望。

在那之後的三年又三個月，不滿逐漸高漲。一八七七年一月，在兩個小型地域叛亂之後，中央政府自此有了戒心，決心防止薩摩的不滿人士有樣學樣，發動更大的叛亂。因此，政府命令將儲藏在鹿兒島陸軍火藥庫的大批武器彈藥移出鹿兒島縣。為阻止政府此舉，西鄉私立軍校中的一群學生，拿著武器襲擊火藥庫，並驅走政府派來搬運彈藥的船隻。值此同時，學生和當地官員以及薩摩愛國志士宣稱，他們發現中央政府正準備暗殺西鄉。

大部分的歷史學家認為這個暗殺計畫不過是場捏造。的確，學生們所依據的「口供」，其可信度頗令人質疑，因為它是經過逼供後所得到的情報。在當時，逼供仍然非常普遍。但是，「暗殺」計畫和對政府的武裝挑戰兩者的結合，使得和談的機會變得渺茫。如果西鄉是日本境內廣受景仰的人物，那在薩摩，特別是在私立軍校的學生心目當中，他可能已被視為一個神祇，而非凡人。大部分的傳記作家同意，並未在暗殺計畫的捏造或襲擊火藥庫的事件中，西鄉扮演直接的角色。而根據最受歡迎的版本中描述，在火藥庫遭到襲擊的當時，西鄉正在遙遠的鄉野間，和狗兒一起獵著兔子。在他得知大事發生之後，他的反應以英文翻譯的話，範圍從「完了！」、「這下慘了！」、「如果我在的話，就不會發生這種事，」、「可惡的傻瓜！」到「糟糕！」不等。無論如何，西鄉在毫無選擇的情況之下，坐鎮指揮整個局面。數日之內，一批為數一萬五千人的武裝部隊聚集到鹿兒島，加入他的麾下。他則宣稱要領軍前往千哩外的東京，向政府「要求解釋」。

西鄉隆盛如此這般地進入戰場——這是日本的最後一場內戰。這場西南戰爭的範圍只局限在九州，但交戰中，總共有超過一萬三千人死亡，兩萬兩千人受傷。在這場戰爭中，中古城堡遭受中古方式的圍城攻堅，而兩方都射進無數的飛箭傳書到敵方軍營，以擾亂軍心。大部分的戰鬥仍是老式的刀劍相向。（在戰爭中的某個階段，政府的步兵旅團，雖然配備有新進口的斯奈德式後膛步槍、毛瑟槍和埃菲爾德式來福槍，卻被迫在報紙上刊登廣告，徵召劍術高超的劍客。）在這年中，柴可夫斯基寫下他的第四交響曲，巴哈完成第二交響曲，亨利·詹姆斯[4]出版《美國人》（*The American*），易卜生出版《社會之柱》（*The Pillars of Society*），華特·白哲特[5]去世，安德烈·馬基諾[6]出生。這年還在溫布頓舉行了第一屆溫布頓網球賽，以及推出其著名的甜點，草莓果餡餅。

看在這場老式內戰的份上——而不是以懶惰的舞者，所慶祝的大型戰爭的終結——我來到延岡。一八七七年八月中旬，在這個位於九州東岸的中央城市中，西鄉的軍隊終於開始潰決。十五日早晨，他在狹窄的海岸地帶，於槍林彈雨的威脅之下，開始往北撤軍。而在薄暮時分，我從今

---

4 Henry James，一八四三—一九一六，美國小說家。
5 Walter Bagehot，一八二六—一八七七，英國經濟學家。
6 Andre Maginot，一八七七—一九三二，法國二次大戰陸軍部長。

山神社眺望，越過合成纖維工廠，可以看見這條窄狹的海岸地帶。在十七日夜晚，經過三天的激戰之後，他此時已離城市很遠，正往七百二十八公尺高的可愛岳（Enodake）東側前進。他的部隊只剩下不到三千人，完全被包圍，補給線遭截斷。而官軍有六個旅團，總數大約三萬人，從河口一路部署到山丘地帶，切斷西鄉的撤退路線，並以包圍之勢，向著西鄉的部隊緩慢逼近。所有的道路和河流全是死路。西鄉的軍隊幾乎彈盡援絕。那晚召開最後一次作戰會議，大家同意，除了西鄉和領導叛亂的首領之外，軍隊將全數投降。西鄉戰敗了。他跟死了沒什麼兩樣。而隨後發生的事成為日本歷史中，最為人津津樂道的冒險。

逃亡之路

我在熱氣騰騰的霧靄中用手遮住眉間，斜眼從繁忙的城市大橋望向日向海（Hyuga Sea）。戴著草帽的漁夫單獨佇立在大瀨川的河口，水深及鼠蹊部，拋出重量頗重的魚網，並在零散的水草間緩慢拖行。然後，我就可以看見雜草繁茂的沙洲，而在那年的盂蘭盆節，這裡是官軍展開進攻的所在。官軍沿著現今環繞著合成纖維工廠的破舊郊區前進。而我從經過的每一扇窗戶和門口，都可以聽到全國高校棒球選手權大會的喇叭聲和鼕鼕鼓聲。比賽正從大阪實況轉播。在十七日的夜晚，西鄉在靠近俵野（Hyono）的小村落附近，築起他的最後一道防線。官軍的五個旅團以包圍的隊形攻向南方，越過北川（Kita River）的兩岸。而第六個旅團則往北推進兩哩，駐紮在河流的彎口，防止西鄉逃脫。

夜幕低垂時，西鄉的作戰會議決定投降。但西鄉的軍隊如此忠貞，只要這個偉大的人物仍然需要受到保護，那麼便不能保證他們是否會服從這個決定。因此，在半夜，趁著月亮低沉，霧靄滑下內陸的山谷時，西鄉和他最親密的戰友完成不可能的事蹟。他們突破包圍的官軍防線，逃進空曠的山丘。其餘的士官們則領導著剩下的殘兵敗將，籲求他們在曙光乍現時放下武器投降。作戰會議原本決議，只有面臨死刑的人才能脫逃。但西鄉的老式私立軍校所教出來的學生，對西鄉的忠誠十分堅定。他們在聽說他準備逃脫的計畫後，紛紛加入他的行列。最後，離開軍營並沿著俵野的路徑，前往可愛岳山坡邁進的人數，有六、七百人。官軍原本覺得這條路徑太過艱險，不易通過，因此沒有在此部署大批軍力。逃脫的人幾乎全是西鄉的學生，全部出身白武士家族，全部決心面對死亡。

根據某些記載，這場逃脫是一片混亂場面，雙方以來福槍交戰，守衛通往可愛岳的少數官軍，受到壓倒性的襲擊，武器和糧食被奪走。而其他記載則顯示，這是一場靜悄悄的逃脫，軍隊排成一列默默地走在野豬的路徑，攀登過陡峭和盤根錯節的斜坡，直抵山巔。軍隊一路傳話下去，要大家靜靜地向前走，並且不得發出任何聲音。

不管是哪種情況，西鄉最後逃脫成功。在後來的十六天裡，他和最後一批反叛軍一路被官軍追殺，先是往西前進，然後往南沿著九州山脈推進，越過日本某些最荒野的鄉間險惡路徑，最後試著抵達家鄉鹿兒島，並準備在那決一死戰。

自從我看到那座擁有加農砲般頭部的西鄉雕像之後，十幾年來，這趟旅程一直在我的腦際中嘎嘎迴響，像是被關在密室裡的蒼蠅，縈繞不去。我想單獨進行這趟徒步旅行，準備在西鄉敗走的相同日期裡，穿越相同的山脈隘口，走過相同的路徑，越過同樣遭人遺忘的村落。我想忠實地追隨他的腳步，並看看鄉野的改變有多少，什麼事物消失了，什麼事物遺留了下來。我想知道，是什麼使得一個男人變成一顆行星、雕像和木版畫中的神祇。因此，在西鄉逃脫後的第一百零九個夏季，於八月十七日的禮拜天早晨，在盂蘭盆節的鼓聲即將再度沉寂一年之後，而棒球的鼓聲將貓咪趕進街道時，我往北走出悶熱的延岡，往冷清的俵野村莊邁進……

這是第一個烏雲籠罩的早晨，但雲朵卻未驅走熱氣。像在一百多年前，投降的反叛軍和擄獲他們的官軍開始從戰場上，經過漫長的路徑返鄉一樣，宮崎（Miyazaki）縣的返鄉人潮也正快速消散。夜間新聞主播愉快地播報新聞。年度的盂蘭盆節已然結束，趁著這三天假期返鄉的宮崎本地人現在搭乘巴士、火車和飛機，準時在禮拜一趕回他們在東京、大阪和北九州（Kita-Kyushu）的公寓。那兒恐怕會是他們居住並終將老死的所在。也許，應該在延岡的盆舞上出現的亡魂，早已出沒在這些四處蔓延的城市裡。夏季，像這些山丘一樣，逐漸空蕩。

近看時，合成纖維工廠修補處處和骯髒污穢的牆壁像監獄的高牆，露出牆外的樹叢試圖賦予牆壁高雅的感受；這就像吉隆坡的監獄牆面上，還裝飾著迷人的壁畫，以吸引人的注意力，並讓人的想像力自絞首台的砰然倒地聲響中轉開一樣。在都市中心的商店街中，從那些精品店裡所流洩而出的富庶繁榮氛圍，在郊區完全消失。道路向前蜿蜒而行，越來越狹窄，經過旭化成工業株式會社的超市，直到傾倒的房舍和小商店前，再突然探進盤根錯節、枝葉糾結的山岡。山岡被特意保留在它的原始狀態中，一側是小學，一側則是萊姆綠的稻田。在山腳下屹立著西鄉這場戰爭的第一個紀念碑；我在這趟五百公里的徒步旅行中，將會看到許多紀念碑。那是一個木製匾額，上面以嚴肅的散文記載著，西鄉曾在八月十五日的早晨在此短暫停留，並部署後衛部隊的位置。這個山丘叫做樫山（Kashiyama），斜坡上覆蓋著竹叢，山巔有座小型木製神社和幾個飽受風吹雨打的墳墓。

中午，籠罩的烏雲消散，成為一片片散漫的積雲，太陽再度露臉，天氣炙熱。我在一家小餐廳吃午餐。餐廳非常破敗和雜亂，沒有啤酒可喝。老闆和他憔悴的妻子以沉重的步伐走向酒店，買了一瓶啤酒回來。那個小餐廳名叫「曙」（Akebono），內有一台販賣機賣著驚世駭俗（bikkuri suru）的照片。你可以花四百圓日幣，按著按鈕，選擇所要的項目：女人＋女人，女人＋男人，或「大腿大張的女人」。越過馬路，就在城市外圍，矗立著幾座櫛比鱗次的愛情賓館——赤坂、富士飯店和廣場房舍——看板上廣告著「休息」的價碼。從延岡走進北川，非常像從猶他州越過內華達州；一旦離開全知全能的旭化成老大哥的監視之後，就可以用各種方式放縱自己。

我的計畫是在盡可能靠近可愛岳山麓處度過一晚，然後在明早吃過早餐之後，像西鄉一樣，攀爬上山巔。在吃過草率的午餐過後不久，我便開始尋找下榻處。一家「彎道」飯店佇立在俵野的一個彎道上，但這座飯店，像富士和廣場飯店一樣，吸引不了獨行天涯或純潔的旅人。這個小村莊中，沒有寄宿公寓或普通的旅館，只有一家雜貨店。我在雜貨店中喝了第二瓶啤酒，隨口問問經營的老婆婆，哪條路徑通往可愛岳的山巔。我的問題讓她緊張不安。

「喔，別上去那裡。你最好別去。你不知道你會碰到什麼。我們不讓小孩走近那些路徑。山上有黃蜂……」

我發出輕笑。

「……還有蝮蛇。數以百計的蝮蛇。」

我一本正經地喝下第三瓶啤酒。

然後，我在越過鐵軌後，在一個長滿高長及膝尖銳野草的小庭院中，發現一座禪寺，旁邊有幾個褪色的英文指標。一個寫著「僧坊」，另一個寫著「本堂—禮拜」，第三個則寫著「禁止」，但其餘的字眼都被雨水沖刷殆盡。

「你要做什麼？」照顧這地方的女人問道。她從其中一棟建築物中跑出來，揮舞著雙手，圍裙隨風飄揚。她一定是被孤獨和熱氣逼得發瘋了。「你想參拜嗎？住持不在。你在研究什麼嗎？這裡沒有什麼好看的。」

我納悶，是誰豎立那些英文告示牌的。

「住持的兒子，」她說，從一腳跳到另一腳。「他為《每日新聞》工作。他豎立那些標示，免得美國人跑進來。」

「禁止什麼？」

那女人舉起又放下雙手，將它們握成拳頭，抓住圍裙的邊緣。

「這裡沒什麼好看的，」她說，「我很抱歉。我非常抱歉。你最好離開。我沒有什麼可帶你看的東西。」

最後，在走上公路五分鐘後，我來到一家更大的餐廳。它也是間民宿，於是我安排在那住上一晚。這地方有兩個吸引人之處。一是，這裡前不著村，後不著店。二是，它叫做「西鄉茶屋」，店內賣有這位英雄的幾種紀念品，還有掛在商店門口的鹿兒島縣紀念暖簾，以及上野公園那座著名雕像的迷你複製品。上野公園內的雕像豎立於叛亂失敗後二十一年。明治天皇在此九年前，對西鄉隆盛發布特赦，使他擺脫反叛者的污名。而雕像的資金則來自於全日本（他們原本希望將雕像豎立在皇宮廣場）。雕像雕塑著西鄉與愛犬出遊打獵，穿著人們在睡覺時穿著的浴衣，表情一派悠然自在的模樣。西鄉的未亡人還為此向雕塑家抗議。餐廳牆壁上還掛著一張裝框照片，裡面的偉人看起來像瞠目結舌的學童，似乎因為吃得過飽，而準備放一個響屁。下面有一個小小說明寫道，西鄉在八月十二日早上十一點起，曾在這裡休息大約半小時。那時，他正要溯河而上取得補給，而官軍的包圍正在加速進行。

翌晨九點，我喝了兩杯苦咖啡之後，出發轉回俵野村，經過彎道飯店。一朵淡黃色的百合從柏油路的裂縫中掙扎長出，卻被灰塵窒息致死。然後沿著我假定是通往可愛岳的路徑前進。稍早，山丘上曾籠罩在濃厚沉滯的迷霧之中，但越來越增強的熱氣已經迫使迷霧消散。在我經過雜貨店時，老婆婆從玄關探出頭來，重複著她昨天下午的警告。每隔一碼就有黃蜂的蜂巢。山丘上到處是蝮蛇。而現在，在夏季正酣的時節，路徑上將布滿雜草，我一定會迷路。

事實上，我還沒走出俵野前便迷路了。那條路徑分成岔路四次，而我所走的支路最後將我引導至村中的墓園。我問了佇立在這條小徑的最後一戶人家，另一位老婆婆為我指示新的方向。她又告訴我有關黃蜂和蝮蛇的事，並懷疑地站著看我在毀壞的墓石間摸索道路。我記得，官軍的司令官曾認為這條路徑無法通行，但那是對一支疲憊而意氣消沉的軍隊而言，而不是西鄉的追隨者，或是我。而我在這個明亮的夏季早晨，因吃過生雞蛋和香魚的早餐而生氣勃勃，決心在中午之前，盡量拉大合成纖維工廠的煙囪和我之間的距離。

但是，如果這條路徑在一八七七年是無法通行的話，看得出來，自那之後，所做的改善極為有限。就像大部分的封建時代路徑——西鄉一定曾走過的那些小徑——一路上可供觀賞的風景並不多。路徑在最初的幾百碼，穿越陡峭而綠葉蔽日的小峽谷，寬度不到三呎，很像切過砂子和黏土混合成的地面的小型鐵軌。小峽谷的峭壁垂直並覆蓋著青苔，大約一個人高。路徑上盤根糾結，樹根埋伏在暗處，等著纏住罕少經過的足踝。在走進路徑不久之後，我發現一座墳墓，墓碑上的名字仍然清晰可辨，中津。而他死亡的日期是一八七七年八月十六日，就在西鄉開始撤退的前一天。也許他是在偵察軍情時中彈身亡。又或許他是黃蜂或蝮蛇的受害者。

儘管如此，在這個和平時代，徒步行走於這條路徑上的主要困難反而是，在臉部高度處處伸展的蜘蛛網。許多蜘蛛網的彈性堅韌地像橡皮筋（地理上接近合成纖維工廠，對節肢動物的新陳代謝所造成的影響，是值得研究的課題）。顯然，我是許多年來，第一個走進這條路的人。我搖搖晃晃地前進，滑倒在石頭上，被樹根絆得摔跤，堅定地在我臉前揮舞著一根枴杖，以打散橡膠般的蜘蛛網。幾分鐘之內，枴杖看起來便像骯髒而變灰的棉花糖。我對蜘蛛感到抱歉，但這是一場戰爭。我假定，西鄉的先遣部隊一定也背負著掃除蜘蛛網的艱鉅任務。根據一項記載，縱隊的前三十位男人帶的是鐮刀。

路徑兩旁的樹木似乎死氣沉沉，直到抬頭望向隱匿的天空時，才會發現樹木上面的樹葉仍然是青綠色，但十公尺以下的樹幹都因長年缺乏日照而枯萎變黑。在清晨的茶屋窗口之外，蟬聲大作，吵得像柴油卡車。但在此處的森林沒有蟬，甚至連鳥兒的啼鳴都顯得遙遠得怪異。我想，這是我所攀登過最死寂的森林。在黑色的樹幹和被砍伐的矮株間，出現更多的墳墓，就像長得太長的指甲自泥地中探出血路來。但墓碑上的銘刻已然無法辨識。雨水和超過一百年的疏於照顧，使得這些人消失在歷史的洪流之中。

路徑探出窄狹的小峽谷，開始順著陡峭的斜坡迤邐而上。我走到一個岩石旁，放下背包，坐在上面休息幾分鐘。當我的背包接觸地面時，數百隻黃蜂突然從岩石底下蜂擁而出，聲音大得像鏈鋸。我對著黃蜂揮舞著毛巾，大聲吶喊，蹣跚地沿著我的來時路倒退而行，將背包留給黃蜂去螫。有那麼一隻——只有那麼一隻黃蜂——在我的手臂上螫了一個洞。我甚至聽到牠螫我的聲音，像一個小鉛球擊打堅硬的紙的聲響。數分鐘後，我的瘀傷便腫得大約有四吋寬。我站在黃蜂巢下的路徑斜眼瞥視著，用力踏步，說著「該死」，將襯衫袖子翻下來，用一條淡藍色毛巾緊緊綁住頭部和臉部。我想起，我最近在一本日本週刊雜誌中看到一篇文章，裡面寫道，日本每年死於黃蜂螫的人數平均是三十人。然後我深呼吸了幾次，用一隻手抓起背包全力往前衝，盡快奔跑到斜坡上，不停地跑了幾百碼，直到我看到一條蝮蛇。

蝮蛇消失了。在大概十分鐘之後，（該死）路徑也消失了。我在長長的雜草間摸索著，爬上一個圓石後，發現我可從那看到愛情賓館的屋頂，和合成纖維工廠紅白煙囪的宜人景致。越過山谷，山丘的自然輪廓被整齊劃一、以等距種植的幼樹直線所打破。幼樹的種植方式就像克里比奇紙牌遊戲得分板上的記號。我從一條在香柏間迂迴而流的小溪中舀了幾口甘甜的水來喝。然後在十一點過後，爬上山巔。

一位西鄉的傳記作家寫道，在可愛岳的山巔上，有四分之一畝的農田和一棟茅舍。西鄉和他的反叛軍從茅舍中，驅逐了一小批措手不及的駐紮官軍。然後，他們在敗走撤退的第一個霧靄瀰漫的清晨，於小茅舍中度過最後的幾個黑暗鐘頭。那位傳記作家詳細列出，西鄉在茅舍裡所發現的物品細目（附有彈藥的五十把新毛瑟槍、十六加侖的清酒、好幾罐二十磅裝的牛肉罐和大量的米）。但實際上，山巔上連豎立稻草人的空間都沒有，遑論一間茅舍。山丘斜坡在每個方向都被高至頭部、瘋狂地糾結在一起的灌木林所盤據。我花了三十分鐘在其間摸索掙扎，想找路下到祝子川（Hori River）的河谷。接下來的兩天中，西鄉曾利用迷霧的掩護在此度過大半時日。但就我舉目所及，看不到任何路徑的跡象，而要經過那些荊棘和羊齒類植物下山的話，我一定會被割得遍體鱗傷。我無法透過糾纏的灌木看到地面，山上也無任何地標，讓我可以用羅盤探測方向。

既然還有七小時的白日時間，而我最不想淪落的下場是被黃蜂和蝮蛇吞噬。因此，我循著來路回到斜坡上，重新找到路徑，繞過黃蜂窩，在下午三、四點左右，再度將我的背包放在俵野那家雜貨店的地上。老婆婆看到我被她說準了，好不容易壓抑住咯咯輕笑的衝動，靜靜地替我拿來一瓶啤酒。

那早的攀爬使我的襯衫濕透了，比幾年前我在加羅林群島（Carolines）穿越雨林還濕。我是從日本在二次大戰期間占領加羅林群島後，第一位徒步穿越波納佩島（Pohnpei）雨林的非密克羅尼西亞人。我這輩子做過不少蠢事，但都得到不錯的回報。我在波納佩島的回報，就是扭到足踝地回到村莊飯店（我的嚮導解釋說，這是我驚擾到森林精靈的結果）。我全身滿是塵垢、汗水和霉，用一枝大楞杖支撐著，搖搖擺擺地走路。結果，我發現來自紐約的美國聯邦眾議員索拉茲（Stephen Solarz），脖子上掛著花圈，手裡拿著一大杯威士忌，嘴裡叼著一大根雪茄，正在告訴那群將餐廳擠得密不透風的美國政客、他們的妻子和六名特勤人員，他是多麼高興地發現「真正的」密克羅尼西亞。在他身後，一小群島嶼上的孩童在美國傳教士的監督之下，正在跟著吉他伴奏，高唱〈We're Together Again Just Praising the Lord!〉。每次他們唱到Lord（上帝）時，就會指著索拉茲眾議員。

而我發現真正的可愛岳的回報，就是坐在狹小的雜貨店中，打著赤膊，喝著兩瓶啤酒，吃著香腸，以誇張的冒險故事娛樂老婆婆的三位孫女。這三位孫女都長相肥胖，嗤嗤地笑個不停，一直瞪著我手臂上的瘀傷，說著「喔喔喔喔喔喔！」我的襯衫掛在我骯髒的背包上，在炎熱的陽光下曬乾。戴著面罩和帽子的女人從稻田中走進店內，擦拭她們的臉，嚴肅地對著我鞠躬。

「他剛爬上可愛岳，」老婆婆告訴她們。

她們聽了後又鞠躬，端冷麥茶給我喝。送貨員來為甜食重新換貨，他猜我的年紀是二十三歲（我有謝謝他）。他告訴我，當他在念小學的時候，他的老師們將可愛岳的路徑保持地相當良好。但這幾年，沒有人再花心思這麼做了，而那些去登山的人都是一些「愛爬山的瘋子」。

那天下午的剩餘時光，我是在蹣跚走回延岡後所發現的餐廳中度過。我計畫在翌晨改從延岡重新出發，繞過可愛岳的西部和南部，循著祝子川河谷而行。那家餐廳是座大而空曠的木製房舍，裡面沒有椅子，只有矮几和布邊磨損的榻榻米。我躺著用手肘支撐我的頭部，啜飲著啤酒，看著柴油卡車轟隆隆地駛過，消失在骯髒的隧道盡頭。在這個宛如穀倉般的巨大餐廳中，只有我一個客人。老闆是位充滿陽剛氣息的年輕人，穿著白色背心，留著整齊的埃洛弗林式[7]的鬍鬚。長夏無事，他於是花了一個小時，教我鮎魚（ayu）的烹飪法。

鮎魚是一種小河魚，在我的字典和烹飪書籍中，被界定為香魚、日本河鱒、幼鮭和鮎魚。在學英文的日本學生間廣為流傳著一個笑話，其中的笑點就和鮎魚有關。而我在剛到東京時，最先認識的就是英文學生，所以它是我最先學到的日文魚名之一。那個笑話如下：一個英文學生對另一個英文學生說：「Are you a fish?（你是一隻魚嗎？）」第二個學生不是回答：「No, I am not a fish.（不，我不是魚。）」諸如此類的答案，就是看著第一個學生，彷彿他是個瘋子。於是，第一個學生解釋，「No, no, ayu（areyou，你）wa（a，主詞連接詞）sakana da yo（的確是條魚）」。第二個學生聞言後，發覺自己是被雙關語耍了，臉上不是布滿尷尬的表情，就是開心地發出光輝。這是相當典型的日式幽默。如果這還沒讓你在剩餘的人生中，對開玩笑倒盡胃口的話，我還有一個笑話。一個男人問另一個男人說：「鎌倉大佛是什麼時候豎立的？」（鎌倉大佛是阿彌陀佛禪定的青銅坐像，高十一點四公尺）。另一個男人回答說：「喔，大概是在十三世紀中期，不是嗎？」然後，第一個男人說：「不，不，它仍然是坐著的。」這個笑話也是個雙關語（日式幽默的主要成分），因為tatsu這個動詞同時意味著「豎立」和「起身」。懂了嗎？

但我沒有跟餐廳老闆說這些笑話，因為他看起來很嚴肅。他的確是的，特別是關係到鮎魚的時候。這些小魚是他餐廳、甚至是這整個地區的特色餐，因此，餐廳的菜單上沒有特別列出來。菜單上只簡單地列出「鹽燒」（shioyaki）或「味噌燒」（misoyaki），客人得自行推斷煮的是什麼東西。他首先帶我去看還在院子裡的魚缸游泳的活鮎魚。

「你看，牠脖子這邊有毛病，」他說，指向一條魚，但我完全看不出有什麼問題。魚死時會有差別嗎？「喔，有的。我們不能把那條魚賣給客人。」

然後，我們回到餐廳內，他教導我食用烤鮎魚的正確方式。首先，得將尾巴拔掉。然後，再用筷子用力壓魚身兩側四到五次，讓骨頭鬆開來。隨後，如果剛剛壓魚的力道正確的話，一拉開

7 Errl Flynn，一九〇九—一九五九年，美國演員。

魚頭，整個脊椎便會跟著被拉出來。沾黏在脊椎上的小塊魚肉的味道最棒。但在做了這些動作之後，一位顧客若還能看出，他吃的這條魚生前有脖子的問題的話，真可算是天賦異稟。

徒步行過祝子

我在延岡所投宿的旅館內，趁著晚餐時，炫耀了我的解剖學技巧，贏得女侍熱情的讚賞。然後，我洗了衣服，八點就上床睡著了。我的第一回合是攀登可愛岳和與黃蜂奮戰。西鄉在可愛岳待了三十四小時後才出發。我知道，繞過可愛岳往南，我可在一天之內抵達上祝子（Upper Hori）；而西鄉和他的反叛軍則花了兩天才抵達。我也知道（甜美的夢），我將沿著一條確定的道路前進，抵達那裡。

長期徒步旅行並寫下遊記的人們可分為兩派學說。其中比較普遍的學說主張，盡量避開馬路，帶著帳棚並且隨處露營，躲開彷彿有瘟疫的人群。這個學說的知名人士有約翰．西勒比（John Hillaby）和史提芬．潘（Stephen Pern）。約翰．西勒比從英國西南端岬角地之角（Land's End），一路走到蘇格蘭最北端的約翰奧格羅茨（John o'Groats），並寫下《縱走英國》（*Journey Through Britain*）這本書。史提芬．潘則從墨西哥邊界走到加拿大邊界，徒步行過整個美國，出了一本書叫做《大分水嶺》（*The Great Divide*）。他們的書讀來令人愉快和激賞不已。但我發現它們也令人沮喪，我想，原因是在他們幾乎完全不和人類接觸。史提芬．潘最令人津津樂道的事件是和一隻熊的接觸。而約翰．西勒比則是讚嘆歐法土堤[8]。

事實上，我和史提芬．潘曾通過信。有天，他打電話給我，說他正計畫要縱走日本，問我對露營和糧食補給有何意見？我在那點上不能給他什麼建議，因為在我縱走日本時，我沒有露營，也沒帶任何補給品。但我們的信件中提供我們兩種學說激辯的機會。史提芬完全留在山區內健行，攻占每個山巔，只有在需要補充食物時，才到較低矮的低地上逗留。但他一旦買好補給品，便回到森林地帶，遠離雜貨店、餐廳和冰啤酒。我呢，我的旅行大部分是沿著道路前進，當然不是公路；我並不是偏好道路，而是因為公路和隧道是徒步者的地獄。我喜歡沿著較小、較空曠和較愉快的道路前進，幸運的話，會在夜幕低垂時抵達一座村莊或城鎮，我可在那舒適地吃飯、喝酒和安眠。我從來不帶帳棚。我帶著睡袋。而在那個三千五百公里的旅程中，我只用過兩次睡袋（兩次都下雨）。

我們這兩派學說的想法無法取得妥協。但史提芬在他最近寄給我的明信片中憂鬱地坦承，由於他的雙腿在東北山區走得過於疲憊，他只好不情不願地從山形（Yamagata）搭火車到山梨（Yamanashi），再從那裡徒步而行。然而，雖然我的旅行缺乏他的挑戰性，我卻非常嚴格地遵守不利用陸地交通的這個原則，即使在我徘徊在大城市裡的「休息天」亦然。我在所有的健行中均遵守這個法則；我稱它為「清教徒步行倫理」。

---

8 Offa's Dyke，於第八世紀所建築的分隔威爾斯與盎格魯撒克遜王國的土堤防。

我猜想，某些讀者一定會嘲笑我採用較容易的方法爬下可愛岳，而沒有在荊棘地帶殺出一條血路，直奔上祝子的舉動。但我旅行是為了讓自己開心，而不是為了測試我是否具備加入空軍特種部隊的資格。而且我喜歡和人相處。這是為什麼我不露營的原因。我也喜歡道路。這就是為什麼，在這個八月十九日的炎熱早晨，我感覺比昨天還要快樂的原因。

再者，通往上祝子的三十多公里的道路，非常適合獨自徒步旅行，即使樹蔭不多，大部分時候也沒地方買啤酒。一路上也幾乎人跡罕至。但在走了一個小時之後，道路在寬廣的山谷中蜿蜒前行。從山谷中望去滿是沼澤般的稻田。稻草人戴著藍色緞帶的無邊軟帽，穿著黑色塑膠雨衣。身著藍色罩衫的老婆婆拿著粉紅色的陽傘。然後，道路緊緊沿著祝子川向前邁進，景色不斷從岩石遍布的洶湧激流，變換到深沉平靜的深綠色水池。道路一路往上攀登。

七小時內，只有兩輛車經過我身邊。

一旦山谷中的最後一批房舍離開我的視線範圍，並再也聽不到電視轉播棒球的吵鬧聲之後，我便脫掉所有的衣服，跳入河中。河水潺潺，激流處處，不適合游泳。於是我涉水走到一個大圓石旁，背靠著坐在它上面，讓河水淹到我的頸部。讓冷冽清爽的水流潑濺在身體上。我的頭上聳立著可愛岳的危巖峭壁，四周是夏季的山丘。我的皮膚感到些許刺痛；我覺得自己像個學童。

我在河裡待了半個小時。然後，穿上衣服，再度出發。我經過一群建築工人。三夾板蓋成的小屋外有些桌子，他們不是躺在上面打盹，就是在聽棒球轉播。工具散置四處。

「你到下祝子（Lower Hori）前，路上都沒什麼東西。」一位工人在我身後叫道。

「沒關係，」我說，「我沒在找東西。」

「再走一公里處，有水可喝。」

「好。」

「如果你計畫一路走到上祝子，你就是個白癡。」

砍伐工人越過河流拉著纜線，以便拖行樹幹，這使山谷看起來像經過地毯式轟炸般地滿目瘡痍。舉目所見，都是木屑、鏽紅色的死松樹，和用絞盤在山坡上刮下的刮痕痕跡。有人告訴我，砍伐工人在九州所造成的破壞，以宮崎縣最為劇烈——或者是說比較明顯可見。一位老頭在往小倉（Kokura）的火車上曾向我描述，如果沿著宮崎和大分縣（Oita）的邊界山丘而行，可以見到在大分境內，樹木全都散發著芳香，而在二十公尺遠的宮崎境內，則是只剩一群殘株的荒地。

再往前走一公里後，我發現可飲用的水。一條狹窄的急流從斷崖的表面直濺而下，消失在破碎的道路表層之下。有人從瀑布那牽了一條水管，將一個裝冰淇淋的小型塑膠桶倒放在一根木棍上，充當杯子。我在一個消防用水桶上坐了五分鐘，大口喝水，而且喝得太快，以致於在開始下雨時，我滿腦子想的只是將水嘔吐出來。二十分鐘後雨便停歇。柏油路面開始冒著騰騰的蒸氣，半個峽谷轉成茫茫白霧，恍若是西鄉行軍時碰到的大霧。我沿著冒著蒸氣的道路再度出發，在往祝子的路上，被一大群蒼蠅折磨不休。

從延岡到祝子每天都有兩班巴士，下午時，有部巴士駛過我身邊，完全是空的。我的地圖上顯示，有個叫做「發電所前」（Hatsudensho-mae）的巴士站，但這個巴士站早就消失，剩下來的只是發電廠的殘骸，破破爛爛的水泥建築、彎曲的鐵棍和破碎的玻璃。此地的峽谷布滿著從不斷移位的山丘上所滾落的圓石，因此斷崖表面被以水泥或鐵絲網大片覆蓋，用以防止新的山崩。這在日本是常見的景象。

這個國家以「自然的愛好者」而著稱，但為維護安全的代價便是醜陋，比如，海岸邊聚集的多面體堤防，斷崖表面的水泥和鐵絲網，以及擋住微風吹拂的高牆。宮崎縣的年雨量非常大，大部分是由秋颱所帶來。山崩、土石流和洪水的危險的確存在，尤其在這類窄狹的山谷中，因此不能責怪當地政府試圖採取預防的措施。但在這些預防措施之間，砍伐工人、建築工人以及水泥工人，都在劇烈地改變日本鄉間的風貌。再過兩個世代之後，我不能想像還有誰會想到鄉間來瀏覽風光。當然，日本有其著名的觀光景點——如松島和天橋立——來此的觀光人潮洶湧不斷，旅館和遊船供過於求。它們還以其魅力的次序被人們排列成：日本三景、三大庭園和八景。但再過幾年，那些沒被列入什麼日本三景或八景的地區，也將能抵擋住土石流、落石和水災，而變得非常安全，但到時連微風吹在樹間的聲音都會聽不見了。

我在拍走蒼蠅時，對著自己喃喃地抱怨著，一隻蒼蠅死在我的鼻子上，糊成一團。下午三、四點左右，我從陡峭的岸邊發現一條下山的路徑，直抵祝子川一處延伸地帶，水深恍如瀉湖。我脫掉衣服，再度跳入河中。我相信自然能帶給人恢復青春活力的功效。在我透過黝黑而半透明的河水，凝視著灰色的小魚正在輕咬著我的腳趾時，我想，如果這樣的河川能讓我暴躁的脾氣沉穩下來，那我大概不必太擔心它的前途吧。這當然是一個生態學上的謬誤結論。我在岩石上擦乾身子。等我再度出發時，我感覺好像在刨冰中洗過澡一樣。

十五分鐘後，我抵達五個小時以來，僅見的第一塊空地。它並不是耕作用地，而是被火燒過的原野。然後，你瞧！是我到下祝子後第一個看到的建築——實際上，下祝子只有這個建築——那是一棟貨源充沛的大型酒店。

我站著喝了一瓶麒麟啤酒，並和年事已高的老闆聊天。他穿著乾淨的白襯衫，戴著學究式的眼鏡（我發現他在讀書，而不是坐在電視機前面）。當他得知我是從延岡一路走來時，不斷咯咯輕笑。他不知道誰有做過這種蠢事，至少在興建好水壩的十七年間，沒聽過這種事。

「你究竟為什麼想做這種事呀？這裡什麼也沒有。什麼也沒。在下祝子，只有我和另外四戶人家。這裡根本不能稱做村莊。再往前走四公里後就是上祝子。那裡有家雜貨店和為釣鯉魚的釣客而設立的旅館。就是這樣了。沒有什麼可看。你究竟是在找什麼呀？」

我告訴他西鄉隆盛的事，並問他，從上祝子到鹿川（Shikagawa）之間的老舊山丘路徑，是否還能使用。

「哪裡？」

「鹿川。」我指指地圖。

「它的發音不是Shikagawa，而是Shishigawa。」

我瞪著地圖。

「但上面寫shika。」

「我不清楚。我們都發shishi。」

我將地圖折好，說著「原來如此」，再為自己斟了另外一杯啤酒。這類對話只會在日本鄉野間發生。我常覺得，這些地名似乎是故意設計來搞混那些不是出生在方圓五哩境內的外地人。但我沒什麼好抱怨的；我對鄉間的知識又平添一樁。我現在知道，在祝子，shika的發音是shishi。難怪官軍會找不到西鄉。我打開另一瓶麒麟啤酒。

「如果你想上山走那些老舊路徑的話，」老頭說，「你得穿適合的鞋子。」

「我的鞋子有什麼不對嗎？」我問他，微微惱怒地往下看著那雙義大利鞋底的靴子。

「它們不適合，」他說，「你需要的是長統橡膠靴。」

「長統橡膠靴？」

「這樣蝮蛇才咬不到你的膝蓋。」

當我離開時，老頭再度咯咯輕笑，因為我喝了兩瓶啤酒後，竟然還能平穩地走路。但真正喝醉酒的是蒼蠅。在往上祝子的最後四公里的路中，蒼蠅飛進我的腋窩，在汗水中游泳，跑進我的嘴巴，死在我的頭髮裡。越過水壩，眼前的山丘就像洛夫克拉夫特的《阿甘療養院》[9]的舞台背景。一場濃霧像膿水般在山丘間滾盪，而在陰鬱的山崗之上，一場暴風雨正在成形。南方的崎嶇山地呈現鐵藍和墨灰色，活像幽靈列車中的隱約鬼影。五分鐘後，當我再度尋找它們的蹤跡時，迷霧籠罩住整片大地。

五點半，我抵達上祝子的第一間房舍。一個戴著頭巾的女人站在屋外，為洗澡水添加柴火。幾分鐘後，我找到一家雜貨店。雜貨店的老闆娘在倉庫的二樓經營一家民宿。我便在那住了下來。房間裡四壁蕭條、灰塵撲撲又潮濕不已。雜貨店也充作鯉魚釣客的餐廳之用。我喝了第一杯麒麟生啤酒。但我才剛喝到一半時，大雨便滂沱而下。

我很少住過這般遺世獨立的社區。少見的是，儘管孤單，這個社區仍然試圖經營一家民宿和賣有生啤酒的餐廳。我越喝我的生啤酒，就越心存感激。一個大盆栽就放在餐廳的玄關內，以三公升的空麒麟啤酒罐裝飾。櫃檯後面有個小玻璃櫃，裡面是一隻毛絨絨的小無尾熊，脖子上掛著一個紙條，以澳式英文說道，「你是我的愛人，我是你的寵物」。餐廳裡甚至還有一台卡拉ＯＫ伴唱機——一種叫 Clarion Lesson 的手提紅色機種。餐廳裡的另外一位顧客是位年輕人，他穿著繡有「曼哈頓」字樣的T恤，正拿著麥克風，低啞地唱著流行歌。

餐廳是由一位十七歲的高中女生負責看管。她的母親則同時照顧雜貨店和投宿的客人。當她的母親在另外一邊的院子，為我的洗澡水添加柴火和咯咯叫著餵雞時，那位女兒趕緊從一個包成禮物狀的盒子中，偷了兩碗泡麵。她為自己和那位穿著曼哈頓T恤的男人各沖了一碗泡麵。而從他們大聲吸食麵條的情況上判斷，那個男人心裡盤算的不只是卡拉ＯＫ。

「鄉間的生活很無聊，」女孩在端給我一盤煮到硬得像衛生紙的鯉魚時，跟我推心置腹地說

9 Lovercraft，一八九〇—一九三七，美國怪奇小說作家。*Arkham*，其作品《阿甘療養院》。

著。我坦承，我從來不覺得鄉下生活會很熱鬧。她給我看四張當地竹子的小張彩色照片，竹子上有垂直的金色斑紋。這種竹子正要被列入保育植物。

「但我們有這麼漂亮的竹子，」女孩說，「你看。不是很漂亮嗎？」

「的確很漂亮，」我告訴她，並問她在哪裡上學。

「我不上學，」她說，「學校太遠了。我寄報告過去，老師們打分數。」

我說，我不曉得妳能這麼做。

她拿起斑紋竹子的照片，盯著它們看了好一會兒，然後小心翼翼地將它們放在放置無尾熊的玻璃櫃上。

「是的，我們有不錯的事物。」她大笑。

穿著曼哈頓T恤的男人猛吸了一口麵後，便將泡麵吃完。他將紙盒還給女孩。女孩甜美地微笑，遞給他歌單。我又喝了兩瓶啤酒，洗過澡後，就上床睡覺。

女孩告訴我，男人們會比較清楚老舊路徑的事。我可以在他們早上去上工前，問問他們。那晚的大部分時間，大雨飛濺在排水溝的細孔之外，嘩啦嘩啦地打在窗戶玻璃上。當我下樓去上廁所時，我發現裡面爬滿了鮮橘色的蛆。

大雨在五點止歇。當我最後終於起身時，那些蛆還是在那。我在幾個小時之內，很高興地發現兩次，使用這類鄉野的日式廁所（通常沒有抽水裝置和下水道）使得我的屁股不用接觸到瓷器馬桶。注重衛生的人因此讚賞這項設備，但我能想到幾個缺點。一來，是它的臭味。二來，老人、病人、瘸子和懷孕的女人在懸空蹲坐時，一定會感到陣陣痛楚和痙攣。最後，這種廁所還有數十個小缺點，那就是在便器中大跳橘色康加舞的熱鬧景觀。

那女孩沒告訴我，男人們都在六點半時上工。等我拖著疲憊的身軀走下樓，跛一跛地經過前院去吃早餐時，已經是七點以後的事了。她的母親會知道那些老舊路徑嗎？不，她不可能會知道，何況，她已經搭著早班巴士到延岡去了。那麼，女孩是否曾經自己跑到那裡去玩，或者去那找斑紋竹子？不，她才沒有。也就是說，她其實有偷偷跑去玩過。但她不曉得那些路徑（它們實際上是小徑，你不能叫它們道路）一路通往鹿川。她從來沒聽說過有人從這去走那些小徑。山丘上有很多種路徑：砍伐工人的路徑、獵人的路徑、山賊的路徑，還有燒炭者的路徑。但就她所知，這些路徑都通往森林，並在某處消失。她覺得我最好坐在這裡等到中午，那時會有一、兩個男人回來吃午餐。但我指出，如果我這麼做的話，我就沒有時間走完那條老舊的路徑。她開心地承認，沒錯，然後端給我一碗海帶味噌湯。

最後，我請她打電話給她在下祝子的一位熟人。她說，他應該知道這些路徑，結果他就是那位酒店的老闆）。他再度給我如下的建議：別走近那些路徑。在夏天，那些路徑上都雜草叢生。你在尋找的路徑至少荒廢了二十五年之久。況且，那些老舊的山區路徑都充斥著……

「……黃蜂和蝮蛇。」

九點，我對大家的勸告充耳不聞，出發去尋找西鄉消失的路徑。我知道（這件事記錄在當地的歷史書籍之中），西鄉像我一樣，在十九日的夜晚住在上祝子的一位小野熊治的家中。那女孩不知道這位小野先生的住處在哪，也不知道那條老舊路徑的始點應該就是雜貨店的門口。西鄉在二十日的傍晚抵達上鹿川（Upper Shishigawa）。它以直線距離來算的話，離此地不到九公里遠。我所帶的最大縮尺地圖顯示，有一條模糊的點線沿著山丘山巔，和一座標高一千一百零三公尺的山峰，從上祝子連接到上鹿川。那條點線甚至被標示為「鹿川峠」（The Shishigawa Pass）。那張地圖在九個月前才出版，而我沒有理由不相信它。

我在離開這個小村莊前所詢問的最後一個人，是位臉龐泛紅、皮膚粗糙的老婆婆。她向著空中指了幾個方向。在地圖上，從上祝子分出四條點線。

「哪條路徑通往鹿川？」我問她。

「那條，」她說，一條接一條地指著。

「徒步走到那裡可行嗎？」

「不行。」

我最後決定，最可能的路徑是為村莊帶來飲用水的大型塑膠水管，沿著山丘而下的路線。這條黑色的水管有時在我的腳邊前進，有時架在樹枝高處，每當有水在其中滾動時，就像個受傷的動物般發出抽搐和嘆息聲。但沒多久後，這條森林路徑就和表面鬆散的自動車道銜接。我那張九個月的地圖中完全沒有這條車道。我沿著自動車道走了四十分鐘，它在山丘旁曲折而行，而不是像老舊路徑般上坡下坡。然後它出現岔路，一條陡地往下前進，另一條則穩定地往上攀爬。在這般蜿蜒的山路裡，不可能用羅盤測路，因為它每隔十五分鐘，就折回舊路兩次。我登上上坡的道路，以沉重的步伐走了五十分鐘，直到道路消失在被砍伐殆盡的一片林間空地中。那裡有兩個女人。她們穿著田徑服，戴著頭巾，腳上穿著足趾分開的橡膠靴。她們正坐著用木柴將燻黑的水壺燒開，吃著番茄。

「不，你要走的不是這條路，」一個女人說，「想找這條路是浪費時間。一旦蓋了自動車道之後，老舊路徑就荒廢了。」

「你要知道，問我們沒有用，」另一個女人說，「我們什麼都不知道。我們只是女人。如果你想知道路徑的事，你該去問男人。」

「你不是外國人嗎？」第一個女人在我站著和她們聊了五分鐘的天後，害羞地問。

「是的，事實上我是。」我說。

「嗯，」另一個女人說。她給我一杯冰糖水和一片碎碎的蛋糕。她們解釋，她們在此等待她們的丈夫。他們到森林中鋸木柴。她們歡迎我一同坐下。男人們會在傍晚前回來。他們可以用卡車載我下山。

我謝謝女人給我蛋糕吃後，蹣跚走回上祝子的方向。

中午，我坐在餐廳中喝著麒麟生啤酒，看著那個高中女孩哼著歌曲，替我烤　條鱒魚。她想知道，我接下來要怎麼辦。我告訴她，我還要喝兩瓶生啤酒，再吃一條鱒魚。然後我要徒步回到三十公里外的延岡。

「喔，是嗎？」她說，對我展開可愛的笑顏。那種微笑是護士對著無藥可救的精神病患所發出的笑容。

「保重喔，」她興高采烈地對我說。我走上那條由雜貨店與外界聯繫的唯一一條道路，也就是我昨天走過的那條路。道路仍然鋪著柏油，沒有綠蔭可以蔽日。我經過存貨充沛的酒店，嘴上詛咒，低語抱怨和嘆息著。我快速地向前邁進，差點踩到一條三呎長的蛇。一位砍伐工人想要用他的廂型車載我一程，我婉拒了他的好意。我又經過昨天工人們打盹的地點。兩位穿著灰色制服的警衛戴著頭盔，配備著對講機，分別站在道路的兩端，保護工人免受交通的侵害。但這裡根本不會有車子來。我碰到兩名初中女生，她們對我鞠躬，說著O-kaeri nasai（在這個鄉間地帶，學童們被教導在碰到長者時，要用這句話打招呼。它可粗略翻譯成「歡迎回來」）。兩名初中男生則不斷吃吃傻笑，高聲對我叫著老外！我在妙町（Myomachi）的一家小雜貨店裡，坐在塑膠桌面的桌旁，喝著一瓶啤酒。我聞到稻米成熟的味道，不禁開始流著口水。我看到鳥兒們在銀色的河水中捕魚。一個男人騎著速克達，將狗兒們用繩子綁在車後，讓牠們運動。狗兒們淌著口水，不斷奔跑。黃昏時分，我舉步蹣跚地再度穿過合成纖維工廠附近的小巷。我在這三天之內，走了九十五公里的路，結果回到原點。

七、八點左右，我出去找餐廳。我疲憊得不得了，被餐廳門口外面的一堆板條箱絆得摔跤，並將十幾瓶空燒酎酒瓶撞倒到街上去。我在吃飯時，將整碗飯掉進天婦羅的沾醬中。前來擦拭桌面的女侍給我一個難看的表情。她顯然在鏡子中練習過這種表情，準備在碰到酒鬼時派上用場。商店街的擴音器仍在播放保羅・安卡的歌曲。我在咖啡店中，喝著吉力馬扎羅咖啡，聽著帕西費斯交響樂團演奏〈某一個迷人的夜晚〉。我聽著聽著竟然睡著了。我在沒有選擇之下，翌晨只能直接前往高千穗（Takachiho）這個小鎮。根據道路標示，它位於國道二一八號五十五公里遠處。西鄉在八月二十一日抵達高千穗。如果我將那條老舊路徑拋諸腦後，沿著繁忙的公路前進，我想，我可以在二十三日早晨，回到他的撤退路線。然後，我的腳丫和趾關節上的水泡開始痛起來，這使得我考慮還是等到二十四日再與西鄉重新會合。我的小腿、大腿、足踝和膝蓋則要我延遲到二十五日。管他的，我聳聳肩，站起來離開咖啡店，稍微重心不穩，抱住一棵棕櫚樹的盆栽。西鄉超前我五十八個小時，而我的雙腿決定啟程，讓西鄉超前我的時數保持在那裡。

第二章 神話街道

在這沮喪的三天之內，老舊路徑讓我學到的教訓，將對我剩餘的旅程非常有用。雖然那些老舊路徑在我的地圖上以點線顯示，年事已高的人們有時還依稀記得它們，而它們在黃蜂和蝮蛇的生命週期中，仍扮演重要和廣為人知的角色，但在今日，它們實際上是無法辨析或無法通行的。

登上可愛岳的小徑仍被登山的瘋子所使用。而沿著河岸到上祝子的道路仍然維繫著許多人的生活，比如，開酒店的老頭、雜貨店老闆娘和她十七歲的女兒、幾位打著盹的當地包商工人，和維持交通秩序的安全警衛。但這兩條路已經不通往它們過去的目的地，而其他的路則在半路憑空消失。汽車運輸的出現是結束老舊路徑的最主要原因。以前的老舊路徑以較為筆直的路線和攀爬陡峭的山坡前進，這使得汽車運輸望而卻步，無人在這些路徑上行駛車輛。況且，從鄉村地區大量流動到工業都市的人口——這個最具破壞性和最棘手的社會巨變仍繼續困擾著日本——意味著現今尋找工作的鄉下人，不再像以往般前往山區採集香菇和燒木炭。因此，他們不再需要那些陡峭和筆直的路徑，導致路徑荒廢。反之，他們帶著家人搭乘火車和巴士，到東京、大阪或它們的周邊地域安家立業。全國有為數大約百分之四十的藍領階級擠在兩或三房的狹小公寓中，他們永遠買不起公寓，因為高漲的地價將使他們負債達兩代之久。而他們在政府有關「生活方式」的調查中，被歸類為「中產階級」。

西鄉有一件最聞名遐邇的軼事。西鄉在他開始敗退之際，從一條現在已經消失的路徑下山，逃到可愛岳和祝子之間的某處。當時他的戰爭遭逢挫敗，大部分的軍隊投降或分散四方，而他的死亡則是預料中事。他碰到兩個也從山丘上下山的農夫。他們站到路的一旁讓西鄉通過。根據西鄉的一位傳記作家說，這兩名農夫有一位叫牧的成人，和一位叫川上武的小男孩。

「怎麼回事？」小男孩問道。

「我們必須讓路，」牧低語，「先生要過來了。」

那位小男孩在後來的回憶中提及，西鄉安靜地走過來，腰際配戴著軍刀，頭上戴著私立軍校的制服帽。他的臉上散發出仁慈的笑容。他看起來彷彿正在平靜的山丘間打獵，對越來越逼近的官軍漠不關心。那個小男孩還記得，他當時在想著，西鄉是「這世界上最偉大的人」。

「先生是個偉大的人！」他對牧喃喃低語。

「沒錯，」牧回答，「他是位神祇。」

然後，西鄉走到那兩位農夫身邊，他們深深一鞠躬，西鄉也答了禮。

就是這樣。這就是那個軼事。西鄉是注定毀滅的人、一位武士、前陸軍元帥和國家的參議。他在敗走的時候，還在山區的路徑上，對兩位農夫的鞠躬，欠身答禮。這些農夫不會知道什麼叫「生活方式」。他們甚至不是「中產階級」。

有趣的是，這位小男孩的回憶（根據這本特定傳記所描述）持續到這兩位農夫抵達山谷為止。他們再度碰到西鄉。這次西鄉的心情顯然比較差：

「我從那時起就不能忘記偉大的西鄉的模樣。他蹲坐著，手肘放在膝蓋上，軍刀的刀柄往前凸出來，左邊的肩膀略高於右邊，緊抿著嘴唇，眼睛堅定地望著跟著他走下路徑的軍隊。那個恐怖的凝視傳達著對他們行動遲緩的斥責。一個蹲伏著身體，準備跳到獵物身上的野蠻動物，其姿態也不如西鄉兇惡。」

這兩件軼事完美闡述了西鄉隆盛的兩面性格。或說，它們成為往後的傳記家、擁護者、愛國者和崇拜者相互激辯的兩面，一方狂叫著「西鄉是人道主義者！」另一方則吶喊著「西鄉是位軍神！」

記錄這兩個童年記憶片段的傳記家也是位享譽天下的小說家、詩人和散文家，武者小路實篤（Mushanokoji Saneatsu，一八八五—一九七六）。他自己本身就是位矛盾百出的男人。

在一九二〇年代，出身貴族的武者小路將他人生中的八年時光，奉獻在發展一個稱為「新村」（Atarashiki Mura）的烏托邦公社上。他在離挫敗的西鄉碰到農夫的地點數哩之外，創辦這個公社。他在一九一六年出版一本辯論文集，其中極力反對第一次世界大戰。公社具有理想性和民主性的本質，即使在武者小路離開之後，他仍然是公社的精神領袖。但與他的和平主義和平等主義式思想相左的是，他於一九四二年出版了一本《大東亞戰爭私觀》。他在此書中表達對日本二次大戰政策和軍事行動的熱切擁護。這相當不同於他早期的作品，並使得他在美軍占領的肅清之下，被剝奪公職（貴族院議員）。

一九四二年，武者小路有關西鄉傳記的英文版（或者，如它日本籍的譯者所稱呼的一般，是本「改編」）在東京出版。在那年，任何用英文在日本出版的書籍都要通過官方審查，或是經由背負類似責任的公家機關檢查；書籍必須能改善日本的海外形象，並對日本的戰爭行動有所貢獻。翻譯者在他的序文中（以令人難忘的英文）明白表示，他的作品《大西鄉》如何完成這項目標。西鄉被視為「日本愛國主義和新日本精神基礎」（也就是說，在一九四二年期間）的典範。而「想了解構成日本精髓的感情、氣質和人生觀的外國人，都必須了解西鄉」。翻譯者並極力強調，在那麼多可供他「改編」的西鄉傳記中，他選擇武者小路的版本，是因為它「公平公正」，以此說法驅散讀者潛在的懷疑論調。

事實上，這個「改編」的結果是對西鄉推崇備至，有時甚至到荒謬的程度。在導言的第一頁，《大西鄉》的外國讀者讀到，此書的英雄是位「偉大的人」、「擁有徹頭徹尾的東方心靈」、「在每個活動中發出平靜和閃耀的光芒」、一個擁有「鮮活印象」的男人、他所說的每句話「都有動人和無可模仿的特質」，一個「知道人類心靈秘密」的男人。等到我們讀到第十一頁時，讀者被邀請將西鄉的格言和耶穌基督的話語做一比較。

但，雖然從一開始，「改編者」、出版商和審查者都極力想透過西鄉的樂於助人、天賦異稟和精神特質來闡述「日本精髓」，矛盾百出的文章還是頻頻出現漏洞。如同基督般的西鄉在第十一頁時寫道，「上天以同樣的心愛著所有的人，而我們必須以愛己之心，去愛其他人」。而在前一頁，西鄉卻寫道，「如果一個政府因為恐懼『戰爭』這個字眼，而未能克盡責任，那麼，它只能被稱做一個商業規畫者，而非政府」。

我在沿著離開延岡的公路走了一個半小時之後，輕鬆地經過一個墓石匠的前院時，這些想法不禁掠過我的腦海。我在迷你塔樓和純樸的墓碑中，窺見一座西鄉的大型胸像。它顯然是新近完成的作品。武者小路形容西鄉的外表是「一個看起來頭腦頗為遲鈍的巨大孩童」，而這正是這座胸像所給人的印象。

這是另一個悶熱的日子，公路穿越寬廣而沒有樹蔭的山谷。一路上已有兩個人為我停下車來。一個開著栗色卡車的司機有著耀眼的白色牙齒，叫我坐進前座，在我告訴他我寧願徒步時，眼睛和嘴巴開心地張大。一位摩托車騎士穿著濕透的白襯衫，走過來我這邊的馬路，遞給我一罐冰的可口可樂。

「不，謝謝，」我告訴他，「我不喜歡可口可樂。」

「那我買別的飲料給你好嗎？你喜歡什麼？」

我在公路上再往前走了一會兒。一位只有一顆門牙的魚販從她坐著的白色保麗龍箱子上，喘著氣地起身。她背靠著自動販賣機，為我買了一罐不同的飲料。這罐飲料叫做「瓊漿玉液」（Ambrosia）。我從來沒有聽說過這種飲料，但這並不讓我吃驚。日本推出新飲料的速度與色情錄影帶和新興宗教的興起同樣迅速。任何新興產品都不是以品質、價格或用途取勝，而是以它的新出品來招攬顧客。廣告的主要三個字眼是：「新登場」（shintojo）、「新型」（shingata）和「新發賣」（shibatsubai）。我估計，這三個字眼大概占所有日本廣告文案的百分之二十。我開心地豪飲下「瓊漿玉液」，然後用老式的啤酒沖掉它在我口中的味道。

「你在這麼熱的天氣，還不戴帽子地走在馬路上，真是蠢，」魚販說，蹲坐回裝魚用的保麗龍箱子，用鬆弛的上唇摸索她的門牙。「如果我是你的話，我會搭火車。每隔二十五分鐘就有一班。車站就在那條小街街尾處。別搭巴士，價格是兩倍。你還是得去弄一頂帽子來。」

我解釋說，我比較喜歡走路。

「嗯，這樣的話，去車站睡覺，」她說，聽起來頗有經驗。「在車站裡很安全，除了蚊子之外。在去車站睡覺前，買點蚊香和一盒火柴。還有打電話給你家人。他們會擔心的。你還是該去弄頂帽子來。」

這段對話比我五分鐘後碰到的對話，要來得合情合理多了。一位穿著工作服的年輕男人在車庫工作，用高八度的鼻音對我吶喊著，「呼囉！呼囉！呼囉！呼囉！」他大概以為要這樣子發音才像外國人，而且他覺得這很好笑。好幾年前，當我第一次縱走日本的時候，每天都會碰到這種事，我花了許多時間思考我該作何反應才好。在近幾年的徒步旅行中，這類事情發生的次數較少了，雖然還是有一、兩位抗拒著進步的人，就像一小批熬過現代人來臨的時代的尼安德塔人。但我想他們堅持不了多久了。而且，在日本的外國人已經開始缺乏引發這類關注的本質和長處（我們不再是新型、新登場或新發賣）。

我眼前分隔宮崎和熊本縣的山脈高高峙立，令人畏懼。我記得有人告訴過我，我正要前往的這片鄉野正是陸軍自衛隊人員進行生存訓練的地區。在公路旁，老年人們撐著陽傘，在擊打槌球，玩得劈啪作響。稻田裡的稻草人是三夾板做成的老鷹，每根羽毛都用黑色顏料仔細描繪出來。每隔一段一定的距離，道路標示便提醒我，我正沿著「神話街道」（Shinwa Kaido）向前邁進。

川水流與日之影

那天下午五點，我正坐在旅館前廳的沙發中休息。那是川水流村（Kawazuru）中唯一的一家旅館。我穿著輕薄的棉質浴衣，啜飲著啤酒，想著我那天從早上開始，只走了十六公里的路。我聽著旅館的洗衣機旋轉的聲音。它發出嘎嘎的瘋狂聲響，想洗掉我牛仔褲上沾到的泥巴。我在那天稍早，攀登到五瀨川（Gokase River）的河堤上，想找個泡腳的地方，結果沒有找到，卻沾了一褲子的泥巴。如果我要遵循日本傳統，為我的旅行寫下俳句的話，恐怕這些詩中都會充斥著啤酒和洗衣機：

棕色瓶子的叮噹聲，
我從洗衣機一路跛行：
夏末的傍晚。

事實上，我那天未依往常習慣徒步三十幾公里，而只走了十六公里的路，和我感覺疲憊有很大的關係。那天下午的氣溫高達三十四度。我沮喪的發現，我走的那條新道路迆邐曲折，它的距離幾乎是西鄉走的老舊筆直路徑的兩倍。沿著車流繁忙的國道二一八號行走，令我非常不愉快，但我沒有選擇餘地，只能順著它走到高千穗。而高千穗還在四十公里之外。在我在河裡搞了一身泥巴之後，我攀登而上，回到道路，這時，我發現了這地區的唯一一家酒店，裡面有生啤酒機器和冰過的杯子。

在日本鄉間，許多酒店遵循一項貼心的傳統，那就是讓顧客在店內喝買來的酒（雖然它們沒有酒吧的執照），而且店內往往有坐著休息的地方。在這裡，還可以蒐集到大量情報。長途徒步者所面臨的最嚴重的危險之一就是脫水現象。但我從來沒有遇上這種情況。當我縱走日本的書剛出版時，一份報紙的文學編輯尖酸地將我的旅行描述成「兩千哩的酒吧之旅」，我必須說，我相當憤怒。那位編輯完全沒有領會到，我蹣跚進出酒店的理由（特別是那些有生啤酒機器和冰過的杯子的酒店）並不是為了享樂，而是為了滿足社會和歷史研究的興趣。

比如，我在五瀨川上的酒店中得知，這家店非常古老，已有六十年的歷史，老闆娘的叔父是諸塚（Morotsuka）的村長。而西鄉在筋疲力盡地翻越過七山（Nanatsuyama）之後，八月二十三日晚上，就住在諸塚的一位藤本槌三郎的家中。這就是我想要的資訊。我脫掉靴子，又點了另一杯啤酒。

啤酒機的運作有問題，它噴出來的泡沫太多。（日本啤酒機的「問題」通常是噴出的泡沫量太少；生啤酒的泡沫量一般設定為杯子的三分之一左右）。老闆娘透過電話，向供應商憤怒地抱怨了五分鐘。她解釋，機器得在傍晚前修理好，因為那時她大部分的顧客會在回家的半路上進來，喝點啤酒。他們在喝了四、五杯啤酒之後，往往無法開車回家。

我又點了啤酒，並脫掉襪子。

老闆身材消瘦，赤裸著上身，右眉下有一道很深的疤痕。他常常微笑，並加入當地人的談話。當地人覺得我的打扮很不適當。

「你需要的是一雙這種靴子，」他說，指指他腳上那雙足趾分開的帆布工作靴，鞋底是橡膠，還有登山時用以支撐小腿的夾式綁腿。「這靴子能讓你健步如飛。」

我同意他的論點很合理。因此，一等他的妻子停止向啤酒供應商抱怨之後，他便打電話給當地的工作服商人，問他那種靴子的最大號是幾號。

他們告訴他，二十七公分半。

「不夠大，」我說，「我至少得穿二十八公分的。」

「你不能做二十八公分的嗎？」他大聲咆哮。

他們解釋，做一雙靴子至少要兩個禮拜的時間，而且得特別定製。老闆非常失望，放下電話筒，駝著背地坐著，盯著足趾分開的腳丫。我為了讓他開心起來，又點了一杯啤酒，並給他看我的水泡。

他告訴我，他在年輕時也滿愛走路的。二十年前，他在學校旅行時，爬上可愛岳的山巔。我知道那是在哪裡嗎？他在週末有時會跑到像七山那麼遠的地方，去採香菇。是的，那些老舊路徑在以前的確保存地較為良好，但那主要是因為學校的老師對維護這些事物盡心盡力。但現在教育每況愈下，我對今天道路荒蕪的描述，他一點也不驚訝。

「你知道，在西鄉隆盛的時代，要在這些山谷間上上下下是靠河流，而不是路徑。你問我的父親就知道了。他還記得現在這條公路以前只是一條拖船路，而村民們坐著平底船來來去去。那時也比較安靜。現在這些該死的伐木卡車夜以繼日地轟隆隆駛過門口，吵得不得安寧。」

其他事物也有改變。在西鄉的時代，大家都有大而方正的顎骨，就像你在老式黑白照片上看到的一樣。因此，西鄉的顎骨也很大。那時的男人都很粗壯。現在的日本人比較瘦（sumaato，smart，但意味著苗條）。說到錢的事，錢也改變了。當他還在上學時，一百日幣可以買一家的晚餐。現在只能買一罐「瓊漿玉液」。而且不只是這裡，全日本都一樣。英國人的幣制是什麼？英鎊嗎？它們值多少錢？

「根本不值錢，」我告訴他。他嚴肅地點點頭，發出咕嚕聲，然後嘆氣。我又點了啤酒。

最後，酒店老闆幫我向川水流的旅館訂房。我總共喝了七杯啤酒，而且為了社會和歷史研究的原因，我堅持每一次都要換上新的冰杯子。

旅館是由酒店老闆的親戚所經營。當他打電話訂房時，他為了讓老闆娘印象深刻，誇張地說我正在進行嚴肅的研究。

「他在研究西鄉隆盛。」他堅持道，彷彿這個名字可以打開阿拉丁的洞穴。果然不出所料。我受到非常友善的歡迎。當我開口想要一瓶啤酒時，他們還端來了一大杯可爾必思。這讓我想起我常做的一個惡夢。在夢中，我走進一家酒吧，點了啤酒，但是酒吧裡只有可爾必思。我試著離開酒吧，但他們把門鎖上。「我們有辦法讓你喝下去，」長相邪惡的酒保冷笑著，開始在我面前排上一杯杯的可爾必思。我冷汗直冒地醒轉。

一個愛開玩笑的人曾經說，日本人發明的東西只有摺扇，但他們也發明了可爾必思。可爾必思（Calpis）是種用牛奶、糖、人工色素和乳酸菌所調配而成的軟性飲料。在美國它叫做 Calpico；當電通株式會社在美國用它原本的商品名稱試驗販賣時，由於它的發音很像 cow piss（牛尿），美國人的反應是開心地嚣叫。大約在此同時，電通株式會社開始將中階業務經理送去學英文會話。

當我坐著聽旅館的脫水機發出的聲響時，一場雷雨突然來臨，滂沱而下，並持續到隔天清晨。我已有三晚無法成眠，而來勢洶洶的雨聲和雷鳴更使得我輾轉難眠。我發現，失眠和洗衣機以及水泡一樣，是長途徒步旅行不可或缺的要素。「我希望有你的腦袋瓜，」我離去時，酒店老闆告訴我。「你需要的不是腦袋瓜，」我呻吟，「是腳丫。」

在院子裡，於暴風雨中，凌晨三點的時候，一隻母雞可憐地對著漲滿雨水的排水溝咯咯叫著。當我在四點去上廁所時，我發現，一個男人穿著內衣，橫睡在前廳的木質地板和開著門的玄關之間，像是陸軍帳棚入口的哨兵，或是被悶熱的暑氣弄得筋疲力盡的夢遊者。

翌晨，當我離開川水流時，大雨早已停歇，天氣炙熱。河谷越走越狹窄，輕風從上方吹拂而下，兩側的山丘上綠蔭蔽日。我的牛仔褲還是濕的，我的襯衫雖然乾燥，卻沾滿了襪子的毛屑。我一逮到機會，就將這些不舒適的衣服脫光，跳入一段水流沉穩的河水中。水流很深，呈碧綠色，並遠離卡車充斥的公路。河面上有幾條船，大都是來自於我剛剛經過的餐廳，顧客坐在上面抓著山女魚（yamame）。山女魚是一種鱒魚（或者，根據我的日文烹飪書籍，牠是一種幼鮭），在五瀨川的清澈上流地帶繁殖，比鮎魚來得普遍。當船隨著水流飄浮而去時，我赤身坐在岩石上，在陽光中小睡片刻。一輛火車經過峽谷對面山坡高處。我突然驚醒過來，發現兩節車廂中的乘客全都從車窗探出頭來，興高采烈地揮著手，並指著我的鼠蹊部。

我的腳丫很痛，彷彿我在過去這五天內，都在踩燃燒的木炭。因此，我在河裡待到下午三、四點，游泳、打盹和娛樂坐火車的旅人。然後，我加速前進，在下午四點半，抵達日之影（Hinokage）小鎮。我走進一家餐廳喝啤酒。我桌子的對面坐了一個臉龐瘦削的人。他大約五十多歲，穿著白襯衫，頭上戴的工作帽印有「日」這個漢字。這個男人在日之影住了一輩子。他花了半小時，試圖說服我搬到那裡去住。

「我有一年得到大分縣的橘子園裡工作，」他告訴我，「我才在那待了兩個月。但我記得，在卡車載著我越過邊界進入宮崎，並帶我回到日之影的家時，我高興得哭了出來。來住在這！你永遠不會後悔的。你在此可以盡情地研究西鄉隆盛。」

「但我要靠什麼維生？」

「喔，沒有問題。這麼多年來，很多人從四國或瀨戶內海的小島移居此地，他們都發現很容易討生活。你可以採集香菇。你可以開一家店。你可以寫你的故事，再郵寄出去，然後在晚上到這裡來，跟我一起喝燒酎。」

我從那個男人那得知，「日之影」這名字在當地人當中是種表達感激的詞語，他們將它詮釋成感謝太陽賜予溫暖和光芒。（kage——「影子」，是「托您的福〔okagesamade〕」的標準表達詞語的一部分）。

「住在有這種名字的小鎮上真好。」我告訴領著我到旅館房間的女人說。

「這小鎮也歡迎你來住。」她回答。

我覺得心情很好，晚餐後，我出外散步，發現一家位於樓上的酒吧。它叫「人們」（People）。老闆是個快活、有點啤酒肚的男人。他穿的T恤上描繪著兩隻卡通動物；一隻狗和一隻貓相親相愛地互相磨蹭著脖子，示範友情可以超越天敵或物種。老闆給我喝了數種燒酎，並拒絕讓我付錢。

「這個是用大麥做的，這個是用蕎麥做的，這個是用米做的。」

「它們都很好喝。」我做出結論，他隨即為我烤個披薩。

酒吧大而時髦，只有我一個客人，以及老闆和一位晚上在那工作的公關小姐。我覺得我有義務起身唱三、四首歌。我的歌聲在非常大聲的雷射唱片伴奏之下，在萊姆綠色的牆壁上怪異地迴響著，讓我感覺像在〈歌劇魅影〉的場景中。

當老闆得知我對歷史有興趣，並想知道他的偏僻小鎮在西鄉隆盛的生涯中扮演何種角色時，他便打電話給一位常客。他是在鎮公所工作的一水先生。一水先生在數分鐘後抵達，唱了兩首歌，點了四瓶啤酒，並安排在隔天早上，帶我參觀此地的景點。

這讓我開心地離開酒吧，喜歡人們和日之影這個地方。就像大部分的日本城鎮一樣，雖然日之影是坐落在河谷交叉的地點，兩旁的山丘陡峭，變成蒼鬱起伏的森林，但對旅遊經驗豐富的歐洲人來說，它的景點仍然不夠吸引人。你在數以千計的日本鄉野間，可找到同樣鋪著紅和藍色屋瓦的房舍、混凝土河堤、擋住微風的高牆、鋁製窗架和電視天線。但是說到景點時，日本人就沒有旅遊經驗豐富的歐洲人那般講究和勢利。在日之影當地人最近完成的頌歌中，他們宣稱日之影就像義大利亞平寧半島的高牆城市一般，「美得像夢一樣」。在第二首歌中，有部分的歌詞是英文，以「五瀨川和湛藍的天空。WOW！WOW！WONDERFUL HINOKAGE」作為開始。第三首歌包含一段小詩，部分也是以英文寫成，「MY SWEET HEART！因為你是個夢幻小鎮。GET YOU！MY HOME TOWN！你讓我暈眩。HINOKAGE。」這些歌與交響樂團共同錄製而成，你可以在日之影的鎮公所買到這些卡帶。

好在，繁忙的公路在小鎮南方一公里遠處經過。但一座標高一百三十七公尺的板梁式橋聳立在五瀨川的一條支流上。這個橋叫做青雲橋。它的身影完全占據整個地貌景觀，因此自從它在一九八四年通橋以來，便成為小鎮的官方象徵。但想必在日之影六千七百位居民當中，有人會視它為一種官方的礙眼之物。這個橋也有它自己的歌，名字就叫做〈青雲橋音頭〉：

在所有美麗的地方和事物中，
我最珍惜青雲橋。
從下面觀賞，它在雲間飄浮。
從上面俯覽，你會看見日本。
這些歡愉在此地等帶著你，
在日之影，我的家鄉。

我再度穿越老舊而荒廢的便橋，在燈光照耀之下，看見淡黃色的蛾像雲朵般地聚集在八月的深夜中。牠們就像細小的羽毛，覆蓋住我的身軀，並群集在旅館的窗戶上，使人看不到窗外的闇夜。但我仍能聽到五瀨川的潺潺水聲。我的腦海中迴盪著讚美日之影美景的歌。

「住在有這種名字的小鎮上真好。」

「這小鎮也歡迎你來住……」

美麗的日之影

西鄉隆盛沒有留下照片。他顯然拒絕照相。他也在重要的內閣成員團體照中缺席，如此行徑想必抗拒了相當大的壓力。在一九八八年六月，《西日本新聞》的晚報刊出一張老舊的團體照片。裡面是六位穿著和服、綁著髮結的人士，其中一位據說就是西鄉。這張照片成為頭條新聞，並引發一陣短暫騷動。這位人士脖子粗厚，身體健壯結實，臉上帶著昏昏欲睡的表情。但他只是中等身材，甚至有點矮。後來對此張照片發表評論的專家大部分都對此事一笑置之。西鄉也沒留下畫像。現有的畫像是仰賴記憶而完成的作品（或在義大利藝術家齊索尼〔Chiossone〕的例子中，他是憑藉西鄉的兩位親戚的照片完成他的畫）。

這個抗拒拍照的非日本式習慣，使得人們對西鄉是否留有鬍鬚一事，缺乏確實的證據。他似乎擁有非常濃厚的眉毛，在這類賀爾蒙發達的情況之下，他應該會留著一撇漂亮的鬍鬚，但他真的有留嗎？在仰賴記憶所畫的四張日本畫像的其中一張裡顯示（服部英龍的作品，他的兄弟在西南戰爭中與西鄉並肩作戰），他的確需要好好地刮一刮鬍子，但那把雜亂的鬍子並不能被稱之為漂亮。在當代或死後立即繪製的木版畫中，西鄉都有濃厚的鬍鬚。但這些木版畫都是憑空想像，而版畫家也許只是單純地認為，一把濃厚的鬍鬚不但可與眉毛取得平衡，而且與他那身喜歌劇風格的制服相得益彰。在他所有嚴肅的畫像和雕像中，他都沒有鬍鬚，而在現代戲劇中，如NHK的大河劇《獅子的時代》裡，他也是如此。但在戰後的日本，鬍鬚通常不受到歡迎，也許在某些人的心目當中，它仍讓人聯想到現在已不受人推崇的軍事人物，比如占領旅順[1]的英雄，乃木大將[2]。這也是為什麼以前傾向於將西鄉描繪成軍神的版畫家，喜歡將西鄉加上一把鬍子的緣故。西鄉在死後不久的一張木版畫中，被描繪成橫臥的釋迦牟尼，留著一把鬍鬚，身上裝飾著幾百英擔的金製穗帶。就算他想站起來，可能也爬不起來。

現在，我們講到一個關鍵主題，等到西鄉從延岡出發，正在這場最後長征的半途之際，他似乎無法站立起來走動。無庸置疑的是，西鄉是個塊頭很大的男人。當代有大量的證據可以支持這個論點（他在學校的暱稱之一便是「大木」〔udo〕，指笨拙的大個子）。而在我這趟旅途的後半部分，神門村歷史協會那位高齡七十的會長送給我一份油印的手冊，裡面有西鄉的具體資料。手冊中說，西鄉高一百八十公分（五呎十一吋），重一百零九公斤（兩百四十磅）。這在當時的歐洲標準都算高大健壯，更遑論，跟一般日本人比起來，他是個巨人。

這個西鄉所經歷的步行困難，在武者小路的傳記的改編中，由另一位目擊者的記述中得到暗示。這份憶敘來自於中尾甚兵衛，他一路追隨西鄉撤退到米良村（Mera）。這些逃亡者在八月二十六日抵達此地。他們碰到溪水暴漲。河流上掛著「一條臨時便橋，它搖晃得很厲害，非常危險，我們得一個接一個小心翼翼地通過……」

「先生的轎子在便橋邊緣安靜地停下來，他下轎，沉重地立起身來，文風不動地站著望向便橋好一會兒。然後，他脫下外套，將它遞給僕人，開始慢慢地越過便橋。突然之間，他又走了回來。僕人這時已經走到對岸，見狀後，又開始往回走。在這段期間，先生的大眼睛一眨也不眨地盯著便橋。大概經過了二十分鐘左右，他再度開始穿越便橋。他肥大的身軀傾斜地躺在橋面上，

1 指一九〇四年的日俄戰爭。

2 乃木希典，Nogi Maresuke，一八四九—一九一二。

緊緊抓住木板，極為困難地爬著抵達對岸。」

對於這點，武者小路和他的改編者都加上評論，「那一定是個好笑的場景」。這不禁讓人納悶（也不是第一次），日本人對幽默的概念為何。從這個記述中浮現幾個重點，讓我們得以推論這位偉人的身體狀況，其中最重要的一個關鍵就是轎子。

西鄉究竟坐轎子幹什麼——特別是在這些陡峭崎嶇的山區路徑，而且還在雜草叢生的夏季？為什麼一個以「人道主義」聞名的人，還讓他那些已經夠悽慘可憐的忠誠步兵，扛負著他那沉重巨大的身軀，從一個村子走到另一個村子，彷彿他是御輿中的神祇？如果從可愛岳下山的那兩位農夫的所見所聞可以相信的話，那表示西鄉在敗走的初期並不用坐轎子。而即使在這段空檔時間，西鄉不幸碰上了太多的黃蜂和蝮蛇，坐轎子顯然也無法保護他免於受到牠們的騷擾。更別提，轎子坐起來有多累。

再者，他坐的轎子顯然沒有英文字眼（palanquin）所指涉的那般豪華（用在這類運輸工具的日文字是kago，簡單意味著「籠」）。毫無疑問地，它是在逃亡路線上的村莊或森林間，用所能找到的木材和其他材料拼湊而成，看起來可能比較像是有個盒子的擔架，而不是貼著金箔的轎子。

西鄉生病了嗎？他發燒了嗎？這難道是為什麼他在九州的夏天裡，還穿著「外套」的原因？根據某些不常被引述的書籍來源指出，西鄉得了一種罕見的絲蟲病。絲蟲病又和象皮病有關，傳染媒介是蚊子。得到絲蟲病的人的淋巴系統會遭到一種線蟲的侵入和阻塞，這種線蟲就叫做絲蟲。而在長期患病的案例中，會造成身體特定部位的腫大，特別是腿部和陰囊。西鄉在早年於薩摩從政時，曾有兩次失去藩主的歡心，而被流放到極為偏遠的南方小島。這些小島不但陰鬱偏僻，還有各種蚊蟲肆虐。西鄉極有可能在此感染到這類疾病（特別是在我現在回想到，我在單色咖啡店碰到的那位穿格子花呢襯衫的攝影師，他曾經激動地向我描述這位偉人的睪丸）。但絲蟲病所造成的身體殘疾進展非常緩慢，而且只會越來越嚴重。很難想像這些線蟲，即若牠們是偏向於官軍這方，能突然讓一個男人變成瘸子；而他在七天前，還好端端地在可愛岳爬上爬下。

武者小路和他的改編者皆沒提到絲蟲病（此點也許無法強化西鄉對讀者的「鮮活印象」），也沒對這個謎題提供任何其他的線索，除了指出西鄉身軀「肥大」之外。但我反而覺得，這才該是他不會坐轎子的原因。何況，他的肥大身軀和健康狀況，似乎都沒有在他辭官返鄉後的那些年中造成困擾。西鄉在一八七三年十月辭官，和一八七七年二月出發圍攻熊本城之間，大部分的時間都在耕作。而在反叛的前夕，更是和愛犬在山區流連徘徊。西鄉早年是個相撲的業餘愛好者。即使在辭官後，他仍過著活力十足的生活。

其他人則指出，西鄉坐轎子是為了躲避敵軍的偵察。（在時代劇中，轎子常常用來走私逃亡的名人，試圖闖過關隘或別的阻礙。）但這些相同的來源又必須宣稱，西鄉不會怯於面對他的命運，或肯花十六天畏畏縮縮地躲在一個籃子裡。無論如何，在反叛潰敗之後，他已視死如歸。也許，在日之影鎮公所工作的一水先生，對西鄉的難於步行提供了最可能的解釋。

「他有疝氣，」他告訴我。

我們在酒吧度過一晚後，翌晨，我第一次在這趟夏季徒步中，坐上房車；這也是唯一的一次。跟我們同車的還有一位較資深的公職人員坂本先生，以及酒吧老闆。他今天是來陪我們兜風，並穿著一件哲學性較低的T恤。我將背包留在鎮公所。我們要去察看一個戰場。西鄉在他的最後撤退之中，並沒有經過日之影。在七月一日和四日之間，西鄉的軍隊於鄰近山丘與官軍發生大規模衝突。這是在延岡慘敗前大約六個禮拜的事。這個戰場保存良好。

「薩摩軍躲在那個斷崖的上方，在越過山谷時，遭到狙擊兵的砲火攻擊。」

坂本先生指出方向。我們走出車外，攀登上路旁雜草叢生的山坡。山坡頂端有一個小圓石，以水泥底座垂直豎立。圓石的一側可清晰看到由五個子彈所打成的淺淺凹痕。這是官軍的進口來福槍打出來的。

「幾年前，他們決定將整片斷崖鋪上混凝土，以防止落石滾落到道路上來。日之影的歷史古蹟並不多，因此我們決定將這片有彈孔的斷崖保存下來，讓它成為紀念碑。你看，子彈打得多麼接近！不管他是誰，他都是個神槍手。」

「除了他的子彈都打中岩石之外。」

大家暫時安靜了下來，我們回到車上。

「……在鹿川河谷（我沒找到那個河谷）上有一家房舍。你到現在還能看到客廳主要柱子上的彈痕。在七月的那場四天戰役之中，有三個人死亡。只有三個人。你瞧，就是這類戰爭……」

「你真的認為西鄉有疝氣嗎？」

坂本先生不像一水先生那般有自信，他有別的懷疑。

「如果你問我的話，」他小心翼翼地表示，「我不認為西鄉是個大個子。他可能沒比我高多少……」

但現在是沉思較近代的歷史的時刻到了。小小的日之影除了一塊有彈痕的岩石之外，還有能讓訪客印象深刻的文物。我們往山丘北方開了二十分鐘，只經過三輛車（「今早的交通很繁忙，」一水先生一本正經地說），然後便到了日立（Mitate）的老舊錫礦附近。人們從十七世紀初期，就在這些山丘地帶開採錫礦，但就像九州其他的礦坑事業一般（舉如，由著名的湯姆斯·格魯佛[3]所管理的高島〔Takashima〕煤礦，而他那俯瞰長崎灣的豪宅，仍讓容易受騙的觀光客認為就是蝴蝶夫人的住所），日立錫礦是直到外國老闆接手後，才得以大舉開採。

那位老闆叫做漢斯·杭特。他的父親是英國人，母親是日本人（儘管取了一個德國名字，他是英國人）。他於一八八四年出生於神戶，在一九二四年接手管理日立錫礦。杭特雇用了八名外國管理人員，並在礦坑附近興建了一座設備完善的大型別墅，裡面有網球場和其他娛樂設施。外國經理將此地當成俱樂部，日本人則被嚴格地拒於門外。（我認為這是個非常可恥的規定，尤其是考慮到杭特的出身時。）在一九四〇年，太平洋戰爭隨時可能爆發，外國經理紛紛辭掉工作，

3 Thomas Glover，英國大貿易商，一八五九年抵達長崎，創立日本第一個洋行。

離開日本，礦坑和俱樂部於是遭到棄置。

礦坑曾在一九四六年一度關閉，一九五一年重新開採，結果又在一九六九年永久關閉。這些年來，森林緩緩入侵豪宅。俱樂部無人料理，網球場完全荒廢。本地的一家民宿將白色珐瑯質的英國浴缸取出，放在自家屋內養魚。然後，就在青雲橋那象徵性的建設開工之際，為WONDERFUL HIROKAGE這首歌寫詞的譜曲家忙著加上驚嘆號的同時，鎮公所中有人提議，不如翻修俱樂部並使它恢復往日榮光。而俱樂部最近才翻修完畢，耗資兩千萬日幣。

我從大家在車內的談話中拼湊出大部分的故事。我們沿著空蕩、綠蔭蔽日的道路前駛，向上進入日之影川的窄狹河谷，直抵英國館（Eikokukan）。我為建築物本身的修復狀態感到錯愕。它坐落於森林的偏僻深處，像新擦亮的單眼鏡一樣，發出光輝。網球場沒有保存下來；你無法想像它曾經存在過。這座木造建築的長型單層別墅棲息在一個山谷的裂縫之下，有種族歧視傾向的杭特先生在此揮灑他的財富。這別墅經過煞費苦心地翻修，你不禁要納悶，它為什麼沒被放在玻璃櫃裡保存。地板磨得光亮；老式的英國水管和水龍頭又能正常運作；白色珐瑯浴缸則從忿忿不平的民宿老闆那要回來。民宿老闆現在得為他為顧客準備的山女魚找尋其他的棲所。木質地板下有中央空調（一項韓國，而非英國的發明）。翻修時加裝了一座壁爐，讓我想念起聖誕節來。

在九州這片未遭英國殖民的偏僻地區，探訪英國人蓋的別墅，是很古怪的經驗。一水先生特別注意到這點。從我一脫掉靴子，躡手躡腳地走在磨亮的地板上，發出「嗯」、「哇」和「啊」的讚嘆聲時，他的美樂達相機和伸縮鏡頭就沒有放過任何一個細節。一水先生興奮地指出，這是自杭特先生離開英國館後，第一次有個真正的英國人造訪此地；我看，這顯然是整個翻修的高潮所在。別去管老舊斷崖的彈孔，這才是在創造歷史。我在完成這趟炙熱的夏季健行，回到東京後不久，便收到日之影鎮公所特別為我製作的相簿。相簿裡有我呆坐在大廳階梯、癱坐在椅子上、對著柱子沉思、站在樓梯上、對一面鏡子發出讚嘆，以及與各種建築特色合照的照片。當然，他們沒漏掉我那三位同伴對此建築的反應。

我們從英國館開車前往另一個值得我去觀賞的當地景點。這次的景點清楚顯示今日在這片偏遠山丘真正的生活景象，而不是一九二〇和三〇年代，一群孤芳自賞的外國人的奢華生活。他們帶我去看的是一條非常狹小的行人橋。它以泛灰的木板和鬆散的纜線搭成，跨越在日之影川的支流上。這條搖擺不定的行人橋是一個家庭與外界聯繫的唯一管道。這個家庭住在沿著陡峭和幾乎無人使用的山徑，走上四十分鐘遠的山間。行人橋的一端有個標示，警告通過此橋的人數不能超過兩人。而在行人橋的另一端，也就是山徑開始的地方，放著用塑膠袋包裹的一罐啤酒。這是為郵差準備的。郵差每天如螃蟹般走過這道橋，攀登山徑——來回都要八十分鐘——為這個家庭寄送報紙和信件。有時，他們會打電話給他，請他順便帶點食品雜貨過來。我遵照一水先生的要求，戰戰兢兢地走到橋的中央，讓他為我拍照。橋身搖晃得非常厲害，感覺上好像在遊樂場玩什麼一樣。那張照片也被收集在那本特製的相簿中。在相片裡，我用雙手緊緊抓住纜線。

雖然地處偏僻，我所碰到的日之影居民顯然對他們的家鄉抱持著很大的情感和驕傲；他們的感情甚至比許多能誇示更偉大景點的大型社區還來得深厚。那不是一種強烈的驕傲，而是一種愉悅的滿足感。某些範例——比如，有著「浪漫旅途」和「幻想曲」標題的卡帶和手冊——會讓城市鄉巴佬覺得非常有意思。但那裡也有著翻修俱樂部的專業精神，以及讓我大驚小怪的熱烈歡迎。比如，旅館的女侍告訴我小鎮也歡迎我的採訪，餐廳的客人建議我永久居留在此，而酒吧老闆給我免費的燒酎、啤酒和點心等等。還有，今早鎮公所的人員帶我去參觀，他們這個小鎮僅有的幾個歷史景點，和不再採礦的濃密山丘。

我們在河邊一個像倉庫的小餐廳吃山女魚午餐。他們不讓我付錢。山女魚只能在最清澈的河水中捕獲，這是這個小鎮的另一個引人之處。一水先生說明，這也反應在他的姓氏上（一水〔Ichimizu〕意味著「一級之水」；他的姓氏會稱做一水，是因為在六、七個世代之前，農夫和工匠最初被允許取姓氏時，他的家就住在最清澈的河水所湧出的泉水附近——一水先生堅持，那不只是日之影最乾淨的泉水，也是全日本最棒的）。就像在鄉間的許多地方一樣，當地人的驕傲有一大部分是來自於社區的緊密感情，和與鄰近村莊相較之下的相異之處。可不是嗎？鹿兒島邊界附近的都城（Miyakonojo）所使用的方言，簡直像外國話一樣。（我被問過幾千次「你的國家裡有沒有方言？」）一位住在海岸小鎮的巴士司機在吃小河蟹時，完全不知道該如何下手。而小河蟹是日之影的特色餐。「蟹肉在哪裡？」他不斷重複地問，凝視著螃蟹，用筷子搜尋蟹肉。「你們究竟是怎麼吃到肉的？」

「你不再住一晚嗎？」在我們回到鎮公所時，他們問道。

「不了，」我大笑，揹上背包，在驟雨中大步離去。十三號颱風正從南方逼近，而我那早經過的山丘迅速消失在迷霧降下的煙幕之中。我經過青雲橋，回頭凝望小小的日之影，並由衷地希望我能在那住上三、四晚。

第三章　神之鄉

幾小時後，我踩過一隻狐狸的死屍，踏著重步進入高千穗鎮。太陽女神日照人神的孫子就是從高天原降臨到這個鎮所屹立的山丘上，建立祂在葦原之瑞穗之國的統治。祂的名字叫做天津彥彥火瓊瓊杵尊，其意義（阿斯頓〔W. G. Aston〕在一八九六年翻譯記載這些神蹟的編年史《日本書紀》時承認）是「含糊不清」的，因此祂被簡稱做天孫。祂帶著三種神器，聖鏡、劍和寶玉來臨。而這三種神器往後成為日本代代皇統傳承時不可或缺的象徵。然後，祂興建了一座宮殿，娶了一位名叫鹿葦津姬的年輕女人做為新娘。這位年輕女人又叫做神吾田津姬，又叫做木花開耶姬。在一晚的交媾之後，鹿葦津姬宣稱祂懷孕了。瓊瓊杵尊對此頑強地否認，並說，「即使連神祇也不能百發百中」，或諸如此類的話。但瓊瓊杵尊是錯的，木花開耶姬後來生下不怕火的三胞胎。

也難怪高千穗鎮當局會以此鎮罕見的由來，來試圖大力吸引觀光客。他們的努力甚至超過小小的日之影。日之影以卡帶和英國人作為招攬觀光的主軸，而高千穗則是訴諸於神祇。

國道二一八號沿路上的標示都宣稱這是一條神話街道，等到一進入此鎮（人口一萬九千人）的外圍郊區，商店外的路燈上都掛著大量生產的看板，歡迎旅人來到「神之里」。這些都是觀光課的新奇點子。許多商店的金屬拉門上描繪著鮮亮俗豔的面具舞蹈。這類舞蹈稱之為神樂[1]。它是作為祭神之用，並從一九七二年開始，每晚在高千穗神社收費表演。金屬拉門上的繪畫全是由一位忙碌的藝術家所完成。他在我來訪的兩年前，包下這個由鎮公所觀光課和當地零售商協會的共同企畫。標示、拉門、海報和商店賦予高千穗一種繁榮富庶的氛圍。一家旅館外面的告示板寫著會說英文。有一家叫做神樂的酒吧。神社附近的樹旁都有小心注明樹種的標籤。火車站的擴音器裡廣播著此鎮以竹笛伴奏，最著名的民謠〈刈千切唄〉。在我走進高千穗的那天，高千穗高中的劍道部剛在東京的武道館，贏得全國高校總合體育大會的冠軍。鎮公所則正在策畫要在隔天劍道部返鄉時，舉行勝利遊行和煙火表演。我想這個風光的勝利將會使得此鎮的名聲更為遠播。它現在每年大約有一百萬名恐懼神祇的觀光客。

我訂了一個房間，吃過晚飯後，出門去看神樂舞蹈。神樂舞蹈每晚都有表演，而會場的司儀建議，看神樂有助於消化。在神社十一月末的本祭至農曆新年之間，上演的整套神樂有二十幾個舞蹈，但觀光客是非常忙碌的人們，最多只能忍受四個舞蹈。我和大約三十名觀光客坐在鋪著榻榻米的大廳。大廳盡頭有一個舞台，上面安置著一個用硬紙板布置而成的神聖洞穴。洞穴以植物裝飾，並掛著以紙片裁製而成的各式各樣鳥類。其中包括一隻小公雞，牠是日照大神整日不睡的通報使者。在高潮迭起的舞蹈中，兩位戴著老頭面具和老婆婆面具的表演者（神樂戲目中的標準人物），假裝喝得爛醉，步履踉蹌。這是在描繪日照大神的弟弟，須佐之男命在一次魯莽的行徑中，將糞便塗滿他姊姊的宮殿。老婆婆用一根棍子猛戳老頭的私處，想讓他站起來。然後，他倆走進觀眾之間，用手淫蕩地摸索著幾位坐在前方的觀光客。他們不是過於愚蠢地想看得更清楚，就是對神祇抱著極度的崇敬之心。當舞蹈結束時，太鼓鼓手不忘為附近的紀念品商店做廣告。我則走進那家叫做神樂的酒吧。老闆向我展示他在五瀨川上抓鰻魚用的手電筒。一位柏青哥老闆鬍鬚雜亂，穿著內衣，整個人顯得有氣無力。他告訴我，他離婚了，而他的前妻來白一百三十公里外的小倉。

「我們沒有任何共同點，」他怏怏不樂地對我說，「我們連彼此說的話都聽不懂。國際婚姻是很棘手的事。」

儘管如此，自從和他妻子離異之後，他去了漢城八次，台北三次，馬尼拉兩次，曼谷一次。

「出差？」我問。

「去玩。」他嘟囔著說，咬住雞腿。

然後，一個穿著襤褸衣服的圓臉男人進門，自我介紹他是柳生先生。

「真是巧合，」我告訴他，「我在公路上方經過川水流時，就住在一間叫做柳生會館的旅館裡。」

「喔，真的？」他說。

「是的，有個男人躺在玄關地板上睡覺。」

---

1 kagura，傳統祭神活動中，結合民間神話而發展成的表演藝術。

「嗯，」柳生先生說，「那是我弟弟。」

「真的？那家旅館是一位在五瀨川開酒店的老闆介紹的。」

「嗯，」柳生先生說，「那是我的堂兄弟。」

柳生點了一大盤當地的特色餐。肥脂豐厚的大塊雞肉在火上燒烤，直到雞皮被烤得處處焦黑，而裡面的雞肉仍是粉嫩欲滴，汁液四溢，幾乎還是生的。他將一塊塊的雞肉塞入嘴內，油脂一滴又一滴地流到他的長褲上，還掉在啤酒裡發出嘶嘶聲。

「這裡的人很友善吧？」他問。

「是的，沒錯。」我說。

「我們非常友善。你瞧，整個九州曾經淹沒在海水裡。」（我花了一些時間困惑地想著這兩句話之間的關聯，最後結論是它們並不相干。）「在這些山丘上，人們曾經找到貝類化石。然後火山崛起，把整個九州拉出海面。在九州中央，我們仍然被火山所環繞。我們有湯布（Yufu）、九住（Kuju）、阿蘇（Aso）和霧島（Kirishima）。離此不遠處有一個地方叫鞍岡（Kuroaka）。它是九州第一個有人類居住的地方。也許也是全日本第一處。當地人民稱它做九州的肚臍（Kyushu no heso）。是的，你會發現我們很友善。」

我從來沒有聽說過九州的肚臍，而且它也不在我的旅遊計畫之內。它並不在西鄉敗走的路線上，所以我也沒計畫要去。但西鄉在八月二十一日抵達高千穗之前，他與反叛軍在東北方八公里處的岩戶（Iwato）小村，碰上敗走後的第一個阻擋軍力。他在村莊與鎮之間的崎嶇鄉野，與官軍展開激戰，邊打邊退。這場衝突提供我翌晨沿著鮮少人使用過的道路，往岩戶前進的完美藉口。我非常想參觀岩戶。鞍岡可以宣稱它是九州人類的第一個開墾地，而高千穗是保存聖鏡、劍和寶玉的第一個處所，但岩戶仍然是最重要的神話地點。它一般被稱為天之岩戶（Ama no Iwato），因為這個村莊是神話傳說中，最知名事件的舞台。

須佐之男命不但將天照大神的宮殿塗滿糞便（尤其是在她寶座下的地板上，讓她感覺非常倒胃口），還用別的方式惹惱他的姊姊。他在她的稻田中隨意踐踏破壞，並讓他的斑馬在其間愉快的玩耍。有天，他看見他姊姊正在織布，他便將一匹斑馬的皮剝下，丟到她織布房的屋頂上，使她不小心戳到紡織機上的梭。日照大神因而大怒，再也無法忍受，於是她隱居到一個山洞內，並關上石製的大門。從此，天地陷入闇夜之中。

雖然西鄉的路徑在其他地方遭逢消失的厄運，日照大神隱居的岩戶卻奇蹟般地保存了幾千年。它就是岩戶村中供人公開觀賞的洞穴。而且它位於天岩戶神社境內，離黑馬燒酎釀酒場不遠，就在天國紀念品商店的後方。

日照大神遁入洞穴中之舉，使得八百萬神祇悲嘆不已，並集合在附近的河堤上，商量引誘她出洞的方法。他們試著使不老不死之國的公雞高聲啼叫，這樣她就會以為曙光竟然自行降臨。他們試著將一面鏡子掛在聖榊樹上，因此，當日照大神打開岩戶的門時，會以為天地找到一道足以與她媲美的光芒，而滿懷嫉妒心地走出洞穴。但是，這個計畫的唯一問題是他們沒辦法讓她打開大門。因此，一個足智多謀、叫做天鈿女命的女神，用榊樹的樹葉做了一個髮飾，以苔蘚做了一對吊襪帶，並採芒草做了一根矛，在洞穴前跳了一場生氣十足的舞蹈。而就像許多日本神蹟一樣，許多學者相信，這場舞蹈非常猥褻不堪。

但她達成目的。日照大神對舞蹈所引起的騷動感到好奇，偷偷從她的洞穴中往外偷窺。神祇們抓住這個機會，將她從洞穴中拉到河堤上，並哀求她不要再讓世界陷入黑暗。然後他們拔光須佐之男命的頭髮，或者，根據其他來源，拔光他的指甲和腳趾甲，並將他放逐到出雲之國。這個以淫蕩的舞蹈來安撫神祇的事件，被視為是神樂和所有日本舞蹈以及戲劇表演的源頭，也包括我看到的老婆婆用木棍戳老頭下體的那一幕。

民謠的詮釋

今天烏雲蔽日，但沿路豬舍的鐵製屋頂仍以灑水裝置加以冷卻。在離岩戶不遠處，我經過一個公車站。它裝飾得很像佛壇，裡面有七座石製雕像坐著沉思，兩個竹製花瓶。在一個褪色的紅色花朵圖案布幔前，供奉著食物。牆壁上的海報鼓勵乘客和膜拜者支持當地的鐵路，並記得將空啤酒罐帶回家。公車站附近是沒看見四散的空啤酒罐。但有人在公車站的一個角落內丟了一個硬紙箱，裡面有一台手提式文字處理機。

天岩戶神社看起來最近才翻修過。庭院裡傳來新砍香柏的強烈香氣，本堂的階梯和欄杆上，新製的金箔器具閃閃發光。本堂的後方，端放在立架上的小鏡子很顯眼，就像是瓊瓊杵尊在八公里外，會帶來人間的那種聖鏡。在這之後，打開的拉門中顯示一小叢樹叢，那兒是看不見的神祇們安靜睡覺和遊玩的地方。祂們將斑馬的皮剝下，丟在彼此身上取樂。

日照大神的洞穴在樹叢之後不遠處，位於一條石頭遍布、水流快速的河流步道沿途之中。洞穴的地上覆蓋著整齊的石堆。觀光客在祈禱之後，小心翼翼地將石頭排放在最後一個石頭上，藉此記錄他的來訪。水不斷地從屋頂流下。在洞穴內，有一座插著旗幟的小祭壇、燈籠和小型木製鳥居。但除了這些之外，洞穴裡便別無他物。沒有別的跡象可以顯示日本萬神殿中的主要女神（天皇血脈的源頭）曾將她自己關在這裡。而這洞穴也似乎不比那個附近的公車站要來得神聖。我曾拜訪過托普卡匹皇宮，裡面有一個房間安置著施洗者約翰[2]的手臂。一群朝聖者相互擁抱，在地板上狂喜地呻吟著，我得小心地踩過他們。但在這裡沒有狂喜。事實上，這裡根本沒有朝聖者。河流步道非常乾淨，照料得很好，看起來好像沒有人走過。而在早上十點半時，在天國紀念品商店隔壁的餐廳裡，兩位女服務生攙扶著一位穿著時髦的醉漢走向等待中的計程車。每個人——包括女服務生、醉漢，和計程車司機——都開心地咧嘴而笑。他們是另一項古老儀式的參與者。

西鄉在深夜抵達高千穗，他的軍隊勝利地進入城鎮。高千穗那時還只是一個村莊。他們戰勝從岩戶追殺他們的官軍，並根據武者小路所言，搶奪了兩千五百綑米和七千兩百八十元現金。他

2 John the Baptist，公元二十八年出現在猶太人間的一位先知。

們「開心地吶喊，西鄉也露出微笑」。武者小路估算，儘管撤退路上危險和艱難不斷，而逃遁入山丘的誘惑又如此之大，西鄉的軍隊仍有大約五百人左右。這是西鄉的軍隊對他堅貞忠誠的證據。當然，這還有一個好處，在他們現在搶到那麼多細米之後，也得要有足夠的人來扛。

他們從高千穗往南行軍，靠險惡的地形掩護而得以前進。因為，高千穗除了擁有神祇和繪畫神樂的鐵拉門之外，還坐落於一個著名的峽谷之上。五瀨川在此河道變窄，河水的力道鑿刻出一道深不見底的山谷，恰好供一個軍隊躲藏。二十四日中午，我自岩戶往回走後，我站在山丘高處，鳥瞰河谷。天空中烏雲密布，灰色的稀疏小雨開始落下。這場雨來得突然，但並非毫無預警。根據中午的氣象預報說，九州現在正夾在兩個氣流極不穩定的大型颱風之中。通常在這個時節，颱風都會從南海北上，沖刷過沖繩，略微侵襲九州，然後就如同被雷達控制般地轉往韓國。這個結局總是使日本天氣預報人員高興不已。但這次，十四號颱風卻直撲本州，為日本大部分地區帶來大雨。而十三號颱風則在離宮崎線海岸不遠處徘徊不去。每天晚上，ＮＨＫ的氣象播報員向觀眾保證，翌晨，兩個颱風都會往最陰暗的亞洲方向吹去。但我們每早起床時都發現，颱風仍在昨晚的地點打轉，而且風勢越來越強。

峽谷旁邊，為觀光客興建了幾家蕎麥麵店。我在其中一家用午餐。蕎麥麵店圍成一圈，組成某種鄉野主題樂園。麵店有茅草屋頂，店外掛著燈籠，還有鯉魚池和訂製的水車。在細雨中，穿著和服的女服務生站在色彩鮮豔的紙傘之下，不斷鞠躬並招呼客人，搞得渾身濕透。從茅草屋頂裡，模模糊糊地傳來你在高千穗火車站下火車時，所聽到的民謠，即〈刈千切唄〉。我在吃著一碗蕎麥麵，喝了幾瓶啤酒之後，開始翻譯起筷子紙套上的民謠。其中特別吸引我的是這一段：

秋天過去了：在稻田的田埂上
那是用五把火照亮的新娘嗎？

我大聲吸食著蕎麥麵，越看這段歌詞，越開始覺得其中富有很深的意涵。冬天的腳步接近，在愈來愈暗的稻田中瞥見的身影，的確讓人覺得陰森恐怖。而她前進時，在她身旁跳躍的奇異火球，更是詭異。為什麼是五把火？五把！在中國（日本的民間信仰大都源自此地），五這個數字含有非常重要的形而上學的意義。五行、五季、五德、五味。大地有五個方角，天庭有五帝。中國有五個聖山、五個預言家、五個支配者和五種毒物……我的天！我又點了一瓶啤酒。我是不小心撞上了什麼重要的傳說嗎？

「妳看，」我對在我身邊徘徊不去，想等著收碗的女服務生說，「妳不覺得這很詭異嗎？」

女服務生慢慢地將它讀過三次，看著我說：「是很詭異。」然後拿著我的碗離去。

一會兒之後，她的母親出來。她是個豐滿肥胖的老婆婆，穿著普通手織的藍色和服和一件圍裙。我坐在長凳上，她在我身旁坐下，發出小小的一聲噗，彷彿是熱氣球著地的聲音。

然後，她問我：「究竟是怎麼回事？」

「我想，」我說，將筷子紙套拿給她看，「這首詩寫的是個狐狸精。」

老婆婆仔細讀過它，然後說：「它事實上講的是場婚禮。」

「哈！哈！」我發出輕笑。「妳是說妳覺得那位新娘只是個女人？」

老婆婆給了我一個表情。它總結了日本人對外國人的廣泛看法，那就是他們都該被關到精神病院去。

「不然新娘還會是什麼？」她納悶地問道。

「現在，妳想想看，」我說，「在多少個古老的民間故事裡，年輕女人——特別是新娘——其實都不是人類。像是《雪女》和《夕鶴》。[3]」

「嗯，」老婆婆說，「這不是個民間傳說。這是首去剪雜草拿來當動物的冬季飼料的歌。」

「這麼說的話，」我說，「為什麼婚禮要在秋天剛結束時舉行？」我用手指輕敲桌面。「這時是晝短夜長的開始。」

「因為，」老婆婆平靜鎮定地說，將手安放在大腿上，彷彿是假扮成小紅帽祖母的大野狼，「秋末是農夫們秋收結束的季節，他們等到這時才舉行婚禮，免得影響到稻田的工作。」

「那麼，婚禮為什麼在黃昏時舉行？」

「因為，就像大部分的鄉野婚禮一樣，準備就要花上一整天。」

「那麼，這個女人要到哪裡去？」我說，「如果這天是她的婚禮，她在稻田裡走來走去幹什麼？」

「老式的鄉間婚禮通常有兩場婚慶，」老婆婆解釋，「第一場是在新娘家舉行。第二場是在新郎家舉行。第二場婚慶通常要到傍晚才開始，然後會鬧個整晚。在兩場婚慶之間，新娘要從娘家走到夫家。而在鄉下，」她解除戒心地微笑著，「房子與房子之間通常有稻田。」

「妳瞧，」我說，「妳沒抓到重點。有五把火，對不對？妳瞧，五把火。那又告訴了我們什麼？」

「它告訴我，」老婆婆說，「這是個中型婚禮。新娘總是由拿著燈籠的人陪同。大型婚禮有七盞燈，小型婚禮則有三盞。在這一帶，很多事情都是以七、五和三來數數。比如，老式農房有三、五或七根橫梁。三根表示房子很小，七根表示房子很大。五根很正常。」

我對這位鄉下婦人的缺乏想像力，迅速失去耐心。

「我認為，」我怒沖沖而傲慢地說，闔上筆記本，將筷子紙套塞進襯衫口袋，「當妳考慮到高千穗周圍一帶的神話時，比如，在這個峽谷和神社之間，有個叫做鬼八（Kihachi）的魔鬼住在中間的某處。根據你們自己的當地傳說，峽谷旁邊的圓石被叫做鬼之力石（Oni no Chikara Ishi），因為那是鬼八在生氣時丟過來的。我認為，妳應該承認，在十八世紀中期，由迷信的農夫所寫的歌曲之中，會提到鬼神靈異之事，一點也不會讓人驚訝才是。」

「嘛，你懂得還真多！」老婆婆說，又發出噗的一聲，站起身來。

3《雪女》是講大雪紛飛的山野間所出現的雪女，和農夫結婚後，因農夫不守承諾而離去；《夕鶴》則是白鶴為報救命之恩，化身為女子，嫁給與兵，但最後又離開他的故事。

我將筆記本放回背包，拉上拉鍊，付清帳單，說聲再見，脾氣暴躁地大步走開。我經過一個瘦削的老頭，他正坐在路上，磨著斧頭。一位呆板拘謹的老婆婆穿著粉紅色花朵洋裝，用手肘提著一個野餐籃子，裡面是一把刀柄很長的大鐮刀，好像她正打算去村中大開殺戒一般。我喃喃地發著牢騷。光聽某些人講話，你會以為你是在諾福克[4]、堪薩斯或某些地方，而不是在東方的深處。老天，如果你聽這些人說廢話說得夠久的話，你會開始認為日本就像任何地方一樣，也不過是個平凡的國度。

颱風中行進

濛濛細雨轉變成一場傾盆大雨，將我的薄尼龍夾克淋得濕透。溫暖的雨順著我的胸部、背部、胯下和大腿流下。我徒步經過浸得濕透的山茶花。巴士站裡的佛陀頭上纏著緬甸的髮式，無動於衷地坐著，或像時母[5]一般有多出的幾條手臂。一整隊黑色大螞蟻正在運送半個海綿蛋糕。我又經過另一座巨大的吊橋。我在這一帶的紀念品商店中，已經習於看到它塑膠或木製的迷你模型。一家叫山巔茶屋的餐廳拉下鐵門，大門深鎖，地點根本不靠近任何山巔。我經過一道長九百四十七公尺的隧道，完全沒有車輛通過，在下午三、四點通過津花峠（Tsubana Pass）。這時，雨勢暫歇，天空中充滿著不安定而流動的雲朵。

在離赤谷（Akadani）這個小村莊數公里前的某處，一個女人邀請我到她家，喝優酪乳，吃醃菜和西瓜，還有品茶。我坐在榻榻米上，她的四個小孩全跑過來，向我展示他們的暑假作業。老大大約十二歲。他的暑假作業是畫一張世界地圖。他用一張白色的正方形厚硬紙板，小心翼翼地將地圖畫出。暑假就快結束了，地圖也快畫好了。英國畫得很漂亮，大約和北美洲一樣大，而日本被塗掉重畫了好幾次（你可以看到許多尖銳的色筆在紙上勾勒出的刻痕），一次比一次畫得更小。它現在大概是英國夕利群島（Scilly Isles）的大小。

女人想幫我洗衣服，但是我認為衣服在傍晚前乾不了。因此，我謝謝她，並告訴她，我還要再走幾公里的路，等抵達赤谷後，我會在那裡的旅館裡洗。她則告訴我，她的丈夫到赤谷去了。他是一位義消。義消今天正在舉行每月的例行演習，在那之後，他們會喝得酩酊大醉，所以我一定會碰到他。我那時覺得她這番話很奇怪。也許是我喝優酪乳的表情不夠滿足，她才講出這番話好讓我開心。後來我發現她的這番預言是對的，因為在赤谷吃完晚飯後，唯一可去喝酒的地方是個叫四季（Shiki）的卡拉ＯＫ吧。它位於村莊一條短短的街道底端，是在地下室，有著沉重的大門。我走下樓梯，打開厚重的大門，在裡面發現二十三位義消。他們全穿著灰色制服，生氣蓬勃。其中一位興奮地想跟我練習英文會話。

「你叫什麼名字？」他問我。

4 Norfolk，英格蘭東部郡名。

5 Mother Kali，印度教女神，是女神提韡（至尊女神）凶惡可怖的側面，其像有四手。

「亞蘭。」

「你來自哪裡？」

「東京。」

「你幾歲？」

「十四。」

「你來自哪裡？」

「東京。」

「你叫什麼名字？」

「布斯。」

「你幾歲？」

如此這般，他只知道三句英文。

最後，兩位正規消防隊員拯救了我。他們穿著藍色的制服，肩膀上綁著帥氣的帽子。他倆負責監督那天下午的演習。他們獨自坐在一旁喝酒。三位濃妝豔抹的中年公關小姐走了進來，分散在顧客之間。消防隊員問我想要哪位小姐，我坦承，我一個也不想要。我們唱歌。我與一位公關小姐跳舞。一位較年輕的公關小姐坐到我身邊，拿著兩個杯子，並替她自己倒了一杯啤酒。她建議我，我們倆可以到比較安靜的地方去喝酒。我則告訴她，我的腳丫很痛；那是個很爛的藉口。我喝完我的酒後，向消防隊員說晚安，跟店家要我的帳單。結果，我得付八杯啤酒的錢。我只喝了四杯啤酒，其中三杯是消防隊員請的。也許，等他們走時，他們得再付那三杯的錢。

在村莊外面的街道上，天空是暗暗的鮮紅色，彷彿遠處正在起火。我穿著旅館借給我的木屐，一跛一跛地走回旅館。那個木屐太小，給我還在幼童時期的女兒穿可能剛好。西班牙宗教法庭[6]看了可能會對這項酷刑很有興趣。我的腳丫長滿水泡，每天都有血流出來。我住的旅館房間非常豪華。裡面有仿木條鑲花地板、簡陋的綠色地毯、白色灰泥牆壁、紅磚假壁爐和壁爐架，和圍有圍幔的雙人四柱床。床邊桌子上有個熱水壺。熱水壺壺身用大寫字體印道，「幸福的快樂生活」。

翌晨，我獨自坐在廚房中。一位身材細瘦、長相出眾的白髮男人跑來跟我說他叔公的見聞。西鄉曾經經過離此地三公里遠的小村莊，宮野原（Miyanohara）。他家就住在那裡。他來是因為他從一位消防人員那裡聽說，村中來了位研究西鄉的學者。

「我叔公那時是十六、十七歲，」他告訴我，「西鄉的幾位手下在他房子前面停下來，問他可不可以幫忙抬轎子。西鄉的睪丸腫得很厲害，他沒辦法走路。他坐在寺廟的庭院裡等著。我叔公幫忙把轎子抬到坂本的寺廟裡。那是在四公里遠之處。西鄉計畫在那度過一晚。西鄉本來想付我叔公錢，但是他身無分文，所以他將他放菸草的兔皮菸袋給了他。在那麼多個月以來的打仗和在山區間爬上爬下後，那個菸袋變得非常骯髒，因此我叔公把它扔掉了。」

---

6 Inquisition，一四八〇至一八三四年間的天主教法庭，以用殘暴手段迫害異端著稱。

白髮男人大笑。那是個家族悲劇。

「他叫做坂田文吉。坂田文吉，」男人重複著，當我在筆記本上忙著寫下時，站到我身旁，以確定我有將漢字寫對。

我在烏雲遍布的早晨離開赤谷，眼前還有好幾公里的路要趕，因此我無暇顧及這個男人和武者小路的版本之間相互牴觸之處。根據武者小路的版本，前晚五百位反叛軍才在為他們搶奪到的一筆現金，而「開心地吶喊」。而這個目擊者的記載，則描述了西鄉非常缺乏人力，不但得到村莊中招募青年來替他抬轎，還因手頭拮据，只能用破爛的菸袋付錢。我猜想，這些都是戰爭和傳記中偏離史實的鄉野傳說。

那兩千五百綑米倒不是個歷史謎團。反叛軍在高千穗，將其中的五分之四裝載到手推車上，運往熊本。熊本位於九州山脊的另外一邊，離高千穗有八十五公里。他們以此作為欺敵之計，試圖讓追殺的官軍以為西鄉已放棄回到家鄉鹿兒島的計畫，並準備在四個月前他的後方部隊戰敗的戰場附近，做一殊死決戰。事實上，西鄉在離開高千穗後往南，進入七山山脈。雖然我晚了兩天，但我在這裡又回到他的行進路線。

沒多久後，大雨便開始落下。我大概在出發後半小時抵達宮野原，並前往參觀西鄉應該休息過的寺廟。寺廟占地廣闊，保存良好。庭院裡有個紀念此事的石碑。但寺廟裡真正讓人望之興嘆的景點是棵巨大的枝垂櫻（shidare zakura）。它有十五公尺高，樹齡至少有兩百年。它的種子據說是由第九代住持從以藝者置屋（藝妓屋）著稱的京都祇園地區帶回來的。在一九六五年，此樹由縣政府指定為天然紀念物。藝妓似乎也應該受到指定和保護。而在一八七七年，年事已高的枝垂櫻為罣丸腫大的西鄉哭泣。身無分文或新近富有的西鄉攀爬上轎子或草率拼湊而成的擔架，被五百位武士簇擁著，或被一個十六歲的年輕男孩抬著，為他該在哪放菸草而感到焦躁不安。

我在坂本的道路附近碰到一個女人。她問我是不是美國人，並解釋說，她光看臉蛋，便能分辨出高加索人之間的不同種族。「我能分辨出英國人和美國人，」她說，「或德國人和俄國人，」但她拒絕透露為何能分辨我們的玄妙天機。

「妳為什麼覺得我是個美國人？」我想知道。

「因為你是個大學教授，」她回答地很奇怪，然後消失在愈來愈大的暴風雨中。

十三號颱風在原地打轉幾天後，在夜晚以意想不到的姿態直撲宮崎的內陸地帶，開始在氣象學上表演一場亂舞。那早，電視的衛星照片顯示它的暴風圈範圍很大。而就在它開始降下羽毛般輕微的細雨中，我得攀登標高一千零二十三公尺的飯干峠（Iiboshi Pass）。我在路上碰到一位男學童，他安靜地對我深深地鞠躬。我在山隘前的最後一家商店停下腳步，喝個啤酒。店裡有一位陰鬱的老婆婆，臉上都是黑斑。她以無法理解的方言，告訴我一個搞不清頭緒的故事。她說，有位宮崎市來的老師也走過這條路，他停在一家房舍前面想要水喝，但是因為那家人不喜歡他的長相，便拒絕給他任何東西。因此，他偷拿了那家人的一根巨大蘿蔔，而這就是為什麼宮崎會有那麼多——或者是說那麼少——巨大蘿蔔的原因。我完全不能理解這個故事，並要求老婆婆重複一次，但她只是安靜地洗了一根小黃瓜，用一張紙包了些鹽，讓我帶著它們上路。

「在宮野原的寺廟裡，」她告訴我，「他們會告訴你，西鄉隆盛坐著休息和抽菸的地點。那是根竹菸管。抽一根竹菸管……」

十一點，雨勢變大。一陣黑霧籠罩住山丘，風勢增強，天空模糊一片。我在十二點二十分抵達飯干峠，坐在雨中吃著小黃瓜。我坐在一個石碑的下面。這個石碑與寺廟的石碑頗有異曲同工之妙，上面記載著——像耶穌背負十字架前往殉難地點的苦路般——另一個西鄉的休息和抽竹菸管的地點。兩隻狗，一隻棕色，一隻黑色，在飯干峠與我會合，陪著我下山。棕色的狗在我身邊小跑步，黑色的狗則隔著一段距離，懷疑地跟著我。兩隻狗都戴著項圈，而且似乎很清楚牠們身在何處。一小時後，我們抵達飯干的酒店，一起在那躲雨。老闆娘打電話到處詢問，看有沒有人知道狗的主人是誰。但這是不必要之舉，因為，沒多久後，牠們就被一隻吵鬧不休的白色小獵犬驅趕到潮濕的路上。三隻狗開始旋轉和玩耍。

西鄉在那晚住在離此地大約二十公里，耳川（Mimi River）上一個較大的村莊，諸塚。酒店老闆娘的丈夫就在諸塚的村公所裡做事。她告訴我，他是在飯干峠上那座西鄉紀念碑最熱忱的出資者之一。我問她，諸塚有沒有旅館。她回答說，放心，那裡有五家。她想讓我在旅途上有點東西吃，因此想給我一大罐蜂蜜。但我婉拒了。在那個陰沉荒涼的下午，雨勢持續加大，而我直到六點，才蹣跚地抵達空曠道路的盡頭。道路在諸塚的河邊分成兩道岔路。既然有五家旅館，我很有自信能找到地方投宿。我試的第一家旅館住滿了為河堤做強化工事的工人。第二家旅館早已久不營業。我在第三家旅館叫了半天都沒有人回應。一位經過此地的男學童告訴我，因為他不是本地人，所以他不知道旅館裡到底有沒有人，然後他開心地輕笑著離去。第四家旅館的門總算打開，但一位滿口是飯的女人叫我離開，因為他們正在放假。我那天從早上開始，已經走了四十公里的路，又在雨中徘徊詢問四家旅館，則再加上另外兩公里的路。我的腳丫感覺起來好像被用鐵絲鞭打過一般。

但在第五家旅館（它也是間餐廳），兩位開懷低笑的女人熱忱地接待我。在我坐在玄關上脫掉濕透的衣服時，為我端來一瓶啤酒。她們將我的到來視為人生中的喜悅。

在我房間外面，從沒點亮燈光的走廊天花板上，掛著一架二次大戰零式戰鬥機的大型木頭模型。當我自己在吃著晚餐時，旅館老闆用平底杯子，端著半滿的燒酎進入我的房間。他是個瘦削粗魯的男人，穿著白襯衫，衣領很髒。他從窗戶那邊拿了一個坐墊，坐在我矮几的對面，好奇地猛瞪著我，一根香菸又一根香菸地抽著。他的話並不多，但他跟我解釋，他覺得他有必要前來看我一眼，因為我是第一個住在他旅館的外國人。就他所知，也是第一個住在諸塚的外國人。

我吃完晚餐，打開地圖讓他仔細瞧瞧。是的，他知道西鄉在那晚停留在他的村莊之後，應該走的路線。但他在學校學歷史時，聽過相互矛盾的故事。他的老師曾告訴他，在這個敗走的階段，反叛軍是以分散成八到十人的方式行動，採取不同的路線，以降低被俘虜的可能性。但是從清水岳（Mount Shimizu）山隘東側到神門（Mikado）的道路自西鄉的時代以來，便沒有改變，特別是在如果他是坐轎子，他會走的應該是那條路。

那條路還能走嗎？

那條路在天氣好時還能走，但儘管保存良好，它的表面仍然鬆散，容易滑跤。他推斷，在這種雨中，那條路將相當難走。而且雨勢看起來沒有絲毫減弱的趨向。

晚上，雨勢轉為大雷雨，閃電不斷劃過我房間的牆壁，直到曙光乍現，閃電才慢慢消退。我強迫自己起來收看六點的新聞。颱風眼已經抵達沖繩的主要島嶼，而整個西日本都發出洪水和土石流的警告。我在吃著魚乾和喝著豆腐湯時，窗外的雨像銅鼓般連續而有節奏地敲擊著。我在十點離開旅館，暴風雨完全沒有暫緩的傾向。我穿好令人窒息的雨衣，拉上拉鍊。老闆娘站在旅館門口，一本正經地跟我道別。

「想想那會是多麼棒的回憶，」她說，「在今年最糟糕的颱風天中，走過三十公里，經過沒人走過的山隘。」

我昨晚注意到的兩家咖啡店都沒有開門，這下我想延遲出發的機會嘶地消失。我邁開步伐，在主要道路上走了兩公里，然後越過橫跨耳川的古老橋梁，開始沿著狹窄和表面鬆散的路徑前進。路徑順著一條未命名的支流進入山丘。大雨像鋼鐵板塊般驟然而下，而且有愈來愈強的趨勢。路徑最初沿著支流的河堤往前。在暴風雨的肆虐之下，支流現在已經暴漲成河流。颱風從砍伐的山坡上，將泥土和土塊沖刷進河水之中，使它呈現深鏽紅色。河流順著山勢垂直而下，是我所見過流速最快的河水，潺潺的水聲大到可掩蓋住在它旁邊的路徑上講話的人聲。我會知道這點是因為，在路徑開始後不久，我碰到一個女人。她正提著一袋蔬菜，匆忙地趕回她偏僻的家。我向她最後確定一次方向，並暗暗祈禱，西鄉沒有靠近這些山丘、這條溪流和快要崩壞的河堤。

但就那位女人所知，西鄉有經過這裡。她對我叫著，這就是那條舊路。她在雨傘下的身子幾乎彎成兩段。這條路徑也許有數世紀之久，由砍伐工人不斷拓寬並加以維護。當我走在刺痛的雨中，而河水沖擊著河堤，發出加農砲猛烈撞擊風洞牆壁的巨大聲響時，我在隔了一段時間之後，察覺到心中慢慢堆積起一股恐懼感。我不認為我會怕暴風雨、河流、泥流，或被沖刷開路徑的可能性，雖然後者差點發生好幾次。我怕的是孤寂。我不記得我有哪天的孤獨感比今天還要強烈。但當我開始攀登山隘的綿延道路時，我發現，我正在重新體驗一種比恐懼還要糟糕的感受。

趁著現在的後見之明和我想說個扣人心弦的故事當口，我必須先補充我所攀越的山巔標高一千兩百零五公尺。清水岳在我的兩張地圖上，都有括弧標示以前的名稱。那個老舊名稱意味著「山神」。但說老實話，我當時沒有注意到這點。我是直到很後來才發現它的意義，雖然我擁有很生動的想像力，並對迷信抱持著健康的態度，但我在當時完全不知道，那個奇怪的古老傳說會讓我的胸口逐漸充滿著空虛感。

鄉野的神秘氛圍有時會像一把斧頭的毆擊般，毫無預警地突襲你，或是讓你突然領悟到人生的短暫。有次在一月的下雪天，我正走在日本北部平泉（Hirizumi）附近的山丘，俯覽傳說中的英雄弁慶[7]死亡的平原。我嚇到一位農夫，他慌張地拔腿就跑，這事讓我哭了出來，身體不斷前

7 Benkei，生年不詳，死於一一八九年，為源義經最忠心的家臣之一。

後搖晃，直到眼淚在雪地上鑽出小洞為止。另一次發生在我於四國山區的高山隘口。那天雷電交加，我看見一條蛇正要吞下一隻還沒學會飛行的雛鳥。那隻雛鳥繞著圈子地跳著，看起來非常可憐，離不斷逼近的蛇只有一呎遠。其他鳥兒則在斷崖的高處，瘋狂地發出尖銳刺耳的鳴叫。我出手救了那隻雛鳥，牠跳到我手腕後方，然後，以同樣毫無意義的盲目掙扎，牠跳過斷崖邊緣，摔在一塊岩石上死去。那條蛇抬起頭一、兩秒鐘，然後安靜地帶著我認為是輕蔑的姿態，扭曲著身體離去。

就是在像這樣的時刻——雖然我無法說清它們之間有何關聯性——使我相信這個世界上存在著一種我們稱之為上帝的事物，但它是種任意隨機的事物，不受意義的拘禁，完全對這個世界冷淡漠然。一個日之影的卡帶中，在歌曲裡頌讚人類最高的愚蠢：「畢竟，」它滔滔不絕地唱著，「我們是上帝之子！」在某些道路上，我們知道我們不是。

今天，當我攀登山隘時，胸口的空虛感繚繞不去，雨勢越來越大。我在完全孤寂中攀爬了兩個小時。我的無力感加深，即使犯錯也無人可問。道路變窄，銜接上泥土路，然後竄進碎石堆，最後消失在荊棘和野草中。我一度以為道路就這樣消失了。因此，當我繞過這片起伏不定的山坡和一段陡峭的高處彎路，發現兩輛房車時，不禁發出驚喜和鬆口氣的叫聲。那兩輛房車被雨水潑濺得很髒，一輛是白色，一輛是藍色，停在一棟小屋前。房舍有鐵皮波浪板屋頂，前門開了一條縫。兩輛房車擋住大部分的道路，我經過它們，擠進門縫，用手肘將門推開。我走進玄關，推開我的尼龍雨帽，將三夾板牆壁和泥土地板弄得都是雨水，然後竭力望進黑暗之中。七個男人圍著快要熄滅的爐火灰燼，坐在塑膠坐墊上，陰鬱地望著我。

「你們介意我跟你坐一會兒嗎？」我對他們嘆息。

「一點也不會，你自己來。」一個男人說，冷靜地彷彿認為一個顫抖的英國人是你在颱風天的山神山巔，尋常會看到的妖怪。我放下背包，脫下雨衣，將它掛在角落的鐵絲上，對有這些陌生人相伴，感到至為感激，就像我在孩童時代的聖誕節所感受到的一般。

「這裡，坐在這個盒子上。別管滴水了。你想喝冷麥茶嗎？」

六個男人穿著時髦的運動衫，對我說著清楚而不帶土腔的日語。他們被派去調查我所攀登的這條山路，是否仍有改善的空間，以方便砍伐工人經過。第七個男人是當地的村民，被他們雇來擔任嚮導。他個頭矮小，膚色黝黑。他的穿著也跟他們很不同；他穿著剪裁像mompe的藍色塑膠長褲，上面印有花朵圖案。Mompe是傳統鄉間婦女常穿的燈籠褲。他理著平頭，沉默不語，好像在校長書房裡的小孩。當我問起他當地路徑的事時（我想確定我走的路徑不會在哪分岔開來，讓我像在可愛岳上一般被困住），他都不太願意開口回答，直到雇用他做嚮導的人問他問題時，他才吭聲。

我打開地圖。穿著運動衫的男人們臉上散發出光芒。

「縮尺比率是多少？一比兩萬五千嗎？」

但當我將地圖給村民看，在朦朧的火光中指出當地地標時，他茫然地瞪著它們，彷彿它們代表的是某些遙遠的銀河。我的問題在於使他分辨出地圖上的主要道路，和以點線相連的幾條路徑。路徑從道路上岔開，方向非常不明確。

「有很多路，」村民慢慢地說。

「你是指現在我們走的這條路在前面還會分岔嗎？」

他仔細思量了好久。

「只有一條主要道路，對不對？」我問他。

「有很多條路，」他又說。

「但是不是像這條路一樣前面還有？像這條路？」一個穿運動衫的男人抓住問題的重心所在，但顯然也是溝通困難。

「像這條路？」村民納悶道。

「經過山隘？」

「這條路是否經過山隘，然後下到神門那邊的山谷？或者它會分岔？」

「往神門那裡去。」

「往神門那裡去？可是有很多條路。」

「但是不是像這條路一樣前面還有？」

「像這條路？」

最後，我們八個人都放棄了。

當我們手上拿著冷麥茶的茶杯時，大雨像機關槍發射般地在鐵皮屋頂上咚咚作響，爐火從紅色轉變為灰色。小屋內唯一一個四十瓦的電燈泡在我抵達不久前燒壞，因此，我們坐在黑暗中，聽著發電機毫無目的地嗡嗡作響。村民拿著燒壞的電燈泡，在黑色的手指間轉來轉去，仔細打量著它。他有時將電燈泡拿到耳邊，輕微地搖晃，讓它發出叮噹的聲響。

「說到大和魂，你有沒有注意到任何特別的事？」一個男人問我。

「特別？」

他從灰燼中抬起頭來，咧嘴而笑。

「大家都說日本人是全世界最勤奮的民族，不是嗎？但是，在宮崎這裡我們沒那麼努力工作。有人甚至說我們以此為傲。」

幾個男人發出輕笑聲，但村民仍然瞪著電燈泡。

「你能想出任何從宮崎出身的偉人嗎？能想出一位來嗎？我敢賭你想不出來。」

「栃光，」我提到一位退休的相撲選手。

「他呀！得了！他從來沒有贏得大關（Ozeki，位階次於橫綱的力士）。而且他來自沖繩。」

「不是從韓國來的嗎？」

「類似那種地方。」

村民將電燈泡放到泥土地板上，嚴肅地抿緊嘴唇。

「何況，」那個男人繼續說，「你不能說相撲力士們是偉人。當然，除了他們的大肚皮之外。

他們的肚皮夠大。在宮崎縣有幾個不錯的相撲選手。那是沒錯。」

男人們發出輕笑。說話的男人戳戳灰燼，對這顯然是他喜愛的話題充滿興趣。

「不，我指的是真正的偉人。你想想看。宮崎沒有偉人。但是你要是一開始算隔壁鹿兒島縣的偉人時，你的手指很快地就會不夠用了。」

「比如說？」

「比如說，西鄉隆盛。你也許沒有聽過他。要說英雄的話，他最有資格。還有大久保利通[8]（西鄉在內閣中，最實用主義和威權主義傾向的政敵，在西鄉反叛時期，出任國內卿，在西鄉死後八個月，在馬車中被西鄉的支持者刺死）。還有東鄉平八郎元帥[9]（他在一九〇四至一九〇五年的日俄戰爭中，將帝俄波羅的海艦隊擊沉在對馬海峽）。這不是很奇怪嗎？數十個英雄，全都來自鹿兒島。也許是氣候的關係。」

村民坐著，弄濕他的嘴唇。

「你知道為什麼宮崎的人不那麼努力工作嗎？因為在封建時代，這裡沒有什麼偉大的藩主，只有一些大名（諸侯）。那跟鹿兒島不一樣。鹿兒島有島津齊彬[10]（鼓勵西鄉成為顯赫人士的藩主）。老天，他的確是個藩主！說到工作，他不知道什麼時候該停止！他建造了日本第一艘蒸汽戰艦、最大的玻璃工廠、軍需工廠、還有第一家用西式紡織機的紡織廠。他是第一個在日本街道上裝設煤燈的人，也是第一個用摩斯電報電碼傳遞訊息的人。他會說荷蘭文，自己沖洗照片。最重要的是，他還有時間設計國旗（日之丸仍是日本國旗）。有這樣的藩主在後面鞭策他們，難怪他們都是工作狂。在這裡，他們比較悠閒。他們的土地很小，沒有什麼需要改善的地方。我們也沒有。再喝一杯茶吧。」

我喝了另一杯冷的淡茶。發電機顫抖著停止。爐火的最後灰燼消失，整個房舍陷入黑暗中。

一小時後，我離開坐在黑暗泥土地上的七個男人，以沉重的步伐往山隘邁進，感覺比剛才輕鬆。雨勢仍然滂沱。當道路終於往下前進時，對面的山谷籠罩在一片深不可測的白霧中，彷彿空氣分解成細小分子，懸浮或凝結在半空中。在這個下山的徒步之旅中，斷斷續續的道路比以前更像一條河流，長而疲憊地延伸開來，紅色的激流淹過足踝。岩石表面崩落，處處擋住道路，有時高達數公尺。我想，如果那七個人不在黃昏之前出發返家，那麼他們在黯淡的天光下，將看不清落石，也沒足夠的時間清理障礙，如此一來，他們就得被困在這邊的山坡過夜了。山下是與世隔絕又安靜的小村莊，又江（Matae）。它高高盤據在一條急轉的彎曲道路上，即使在我經過它時，看起來仍然偏僻而完全孤立。一路上，那股疲憊感揮之不去。試圖在伸手不見五指的大雨中，走過深達脛骨的激流溝渠，繞過覆蓋著頭顱般大小岩石的碎石堆和爛泥，經過曲折的道路，然後還能保持輕快的腳步，想在夜幕低垂前趕到神門，實屬不易。更別提，我的水泡和脾氣正遭

---

8 Okubo Toshimichi，一八三〇—一八七八，推動明治維新的名人之一。

9 Admiral Togo，一八四八—一九三四，日本海軍大將，一九一四—二四年總攬裕仁天皇教育責任。

10 Nariakira，一八〇九—一八五八，他成立了法國式騎兵，開創了海軍，並為明治維新培養了不少人才。

受著重大的考驗。但惱怒是個不錯的驅魔者，而每當我摔跤或發出詛咒時，我胸口的那股空虛感便一點一滴地流逝。

第四章　當地英雄

我在颱風暴雨的天候之下，走了三十公里的路，一路上又沒有看到自動販賣機供應我不可或缺的啤酒。因此，等我在夜幕低垂時分，終於蹣跚走進神門村時，我對村莊中的第一家酒店給我的待遇非常火大。賣我酒的是一位呆板拘謹的女人，對我不以為然。

「請給我一瓶麒麟啤酒。」我喘著氣說。

她默默地替我拿來一瓶。

「請妳給我一個杯子。」

「這裡不是餐廳。」她說。

「我知道，」我說，「我不想吃東西。」

從她發出小小的哼聲，將杯子砰地放在櫃檯上的模樣，就可以知道，她不喜歡我站在她打掃得光可鑑人的店裡，手裡拿著一瓶啤酒的點子。但從我的反應也可以知道，至少對我來說，我表現得很清楚，如果我不喝酒的話，我不打算走人。在大都市裡，我絕對不會跟酒店要杯子。但在鄉村，大部分的老闆都歡迎這個能和陌生人聊天的機會。這還是我第一次感受到，留在酒店裡喝酒的行徑像個白癡。啊，管他的，時代會改變，每家酒店有每家酒店的作法，管他是一本正經的也行。

我慢慢地喝下半瓶啤酒，那女人抬起下巴，透過擦亮的窗戶，看向窗外的雨。

「如果你想喝酒的話，你應該去酒吧，」她說，將吧那個字眼發音地好像它指的是痰盂。

「聽好，我在暴風雨中，從諸塚一路走來，」我說，不想提到上帝這檔子事，「我很累很渴，我會馬上付錢，離開妳的店。如果妳不贊成人們喝酒，妳為什麼不開藥房？」

「從諸塚？但你沒有車子。」她幸災樂禍地說。

「沒錯。他們不賣車給醉鬼。」

但，三分鐘後，我在南鄉旅館所受到的接待，完全撫平了我的憤怒。那家旅館像酒店一樣（也像旅館隔壁的咖啡店和對街蓋得像音樂盒的另一家酒店一樣），乾淨而一塵不染，最近才翻修過。老闆和老闆娘熱烈地歡迎我，讓我想破腦袋，想著我是否可能曾在哪裡認識他們。老闆娘花了很多時間，幫我將背包裡濕透的衣服掛在房間的衣架上，從我多餘的內褲中取出半溶解的維他命藥丸和破破爛爛的紙盒，並將背包放在塑膠垃圾袋內，為明早的大雨做準備。我穿著濕透的牛仔褲，在一天之內上山下山走上三十公里的路，我的大腿、肚皮和胯下開始出現櫻桃紅色的痛瘡。她見狀後，拿了點藥膏過來。

端晚餐來給我的女侍有著一張活潑的臉，染色的頭髮，以及黑色的牙齒。她來自沿海的日向（Hyuga）。她告訴我，自從她丈夫死後，她就自己住，一個工作接著換一個工作，大部分是在飯店做事。她殺蒼蠅的手法比我看過的任何人都要來得俐落，堪可與她相比的大概只有盲劍客座頭市（Zatoichi，日本受歡迎的電影主角）。她能在談話中，用單手在半空中舀起蒼蠅。那真是個令人驚嘆的才華，特別是對蒼蠅來說。

「隔壁的酒吧有雷射唱片的卡拉ＯＫ，」她驕傲地說，抓住第四隻蒼蠅，將它放在菸灰缸裡。「嗯，我的意思是，你現在得有那種設備才行，不是嗎？沒有人想再用那種投一百日幣，才能唱一首歌的錄音機了，對不對？等你吃完晚餐後，你可以去唱唱歌。我賭你喜歡唱歌。」

我在晚餐中保證我會去。但等我吃完最後一口魚，用平底杯喝完最後一滴啤酒時，疲憊像土石流般地重重擊到我身上，讓我只能向後靠在牆壁上，腦袋裡只想著睡覺。老闆娘端來一大盤黑葡萄，並納悶我在神門要做什麼。我告訴她，並打了四、五個呵欠。兩分鐘後，老闆娘就在打電話。五分鐘後，她開車出門，去接一位退休的初中歷史老師。他曾出了一本有關西鄉隆盛的油印手冊（就是那本揭露他身高和體重資料的手冊）。老闆娘向我解釋，那位老師非常急於想把那本手冊給我，他不能等到明天早上。我又打了四、五次呵欠，盯著放棉被的櫃子，想著至少我不用去唱歌了。

歷史老師旋即抵達。他個頭矮小，謙恭有禮，說話溫和，已經高齡七十。他叫土田。對街店裡的一個男人被叫來影印土田先生的手冊。當影印完手冊之後，土田先生將影印本分發給旅館裡的每一個人，然後他找來一個坐墊和杯子，坐下來加入討論會。參加討論會的人越來越多。老闆拿著啤酒和葡萄過來，興致勃勃地坐在我的桌旁。老闆娘告訴我，她的妹妹現在在倫敦，要不然她一定也會過來。我們全都坐著喝啤酒和剝葡萄皮，聽著土田先生以像得了支氣管炎的輕柔聲音（他說是颱風雨害他的），為這座小村莊的歷史做出梗概。他在此地出生，也將在此地死去。

「西鄉經過神門的那天也是下著大雨，」土田先生以此作為開場白，顯然認為這會讓我感到高興。

「事實上，」老闆微笑著說，「宮崎大部分的時間都下著大雨。你也許不知道。但宮崎是日本四十七個縣中，年雨量最大的。一年大約是三千公釐。」

「我現在知道了，」我說，惱火地瞪著我的衣服。「大概有兩千公釐的雨量降到我的背包裡。」

「哈，哈，」老闆說，我們繼續喝啤酒，聽著土田先生的解說。大雨打在外面的窗戶上。

「薩摩軍沿著你今天走的那條路，從山隘下來，經過又江原（Matae-no-hara），」土田先生說。我的地圖放在桌子上，用裝有死蒼蠅的菸灰缸壓住。我們全都傾身向前，研究路線。

「每當他們經過房舍或茅屋時，裡面的人會出來給他們燒酎和醃梅，以及任何他們多餘的食物。這個情形發生在神門，而一路到鬼神野（Kijino）的路上也是如此。鬼神野在三公里外，西鄉在那住在一位叫下田的男人家中。如果你願意的話，我明天可以帶你去看看那個地方。我會騎腳踏車來找你。反正你都得經過鬼神野，而鬼神野是我住的地方。

「當地人對反叛軍非常仁慈。但當官軍於傍晚通過此地時，當地人卻對他們置之不理。一來是因為他們非常景仰西鄉。二來是因為他們為西鄉的年輕追隨者感到可憐。但還有其他的原因。

在大政奉還的時期，延岡的藩主和這一帶的小大名（daimyos）是擁護將軍那邊的。事實上，延岡的藩主還是將軍的親戚。那時，西鄉隆盛率領著官軍攻打將軍的軍隊，所以這一帶的人民很反對他。他們自然會產生這類反感。宮崎的藩主沒有任何實權；他們大部分甚至沒辦法送軍隊去打仗。他們所能做的只是惱火和呻吟，在一旁觀看著這些大事發生。但鄉野地區人民的記憶可長得很呢。現在西鄉反抗的政府，正是在九年前毀滅他們藩主親戚的政府。因此，他們默默地支持反叛軍，也很同情西鄉的戰敗。

「我想，大部分的九州都是如此，」土田先生沉思著說，大家都點頭。「幾個世紀以來，其他的九州大名都擔心薩摩藩變得太強大、太有野心，或太好戰。他們擔心這樣的薩摩藩會侵吞他們的領地。薩摩藩當然也如此做了。它和鄰近的藩作戰，並打敗它們。在十六世紀末，豐臣秀吉[1]掌握實權的幾年前，薩摩控制了大部分的九州土地。即使在豐臣秀吉阻止它往北和東擴展疆域之後，它還是殖民了整個南部島嶼，遠至台灣。在這一帶，沒有人有理由為薩摩掉任何一滴眼淚。直到，薩摩軍反抗東京為止。然後，就像常在日本發生的一樣，對地域的忠誠遠甚於對國家的忠誠。當官軍攻擊反叛軍時，九州人就是站在九州人這邊。」

「西鄉經過鬼神野之後，到哪裡去了？」

「他在二十五日清晨通過茶屋峠（Teahouse Pass）。當地人仍稱呼它做茶屋峠，雖然現在那裡

1 Hideyoshi，一五三六—一五九八，於一五九〇年統一全日本。

沒有茶屋了。但你能走同樣的路。他在下午通過五郎峠（Goro Pass）……」

「老天，一天度過兩個山隘？」

「哈，哈。沒錯。他在二十五日晚上住在銀鏡（Shiromi）一戶叫做濱砂的家中。就是那裡的那個小點。」

土田先生輕敲我地圖上的一個小點，它比針頭大不了多少。我用瑞士小刀的放大鏡端詳著它，我可以從地圖上讀到「銀鏡」兩個漢字。雖然它的名字很莊嚴，但它位處偏僻，很難企及。

「我想那邊沒有旅館吧？有嗎？」

「我沒聽說過那邊有。」老闆坦承。

「我可以幫你問問看，」那位影印的熱心人士體貼地說著，跳起來去打電話。兩分鐘後，他回來告訴我說，那邊雖然沒有旅館，但是在銀鏡中，有戶人家有時會提供住宿。他已經告訴他們，我明晚會到。男人咧嘴而笑，像萬聖節的南瓜。

「你絕對料想不到！那戶人家叫濱砂！」

討論會以勝利的歡呼結束。一旦等土田先生和其他人向我說晚安，並拉上我房間的拉門之後，我便倒到棉被上，閉上雙眼，發出呻吟，躺著聽外面的雨聲。我胯下的紅瘡很癢。雨水將零碎的屋瓦沖下地面。

一天要走過兩個山隘……老天……叫濱砂的人家……

西鄉在半夜被叫醒，在凌晨一點開始趕路。真是自作自受。至少我是不會碰到這麼悽慘的遭遇。但我越走進這些充斥著神祇的山丘，越是能了解這位偉人所受的折磨。我現在也有個疼痛的鼠蹊部。

颱風雨在早上變得下下停停，稍有間歇跡象。在一陣雨勢中，土田先生打電話來說，他無法在天況如此惡劣的情況下出門。但半小時後，他趁著暴雨暫歇的空檔前來。他騎著一輛淡黃色的女性用腳踏車，撐著一把啪答啪答響的黑色雨傘，穿著白襯衫，戴著淡黃褐色的帽子。他腳上的橡膠套鞋就是給西鄉穿也會嫌大吧。我們沿著一條空蕩的道路走了三、四公里，經過一連串的小村莊。這條道路的盡頭就是土田先生的家，但我們沒有走到那麼遠去。空氣像扭擰的法蘭絨般滴著水。我每走一步，汗水就從每個毛孔中流出來。我穿著那件荒謬的尼龍雨衣，身體卻濕得像沒穿衣服一般。因此，我脫下雨衣，將它放進背包中。土田先生騎著腳踏車，輕柔地咳嗽，以嘶啞的聲音，繼續述說他花了一輩子重複無數次的故事。

「等西鄉和手下抵達神門時，他們受到官軍先遣部隊的狙擊兵的砲火攻擊。這些狙擊兵跑過山隘，沿著路線分散開來。因此，西鄉他們以散布在這個山谷的建築物作為掩護。在右邊這間房子裡，從二十四日下午四點到八點，西鄉在此休息，並吃了一些東西。你知道，這讓我們鄉土史研究會的會員困惑了好幾年。前一分鐘，西鄉還在來福槍的槍林彈雨之下，下一分鐘，他竟然安坐著吃點心。也許他的將官之一受傷了，不管他想或不想，他都被迫叫他的軍隊停火。也許是兩軍暫時休戰，因為官軍對西鄉也抱著很高的崇敬。三位薩摩人在這場激戰中喪生。你可以在村莊中看到他們的墳墓。那些墳墓是村民們豎立的。其中一個墳墓在御彼岸[2]和盂蘭盆節時，還有人來澆水和照料。那戶人家根本不認識這個男人，但他們的子孫還是繼續照顧這個墳墓。他們因為尊敬他的所作所為，而替他的遺體下葬。

「在左邊這個地方，」土田先生繼續說，在路邊停下腳踏車，「西鄉在此停留到凌晨一點，然後在雨中出發。」

他指指整齊的稻田後方，一棟平凡的小型建築。它已被翻修成牛棚。它的老屋瓦或茅草屋頂為鮮藍色的塑膠板所取代。塑膠板在濃密的銀色天空下閃閃發光。看起來隨時會再下一場大雨。

「你可以看見一個自封建時代以來，就豎立在那的石頭路標。我們認為，這可能就是西鄉越過河流的地方。你看，在山丘山麓那邊有座小廟宇，西鄉的一位敵人曾經住在那裡。那晚發生在那裡的故事則闡述了戰爭到接近最後階段時的戰況。這個故事也完美地闡明了西鄉的個性……」

當追殺的官軍向下方的山谷前進時，西鄉軍退守在周遭的林地中。當黃昏降臨時，官軍的軍官要求神門和它周邊村莊的大部分房舍，提供他們住宿。一旦夜色深沉，反叛軍便從山坡上安靜地現身，聚集到下田民彌的家中（也就是現在的牛棚），和他們的將軍會合。一組反叛軍在路上經過土田先生所指出的小廟宇，並高興地發現官軍的軍醫單獨住在那裡，沒有步哨保護。於是，他們抓住他，把他拖到西鄉面前，問他們的將軍可不可以砍這個人的頭。

追隨西鄉熬過這段孤獨荒涼的敗走階段的反叛軍，大部分都只有十多歲或不過是二十出頭。他們是西鄉在鹿兒島退隱期間所創辦的私立軍校的學生。西鄉創辦軍校是為了防止老式的武士道式微。西鄉對這些年輕人有著父親般的感情，而這不是他們無可藥救的頑固天性（畢竟，發動叛變的是這些魯莽草率的年輕人，並導致他們偶像的垮台）、近在眼前的失敗、或悲慘的際遇，或死亡的陰影所能削減的。

西鄉溫和地責備他們，命令年輕人們走出四散著農具的房間。他向軍醫道歉，請他坐下來，和他共飲一瓶燒酎。西鄉認為，這場戰爭對受到波及的人們來說都是場酷刑。他祝福軍醫諸事順遂，並希望他能活著回到家人身邊。他們喝完酒，軍醫回到小廟宇去。一小時後，西鄉在大雨中開拔。

我也是。我沿著狹窄的道路走到第一個山隘。我們互道珍重時，我還站在路旁，聽土田先生講了十五分鐘他自己的人生故事。他告訴我，他年輕時是個基督徒（九州一直是日本基督徒信徒最多的地區），他上了五年的教會學校。但他後來放棄信仰，在許多年間，他在日本的新興宗教間飄浮流浪。他在天理教（Tenri）裡待得最久。天理教原本是神道教一個十九世紀的支派。它的教義尊崇創造世界的單一神祇，而神祇想為人類帶來和諧。與其說祂和那些住在山區和原野間，對人類社會抱著忍受，甚至輕蔑態度的粗野神靈有什麼共同點，還不如說祂較於類似土田年輕時代的舊約教誨。現在，土田先生坦承自己是個佛教徒。許多日本人在老年驚覺時光不再時，都會皈依這個信仰。他告訴我，他痛恨「神社崇拜」，他指的是戰爭和軍事征服時代的「國家神

2 Ohigan，春分與秋分，為佛教節日。

道」。他也厭惡將自然世界的神祇變成日本皇族的源頭，那一套無聊冗長的偽造和胡說八道。

喔，是的，他的人生中還有其他的高潮處。他曾經跟團去過歐洲。他禮貌地向我表示懊惱，他錯過白金漢宮，但那不是他的錯，因為他們剛好碰上英國火車和巴士的大罷工。他對大笨鐘印象深刻。在我們漫步於戰爭地標的時候，他有兩次害羞地問我，怎麼用英文說「Bon voyage（旅途愉快）」。我說，「Good luck（祝好運）」。他重複說，「Good luck」。在我們道別時，他小心地吸口氣，彷彿要跳進湖裡的泳客，緩緩地鞠個躬，默默地微笑，仔細發著「Good luck」的發音，看著我走上山坡。然後他騎著腳踏車回家。大雨又開始無情地降下。而我仍然有兩個山隘等著我通過。

年輕人根本不在乎西鄉！土田先生以他那支氣管炎的聲音悲嘆著。有多少學童能以西鄉的執著、勇氣、拒絕妥協、憂國憂民、人性，和遠大目標做為他們自己行為的榜樣？

「沒有嗎？」

「沒有。他不流行了。」

「現在年輕人們流行誰？」我納悶，「現在的學童被鼓勵要崇拜誰？」

土田先生想了良久。

「也許是像野口英世（Noguchi Hideo）這樣的人吧……」

嗯。商店裡有很多供小孩閱讀的野口英世傳記。書裡面的字體印得很大，漢字還注明發音，以粉色系列繪圖。野口英世是位細菌學家，出身自鄉下的農家，在西鄉叛亂起事時，只有一歲。

他成功地培養出梅毒的致病媒介。他在領受恩賜之後，在中南美洲待了十多年，想隔離出導致黃熱病的細菌。一九二七年，他前往非洲進行研究，翌年死於迦納。他正是死於黃熱病。日本歷史上能成為國際人物的人屈指可數，但野口英世是其中之一。雖然他在醫學上的成就不及巴斯德[3]，而他的智慧與人道無私的奉獻讓人想起史懷哲[4]，但無庸置疑的是，他應該受到尊崇。但他有受到尊崇嗎？被年輕人？

我曾在本州東北部豬苗代湖（Lake Inawashiro）吹著強風的岸邊，拜訪野口紀念館。野口就是在那裡出生。我看見醫師在一張卷軸中，小心翼翼地寫下對他而言也是陌生的語言：「La patience est amere，mais son fruit est doux（忍耐是艱苦的，但其果實甜美）」。我立即想到，這正足以形容那些陪伴西鄉度過人生最後冒險的頑固年輕人。但這捲卷軸也提醒我，就像西鄉的學生和書店中成排的孩童傳記所顯示的一般，日本的英雄和西方的有很大的不同。

西方的英雄通常想激發年輕人群起仿效。但相反地，日本的英雄則是被擺在安全和敬而遠之的距離之外，加以景仰。想要模仿他們，可能會被嘲笑。無論是通俗小說的主角和歷史上的偉大人物皆然。比如就拿車寅次郎（Kuruma Torajiro），或「寅桑」（Tora-san）來說吧。他是國際影史上最長篇系列電影〈男人真命苦〉的主角。寅桑仁慈友善，天性誠實慷慨。他讓每個人在看完

3 Pasteur，一八二二—一八九五，法國微生物學家，首創狂犬病疫苗。
4 一八七五—一九六五，非洲傳教醫師。

一集後，就會希望要是自己的小孩、親戚、朋友，和同事有他的一半好就好了。但寅桑也是個笨拙的人、一個夢想家，和窩囊廢。他的遭遇和性情使他與他的家庭形同陌路。他缺乏教育，缺乏先見之明，缺乏婚姻前景，或任何可讓他穩定下來的些微機會。他完全不了解我們所稱的正常社會，並與其格格不入。這是他喜劇的源頭，也是大部分觀眾喜愛他的原因。但希望我們的小孩、親戚、朋友和同事——或我們自己——遭遇到類似的困境，無異是個白癡之舉。是的，我們欣賞寅次郎。但我們要學習他的精神嗎？別荒謬了！

日本電影和小說中，那份讓觀眾自覺有別於英雄的內在疏離感，是經過精心安排的結果。你可以看到這種情況不斷重複。研究寅桑的案例便可以揭露造成這份疏離感的大部分手法。許多手法非常明顯，舉如他所穿戴的衣服和帽子不合時尚，而他所從事的行業讓人嫌惡（他是賣小裝飾品的小販）。另外幾個手法則較不那麼顯而易見，比如他罕見的姓氏，車，是江戶時代非人（hinin）的領導代代相傳的名字。非人主要是由乞丐組成的賤民階層，位於封建社會階級中的最下一層，享受不到任何社會福利，並飽受制度的迫害。

逐一審視日本大眾文化中的英雄後，可以發現他們的創造者如何確保觀眾的欣賞和同情，不會演變成仿效。他們常在英雄的人生中加入某種缺陷或苦惱的因素。我們也許會希望擁有座頭市高超的劍術，但我們不會希望自己成為瞎子。我們也許會羨慕電視武士木枯紋次郎（Kogarashi Monjiro）的勇氣，但他沒有朋友，到處流浪，並與世隔絕——不，謝了。類似的態度也存在於許多真實世界中的英雄人物。他們被選擇成為英雄人物，似乎便在於他們代表了日本社會教導它的成員，所要避免的一切。他們不是楷模；他們是勸人謹慎的示範，有時候，他們還是代罪羔羊。在凡事追求一致的國家中，他們與社會格格不入，在追求物質享受的人們中，追尋不可能的夢想。

現代英雄如植村直己（Uemura Naomi）就是一個例子。他單獨征服幾座世界的高峰，在只有哈士奇犬的陪伴之下，橫越格陵蘭。他不是講究「團體取向」和「共識」的社會所願意欽佩的人物——就像較早期的英雄人物，如西鄉一般。領導武裝反叛軍叛亂半年，然後帶著腫大的睪丸，在山上山下逃竄十六天？怎麼可能？在人生的黃金時期，跑去美洲和非洲的叢林中，處在猴子和外國人之間，死於黃熱病，用法文寫下勵志文句，並永遠都在忍耐？別開玩笑了！

儘管如此，日本的英雄還有一個更為崇高的階段。當人們極度美化了對他的記憶後，他便會完全脫離普通的人性，飄浮在虛無縹緲的領域之間，而被神格化。我們不再需要強調他的缺陷和苦惱，他的夢想、疝氣或可笑的帽子。我們將他視為居住在隔壁神社的神祇，不再需要人類的模仿或告誡，因為現在英雄所處的境界使得模仿變得無關緊要。在這個階段中，社會對英雄的態度進入完全怪異的領域。西鄉隆盛在他敗亡後數週便進入此階段。野口英世從來沒有達到這個階段，我也並不認為他會。他停留在人性的困境裡：他的記憶植根在人類的泥沼中。但甚至在他死前，西鄉就已住在火星（日本人稱之為「西鄉星」）。他死後的那年十月，他瘦削的鬼魂出現在一張食屍鬼似的木版畫中，似乎像妖魔鬼怪般地糾纏政府，提出特赦的請願。他死後十四個月，便被奉祀在鹿兒島老家的南洲神社（Nanshu Shrine），成為一位徹頭徹尾的神祇。

在那之後，他的地位不斷提升。野口的傳記希望年輕讀者讀到已知事實的記載。但西鄉的傳記有時編纂入最誇張的幻想。我手邊有個特別異想天開的例子，那是一位住在九州的日本教授，於一九九〇年所出版的書。算是很近年的著作了吧。這本小書以英文寫成，書名是《事物的真相》（*The Truth of the Matter*）。書中有一小段寓言，描述西鄉在他最後一個戰場上，遇到從舊金山飛來的天使。

「嗨，老兄！你好嗎？」天使問。

根據史實，西鄉在這段時期的情況不如理想，但我們已經超越歷史的階段，幾秒鐘內，天使就將西鄉送到美國。西鄉在那用流利的英文（「怎麼會？誰做的？」「老天，」天使回答），招來一輛由女人駕駛的計程車。

「想搭車嗎？」司機微笑著。她的微笑令人無法抗拒。

「管他的，」西鄉回答，並自我介紹。「我是西鄉隆盛。」

「我所知道的西鄉隆盛，」司機回憶道，「出生在鹿兒島，並在明治維新中扮演領導的角色。」

不消說，他們很相處得來。

「景觀真棒！」西鄉驚呼，從他飯店的套房望向窗外。「這就是我們所恐懼的美國嗎？那些就是我們稱之為野蠻人的美國人嗎？」顯然不是。他們是很棒的人民。比如，那位計程車司機就是個瑰寶。她會讀日文，而且對這位著名的乘客的人生有所研究。西鄉請她叫他「隆」。但她有

一、兩個奇怪的問題想問，比如說：「你真的像大部分日本學校教科書上面說的一樣，想征服韓國嗎？」

「老天，沒有！」西鄉驚呼，非常驚訝。「教科書那麼說的嗎？我不可能會做這種事！」西鄉繼續為他的觀點描出梗概，「文明應該是充滿著悲憫和愛心的『天道』，其散播和完成的結果。」他只是想親自去韓國，和充滿疑慮的韓國人來場「和平的討論」。他對內閣同事板桓退助[5]的建議，清楚地寫在一封保存至今的信件中。他認為韓國人可能會暗殺他，如此便提供日本一個出兵的口實。這個建議不過是要讓好戰的板桓同意派遣西鄉出使的策略罷了。

至於一八七七年的反叛，那都是內務卿大久保利通想暗殺西鄉的「陰謀」的錯。西鄉決定在二月帶領一萬五千位武裝士兵離開鹿兒島，只是想和「大久保好好談談」。他「很怕在路上會引發軍事衝突，結果不幸料中」。西鄉決定從延岡敗走，是出自於他對追隨者的關心，並希望他們能被允許在鹿兒島家鄉死去。「那是我們的家鄉，溫暖又友善，」他對計程車司機解釋。「家鄉只有一個，不是嗎？……我祈求這場戰爭結束，並希望它是日本人之間的最後一場戰爭，以及新的日本將會順利與和平地啟航。」

計程車司機的口袋中，有一份一九八八年六月三日《西日本新聞》的晚報。那天的頭條新聞是西鄉的照片。西鄉對此一笑置之。原來，計程車司機曾經就這張照片，訪問過鹿兒島的前任市

5 Itagaki Taisuke，一八三七—一九一九，明治時代政治家，自由黨創立者。

長，和封建藩主島津齊彬的一位子孫。她同意西鄉的看法。他們一起去吃晚餐。後來，在酒吧中，一位美國醉漢走近西鄉，並指責日本人卑怯，因為他們「偷襲」珍珠港。

「如果這是真的話，我很抱歉，」西鄉說（或，我們就像計程車司機一樣，叫他隆好了），「但那不是我的主意。我從來沒想過要偷襲誰。」

「美國人永遠不會原諒和忘記珍珠港的事。」醉漢咆哮道，得寸進尺。

「廣島和長崎又怎麼說？」司機尖聲說著，「那是什麼樣的攻擊？」「那是正義的攻擊。」醉漢大聲說。

醉漢拔出一把小刀。隱身的天使塞給西鄉一把日本刀。眼見情況對他不利，醉漢選擇和西鄉摔角，西鄉將他摔出窗外。當我們的英雄撫平弄皺的袖子時，全場美國人鼓掌。「太棒了，老兄。」他們說。這是個典型的舊金山夜晚。

「妳很和藹可親，」當他們單獨站在街上時，西鄉對司機說，「妳沒有偏見。那是個高貴的品格。我欣賞這點。我也欣賞妳的美麗。」

「隆，謝謝你的讚美，」司機回答。

她吻了他的雙唇。西鄉臉漲得通紅。「你能想像，」這個寓言的作者說，「美麗的美國女人吻他時，他是什麼樣子？這將是下個十年中，西鄉的另一個謎。」

然後，寓言結束了。

驚人的是，這位作者的目的（雖然他的寓言似乎過於異想天開）與西鄉的傳記作家武者小路和他的改編者，非常類似。兩者都尋求能確保西鄉造成「鮮活印象」的手法，並在這份印象確立之後，以他們自己的觀點和時代精神來描繪西鄉。武者小路的改編者書寫於太平洋戰爭爆發的第一年，希望西鄉能體現「日本愛國主義和新日本精神基礎」。而這個寓言的作者，成書於四十八年之後，將西鄉描寫成煥發著「國際」精神光芒的偉大人物，簡直可以讓他當聯合國秘書長。就像歷史上的耶穌對福音的奇蹟製造者一般，歷史上的西鄉和這些人物也沒任何關聯。兩者皆離開人性的領域，而進入不可置信的境界。西鄉是由天使透過空氣護送至美國，最後並沒有發展出在水上行走的情節，應該讓我們感激不已。

銀鏡小鎮

我在中午左右經過第一個山隘。此地找不到任何曾經讓旅人得到休憩的茶屋痕跡。山巔和通至山隘的道路沿途上空無一物，只有大雨和閃亮的棕色青蛙。青蛙比蟋蟀還要小，冒著大雨，坐在紅色滾動的水流後方的陰鬱森林中。

兩點鐘，在山隘之間的山谷，我發現一家孤獨佇立的雜貨店。它離村莊很遠。我在那避雨，待了四十五分鐘。我的喉嚨很痛，又站在玄關牛飲下三瓶啤酒，因此，我有好一陣子很想吐。雜貨店是由一對老夫婦和他們害羞的媳婦經營。媳婦的眼睛很大，如馬來人般迷濛憂鬱。老婆婆坐在客廳中央的椅子上，皮製馬具從滿是蜘蛛網的天花板上吊下，掛在她的脖子上。她頭動也不動地說著我聽不懂的話。我感覺我彷彿闖入某種私人的儀式性酷刑之中。老頭告訴我，我要攀爬的下一個山隘叫做五郎峠。它是以某人的名字而命名，但是誰呢……？是誰呢……？他記不得了。那在接受酷刑的老婆婆從馬具上喃喃說了什麼。我離開雜貨店。一個穿著白色背心的男人開車接近我。那是我那天唯一看到的車輛。

「上車！上車！」

「不了，謝謝。我在徒步旅行。我在追隨西鄉隆盛的路徑……」

「我叫你上車！我載你到你想去的地方。我可以告訴你西鄉隆盛的事。」

「不，你不了解……」

「上車！上車！我知道西鄉隆盛的所有事蹟。你是怎麼回事？我叫你上車！上車！上車！」

我的回答越來越尖銳，穿白色背心的男人變得越來越暴躁。他似乎沒辦法控制他的表情。前一分鐘他還在微笑，下一分鐘，他看起來像是想犯下謀殺罪。最後，我陡然而不客氣地跟他說再見，而他火冒三丈地開車離去。我們都沒有採集到忍耐的甜美果實。我出發跨越五郎峠，在後來的五小時中，沒看到一個人影。

夜已深沉，我走到平地，看見一家小店的玄關點著燈光。

「哈囉，」我呻吟著，跌跌撞撞地經過門口。「這裡是銀鏡嗎？我在找濱砂一家人。」

「濱砂誰？」

「我不知道。這裡有幾家姓濱砂的人家？」

細瘦的老頭抿緊嘴唇，在心裡算了很久。

「這個，」他說，「我姓濱砂。我絕大多數的鄰居都姓濱砂。我們原本都姓濱砂，你知道，後來有別的姓氏的人搬來此地。」

「我在找收留旅客的濱砂那家人。」

「喔，那家。他們住在村莊前的樹林裡，你還得走兩公里的路。左邊第三或第四戶人家。他們知道你要來嗎？我最好打電話給他們。我可以藉這機會和他們聊一下天……」

我又走了半個小時。森林和村莊中都沒有燈光。我到處摸索，踢翻一個桶子。我敲敲左邊第三戶人家的門，疲憊而蹣跚地靠在門框上。天空下著大雨。好久以後，一位老婆婆才將門打開一條縫，用手遮住嘴巴。她的眼睛睜得老大，顯然在黑暗中什麼也看不清楚。是的，他們姓濱砂，但他們不收留旅客。收留旅客的那家濱砂住在山坡上，在右邊數來第四和第五戶人家之間，他們全都姓濱砂。我找到那個山坡，在漆黑的雨中跛著腳前進。一位女人安靜地站在山頂，撐著一把傘等我。

「我們在這，」她說，「老頭從店裡打電話過來。」

「妳是濱砂太太嗎……？」

「濱砂，是的……」

我在她的玄關階梯頹然倒下。然後，我慢慢地脫掉濕透的衣服，將它們掛在很濕的晾衣繩上。我拖著自己走過前院，擠進燙得嚇人的洗澡水裡。我在泡澡時，可以聽到兩個姓濱砂的孩童，正在向一個姓濱砂的男人學三味線。晚餐端放在我房間內的小型漆製桌子上，但我吃得睡著了。

「別管早上五點會響的警報，」濱砂太太在一小時後，前來收拾我沒動碗筷的菜時說，「那是響給工人們聽的。不過是村中的習慣。」

「工人們難道沒有鬧鐘嗎？」我本來想問，就像我住在村莊時，總想問警報幾點會響一樣。但我累得只能點頭。

「這是濱砂校長借你的一本書，」濱砂太太說。她在我面前放了一本厚重的精裝本書籍，書名是《西米良的歷史》（*The History of West Mera*）。西米良是銀鏡鄰近這一帶村莊的行政區域名稱。我拿起書，又將它放下。H．G．威爾斯[6]寫的世界史只有五百二十頁，但這本西米良歷史有一千一百七十頁。

「濱砂校長明早會來找你，」濱砂太太保證，「我告訴他，你在研究西鄉隆盛。他將相關的書頁折起來，想說你可能有興趣讀一讀。」

我眨眨眼，讀著被折起來的第一頁。書內是年代列表的一部分。西鄉在雨中蹣跚離開鬼神野，坐著轎子搖搖晃晃地越過茶屋峠和五郎峠，在銀鏡的一戶濱砂人家中，花了幾個小時，心情煩躁地試圖入睡。薩摩軍的殘黨則留守在高千穗，這時不是遭到俘虜，就是被驅散。官軍的主要部隊在那重新集結，然後大舉往南，開始越過七山山脈的山徑，追擊西鄉。西鄉超前他們的腳程兩天，我也一樣。我推開書，又將它拉回來，闔上它，聽了幾秒鐘的雨聲。我在半夜冷得發抖地醒來，發現自己還趴在桌子上。

翌晨八點半，兩個穿著工作服的工人舉步踉蹌地走進隔壁的房間，開始喝燒酎。我坐在桌子旁，眼睛覺得模糊，試著趕寫筆記。工人們在走過前院時，從我的窗口經過，突然停下來，透過紗窗直瞪著我。我沒有抬頭看他們。其中一個工人用力地擊掌，彷彿召喚一位僕人或神祇般。我對著他們皺皺眉頭。他們安靜地點點頭。

九點鐘，高齡七十的退休校長濱砂，來跟我說西米良的故事。

「以前還有個東米良（East Mera），」濱砂先生說，回答了我還沒問的問題。「但它在一九六二年納入西都（Saito）市，那也是水壩蓋好的那一年。留心聽好，西米良也會如此。這一帶已經是宮崎人口最稀疏的地區。人口迅速流失。我在一九六九年退休時，村莊的學校裡還有超過兩百名學童。今天只剩二十五位。你相信嗎？四國的人以前常來這裡討生活。他們最後定居在銀鏡。其他村民叫他們新來的人，雖然他們在戰前就定居於此地了。我小時候，看見他們坐著牛車抵達。他們會停下車來對著在稻田中的我們叫著，『喔伊！這些山丘上有香菇嗎？』我們喊回去，『很多』。然後，他們就將車裡的東西卸下來，開始在土地上畫他們要蓋房子的地方。」

濱砂先生以南九州著名的濃厚方言說著，在每個句子裡都響亮的呼叫一聲，使得我更聽不

---

6 H. G. Wells，一八六六—一九四六，英國作家，主要作品為科幻小說。

懂。「喔伊！這些山丘上有香菇嗎？」那就像奧森・威爾斯[7]說「烏鴉飛向陰闇的森林」一般。他安靜地用一個輕握的拳頭輕擊在《西米良的歷史》這本書上，以對他大部分的話語加以強調。他的手長滿老人斑。他的相貌出眾，精神爽朗，滿頭銀髮。他穿著白色背心，擁有滿腦子的鄉間野史。

「西米良有個很有名的神樂。東京大學派人來考察過。它現在是無形文化財。一個女人還遠從法國跑來看它。但我們不是為觀光客而表演，不像一些地方。我們也不配合旅行社，將表演移到禮拜六或禮拜天。我們遵循傳統。但我們還能保持這樣幾年呢……？

「當神門第一次有電報時，我想應該是在一九二〇年代吧，他們會派信差跑過昨天你經過的那兩個山隘，不管是白天或晚上。有些信差還是老人。現在的年輕人不幹這種事了……

「西鄉隆盛經過銀鏡時，我母親只有三歲。她聽說他是個偉人，所以他一走出轎子時，她就猜到他是誰了。你瞧，他們用轎子載他，以躲過官軍的追緝。他在薄暮時分抵達。他還拍拍我母親的頭……

「這女人從法國跑來看。我有告訴你嗎？神樂表演了兩天，她兩天都住在這。那是在十二月，非常冷。她坐下來看完整場。她遠從法國來……」

我穿上我濕透的衣服，在颱風的殘餘雨勢中，走出銀鏡。我的皮帶上長了一點一點的霉。我穿上靴子時，靴子竟噴出水來。道路和稻田裡不見一個人影。在那一天的大部分時間，我只看見細又瘦長的黑色稻草人。山丘上的香菇無人採集，村莊的學校裡靜寂無聲。但在冷冽的十二月，這裡有一場神樂，而一個女人會遠從法國來觀賞它。她成為西米良歷史的一部分。而在它消失之前，我也是。

安貧樂道的女子

銀鏡川（Shiromi River）的河水棕黃，水流緩慢，塞滿著颱風的殘枝泥屑。中午，我抵達將它拓寬成一片湖的水壩。我坐在水壩旁，透過綿綿細雨和烏龍麵店的窗戶污斑，陷入沉思。那是個工人的麵店。我頭上貼著一張海報，裡面是穿著白色西裝的三浦友和，嚴肅地抽著Cabin Mild，噴著煙的模樣。在他與流行歌手山口百惠結婚之前，演員三浦友和廣告的是巧克力。但婚姻是他倆職業的轉捩點。現在山口百惠洗著三浦友和的內褲，而三浦友和要大眾抽香菸和喝酒。

沿著湖岸逶迤前進的道路經過漫長而沒有燈光的隧道。隧道裡面在滴水。第一條隧道有個金屬告示板，注明它是於一九六二年通車。它是我在宮崎縣山丘碰到的少數看起來彷彿可以追溯到西鄉時代的地標。混凝土從潮濕的牆壁上紛紛破碎，屋頂像壞掉的水龍頭般不斷噴水。雨下下停停。雖然濱砂校長向我保證，暴風雨會在下午一、兩點時停止，但颱風雲朵仍然輕快地掠過天際，恍若是燒垃圾時沒拿出塑膠袋所產生的煙霧。我坐在一個公車站小歇，旁邊有個小看板說著

7 Orson Welles，一九一五—一九八五，美國電影演員、導演、製片人和作家。

願和平降臨地球。公車站飽受風雨侵襲，處處塌陷，它也許也可追溯自西鄉時代。也許它就是我們的西鄉豎立的，我們的調解人西鄉，天使西鄉。四點，濃厚的迷霧籠罩住山丘。四點半，我在一家雜貨店裡休息。在那個寒冷的八月天，我在那碰到，你現今所能在日本偏僻地區碰到的最奇特人物。

她未婚，是位短大畢業生，二十二、三歲，個性非常開朗，容貌秀麗。她在東京念了兩年短大，又在宮崎市的幼稚園工作了一年，然後，她回來和她父母住在這偏遠的湖邊，幫忙他們經營店面。擁有這般學歷和容貌的人大部分都不會這樣做。但她告訴我，她母親生病了，整天臥病在床。這女人看起來很滿足於現狀；起碼，她看起來比她父親沉穩。在我於店內閒晃的時間內，她父親都坐在客廳裡的榻榻米上，一臉狐疑地從打開的拉門中，怒目而視地盯著我們。我喝了兩大瓶啤酒。而她父親似乎隨時準備在我對他女兒動非分之想時，跳出來保護她。

「妳不會覺得無聊嗎？」我問那位漂亮的年輕女人。

「喔，」她說，「我在這裡出生。」然後她加上一句話，彷彿它解釋了她在此的生活，「夏天有煙火可看。」

牆壁上還貼了其他吸引人的東西。牆壁上有三張非常巨大的黑色鯉魚的魚拓。那是她弟弟在水壩上的湖裡釣的。最大的那隻打破當地的紀錄，因此他們試著在魚缸中養殖牠們，等報社派出新聞記者來採訪他們。但鯉魚還是死了。真遺憾。牠們都死了。但她弟弟也很會捉鰻魚。

「妳最不喜歡這裡的什麼？」

「蚊子，」她活潑地說，「又大又黑。你不覺得牠們太大太黑嗎？」

我坦承，我沒注意到有蚊子。她發出咯咯輕笑。我將眼睛從她臉上轉開幾秒鐘，環顧店內四周，尋找蚊子的蹤跡。我一下子就看到黑黑的三隻，安靜地在我的手關節間享用著大餐。

年輕女人告訴我，我最好去住富士屋飯店。如果她是我的話，她會去住那。它在離此地三公里外的村所（Murasho）村中。當然那裡也有一家為來湖中釣魚的釣客所準備的旅館。但像她一樣習慣都市生活和品味的我，應該去住富士屋。他們在這些水壩和迷霧間，蓋座商務飯店究竟是在幹嘛？喔，那只是名稱。它其實比較像是寄宿公寓，樓下是個咖啡店，還有幾間附衛浴的小臥室。有時，她會去那裡的咖啡店。這一帶只有這家咖啡店。是的，有時，她會想去那喝奶茶。如果她是我，毫無疑問地，她會住在富士屋。

四十分鐘之後，在滂沱的大雨中，我踩著重步進入富士屋商務飯店。它屹立在村所一條街道的尾端。我在那訂了一間房間。商務飯店是一種沒有設施或服務的飯店，而房間小到你得側著身體走才行。但這家商務飯店有家咖啡店。我那晚猛然頹坐在它的櫃檯前，呻吟著撫摸我的肚皮。可惜，那位年輕女人沒來喝奶茶。一位女服務生用洗衣機洗了我的衣服，然後將還是濕淋淋的衣服全裝在塑膠袋裡，拿來給我。她告訴我，當西鄉隆盛在村所過夜時，他整晚都躲在房舍的屋頂橫梁上。我可不相信她說的話。他是怎麼爬到上面去的？他連走進這飯店的房間都有困難。

我八點就上床，大雨仍敲打在窗戶上，雷電交加，照亮房間。我原本以為，沿著迤邐的湖岸前進，從銀鏡到村所將是很短的一條路。結果卻走得似乎很漫長。也許這感覺是來自於天候，或是散布在我全身的紅腫傷口。或者是在這些蕭條荒涼的山丘間，一哩又一哩地前進所帶來的深刻疲憊感在作怪。吃晚餐時，一位卡車司機在咖啡店的櫃檯邊告訴我，我明天計畫走的路，沿途什麼也沒有。什麼都沒有。

什麼都沒有，什麼都沒有……

沒有地方休息，沒有地方吃飯，沒有人可以說話，沒有東西可看……

我究竟在這裡做什麼？我轉個身，將臉埋入枕頭中。這一夜似乎在五秒鐘內過去。但至少，因為這是一家「西式」飯店，我在早上下去吃早餐時，櫃檯上放著一杯熱咖啡，還有一片三吋厚的堅硬白麵包。日本人將它烤個二十秒鐘，然後稱它為吐司。我昨晚將衣服掛在窗簾的橫桿上，但今早穿上時還是濕的。我得為從口袋裡掏出來付錢的千元紙鈔向飯店櫃檯道歉，因為它濕得皺成一團，根本撫不平它。

七點半，我套上靴子。富士屋商務飯店的女經理數著零錢，對我說：「一整年待在空調房間裡對你沒好處。快出門去流些汗！振作起來！」她昨晚看著我用不能再獨立運作的雙腿，爬上飯店的鐵製樓梯時，笑得前仰後俯。我的雙腿大概在東米良消失的時候，也失去它們的功能了吧。當我離開時，女經理正在調整空調。但，好在，雨勢已停。這是老天賜給我的重大慈悲。因為八月二十九日的今天，不單將是我走得最久的一天，也是我所曾徒步旅行的日子中，走過的最漫長的一天。

第五章 奇異的果實

我從昨晚呻吟著審視地圖和卡車司機所描述的路況中（他將它講得像橫越南極），猜到今天將是漫長的一日。地圖稱這條路為國道二六五號，結果證明地圖製作者頗有幽默感。整個早上，國道沿著一條河流——水色已不再是棕色，但發出巨大的潺潺水聲——往我要跨越的第一個山隘前進。那個山隘大約有九百公尺高。強風吹拂山谷，將河上吹起陣陣泡沫，吹落鳥兒在樹上的巢。雲朵轉為無邪的白色，但村所的排水溝裡仍然漲滿雨水，暴漲的河流成為瀑布洶湧落下。我將一條神色茫然的蛇趕離公路，它差點被一輛車碾過。我那天總共碰到六輛車。我對一個在菜圃裡工作的老婆婆揮手。她是我五小時內見過的最後一個人。浸濕的樹葉和殘枝在道路和河堤四散。在彎道佇立的鏡子前後搖晃，長滿了霉，破洞處處，鏡面晦暗不清。一個告示牌要我愛護野鳥，另一個告示牌則警告我不得獵殺綠繡眼。道路的坑洞有火山口那麼大。如果這些樹叢間真有綠繡眼出沒，牠們大概也被昨晚的暴風雨嚇得不敢唱歌。

在中午左右，我越過第一個山隘，發現三個穿著卜其褲的工人伸展著四肢，在碎石堆裡沉沉睡去。我那早算來碰到四個人。一小時後，彎曲的道路變得筆直狹窄，表面鬆散，進入我地圖上稱做尾股（Omata）的村莊。尾股在地圖上是村所和須木（Suki）間的一個小點，但我仍然期待在此找到商店，或是販賣飲料的自動販賣機。村莊外圍的墳墓透露此地疏於照顧的第一個跡象；已有好久沒人來掃墓。村莊中，有一半房舍的橫梁和屋瓦都被拆毀。破碎的板條和塑膠片散落在雜亂無章的荊棘之中。仍然屹立的建築物則大都是鐵製波浪板蓋成的小屋，屋裡空無一物。老式的單層樓學校保存地最為良好，它被翻修成砍伐公司的辦公室。村莊的暮氣沉沉完全襯托砍伐工人在侵蝕山坡過後所帶來的荒蕪感。

我踩著重步，說著「該死」，只能埋頭前進。我那天經過的另一個村莊，大約距此十公里遠，也是沒有商店和自動販賣機，居民全失去了蹤跡。一座沾滿灰塵的建築物牆壁上釘著粉紅色可口可樂的廣告標語，在它下面，則是雪碧褪色的藍色標語。我的地圖稱此地為田代八重（Tashirobae）。當我抑鬱寡歡地經過村莊，想著這真是我所走過最安靜的村落時，四條兇猛的棕狗從空蕩的雞舍跳出來，準備對準我的小腿咬下去。我對著離雞舍最近的房舍大叫，希望有人出來制止狗兒。房舍二樓的窗戶打開，一對睡眼惺忪的夫婦往下看著微笑。我拔出小刀。男人對狗兒說了些什麼。狗兒們齜著嘴，露出牙齒，溜回雞舍。那對夫婦對我鞠躬，然後關上窗戶，回去製造更多的濱砂族人。

三點後，道路開始迤邐而上，朝第二個山隘邁進。我大概在五點半抵達山巔。一位騎著摩托車的郵差告訴我，我的腳丫情況很差。他發現我坐在道路旁，試著用棉花棒止住我腳趾間流出的血。九州山巔的景觀襯著日暮餘暉——九住山（Mount Kuju）和遙遠阿蘇山的白色火山口——我很希望我能擁有站得直的雙腿欣賞這片美景，而不是閉上眼睛，咬牙地忍受痛楚。「工事進行中」的警示牌豎立在路邊。但我唯一看到的工人是一位老婆婆。她在鄉野農婦的頭巾上，再戴了一頂塑膠頭盔，費力地用雙手清理著一片滑動的岩石堆。一位司機坐在白色迷你巴士中（那是我那天看到的第四輛車），在方向盤後顯得焦躁不安，皺著眉頭，沒有想要下去幫她。

漫長的下山路程花了兩個小時。我可以聽到自己的腳步聲在山谷間迴響。太陽西下，夜色降臨。當我繞過最後一道彎路，進入平地時，金星在我眼前閃爍。我又走了一個小時，經過第一戶點亮窗戶的人家。我試著讀我的地圖，但狗兒吠了起來，燈光熄滅。三十分鐘後，我走進一家酒店，在那迅速喝了兩瓶啤酒，並請老闆打電話給須木村上唯一的一家旅館。到那旅館還要走上三十分鐘。我在漆黑的村莊道路上，經過一棟小屋。一位禿頭的老頭靠著燭火，彎腰傾身向前坐著，在一個塑膠托盤中整理香菇。他是我自離開村所以後看到的第十個人。潮濕使得我手電筒中的電池失去效用，我在黑暗中走上最後的三公里路。旅館的兩個男孩在看到我跛著爬上空蕩的車道時，輕快地跳出來。

「來了！來了！是真的！」

他們的母親看見我的狀況，便把他們噓開，讓他們去玩機關槍。我試著從玄關打電話給我的妻子，但線路喳喳作響，我聽不到她說的話。我砰地掛上聽筒，不禁流下淚來。澡堂的水很冷。當我獨自坐在能容納一百人的宴會廳時，母親帶著抱歉的微笑解釋著，「我們沒有其他住客。」宴會廳的一邊是個掛有紅褐色天鵝絨的舞台，住客可在此對著彼此，用擴大聲音的麥克風唱著日本鄉野的田園景致：

畢竟，我們是神之子……

我在喝著豆腐湯時睡著。這幾乎已快變成一種習慣。就我估算，我那天從早上走了五十三公里的路，越過尾股峠和輝嶺峠（Kirei Pass），沿著一道時有時無的國道二六五號前進。在我所遇到的十個人中，有三個在呼呼大睡。我在走了十小時之後，在第二個峠的山巔，才有人跟我說話。而直到晚上九點，我才發現一家有賣酒的商店。我去睡覺時，對我自己帶著憐憫和嘲笑參半的態度。西鄉抵達須木所走的道路，遠比我沿著滾滾的槻木川（Tsutsuk River）所走的路徑來得筆直。但就像東米良和其他以地圖上的一點所代表的消失的村莊，以及在城市佬歌曲間所頌讚的鄉野一般，西鄉的路徑今日只存在於記憶和想像之中。

西鄉隆盛的兩面

但隔天的道路才真是讓人叫苦連天。我首先花了兩個鐘頭吃早餐，不斷揉搓著我的腳丫，並趕著寫筆記。然後，我去欣賞我房間窗戶對面的小瀑布。這是須木為何會有旅館的唯一原因。它潑濺了一整晚，使我做了恐怖的雷雨惡夢。我去須木的郵局從帳戶裡提一點錢出來（「我們只有大鈔，」出納員憂心忡忡地說），碰到昨天那位看我止血的郵差。我最後是在幾點抵達須木？我有沒有去看醫生？我在哪裡出生？我幾歲？我在日本住了多久了？老天！我將這些年——什麼，所有的這些年——都拿來徒步旅行嗎？

我的地圖上顯示一條舊路，以大膽的兩條線畫成，經過幾個狀若好走的轉彎道路，看起來要比新公路來得好走。新公路還要經過一個山隘，通過荒涼陰沉的一公里長隧道，然後抵達小都市小林（Kobayahi）。隧道是長途徒步者的地獄，尤其是公路上的隧道，為了避開它，在路上多走個幾哩是值得的，即使在你腳底的水泡不斷感覺刺痛的情況下也一樣。郵差警告我，舊路也有經過一道短而陰暗的隧道，但它已完全遭到棄置，因此不會有隆隆駛過的卡車和令人窒息的汽油廢氣。事實上，那裡什麼也沒有。所以，它將是一場冒險。

我開始沿著郵差指引的舊路行走，沒多久後，便碰到四個小孩。他們是小學生，兩個男孩和一個小女孩。第四個男孩已經上初中了，但他的個頭沒比他朋友高多少。他在看到一個外國人踏著重步經過他的村莊時，不禁目瞪口呆。他們剛開始時騎著腳踏車在一個距離之外跟著我，兀自輕聲低語和連連發出噓聲，最後他們忍不住上前來好好調查我一下。我是哪國人？我叫什麼名字？我要去哪？我為什麼在徒步？如果我從英國一路走到須木要花多久？我有走過整個路程嗎？我每回一句話，那位最年長的男孩便驚呼著「Sugeeii!」（天啊！）而小女孩則驚呼著「Uso!」（騙人！）。

「你住在哪裡？」

「東京。」

「天啊！」

「你有小孩嗎？」

「一個女兒。」

「騙人！」

「你妻子是英國人嗎？」

「不，她是馬來西亞人。」

「騙人！騙人！天啊！騙人！」

我的家庭造成他們很大的困擾。我娶了一位中國後裔這件事，對這些孩童來說似乎是種行為不檢的舉止，就彷彿是在不經過父母的同意下於夜間外出或作弊一樣。

「你女兒叫什麼名字？」

「未來，」我告訴他們。Mirai是個日本名字。

「天啊！」最年長的男孩說，「那是個中國名字。」然後，他們開始審視我的瑞士小刀。

倫敦是個名聞遐邇的地方。即使連須木的人們都有聽過它。而西鄉隆盛也是個有名的人。初中男孩的父親曾告訴他西鄉的事蹟。西鄉曾有一度停留在須木，他住在一個叫川添的人家中。但他當時的職業是什麼，沒有人知道。這個是什麼？能做什麼？開瓶蓋？哇！

「東京人自己種菜嗎？」

「很少。」

「那麼，他們吃什麼做晚餐？冰淇淋嗎？」

我們走著說了二十分鐘左右的話，小孩們才發現，我以為我正在往小林的路上走去。

「小林在另一個方向，」初中男孩說。他們都將腳踏車停下來，往後指著我們來時的方向。

「我要走舊路，不是公路。」

「有隧道的那一條？裡面全是幽靈。」

「不是從這條路上去嗎？」

「不是，是另外一個方向。」

「該死。」

「天啊！」

「你確定嗎？」

「是的。是的。哈。嗯。」

他們帶著嚴肅的表情，將腳踏車轉身，開始護送我回須木，走了大概二十分鐘。

「我們會指路給你，」初中男孩說著。我們從完全不同的方向走出村莊，開始走上一條凹凸不平的道路。過了十五分鐘後，道路表面為糾結在一起的蕁麻所覆蓋。孩子們將腳踏車留在路邊，揮著手臂在我身旁邁步前進。

「隧道很暗。沒有燈。」

「你們去那邊玩過嗎？」

「那裡都是鬼。」

過了十分鐘之後，他們停下來，圍成一團，用腳丫摩擦著地面，咬著嘴唇，凝視著前頭的山坡。

「隧道在哪裡？」

「不遠了。就在下一個轉彎處。」

小女孩用手托住下巴。

「你們不再往前走了嗎？」

「不了，不行。再見。」

「怎麼回事？怕鬼？」

「不是，我們得回去拿腳踏車。」

孩子們揮手。小女孩咯咯傻笑。男孩們站著看我，臉頰漲得通紅，上氣不接下氣。我在轉彎處再度轉身揮手告別，但他們早已走下蕁麻糾結的路徑，在樹間玩追迷藏。三十分鐘後，路徑分成岔路，我還沒看到隧道。我選擇了右邊的岔路，幾分鐘後，它開始往山谷急下。我踩著大步走回岔路路口，這次選了左邊的路。地圖上顯示，這裡應該有一條能通行四噸重卡車的道路。但這條路徑現在雜草叢生，我連行走都有困難，很快地，我就看不見我的腳丫了。後來我往下看，看到一條棕蛇從我右邊靴子三吋遠滑行過路徑時，我終於放棄。

我以沉重的步伐走過我昨晚跛行經過的相同街道時，須木中午通告午休的警笛聲正好響起。我詛咒這世上所有的孩童。我在一家餐廳吃午餐，它就在我十六個小時前喝下兩瓶啤酒的酒店的正對面。一位穿著卡其工作服的工人走在街道上，皮帶上倒掛著兩把砍樹枝用的大刀，晃來晃去。這光景看起來就像時光倒流。我從對街寺廟前的告示板上勉強讀出幾個字：你不能改變人生，但你能改變你看人生的方式。我花了二十分鐘，從各種角度思考我的人生，但仍然無法搞懂我究竟在做什麼。

我在公路上走了一個半小時，在下午兩點半，抵達臭氣燻天的隧道。我走出令我窒息不已的隧道，看見霧島（Kirishima）的圓錐形山巔在一道慵懶的夏末雲朵下，蒼白地矗立在天際線。我在路旁聞著清香的綠草睡了一個小時，然後跨步經過快要成熟的稻田。五點鐘，山谷開展成一片寬廣的潮濕平原，順著河流向著小林市顛簸前進。小林市位於黑綠色樹林間的一塊平原，街道呈現灰色的正方形，薄霧瀰漫。

我在雜貨店中喝了兩瓶啤酒。我坐在扶手椅上，老闆娘替我拿了一把電風扇出來搧風，還端給我一盤小黃瓜。兩個工人走進店內，站著伸展四肢，發出「啊」「呃」「啥」的聲響，以慶祝工作週的結束。他們其中有一個人想知道「我從哪裡來？」——這是個永恆糾纏著我，又不好回答的問題。倫敦、東京、延岡、須木。這次我回答須木後，他們便沒有再追問。我經過一個女人，她推著滿滿一個手推車的爛泥，我們為自己的愚蠢而不禁對彼此發出輕笑。六點鐘，從霧島中裊裊噴出羽毛般的柱狀卷雲，而太陽在壓爛柿子的色調所染成的天色下，逐漸西沉。

七點鐘，我走過小林櫛比鱗次的街道。這是我十天來經過的第一個都市。一家商店展示著出租的白色荷葉邊亮片結婚禮服。我在廣場飯店訂了一個密不透風的房間後，出門在附近的魚類餐廳吃飯。我碰到兩位神父。他倆穿著格子花呢襯衫，害羞地微笑，叫我到他們桌旁坐下，並為我買了一大瓶生啤酒。

一位神父叫馬利歐，一位神父叫佛拉比歐。馬利歐正在請佛拉比歐吃炸蝦。他們都屬於沙勿略[1]的教會。沙勿略是第一位試圖想使日本皈依改宗的西班牙傳教士。佛拉比歐來自神戶，他已經在那學了一年的日文，他還要在那再待一年，然後教會會決定要將他派往日本的哪個區域。這是他在九州的最後一晚。炸蝦很好吃。是的，非常好吃。馬利歐則是本地神父。他微笑地告訴我，他有三十位教區居民，但只有十位住得夠近，能夠參加每個禮拜天的彌撒。

「我不曉得這裡是個教區。」我說。

「喔，全世界都是教區。」馬利歐大笑，又點了三瓶啤酒。

啊，但用日文講彌撒很難，用日文聽懺悔更難。以前是用拉丁文，嗯……但主教是日本人。是的，他當然是。那是梵蒂岡的政策。從戰前就奉行著這個政策。教區居民如此之少，因此他過著相當孤寂的生活。住在大分的主教是日本人。但每個禮拜他會在宮崎和兩、三位其他教區的神父聚會。那是讓人期待的事。在聚會之後，如果其他神父手邊還有事要忙，他就自己去看電影。他手頭上沒有多少錢，也沒什麼可以花錢的東西。他有時會看看電影，買買啤酒，就這樣而已。

但最困難的地方在於贏得教區居民的信任。馬利歐已經做了他們兩年的神父，但還是感覺自己是個陌生人。啊，他會再在他的教區服務八年。再八年。這裡是真正的鄉下，真正鄉下的深處。此地的人民非常保守，對外人充滿著疑慮。餐廳在九點就關門，商店拉下鐵門，鎖起來。啊，他點著頭微笑著，如果他們肯信任他就好了。如果他們肯跟他講講話就好了。但他們非常不願意，非常不願意。如果他們肯多信任他一點就好了。他打開手指，摸著筷子的兩側。只要一點點就能讓世界有所不同。是的，他還會在這裡再住上八年。算了，算了。再叫一杯啤酒怎麼樣？或是咖啡——他最懷念的就是一杯好咖啡……

獨身禁欲生活對馬利歐這種男人來講一定很難熬。他四十二歲，個頭高大，粗壯結實，留著一把濃厚的鬍鬚，有著沉穩的眼神，偏好生啤酒，而非瓶裝啤酒。若將他與東京的耶穌會傳教士相較，只能讓人感覺荒謬。養尊處優的耶穌會傳教士主辦著各類委員會會議，或坐在舒服的大學教桌旁，為他們禮貌的學生編纂一本又一本的英文教科書。「日本是個仙境，」一本耶穌會教科書中寫道，「因此，日本人的舉止和舞蹈會像仙子是很自然的事。」我將此引述給馬利歐聽，他大聲爆笑的程度，恐怕危及他的靈魂。馬利歐在格拉斯哥（Glasgow）的神學院念過十二年的書。我可以想像他在船塢附近的酒館，對飲酒常客諄諄勸誡聖依納爵[2]的教誨的模樣。

1 Saint Francis Xavier，一五〇六—一五五二。

2 Saint Ignatius Loyola，一四九一—一五五六，西班牙宗教家，耶穌會創始人。

「日本人像什麼樣子，神父？」

「喔，我的兒子，他們是仙子。」

但沙勿略的日本並非是個仙境。日本於一六三九年開始向西方鎖國。那些追隨他的腳步到日本去的傳教士在這之後遭遇悽慘。他們被釘上十字架、遭到砍頭或被活活燒死。他們被倒掛在滿是腐爛殘渣的坑洞上面數日，直到他們因窒息或是吐出他們的內臟而死。馬利歐告訴我，他的一位「同志」現在在屋久島（Yakushima）。那是個位於薩摩半島南方的島嶼，並是蜜月夫婦的度假勝地。他在那裡住了三年，並研究奇凡尼．巴提斯塔．西多提[3]的一生。

西多提是在日本長達二又四分之一世紀的鎖國中，於日本傳教的最後一位傳教士。他是西西里島人。他在一七〇八年搭上一艘前往菲律賓的船隻，然後在他自己的要求下，單獨於屋久島登陸。他只在那裡待了兩天。他根本沒有時間完成使命。這是個「同志」間的大笑話：待了兩天，卻研究了三年。但這對西多提而言，並非是個笑話。他在登陸之後，旋即遭到逮捕，從長崎被一路押至江戶（東京），在監獄裡被關了六年。在這期間，他讓監視他的兩位獄卒受洗。他最後的監獄是在地上挖的一個洞，深達五呎，只在表面有個小裂縫通風，防止他因窒息而死得太乾脆。看守人將食物從那個小裂縫丟給他。他忍受了十二個月，最後在讚美上帝和他的傑作中，於十二月死去。

如果殉教的召喚能引發基督教傳教士的熱忱，那在西鄉隆盛的經歷中，是否有類似的衝動扮演過任何角色？證據顯示這位偉人也許曾抱持著這份衝動，評論家並指出他人生中的三個事件足以為此佐證。

在一八七三年的危機中，西鄉受人爭議的立場即屬於一例。當時他似乎要讓自己成為一個代罪羔羊，以燃起日本對韓國的敵意。韓國政府在此時禁止與日本通商，並採取了幾項激進的措施。根據武者小路的記載，西鄉在閣僚會議中表示，派遣外交使節到「頑迷固陋」的韓國去交涉，要比立即派出軍隊去攻占韓國（此項提議當然遭到他的內閣同僚板桓退助和其他人的反對），是更為高明的外交手腕，但是「如果韓方不聽取我們的合理建議，而採取激烈手段，侮辱和殺害我方的全權大使時，我們就有權利公開譴責他們，並出兵攻打。」他在隨後寫給板桓的書信中，仍然非常清楚地表明他的立場，並強調衝突的無可避免性。「先派遣使節比斷然派出軍力征討不是來得高明一點？」西鄉寫道。「在他們的傲慢之下，我們的使節一定會有所委屈，這讓我們有足夠的理由出兵。」西鄉在信件中重複，他在閣僚會議中所提出的要求：「由於韓國人將會殺害我們的使節，我衷心地懇求你指派我來擔任這項危險的職務。我也許不適合副島君（Soejima-san，外交部長）的職位，但我想我能處理我的死亡。」

西鄉的遺詞用字並未留下使人迷惑的空間，但是他的動機卻讓人爭論不休。大部分的歷史學家都將西鄉歸類成死硬派，而將他的立場歸諸於想在國家的規模上，力圖振興武士道精神。在幕

3 Giovanni Battista Sidotti，一六六八—一七一四，義大利神父。

府被推翻後的五年期間，武士道精神遭受到嚴重衰敗的命運。即使西鄉是陸軍元帥，自由派和人道主義者仍然堅決主張，他們的英雄不可能認為解決危機的方式是武裝衝突。西鄉當時（雖然完全不符合他的個性）是在使用詭辯手腕，以騙取像板桓這樣的鷹派同意與韓國展開對話嗎？或他就像這封信表面上看來的一樣，是在力勸板桓採取會導向戰爭的激烈手段？或者他只是想抓住這個危機所能提供的機會，轟轟烈烈地殉國。如果後者才是他的動機的話，這又是為什麼？

武者小路宣稱，「西鄉真的想死。」他的改編者在其他地方引述西鄉的人生經歷中的某些時刻時，它們似乎真的顯示西鄉的確刻意追求激烈的死亡。他在生前至少曾寫下一段詩詞，暗示他將公職視為自我毀滅的機會。一八七一年，當他終於被說服加入新政府之際，他寫下一首小詩，將他自己比喻成「綁在火刑用柱子上的犧牲牛隻，等待著於翌晨遭到宰殺和烘烤」。

第二個重要事件是，西鄉決定為他魯莽衝動的學生扛起偷襲鹿兒島火藥庫的責任，並領導他們走上戰場。他明知這項行動的最可能結果是戰敗和死亡。某些評論家強調西鄉對這決定的猶豫不決，某些則強調它的不可避免。但毫無疑問的是，這個決定無異是自殺。

第三個重要事件則指出，當西鄉還不是國家顯赫人物，但是卻是全日本最有魅力的人士時，就表現出的一股堅持執拗和反覆出現的死亡願望（death-wish）。西鄉早年於薩摩從事政治活動時，常被島津齊彬派去天皇的居所，京都。他在那認識了一位影響力強大的僧侶月照。月照是倡導讓有名無實的天皇復權的熱烈支持者，並在倒幕運動中涉足極深。一八五八年，幕府大舉肅清勤皇派，月照成為主要對象，於是他逃往薩摩。不巧的是，島津齊彬正好過世。繼位的島津久光決定，他不能因包庇一位惡名昭彰的逃亡者，而冒險與幕府公開作對，於是命令將月照帶領到他封地的邊境，並將他放逐——這對月照而言，即意味著死刑。不知為何，島津久光命令西鄉執行放逐月照的任務。月照和西鄉於深夜乘船，想要越過鹿兒島灣。在船航行到半路時，他倆一起走到船頭，依慣例寫下訣別詩，正式向彼此道別，然後跳入海中。月照慘遭溺斃，西鄉卻奇蹟生還。

人道主義者和對武士道表示同情的人士都強調西鄉想要與他命運乖舛的「朋友」共赴黃泉的義氣。這之後，月照的鬼魂糾纏了西鄉大半輩子。西鄉定期拜訪月照的墳墓，在他的死亡週年舉辦法事。西鄉在事件發生十七年後，為月照寫了一首詩，其中描繪自己「站在你的墳墓跟前，被死神相隔，我的眼淚徒然地流下」。其他人則指出，大力鼓勵西鄉和晉升其官位的島津齊彬的死亡，也許對西鄉造成某些震撼。而他的企圖自殺也許可詮釋為臣下為藩主殉死的傳統忠誠姿態（這項行徑被官方禁止了超過千年，但它仍在心理層面，繼續形成武士道規範的重要部分）。

但我覺得這些論點都沒有切中要害，不足以解釋西鄉和月照之間的友誼。武者小路的記載中顯示，在西鄉得知島津齊彬的死訊之後，他與月照的友誼才變得密切。月照力勸這位年輕人（當時西鄉三十歲，月照四十五歲）不要犧牲性命。根據某些資料來源表示，西鄉曾宣稱要殉死的意圖。西鄉從一八五八年九月一日寄送到他手中的信件中，得知島津齊彬的死訊，而他和月照的自殺發生於十二月十九日。這顯示兩人之間的友誼在短短不到四個月中突然變得密切，其間他們還曾分開五個禮拜。有人認為，西鄉所承受的責任感，也許大於友誼，因為是西鄉向月照保證他的逃亡無慮，並建議他逃往薩摩。但將西鄉描寫成如同基督般，為如此一段短暫的友誼犧牲生命，實在不足採信。雖然四個月的時間可以形成過從甚密的友誼，但還不足以醞釀出為其付出性命的精神。

如果這段友誼包含著同性戀的層面，武者小路對此更是絕口不提。一個在多年後製作的木版畫中描繪，西鄉和月照用手臂摟著對方的脖子，跳入海灣中，就像兩個愛人跳入日本最知名的華嚴瀑布殉情一般。而在西鄉描述自己在月照的墳墓旁哭泣的那首詩中，他也寫道，「我們擁住彼此，跳入海洋的深淵之中」。但我們不能以一個人在假設這是他生前的最後一項行動中，所感受到的情感和呈現的態度，來評判他。西鄉顯然偏好男性的陪伴，甚於女性，尤其是聚集在私立軍校中那些雄赳赳的年輕男性對他所展現的崇拜。但這在他的時代和階級中都屬正常之事。他總共結了三次婚，但似乎對妻子都不甚在乎。他的第一次婚姻如此草率，以致我們甚至不知道他妻子的名字。他的第二任妻子是南方島嶼的本地人，當時他在繼月照的插曲之後，失寵而遭到放逐。她為他生了兩個小孩。但當他被召回鹿兒島時，便將他們母子棄於島上不顧，獨自返鄉。但這又是當時的正常舉止。西鄉在家臣的鼓動之下，娶了第三任妻子。她為他生了三個孩子。一旦他成為國家英雄後，他似乎疏於照顧他的家庭，因為他常辭退帶來名譽的職務，也不常領國家的俸祿。他從來沒給他的家庭送過錢，在他死後，沒剩下儲金，而他在月照墳墓上所拚命流下的眼淚，也從沒浪費在他的家庭上。

但這番觀點忽略了西鄉的一個個性層面，即與歐洲浪漫主義派的雷同點。西鄉根深柢固地信任直覺甚於理性，偏好狂野的鄉間甚於城市。他在閣僚會議中，刻意穿著棉質和服和木屐，這帶給閣員時代倒錯之感。他鄙視任何金錢圖利的氣味。他像拉斯金[4]般相信，農業的道德優越遠超越工業和商業。在死亡方面，西鄉更是偏好死亡的浪漫主義人士的同路人：舉如，平靜死亡的濟慈；在義大利斯佩吉亞灣深夜海中遭逢暴烈死亡的雪萊；追求榮耀的死亡，並將心臟葬在希臘米索隆吉的拜倫[5]。西鄉從來沒有聽說過這些人，依他的個性，他會厭惡他們。他對自身命運的主控權超過他們，他對他死後的聲名也有一定的影響力，而這對他來說也許才是最重要的事。他在雪地中從鹿兒島出征，在迷霧中自俵野脫逃。他具體實現了與死神調情者或每個殉教者的夢想：那就是讓肉體在火焰中焚燒，從灰燼中以天使之姿升空。

來到西鄉隆盛的故鄉

現在，我不得不將尋找西鄉的老舊路徑此事拋諸腦後，而專心於追趕上他的速度。後者是個比較簡單但同樣累人的要務。我現在已走出高聳的山脈，在繞過霧島西方山麓平坦彎曲的漫長道路上前進。霧島在夏末夕陽餘暉中顯得清新陰暗，從山坡的裂縫中，而非從圓錐形的山巔，升起

4 Ruskin，一八一九—一九〇〇，英國美術批評家和思想家。

5 John Keats，一七九五—一八二一，英國浪漫主義詩人；Percy Shelley，一七九二—一八二二，英國浪漫主義詩人，乘船溺斃；George Byron，一七八八—一八二四，英國詩人，投身希臘民族運動中病逝。

小小的煙霧。西鄉在小林外圍打了一場在他的敗走中最激烈的戰役。二十八日，他率領著大約兩百人，攻散意圖阻止他往鹿兒島前進的大批官軍的後衛部隊。騎著馬趕著發情報的急報兵會將他的確切地點盡速通知官軍的最高司令部。從北方來的軍艦、大軍和砲彈一路追趕，像吸引鐵屑的磁鐵一般快速，使得西鄉不能在一處逗留太久。

沿路上，兩旁稻田中完全成熟的稻子使我流著口水，直到牙齒間都是細小的水流。稻田間有茄子的菜圃和廣告葡萄及梨子的告示板。路上有一棵小栗樹，我躺在樹蔭下乘涼，打了十分鐘的盹。隨後，一群戴著頭巾的女人抵達，開始將栗子丟進塑膠碗中，砰咚地大聲作響，彷彿未爆彈登陸一般。一列裝著擴音器的廂型車通過飯野（Iino）小鎮，發出尖銳刺耳的聲音，以大約是七千分貝的聲響，反對在鎮中裝置雷達。某些人懷疑那是為美國核子潛艇基地導航之用。「我們要和平！和平！」擴音器尖叫著，毀滅寧靜，在越過數哩的稻田間迴盪。

我徘徊在飯野的主要街道上尋找吃中飯的地方。我在馬路的一端發現一個進行中的喪禮。而在馬路的另一端則是一群喧譁的婚宴客人。他們腋下流著汗水，將外套甩過肩膀，招呼計程車載他們到婚宴場地。但是我看不到任何餐廳。就在我第二次走過街道時，一個年輕女人從大門緊閉的魚店中走出，在圍裙上抹著手，問我在找什麼。

「我在找吃飯的地方。」我說。

「我們樓上有餐廳，」她說，「只是我不知道我爸爸想不想開店。今天是禮拜天。」

「我只要吃很簡單的東西，」我說，瞄著門外的啤酒板條箱。事實上，二樓看起來不像是個餐廳。它只是一片鋪著榻榻米的大型空間，以拉門分隔。餐廳有四座卡拉ＯＫ裝備。可見籌辦餐點的對象不是一般客人，而是婚禮或喪禮中那些組織完善的音樂儀式。

但我吃了一頓可口的生魚片。儘管街道外面的婚禮和喪禮正在熾熱的藍色天空下進行，餐廳一直空蕩無人。最後，那位年輕女人的母親進來，在我桌子對面的坐墊撲通坐下，一來是陪我，二來她閒來無事，三來，她解釋說，因為我很奇怪。

「喔！」當她看到我的彩色大型宮崎縣地圖時說，瞪著它恍若它是一幅曼陀羅，「這張地圖會告訴你所有的事！所有你想要知道的事！你帶著這張地圖，哪裡都能去！」

「妳不為婚禮準備外燴嗎？」我問。

「不。」母親說，斟滿我的啤酒杯，咧嘴而笑，露出一嘴像彩虹般腐壞的牙齒。「他們都是大人物。大約總共有兩百人。他們要在小林辦場優雅的婚禮。」

「那喪禮呢？」

她又咧嘴而笑，露出綠色、棕色和黑色的牙齒。

「喔，我去上香了，但我們和那傢伙不熟。」

那位母親是個開朗，身材粗短的女人。她仍穿著她去上三分鐘香的全黑套裝，完全襯托出她那頭染成薑黃色、鐵絲般的頭髮。她帶著濃濃的熊本口音，又常露出彩虹般的牙齒微笑，造成一些說話的空檔，使我幾乎聽不懂她的話。我一提到西鄉隆盛時，她便開始向我描述田原坂（Tabaruzaka）之役帶給這位偉人的惱恨。她講故事的態度彷彿她是親身目擊一般。

在六個月的西南戰爭中，除了熊本城的圍城和城山（Shiroyama）的最後攻擊之外，田原坂之役可算是最知名的戰役，並可說是西鄉此次軍事行動的轉捩點。在田原坂之役前，這場叛亂仍然有以某種談判結束的微小機會。但在田原坂之役後，結果很清楚地顯示，西鄉軍只有潰敗一途。在三月三日左右，西鄉軍於距離熊本外十七公里的田原坂高處，布置一道難以攻陷的防禦陣地，以試圖阻止官軍的增援部隊在他們放棄圍城後與城中的駐軍會合。田原坂在軍事學家的心中又稱為「自殺峠」。從北方抵達的官軍卯盡全力，猛攻此據點長達兩個禮拜。在戰鬥中，大部分的打鬥仍是以刀劍相向。而在三月十九日的週末，兩方折損的兵力總數為三千人死亡，四千五百人受傷。在二十日晚上，連日來不斷增援的官軍以砲彈攻擊，將反叛軍驅離高地。

但從這位頭髮染成黃薑色的魚販母親口中所說出來的歷史，遠沒比一首一九二八年的歌曲來得活潑。這首歌讓人感覺有點古怪（那時是中午，她穿著全黑的套裝，而華麗的喪禮儀式就在她的魚店對面，陽光斑斕的街道上舉行）。她拍著手，對聽得入神的唯一聽眾唱道：

雨紛紛降下，紛紛降下，
將馬兒和人淋濕。
他們必須穿越，他們不能穿越
田原坂。

右手中是沾滿血的刀，
左手握著馬的轠繩。
高而英俊地坐在馬鞍上——
啊，美少年！

山丘上布滿他們的屍體，
河水裡都是他們的鮮血，
灌溉著秋收——
悲傷、狂野的秋天……

我離開在魚店中唱歌的母親，趁著下午，趕緊趕路。四點半，我被燃燒穀殼的濃煙嗆得咳嗽不已，並越過縣界進入鹿兒島——西鄉的故鄉。

一個小超市外停了一輛迷你巴士，四個小孩坐在裡面，他們的父母去購物，還沒回來。一個小孩正在看一本觀光手冊。日本國鐵[6]最近雇請一位知名的小說家想出一個觀光口號，而所花的佣金數目竟然比日本一般上班族一年的薪水還要多。這個口號鼓勵日本人在日本國內度假，而不

6 原為國營的日本國鐵於一九八七年後實行私有化後成立的十二家公司組成了ＪＲ。

要出國旅行。我猜，這口號只花了那位知名作家五分鐘便想出來。它只包含兩個字，都不是日文。

「Ekusochikku Jyappan（Exotic Japan「異國情調的日本」的日式發音）是什麼意思？」小孩納悶著，以敬畏的口氣發出那兩個字，不斷地將手冊在她手中旋轉。這個，我非常想告訴她，Ekusochikku 這個字眼指的是，支付一位知名作家一筆比上班族一年薪水還要多的錢，然後讓他花五分鐘想出一個兩個字的口號，字眼高深到十二歲以下或四十歲以上的人都看不懂。而 Jyappan 這個字指涉的是會發生這類奇妙事情的神奇地方。但當然我沒那麼多嘴。我從自動販賣機買了一罐啤酒，跨騎在一道籬笆上，等著我的腳丫掉下來。天氣炙熱。我停下來買啤酒，酒店老闆從頭到尾瞄了我一眼。我的牛仔褲骯髒不堪，牛仔襯衫被汗水在胸口和肩膀處磨出許多破洞。這些都難逃他的法眼。他和藹地建議我，不妨在流經他院子下方的河流裡清洗我的衣服。

「喔，我到旅館後再洗就好。」我說。

「河水很乾淨，你知道。」他堅持借給我一個籃子。

事實上，那條河水一定比我——和西鄉——在吉松（Yoshimatsu）溫泉小鎮度過一晚的鏽棕色洗澡水還要乾淨。旅館的女人將她微黑骯髒的小浴池稱為「家族風呂」，但我不會慫恿我最討厭的親戚去那邊泡澡。我爬下一道陡峭的金屬梯子，腳丫上的水泡被旅館的小木屐刺破，然後走到澡堂隔壁的院子裡，彎著腰從洗衣機裡拿出我的衣服。我的雙腿搖晃得非常厲害。我頓時雙腳一軟，一隻腳踏進排水溝裡，一隻腳則踩進盆栽中，而我剛剛洗乾淨的內衣全掉進一個充滿孑孓的水槽裡。

那個女人帶我去看每個旅館房間，所有的房間全是空的，也沒整理好。她最後決定讓我住進一間房間。四帖半榻榻米大的房間內，床墊仍然鋪著。一個大玻璃菸灰缸裡面全是菸屁股。「這會是最涼爽的房間，」她說。床墊的床單上有啤酒的污跡，而她從衣櫃裡替我搜出來的浴衣（在我不願穿那件昨晚的住客隨手扔在床墊上的浴衣之後）上面也沾著污跡，而我最好別說那些是什麼。電燈是一個六十瓦的燈泡，榻榻米上有十三處香菸燒灼的痕跡。旅館裡找不到蚊香。俯視院子裡孑孓水槽的窗戶卡住，無法關上。整晚，蚊子在我耳邊嗡嗡作響，不斷俯衝，但我浴衣上的污跡似乎讓蚊子遠離。在半夜，八月天轉變為九月。啊，真是優美細膩的少年時光呀。

我往前走一公里，交通就愈壅塞，空氣中充滿著柴油的廢氣，天空布滿櫻島（Mount Sakurajima）噴發的黑灰。餐廳裡的電視廣告鼓勵鹿兒島人租用工業用吸塵器，這樣他們才能將人行道、車輛、花園和街道上的火山灰清理乾淨。在一家餐廳中，老闆理著平頭，穿著格子長褲和白色汗衫，給我一大盤油脂豐厚的生雞肉。那隻雞剛剛才被宰殺，並醃泡在醬油中，大概是為了掩蓋火山灰的痕跡。

「日文是世界上最難的語言，對不對？」他問我，在我能回答前，轉身用力將蒼蠅拍走。

「你結婚了嗎？」一位憔悴的女人問道。她穿著及膝的細條花紋緊身裙。「你有妻子嗎？你想娶一個嗎？」但她也轉開身子。

一位從北方來的卡車司機穿著白色汗衫，叫他倆停止說外國話（鹿兒島方言和津輕方言一樣，被認為是日本最難懂的方言），並對我解釋，所有的九州縣內，只有宮崎人能說標準日語。這就是為什麼新聞主播都來自宮崎的原因。

餐廳老闆點點頭，用粉紅色的蒼蠅拍拍打蒼蠅。

「沒錯，」他說。他說的話在我聽來沒那麼難懂。「自從田原坂的那場混戰以來，鹿兒島人就被孤立了。」

司機向我解釋，我今天走的那條公路自從鹿兒島機場開用以來，就為卡車所嚴重阻塞。卡車司機們發現走這條路從鹿兒島到熊本（Kumamoto），遠比走經過水俣（Minamata）的那條海濱公路，要省三分之一的時間。這條公路受到匆忙趕路的卡車司機歡迎不已，並以白色木製十字架在不等的間距間顯示：「昭和四十九年五月三十日，兩死」，「昭和五十六年八月四日，一死」，「昭和五十九年三月六日，三死」。我想，這真是方便，以沉重的腳步邁下山谷，透過廢氣，吸著稻田的香味。稻稈隨風飛舞。

稻田之間，修剪整齊的茶樹叢取代藤蔓和梨樹，而這個好處受到每隔一百公尺左右的大型看板大力地宣揚：「栗野茶，日本第一的香味和味道」。再往前走，在靠近栗野（Kurino）小鎮，一個愛情賓館的好處被以相似的手法呈現。愛情賓館和商務飯店的差別在於，它的房間是以小時出租，而非以夜數出租。必須從邊道進入愛情賓館並沒有什麼差別，反正你在短暫留宿期間，所進行的都是水平活動。這個賓館稱做時髦栗子飯店，看起來像維多利亞時代幻想中的鳳宮[7]，或是倫敦的聖潘克拉斯車站。後者就真的是維多利亞時代幻想中的鳳宮。它有紅白磚瓦的塔樓和城垛，以及塑膠彩色玻璃窗。彩色玻璃窗被每三十秒鐘就轟轟然駛過的卡車廢氣和火山黑灰燻得焦黑。我隨便都可以想到幾個我不想躺下來做愛的地方，但聖潘克拉斯車站也許是個例外。

四點，我踏著重步走進橫川（Yokogawa）。它是個灰撲撲的小鎮，建築物都只有兩層樓高。咆哮駛過的卡車使得陽光燦爛的下午變得吵雜、骯髒和沮喪。終於離開繁忙的支道時，我鬆了一口大氣。我朝著火車站，在小鎮的空曠街道上徒步而行，經過健身房、寵物飯店，和一群在公車站等車，不斷咯咯輕笑的女學童。我在火車站前找到一家小餐廳，放下背包，點了一瓶啤酒，並問經營餐廳的矮胖老婆婆哪裡有旅館。

「喔，橫川沒有旅館，」她喘著氣說，「以前有一家，但在十年前關門了。」

「那麼，最近的住處在哪？」

「你可以試試溝邊（Mizobe）溫泉。那大概離這裡有十公里遠。那裡一定有旅館。」

因此，我喝完啤酒，並為了接下來的兩小時腳程做準備，又喝了一瓶啤酒。我剛付完帳單，揹起背包時，另一位矮胖的女人走進餐廳。她與老婆婆長得很像，除了她是滿嘴金牙之外。她撲通坐在一張桌子旁，翻閱著報紙說：

---

7 Camelot，傳說中亞瑟王王宮所在地。

「這是誰？」

「我不知道。他喝了兩瓶啤酒。他要走路到溝邊去。」

「幹嘛？」

「橫川這裡沒有旅館。」

第二個矮胖女人點點頭，翻著報紙。老闆娘扭曲著臉，嘴裡叨叨地唸著，開始小心翼翼地擦著桌面。我放下背包，問她們我可不可以查查當地的電話簿。但兩個女人都不知道哪裡有電話簿。

「山丘上有一家小吃店。」

「在哪裡？」

「在製造什麼的工廠附近。」

「什麼『什麼』？」

「你知道。就是那些東西。」

「那不是旅館。」

「可是它是一家民宿。」

「妳說他想找旅館。」

「它有多遠？」我問。

「喔，不會太遠。男人走的話，三十分鐘。」

「我們這裡還是應該有家旅館才對，」第二個矮胖女人說，搧著她的臉。

「是的，我們應該有，」老婆婆同意，「我們有壽司店。」

「還有寵物飯店。」

「妳確定三十分鐘外有家民宿？」我問。

「喔，是的，很確定，」兩位女人異口同聲地說道，點著頭。

「那不是一家旅館。那只是一家小吃店。外地人經營的。」

「外地人？」

「從四國來的人。」

因此，我循著我四十分鐘前的空曠來時路，走出小鎮。高中內練習的管樂隊樂聲大作，幾乎淹沒了所有的噪音，只聽得到鳥兒的尖鳴。當道路蜿蜒而上，開始攀爬山丘時，鳥兒的尖啼聲變得更大聲，更瘋狂。也許鳥兒們有預感，知道櫻島就要噴發融岩，而非火山灰，就像鯰魚在地震幾天前就知道會有地震一樣。我經過那家不知道在製造什麼東西的工廠。原來是在製造積體電路。而民宿兼小吃店的隔壁則佇立著一家水泥工廠。民宿老闆娘豐滿圓胖，非常活潑，穿著一件粉紅色T恤。T恤前面有一排英文：「四大自由：言論、宗教、欲求、恐懼」。哈囉，我想，他們是傳教士。

「你在泡澡前要不要來瓶燒酎？」老闆娘問我，「我丈夫總在泡澡前喝點燒酎。我們十三年前搬來這裡時，他就養成這個習慣。燒酎是本地的宗教。」沒問題，我想，他們能讓我改宗教。

但在我喝了半杯燒酎，思考了幾分鐘之後，我決定我還是喝啤酒好了。我在泡澡時，想起我曾在鹿兒島縣南部的枕崎（Makurazaki），一家魚類加工工廠裡喝了芋燒酎（imo-jochu）後，隔天的嚴重宿醉。芋燒酎是用馬鈴薯（芋，imo）製造而成的燒酎。那位和藹的工廠老闆一直為我斟酒，並不斷指稱他自己和鄰居都是「芋侍」（imo-zamurai）。「我們都是薩摩的芋侍，」他打著嗝，在電熱板上放上另一個茶壺。芋燒酎聞起來像汽油，味道嚐起來則像我想像中的鹽酸。第一滴抵達我消化道的燒酎灼痛得像我的體內長了一個高麗菜大小的潰瘍。簡言之，這是需要習慣的味道。但我在抵達鹿兒島市前，還有五十多公里的路要走，因此，我決定延遲習慣的時間。

老闆是個骨瘦如柴，粗魯快活的人。當我坐在櫃檯旁吃著鰹魚時，他告訴我，他雖然在鹿兒島住了十三年，還是聽不懂它的方言。他來自四國的高知（Kochi）。難怪牆壁上掛了那些印著鬥犬、長尾雞和其他高知特產的三角旗，還有擠放在櫃檯旁的便宜紀念品。其中包括一對人偶，一位穿得像和尚，一位穿得像尼姑，兩個人偶並肩站在「播磨屋橋」（Harimaya Bridge）的標示前，靦靦地微笑。和尚用手臂摟住尼姑的肩膀，手上拿著裝飾用的髮飾。那種髮飾只能在浮華世界的高級店中買到。我以前見過這個紀念品。它叫做Bosan Kanzashi（僧坊簪）。它描述了高知一首民謠〈Yosakoi節〉的第一節情景，其中有兩件事時常讓我感到迷惑。

幾年前，日本放送協會出版的一本教育雜誌，請我翻譯〈Yosakoi節〉這首民謠。那時我就對一件事感到很好奇。第一節完全沒有問題：

在高知的土佐的播磨橋上，
我看見和尚買一個髮飾。

但第二節卻引發一場大騷動：

和尚為何不能買髮飾，
就像瘸子也能買高跟木屐一樣？

「不行，不行，不行，」恐懼異常的編輯喘著氣說，「你不能在ＮＨＫ的雜誌中用瘸子（cripple）這個字眼。你也不能用日文原字 izari。我們不能印刷它，將它說出口，或讓別人知道我們曉得這個字存在。觀眾會停止付他們的收視費[8]。」

幸運的是，這首歌有另一個第二節：

和尚為何不能買髮飾，
就像盲人也能買眼鏡一樣？

---

8 日本法律禁止媒體使用一些涉及歧視的字眼。

「不行，不行，不行，你不能用盲人（blind）這個字眼，」驚恐萬分的編輯又喘著氣說，「你也不能用日文原字mekura（盲目）。你不能印刷它、說它、唱它或想它。」

「這個，是你請我翻譯這首該死的歌，」我抱怨，「那現在你要我怎麼辦？」

「你能不能翻譯我們在電視上播放的那個版本？」

「它是怎麼唱的？」

高知是個好地方，
請時常來此地拜訪……

在此之後，我再也不翻譯民謠了。

第二件讓我感到好奇的事是人偶穿的衣服。〈Yosakoi節〉裡面唱的事件應該發生在一八五五年，是在西鄉元帥領軍終結封建時代的十三年前。顯然，四國最古老的佛寺竹林寺（Chikurinji）的僧侶愛上了靠近花街柳巷的一家修理店的女孩（播磨屋橋就位於此區的中心）。他為她買了一個髮飾。他公開去買髮飾，也許是為了追求大眾對他愛情的認可，或也許是為了加速災難的發生，因為他一定知道，他倆的關係注定沒有結果。無論如何，那女孩顯然很喜歡那個髮飾，因為不久之後，她就與和尚私奔。但他倆在關隘遭到攔截，然後分別被放逐到不同的地方，沒有機會再見面——這成為人形淨瑠璃（傀儡戲）的好主題。

但引發我好奇的是，紀念品製造商將修理店的女孩變成佛教尼姑。也許他們覺得這樣才和諧對稱。或者，也許那個女孩真的脫離殘酷的世界，而投身寺院中——下場淒涼的愛情在日本傳統上常以此收場。但將私奔前的她描繪成穿著尼姑的衣服，與和尚並肩站在橋上，反而讓這段戲劇最有力的象徵失去作用。那就是，如果她原本就是個尼姑，她究竟要髮飾做什麼？

我對老闆提出這個謎題，但那個問題似乎並未挑起他的想像力。在我看來，他在未來也不會對此問題多做思考。因此，我們坐在櫃檯旁喝著啤酒和燒酎。一輛車在門口停了下來，兩個消瘦、曬得黝黑、穿著時髦的男人瀟灑地走進店內，開始質問老闆娘她所能提供的服務。她提供什麼樣的早餐？房間安靜嗎？乾淨嗎？房間裡是床還是睡墊？結果，那位頻頻發問的男子並不打算住在這間民宿，他只是為他的同伴問這些問題。他的同伴是位職業高爾夫球選手，前來參加三天後要在鹿兒島機場鄉村俱樂部舉行的九州公開賽。當那個問了一大堆問題的男人到房間去檢查紗窗時，老闆問那位職業高爾夫球選手，他的朋友是否是一位飯店接待人員。

「不是，」職業高爾夫球選手吃了一驚，「他也是職業高爾夫球選手。」「原來如此，」老闆說，為自己再倒了一些燒酎。

八點鐘，老闆在隔壁工廠的三位好友上門來和老闆打麻將。第一位職業高爾夫球選手在檢查過衛生紙的數量之後，便開車離去。第二位選手很早便就寢了。我只好自找事做。老闆娘借給我一本有關西鄉隆盛的書，它是由鹿兒島的家長教師會所出版。書中大力讚揚西鄉在促進薩摩和土佐的著名聯盟上所扮演的角色。（土佐是高知的舊名。）我上床睡覺，很感激曾有這項聯盟。卡車整晚隆隆駛過我的窗口。我在不安穩的夢中，模糊聽到麻將牌的喀嗒聲響，響得像高爾夫球在水泥拌攪器裡滾動的聲音。

為了追求行軍速度，西鄉現在最該採取的道路是往南，直走那條直接通往鹿兒島市的路徑。但有兩件事情阻止他這麼做。三好將軍（General Miyoshi）率領的大批官軍的後衛部隊，雖然在三天前於小林遭到西鄉的偷襲而潰散，但現在已經重新集結起來，並駐守在鹿兒島北方，意圖阻止反叛軍直接進入城市。第二個考量是，西鄉若沿著這條繞著鹿兒島灣西北海岸的路徑而行，他將遭到在那裡下錨的戰艦的砲彈攻擊。西鄉的情報不可能很完整，他可能沒辦法知道，戰艦是否有在鹿兒島會合。但近年來的歷史有教導他，如果艦長有心的話，停錨在港灣的戰艦照樣能造成極大的殺傷力。他既然已經敗走到此地步，實在不用再多做冒險。

一八六三年八月，當時的西鄉失寵於島津久光，因此暫時被放逐到蚊蟲肆虐的沖永良部島（Oknoerabu）去。七艘英國戰艦航進鹿兒島灣，索賠兩萬五千英鎊的賠償金，並要求將一些薩摩武士處以極刑。這些薩摩武士在橫濱攻擊四位英國人，殺害一位，並讓兩位受傷。衝突的起因在於，這四位英國人在騎馬路上，途中碰到薩摩藩主的出行行列，不肯依習俗下馬並鞠躬致敬。薩摩藩對英國人的要求置之不理，因此在海灣中的英國戰艦漫無目標地隨意開火，在兩個小時之內，就使得城中紛紛引發大火，並讓居民陷入恐慌之中。日本仍然將這個下午發生的事稱做薩英戰爭（Satsu-Ei Senso）。有次，我在鹿兒島的酒吧裡，對此事開玩笑般地道歉，但其他酒客卻對此嚴肅以待。那些酒客也應該道歉。因為薩英戰爭結束時，撤退的戰艦剛好碰上颱風，六位英國水手因此喪生。這使得當地人再度加強了神風[9]的本地信仰。無論如何，西鄉有理由不讓他自己和疲憊萬分的軍隊暴露在海軍砲擊之下，因此，他選擇了一條較不直接的路徑，取徑遠離海灣的漫長西南彎道，經過內陸小鎮蒲生（Kamo）。他和反叛軍在這裡度過八月的最後一晚。

這時是下午三、四點，天氣熾熱。我蹣跚跛行在主要幹道之上，經過一家家的房舍，追隨西鄉的腳步。我在稻田邊的草地稍做停留，小睡了一會。但那裡沒有樹蔭，火熱的太陽曬乾我的嘴唇，並使得我鼻梁上的肌膚龜裂而流出血來。血乾涸後呈現墨汁色。我沿著卡車司機的道路走到最後一段，經過一些小村莊，想找吃中飯的地方。但村莊裡古怪地沒有中心點，彷彿建築物為西鄉所恐懼的砲擊弄得七零八落。在這些村莊中，我至少可以理上三次頭髮，但會在理髮院間因口渴而死。

我從宮崎縣進入鹿兒島縣，而我所來自的縣人口如此稀少，以致前陣子打的官司，認為現行國會議員選舉違憲。比如，大阪高等法院裁決，在一九九〇年二月的選舉中，宮崎縣二號選區的一張選票（那是全國人口最稀少的區域）相當於高度工業化的神奈川縣四號選區三點一八張票。（當稻農的一張選票可抵上三張老師或都市家庭主婦或工程師的選票時，難怪執政黨仍然不願意

9 kamikaze，成吉思汗於一二八一年意圖侵略日本九州時，遭遇颱風而鎩羽而歸。日本人將之稱為神風。

開放日本的農業進口市場)。在宮崎縣,雖然我曾走過荒涼的鄉野,一天碰不到十二個人,但在路徑最後,我總能找到一家民宿、旅館,甚至商務飯店投宿。但在鹿兒島縣走了兩天下來,儘管它的馬路為卡車所阻塞,有著積體電路工廠、水泥工廠、機場鄉村俱樂部和紀念交通意外死亡的十字架,但我連續兩天都差點找不到住宿,並在村莊中找不到吃飯或喝酒的地方,而我原本很有自信能找到它們。

啊,進步呀,進步,我對著自己哼道。我沿著安靜而無卡車行駛的迂迴道路走了不到十五分鐘,就看到一片大建築物。它在一片空曠地帶中,如精緻的海市蜃樓般崛起。建築物有鯉魚養殖場、鱒魚池和一家設計得像飛機棚的餐廳。餐桌上都連接有圓筒狀的塑膠細長水槽,讓浸泡在冰水中的素麵順著水流流下。我在桌旁快樂地坐了一個小時,讓素麵被水沖走,再用我筷子的頂端夾住麵條,歡欣地打著嗝。這有點類似坐在精緻的塔荷湖(Lake Tahoe)賭博台前和跑著去玩鐵路模型兩者之間的娛樂。餐廳內還有其他三名客人。他們都是上班族,穿著西裝,打著領帶,咬著牙籤。其中兩位叫第三位「部長」,小心翼翼地讓他的素麵通過的時間,比他們的長上兩倍。之後,部長漫步到鱒魚池去沉思,咬著牙籤,然後在一段安全距離之外,端詳著我。

我的道路繞過鯉魚養殖場,攀爬過隆起的高地,經過彎道,進入內陸山丘。整個下午鳥兒的高啼聲與瀕臨死亡的蟬兒相互較勁。在森林之上,我可以看到櫻島薄霧瀰漫的圓錐形山巔。薄霧上面是一層夏季白色積雲的巨浪,更高處則是飄浮的黑色火山灰。然後,森林向一道山谷開展,寬闊的山谷裡種滿稻田,在那之後,靜躺著蒲生這個小鎮。我從餐廳裡拿來的觀光手冊中得知,這個小鎮以兩件事物聞名。第一個是在神社院內佇立的那棵橡樹，根據觀光手冊所言，那是日本最大的橡樹。第二個是神社本身曾做為NHK電視劇的外景地點。在我向蒲生的居民提到這兩件事時，我發現他們都只記得作為外景的光榮事蹟，而忘了那棵巨樹的事。觀光手冊裡有一張照片，年輕的母親和幼小的兒子快樂地在橡樹的巨根間玩耍。但當我蹣跚地走進神社去看那棵橡樹時，我發現它的根部和樹幹現在全用鐵絲網圍起來。附近的標示寫道，這棵樹已被指定為特別天然紀念物。它現在受到高度保護，年輕母親和快樂的幼小兒子再也不能接近它。

但這件事並未困擾我，因為這棵巨樹的迷人魅力，至少對我來說，還比不上我後來在蒲生碰到的一樣事物。我在這個九月的下午，踏著重步走過外圍的稻田，在完全偶然的機會下，突然被這項事物擋了下來，我絆了一跤，跪坐在地上。那是一座田之神（Ta no Kami）的石製雕像，屹立在我所走的偏遠路徑上。它前面有一個空錫罐，裡面插了三朵剛摘下來的花。它大約八十公分高，嵌在教堂門口形狀的壁龕中，從一塊岩石裡凝視著外界。這位神祇被塗上鮮亮的色彩，外表看起來像個小丑——黃色短袖上衣、紅色和黃色燈籠褲、青白色的臉龐、紅色的嘴唇，以及鼓脹肥胖的玫瑰色雙頰。這讓我納悶，沙勿略和其他歐洲傳教士的影響是否曾展現在蒲生雕刻家的鑿子上。神祇在手上握著一柄大型飯匙（shamoji）。一面金屬匾額豎立在它旁邊，記錄雕刻時間是一七六八年，現已被指定為縣指定文化財。

一位纖瘦的老婆婆注意到我跪坐在路旁，盯著這個石像。她告訴我，在九公里遠外的鄰近村莊，漆（Urushi）也有一個這樣的雕像。的確，當我重新翻閱蒲生的觀光手冊時（「散發史跡、緣意和浪漫氣息的小鎮」），我發現介紹這兩座雕像的段落。另一個神祇較為粗糙，體型較大，沒有上漆，但它也有同樣的惑人和幻想氛圍。它比較沉重，顯然是位女性，被雨水磨得沒有眼睛，全身為苔蘚所覆蓋，手臂中抱著一個搖籃。但在蒲生社區中心的一個男人後來告訴我，那也是一個飯匙，最近才被一個摩托車醉漢撞短。女性神祇手臂裡的東西看起來像一個剛洗過澡的嬰兒，或是一個巨大的陽具。這個田之神也被縣政府指定為文化財，旁邊也立著一個官僚作風的匾額，注明它的雕塑日期是一七一八年。但錫罐裡的花朵顯示，這兩位神祇都還沒落入文化財指定者的手中，因而未變得高高在上。祂倆仍是村民積極的尊崇對象。摩托車醉漢和縣政府官員盡最大的努力，來馴服這些石雕所具體代表和安撫的神靈。但如果摩托車騎士和官員能稍微體驗到田之神的鄉野神力的話，我想，他們會嚇得尖叫著跑開。

我找到小鎮唯一的旅館，在那吃過晚餐，然後出門，在一家叫薩摩屋（Satsumaya）的酒吧喝酒。那裡的媽媽桑雖然沒有受到保護，但至少細心保養得很好。

「以前蒲生有五家旅館，」她告訴我，「現在只剩你住的那家。我們以前也有兩家藝者置屋（藝妓屋）……」

她微笑，露出一嘴鋼牙。

「在我小時候，村裡到處是金礦探礦的人。現在三菱的人進出村公所，想再辯論重新探礦的可能性。如果他們肯蓋個大飯店，那不是很好嗎？」

「有塔樓的那種？」

「塔樓？」

「像聖潘克拉斯車站。」

「不，不，不要像個車站。我們沒有鐵路。在稻田中蓋個大飯店……」

媽媽桑傾身過來，斟滿我的啤酒。

「像我這種老太婆替你斟酒，你一定覺得無聊死了。明天你就會到鹿兒島市。到時你就會找到年輕女孩。要多少有多少……」

她碰觸我的手臂。我手臂上的寒毛像鋼梳般直豎起來。

我非常晚才回到旅館，經營旅館的老祖母在我回房更衣時，像精靈般靜悄悄地出現。她一頭灰髮，穿著灰色的洋裝。

「你上哪裡去了？」她低語，「你跑去打柏青哥嗎？」

「不是，我去喝酒。」

「哪裡？薩摩屋？你沒跑去薩摩屋吧？」

她站在半陰暗的房間內瞪著我，手裡抱著熟睡的孫子。是個嬰兒，不是飯匙，也不是陽具。

我在半路上發現一個設備齊全的溫泉使我最後一天的腳程輕鬆許多。我在溫泉裡消磨了三個小時，泡了兩次澡，並在餐廳內吃著從我桌上的循環跑道中，用冷水沖下來的素麵。我喝了四瓶啤酒，和五個工人發生爭執。就在我專心地試圖用筷尖夾住沖下來的素麵時，他們其中最年長的那位工人，臉龐嚴峻，突然站起身來，用他酒瓶裡的酒斟滿我的酒杯。他一語不發，然後回去坐在他那些安靜嚴肅的同伴身邊。女侍們開心地咯咯傻笑。於是我站起身，走到他的桌旁，直接從我的酒瓶倒啤酒給他喝。他的眼睛霎時瞇成細縫。他的同伴低頭看著冒煙的香菸。女侍猛地轉過身子，開始撣紀念鑰匙圈上的灰塵。我走回我的桌子，再度坐下。然後，那位年長工人又起身，走過來我的桌子，意味深長地看了我一眼，斟滿我的酒杯，回到他的桌子去。現場一片死寂。我不甘示弱地站起身，走過去，斟滿他的啤酒。女侍原本不安地朝我們走了一步，在思考過後，消失在廚房中。那五位工人後來向我僵硬地鞠躬，一聲不吭。那之後，我們對彼此視若無睹。我一次吞下拳頭大小般的素麵，終於把麵吃完，了悟到剛剛又打了一場薩英戰爭，只是我不曉得這次是誰贏。

道路在低矮山丘間迂迴前進，緊跟著一條水流緩慢的小溪。小溪在愈接近都市時，就愈發臭氣燻天和壅塞。一路上沒有樹蔭，也沒有可以坐著休息的地方。在偶爾可見的高速公路遠處，櫻島隱約地聳立在厚厚的火山灰之中。道路的兩旁、稻田和樹，以及車庫的屋頂都覆蓋著一層厚重的黑色火山灰。四點鐘，我聞到海的味道。四點半，我第一次瞥見鹿兒島灣，朦朧蒼白，在遠處大隅半島（Osumi peninsula）的烘托之下，像幅水墨畫。五點十五分，我無精打采地經過佇立在鹿兒島美術館庭院內的西鄉元帥雕像。鹿兒島美術館位於城山山麓，而那座雕像生硬得像個傻瓜。城山是西鄉的戲劇最後一幕的上演地點。它就在法國飯店、蒙特飯店和凡爾賽飯店的轉角之處。

西鄉在九月一日晚上抵達鹿兒島市。我則在三日走進鹿兒島市。我在十八天前自延岡出發，總共走了四百八十公里的路。西鄉在發現這個城市竟然毫無防備時一定相當驚訝。二好將軍的軍隊仍在離此北方十哩處駐紮，等著反叛軍從海岸掙扎而下。西鄉和他疲憊不堪的殘餘軍隊不費吹灰之力地占領他們的家鄉，驅離一小批無心奮戰的官軍和警察。在這段長征中，陸續招募而來的新兵（有些仍然穿著官軍的軍服）出自於尊敬、勇敢、懷舊或走投無路等各種理由而加入西鄉軍。這些新兵加上原本就追隨他走上長征的學生，西鄉目前指揮大約三百七十名士兵。西鄉現在完成他的最後目標，但他的軍隊擁有武器的不到半數，而某些新兵甚至沒有作戰的經驗。在這六個月的西南戰爭中，士兵傷亡的總人數是西鄉於二月率領一萬五千名戰士自鹿兒島出征時的兩倍。而現今包圍鹿兒島，開始向西鄉逼近的武裝官軍總人數則是總傷亡人數的兩倍。

如同西鄉所恐懼地一般，從西鄉占領鹿兒島的那一刻開始，在海灣的戰艦便開始砲轟城市。大火在櫛比鱗次的木材建築間蔓延開來，燒毀西鄉出生的房舍。私立軍校受到嚴重損毀，這裡是六個月前，反叛的火花點燃的地點。西鄉和他的補佐官（上尉）決定，最好的策略是防守城山。城山是位於城市中心的山丘，森林茂密，碎石遍布。西鄉軍在此挖掘壕溝，豎立竹樁，淘空幾個小洞穴——不過是岩石間的窪地——做為軍營和最後的作戰本部之用。九月三日，官軍開始在山丘腳下建造一連串的土壘，部分是為了保護自己，但最主要目的是在圍堵反叛軍，並確保在俵野發生的大膽脫逃不會再度上演。一旦等土壘在十日完成後，陸海兩軍的大砲便開始夜以繼日地轟擊山丘。但城山是個完善的天然要塞，想要從山丘上削減或驅散反叛軍並非易事。

城山的包圍持續了三個禮拜，在戰事後期，政府的步兵連隊步步逼近山丘，甚至近到可以用來福槍或五十磅重的砲彈打進反叛軍的陣地。反叛軍此時已經米糧殆盡。他們撿起官軍發射過的子彈，試著重新鑄造，以應彈藥不足之需。他們將六個加農砲和兩個迫擊砲拖上城山，但卻沒有砲彈，只好用從屋主已逃走的房舍內搶奪來的廚房用具來鍛造砲彈。他們沒有床，因此睡在赤裸的岩石上。他們也缺乏手術器具，只好拿手邊的一些工具來應急：刺槍用來取出子彈，木匠的鋸子用來截肢，而芋燒酎則用來當麻醉劑。西鄉在十九日搬到他住的最後一個洞穴。這個洞穴後來被嚴謹地保存下來，並有個告示板描述這位偉人和他的親密戰友在二十三日晚上的行動。根據告示板表示，那晚他們彈奏琵琶，跳著薩摩劍舞，並詠詩作樂。

二十四日凌晨四點，至此為止最激烈的轟炸展開，七旅官軍在砲擊的掩護下攻上山丘，進入反叛軍的陣地猛烈攻擊。清晨六點左右，西鄉和輔佐官沿著部分有人居住的狹窄路徑，開始徒步下山。在NHK的大河連續劇〈獅子的時代〉中，飾演西鄉的演員為這個場景穿了一件喜歌劇的制服，在胸口挨了一彈，用右手勇敢地抓住傷口，繼續下山。而歷史上真實的西鄉可能只穿著一件寬鬆的非正式棉質和服（他連在首都從事閣僚公務時都如此穿著）。子彈打中他的鼠蹊部（武者小路的改編者謹慎委婉地說是大腿和腹部）——這是對他已承受痛楚的解剖部位最後的諷刺。他呼喚最靠近他的年輕的別府普介過來。他傷口的疼痛而使得方言腔變得更濃，他說：「普介，就在這裡好了。」普介砍下西鄉的頭，一位僕人將頭埋在離軀體一段距離之外。官軍在那早稍後花了數個小時找到頭顱，將其挖出時，全場驚愕不已。在頭顱被埋好之後，別府拿著刀，攻擊官軍的來福槍槍手，立即被殺。最後，反叛軍在城山死了一百五十七人，其餘則逃脫，或在中午時分成為俘虜。西鄉的戰爭宣告結束。

在炎熱的天氣中，萬里無雲，天空中只有一層薄薄的火山灰霧靄。我攀爬兩百五十公尺高，危巖密布的城山。根據我的觀光手冊，城山曾是十四世紀一座城堡和十八世紀一條水道橋的建築地點，目前，它則是六百種亞熱帶植物和十五種野鳥的保護區。沿著步道的看板中畫著這些野鳥的畫像。所有的樹木都有標籤和說明，並警告我別碰任何東西，因為整個山丘都在傾塌之中。在山丘山麓，祀奉島津齊彬的照國神社（Terukuni Shrine）後面，已是一片塵土和灰棕色碎石堆的荒地，由歪曲的柵欄支撐著。鹿兒島有一個協會專門致力於保存城山，主席是位大學教授，政府當局並將城山指定為國家保護天然紀念物。可見這座山丘確實快要不保了。

山巔上，有一排紀念品攤販，無聊透頂的女人坐在商品後方，顧客非常少。火山灰摧毀了觀光貿易。現在，除了三月和十一月的傳統婚禮季節才會帶來人潮之外，連新婚夫婦都不願上山觀光。攤販上賣著西鄉隆盛菸灰缸、西鄉月曆、西鄉鑰匙圈、西鄉郵件架、木屐、馬克杯、存錢筒、溫度計、氣壓計、匾額、三角旗、木製西鄉人偶、石膏西鄉人偶、西鄉填充娃娃，以及青銅西鄉小型雕像。有些賣得非常便宜。

我去參觀那座洞穴，地點非常隱密，地面平坦，樹根從洞穴屋頂長出。洞穴對面是薩摩茶屋餐廳，擴音器播放著帕西費斯交響樂團演奏的〈月河〉（Moon River）。在隔壁的阿利翁工藝商品店，我買了一些香杉筷子。店員給我一個提袋，好提我買的東西。袋子側面印了一些英文：「我們愛無尾熊。我的名字是東東，母親的名字是濃濃。我們是友善的一家人。很高興認識你」。

我拜訪了西鄉死去的地點。那裡有一座小石碑，就佇立在往熊本鐵道的對面。樹木、草叢、樹根和石碑，都埋在一吋深的火山灰中，沒人費神打掃。

我也拜訪了南洲神社，西鄉在此被當成神祇祀奉。它在第二次大戰中被炸為平地，十年後才又重建。院子裡豎立著石板，上面刻有死在這場叛亂中，西鄉六千七百六十五名追隨者的名字。最年輕的人才十四歲。一個計程車司機正帶著兩名上班族參觀神社，其中一個人讀著石板上的名字。

「宮崎……宮崎……那是News Center Nine的主播的名字……」

一位穿著入時的女人爬上階梯，丟個銅板進入賽錢箱，鞠躬後專注地祈禱，她的汽車鑰匙輕輕地撞擊在鱷魚皮手提包的釦子上，發出玎玲聲響。

我也拜訪了墳墓。

墳墓為七百四十八位薩摩反叛軍的小型墳墓圍繞著，其中包括別府普介和十四歲的兒玉（Kodama）的墳墓。西鄉的墳墓前面有個奉納用的木箱，漆著白漆，但已然剝落。墳墓上和蜿蜒經過墳墓的狹小步道上都躺著一層厚厚的火山灰。在走向墳墓的石梯底部，佇立著一個三夾板人像。那是西鄉穿著寬鬆、非正式的夏季和服的人像，臉部被挖了一個洞。觀光客可以將臉放在洞內照相。但舉目四望，不見攝影師，沒有相機，也沒有觀光客。

我去洗澡。鹿兒島的街道上鋪著一層柔軟的火山灰。我在一道牆壁上發現一張海報，廣告著英國警衛軍管樂團將來此演奏一場音樂會。我洗完澡後，在街上到處閒晃，最後走進一家叫冠冕的咖啡店。我在那聽了一小時的桑林．羅林斯[10]。一位在縣政府做事的男人解釋說，西鄉隆盛自延岡敗走之後，便被官軍追殺得很緊，所以他沒有時間讓任何女人懷孕。他所住過的每戶人家都希望他和他們沒結婚的女兒上床。

「他們的爹都想要英雄的兒子。」他告訴我。

當我告訴另外一個男人，格蘭菲迪威士忌比白馬威士忌還要貴時，他變得興奮不已。

「我買了一瓶！」他對著空氣說，「我在機場買的！」

第三個男人則認為，這麼多人去南洲神社參拜的原因是，日本人根本不在乎他們拜的是誰。

夜漸深沉。法國飯店、蒙特飯店和凡爾賽飯店的燈光點亮。一名年輕的辦事員告訴我，他即將轉調到公司的東京本部，他很怕他濃厚而難懂的薩摩口音會成為大家的笑柄。桑林．羅林斯唱完後，換上比莉．哈樂黛[11]。她唱著，「南方的樹上長著奇異的果實……」透過稀薄的九月天夜晚，從火山噴發的火山灰細細地散落到咖啡店和墳墓上。

10 Sonny Rollins，美國爵士樂手。

11 Billie Holiday，一九一五—一九五九，美國黑人爵士女歌手。

第三部

尋找消失的平家

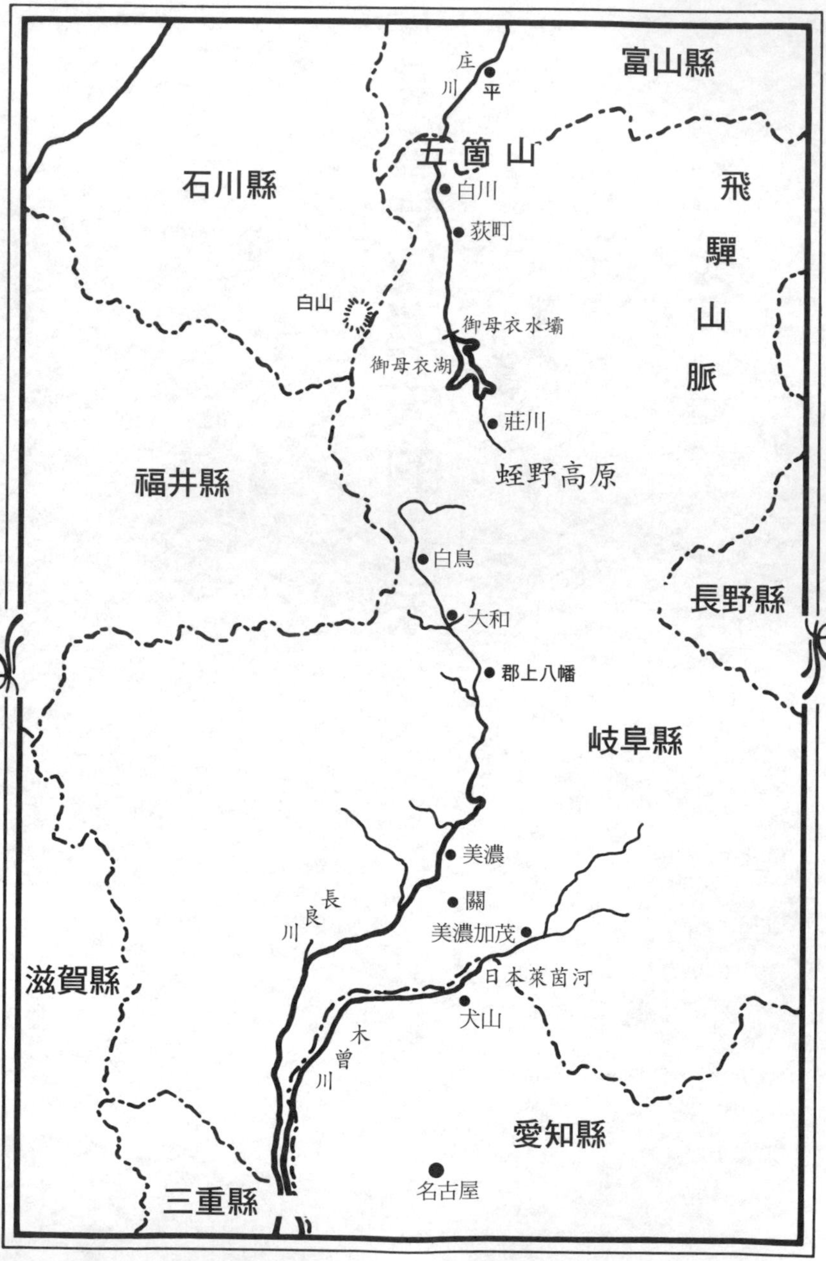

富山縣
庄川
平
五箇山
石川縣
白川
荻町
飛驒山脈
白山
御母衣水壩
御母衣湖
莊川
蛭野高原
福井縣
白鳥
長野縣
大和
郡上八幡
岐阜縣
美濃
長良川
關
美濃加茂
滋賀縣
日本萊茵河
犬山
木曾川
愛知縣
名古屋
三重縣

第一章　夢

祇園精舍鐘聲響，訴說諸行本無常。而在名古屋世界設計博覽會中，人們以其他方式受到警告。在「奧之細道」柏青哥機器上，有流浪詩人松尾芭蕉[1]的四張臉部畫像。每個都留有鬍鬚和戴著圓錐形草帽。每張大開的嘴巴裡面是一個紅色電燈泡，一旦一顆鋼珠球打中他的扁桃腺，燈泡就會大亮起來。芭蕉隔壁的柏青哥機器則是沉思中的瑜伽派修行者，示範神秘主義和絲路在東亞文化發展上的重要性。再隔壁的一台機器則是外太空侵略者發出尖銳聲響的腰部，揮舞著到處探觸的金屬觸角，用以強調榮華富貴的轉瞬即逝和人類靈魂的最後命運：即在空中爆炸成小型碎片。每一個爆炸都得到二十分。

當我離開柏青哥Pachislo遊樂中心（pachislo組合了柏青哥的pachi和意味著吃角子老虎slot此字的slo）時，細雨紛紛落下，於是我朝著林內（Rinnai）本丸舞台前搭有屋頂的座位走去。舞台上有兩個穿得一模一樣，梳著同樣髮型的年輕小姐正用數位鋼琴和一個叫做「科技音調」

---

1 Matuo Basho，一六四四—一六九四年，日本「俳聖」。

（technitone，techni來自technology，tone來自tone）的先進電子樂器，彈奏雙重奏。年輕小姐在彈完雙重奏後，用「科技音調」彈了兩節〈櫻花，櫻花〉，並用直笛伴奏。她請聽眾猜猜她複製的是什麼樂器。一位聽眾猜是尺八（shakuhachi，日本直笛）。一位穿和服的女士猜是管風琴。那位彈奏「科技音調」的年輕小姐微笑著，皺著眉頭，從直笛轉換到小提琴。一位年事已高的老人蹣跚搖晃身子，認為它是口琴。那位年輕小姐站起身來，鞠躬，並對老頭不斷地道歉。一位穿著深色西裝的男人剛才一直站在靠近舞台的後方，沙沙地摸索著一些文件，然後消失在建築側翼中。他是一位推銷科技音調的業務員。

雨越下越大，我將一個塑膠袋罩在頭上，跑到名鐵集團狂想水宮（Meitetsu Group Fantastic Aquapalace）。此館的主題是水。當數十位觀眾聚集在雨中，用塑膠袋套住頭部時，電視螢幕上播放著奧地利貝爾維第宮和哥本哈根蒂沃利公園的水池景觀。在館內，又是兩位穿著相同，梳著同樣髮型的年輕小姐。她們頭上戴著有綠色羽毛的蒂維爾帽。一個由雷射光線組合而成的尖耳精靈解釋我們即將看到的奇景。我們正要觀賞由電腦控制的十七個幫浦和七百五十八個噴水管所形成的各種形狀和色彩的噴泉。它們將在維也納熊布朗宮的背景前表演水舞。音響設備則用「科技音調」演奏出非常響亮的〈藍色多瑙河〉和〈女武神的騎行〉。這些噴水池是夢噴水池，就像在柏青哥Pachislo遊樂中心的柏青哥機器是夢機器，而林內本丸舞台是個夢舞台一樣。

外面的雨停歇。我在吃中飯的半路上，跑去看了未來的郵局（「給你的夢想計畫」）。機器人郵差將把人類接觸降低到不存在的地步。那個下午我去參觀名古屋城堡的天守閣。它在一六一〇年和一六一二年，由豐臣秀吉的繼位者德川家康所興建。一八九一年的濃尾（Nobi）地震先是摧毀了城堡的部分，而在一九四五年五月的美軍轟炸中，它完全被炸毀。它在一九五九年以鋼筋混凝土重建，耗資六億日幣，這包括了屋頂上的十八K金鯱魚和安置一座電梯。城堡目前正在展覽西班牙建築師高第（Gaudi）和加泰蘭地區現代主義的作品。展示物包括幾張大型聖家堂的照片（「巴塞隆納的夢想教堂」）。擴音器裡播放幾小節〈春之祭〉後，便改播數位鋼琴音樂。城堡裡還有展示加泰蘭地區的油畫。其中最適合這個展示環境的是一張公共絞刑的圖畫。

從天守閣七樓的展望台，名古屋朦朧模糊的景致盡收眼底，長相類似的長方形混凝土建築物延伸到天際。你很難將眼前這片景觀與高第異想天開的建築願景，或與我所參觀的世界博覽會裡面所呈現的怪誕奇想，聯想在一起。現代名古屋這個城市會吸引的是柴契爾夫人：一個由公司企業、繁忙的工作天、沉默而沒有夢想的平庸主義所展示的功利主義景致。

也許是為了彌補名古屋的缺乏吸引力，它有四座姊妹都市。它在一九五九年與洛杉磯成為姊妹市，一九七八年則是與墨西哥和南京市，一九八〇年與愛好歌劇院的雪梨。我在往出口的路上經過這四座城市的照片，並踩在好萊塢有名的星光大道上：卻爾登希斯登、伊麗莎白泰勒、茱莉安德魯斯和席維斯史特龍。一個日本標語以謹慎委婉的禮貌口吻說著，「請不要用您尊貴的手碰觸展示品」。另一個在旁邊的英文標語則說「不要碰！」我從前門離開。群眾從兩輛倫敦雙層巴士中傾巢而出，用塑膠袋罩住頭部。又下雨了。我吃了烤雞肉串。我沉沉入睡。第一天結束。

第二天，我沿著堀川運河（Hori Canal）的混凝土堤防漫步，兩旁是木材堆置場和愛情賓館。愛情賓館和木材堆置場合作無間，相得益彰，令人印象深刻。舉例來說，一家木材堆置場提供幻想七飯店精細雕刻的木牌，大小剛好讓停在賓館外的車輛拿來遮住車牌。竹製簾幕遮蔽了車子的上半身。這樣過往的家庭主婦和其他同樣感到尷尬的行人就不能認出進入賓館的車主。

運河往南而行，直直地如同水管，直抵草木扶疏的熱田神宮（Atsuta Shrine）。神宮據說建立於兩千年前，是草薙劍的儲藏場所。天照大神將聖鏡和寶玉與草薙劍一同交與瓊瓊杵尊，由祂帶著從高天原降至日本。這三樣寶物形成天皇家的象徵。這把劍之所以被稱為草薙劍，是因為在日本傳說中，日本武尊（Yamato Takeru）曾在敵人放火的原野中，用此劍殺出一條血路來。這把劍是由日照大神的弟弟拔掉一條八頭大蛇的尾巴而成。那位莽撞的弟弟就是須佐之男命，也就是將他姊姊的宮殿塗滿糞便的那位神祇。

儘管如此，參觀熱田神宮的人看不到草薙劍，因為它過於神聖，因此不得展示。早在西元第一世紀，傳說中的崇神天皇（Emperor Sujin）便以複製品取代草薙劍，避免真品被人類的凝視所污染。這種保存方法一直流傳下來。複製品在一一八五年的壇之浦合戰（the battle of Dannoura）中遺失。於是，複製品被另一個複製品所取代。大眾相信，草薙劍的複製品與天照大神的寶玉真品都安放在東京皇居的一個房間內。而由天照大神所傳下來的草薙劍真品則祀奉在名古屋的熱田神宮。根據傳說，聖鏡從西元前四年起就被安置在伊勢神宮（Grand Shrine of Ise）。觀光客當然看不到它。這三樣神聖的寶物繼續受到嚴厲的保護，免受人類眼光的污染。而其所用手法的精巧程度，不下於在幻想七飯店外那些保護車牌的木牌。

熱田神宮對街上有一大塊土地，之前是個木材堆置場，現在則是名古屋世界設計博覽會的主要場地。由於它標榜是個「世界」博覽會，因此你會期待主辦單位會在一定的規模上，邀請外國廠商參加。愛知縣縣警最近在一個攤位上查獲香奈兒珠寶的贗品，因此你可以說，瑞士設計在此呈現的是它的精神，而不是它的實物。參觀者可經過一道叫做「夢想隧道」的發光隧道，而抵達主要廣場的展示館。但在此，你看不到外國企業的蹤跡。右邊展示館有三井、東芝、松下、森村、日本電器和住友。左邊則有日本電信電話（NTT）。前方則是豐田、東邦瓦斯、三菱、富士通和日立。

我在松下館的入口前排隊，準備來一趟時光旅行。時間是二一〇〇年，我和其他參觀者由一位擁有大耳朵的小機器人陪同。它向我們解釋我們的旅程。它講話的聲調和其他雇用真人的館中，那些穿著和髮型都一絲不苟的年輕小姐的單調音調，毫無二致。原來我這輩子都住在銀河系的另一邊，一個叫做Pana的殖民地上（以松下的商標品牌Panasonic命名），我現在要做第一趟的地球之旅。太空船的駕駛員叫亞當，而副駕駛員叫夏娃。就在我們要飛過地球上的羊群時，副駕駛員夏娃驚呼「哇！好可愛！」一飛過羊群後，我們就被困在時光隧道中，被推回西元前八千八百年的世界：地震頻仍、火山爆發、恐龍呼嘯，穿著呼拉草裙的洞穴人試圖吃掉我們。好在，我們立即回到名古屋世界設計博覽會的這年。我們從停下的太空船中湧出，大禮堂的門唰地打開，到潮濕的主要場地休息。

我從松下館漫步到豐田館，又來了一趟時光旅行。在這趟旅程中，參觀者坐著由豐田生產線所製造的「夢想冒險交通工具」，旁邊陪同的是一群機器人。萬一我們擔心裁員就迫在眼前的話，放心，這些機器人都被標示上「朋友」。這個交通工具帶著我們在摩天大樓之間飛行，飛上母船和太空站，越過荒漠不毛的沙漠，穿過流星雨和時光隧道，最後砰地撞擊一聲，又停在名古屋，離那些友善的機器人辛勤工作的工廠不遠。

我蹣跚步出甦醒的太空船，坐在一張長凳上整理我的思緒。我旁邊是「夢集合館」，主要的參展者是那些經費不足，而無法擁有自己的展示館的日本小型企業。這個展覽的主題是「與二十一世紀的相遇」，闡述那個世紀的兩個主要論點。第一個論點是，我們住在一個陰鬱、令人恐懼和不完美的世界中，所以必須透過先進科技的運用來不斷加以改善。而那些先進科技最好是日本大型公司的專利科技。原始的世界包含著荒漠不毛的沙漠和洶湧的海洋、地震、火山爆發、流星雨、黑洞、咆哮的爬蟲類和吃孩童的洞穴人。只有松下、豐田和ＮＥＣ那些具有先見之明的產品，能使原始世界變得適合人居住。第二個論點是，無論地球變得多麼適合人類居住，我們花在二十一世紀的大部分精力就是要離它愈遠愈好。

在「主題館」中，科技戰勝自然此論點得到更佳的闡述。它是整個會場最大的展示館，也是會場中僅有的兩、三個挪用些許空間，來展示外國科技產品的展示館之一。一系列的介紹看板宣告這項勝利。「當人類開始設計時，他看到和學到什麼？」第一個看板問，然後沒有停頓地急著回答，「答案當然是自然之美。自然的美妙形式藉由人類的手重新塑造成新的表象。這是人類創造力量的始點。」隨後是一些細菌、軟體動物、昆蟲、魚類和美洲豹的照片，都保留在牠們的原始和未加改善的狀態。第二個看板則闡述主要的論點：「人類學到自然的創造，感受和察覺它的美感，並以毫不間斷的熱情，利用科技創造出鮮活的文化。」然後是人類所創造的鮮活文化的示範：隨著拍手而改變形狀的電腦金屬魚類、擁有發光塑膠錶帶的手錶、由一個穿著七分短褲的日本人所操作的古騰堡印刷機的活動模型、使得我們能保持自然清潔的先進吸塵器，和使我們保持自然整齊的剪刀。之後的展示品重要性凌駕於這些產品之上，提醒我們要遠離地球的迫切需要。一架美國輕型飛機航海家號的複製品，它不用任何燃料地曾繞行地球九天。再來是蘇聯太空船和平號的真品，它是留在地球軌道最長時間（三百六十六天）的紀錄保持者。美國送來一個比例模型，而蘇聯人送來真品。當我排隊試著進入和平號前，我不禁沉思此事所表現出來的自由市場經濟含意。我在進入和平號後，不免對它的小冰箱、運動器材和灰色的實用塗料充滿敬意。而小包的乾燥食物則使我想起在俄羅斯什雷姆提耶夫機場的轉機大廳所能拿到的點心。

幾條愛瑪仕的圍巾就是名古屋世界博覽會所展示的外國商品。會場內沒有ＩＢＭ館、ＩＣＩ館、蘋果館、德州儀器館，還有，當然沒有通用汽車館。我將那天的剩餘時間花在參觀其他吸引人的商業產品上。在富士通館，一位穿著和髮型都一絲不苟的年輕女士解釋，日本的美麗四季、色彩和自然景觀都能透過先進科技而使得它們更為鮮明，尤其像櫻花這類自然主題的螢幕繪畫，在３Ｄ電腦繪畫的驚人魔法下，更能顯得栩栩如生。富士通的３Ｄ技術其實沒那麼先進——我們得戴上老式染色眼鏡和天藍色的塑膠鏡框才能觀賞——但電腦強化的四季和自然美景的確令人激賞，效果超越真實的景致。在東邦瓦斯幻想世界裡，我們被教導馬路的安全守則和學會說謝謝。這兩種習慣顯然會在我們進入第二十一世紀時，消失殆盡。從外面看來，三菱館的屋頂形狀是個巨大的蛋。這裡的主題是「夢蛋」。英文手冊解釋說，它的目標在於「當人們在變換觀點，試圖符合各項事物時，人們會發現設計未來夢想的暗示」。我讀了三、四遍還是讀不懂這段話，於是我經過這個館的「夢隧道」，進入「夢和色彩的世界」，從那兒再進入「夢想和遊戲的遊行」。我在那裡學到，我們未來的夢想是，由鏡子磚瓦製造而成的鯨魚，和在全身和尾巴上掛上聖誕樹樹燈的孔雀。

最後，我去參觀了三井─東芝館。館名叫做「飛翔的夢」，尤其是「保羅．B．麥克雷狄的夢想」。保羅．B．麥克雷狄是位建造人力飛機的美國教授。在一片大型螢幕牆上（「超越時間和空間的世界，夢的嘉年華會！」），我們觀賞一群孩童建造一個機械翼手龍，它名叫泰拉（Tera）。泰拉在牠的處女航行中碰到二十一世紀最普遍的災難，即時光倒流。牠飄浮回史前時代，並在那裡碰到一隻真正的翼手龍。我們不知道這隻翼手龍的名字。泰拉在史前時代與未被馴服的自然力量（流星雨、地震、爆發的火山）搏鬥，並經歷了牠自己的滅絕。但，泰拉，不要灰心！科技──特別是三井、東芝和其他超越保羅．B．麥克雷狄的夢想的先進科技──能幫助你再度飛行。「愛，愛，愛！」我們魚貫走出這個館時，合唱團在一旁唱著。「只要你肯試的話，你便能抵達天空！」

運河旁的愛情賓館在傍晚顯得更為忙碌，遮住車牌的新木牌放在車道上，為晚上作準備。我漫步走回賣烤雞肉串的小吃店，並猛然灌下四瓶大罐的生啤酒。雨勢已歇，明天會是溫暖的一天。我在飯店發現電梯壞了，所以我爬樓梯回房間。第二天結束。

第三天天空明亮而多風。我在風中花了兩個小時走到名古屋港，漫步在第三也是最後一天的世界設計博覽會會場。這個會場許諾「進入新歡愉的旅行」。「悸動城市館」由愛知和中京銀行所共同贊助，承諾參觀者一個充滿著「夢想與戲劇與可能性」的體驗。展示館的手冊納悶，什麼是城市？城市是「人類設計的夢想」。展示館中央，這個特別的夢是由一群彩色電視螢幕，放在粉紅色絲質布料的小山丘上建構而成。一位偶像歌手唱著荒腔走板的歌曲，眼睛望向遙遠的前方，眼神意味深長。這個畫面被複製數十次。在這之後，這群電視螢幕在一群粉紅色和天藍色填充玩偶的掌聲中緩緩上升，變成一個結婚蛋糕。彩虹在四面牆壁上閃閃發光。

我的心悸動著，拖著腳步走到洛杉磯廣場館。剛開始，我誤以為我在不知不覺中撞見一座由外國組織贊助的展示館。但「夢想都市」洛杉磯是名古屋的四個姊妹市之一。它是由日本車輛（Nippon Sharyo Corporation）所贊助，會場展示的是日本車輛正在為由洛杉磯到長灘之間的通勤者建造的新型輕軌電車。螢幕上的輕軌電車車身還未被畫滿塗鴉，飛快地越過迪士尼樂園、環球影城、「夢想小鎮好萊塢」，以及翻修成飯店的英國皇家海軍艦艇瑪麗皇后號。最後，洛杉磯市長恭賀日本在通勤電車上所取得的成就，並感謝姊妹市的情誼。

這是最後一座展示館。剩下的景點是日本的破冰船富士號和喬治·史蒂文生[2]的蒸汽機車。日本破冰船富士號曾在一九六五至一九八三年期間，為日本南極探險的十八個隊伍所使用，現在永久停泊在名古屋港，所以嚴格說起來，不算是博覽會的展示之一（雖然，像和平號一樣，它裡面擁擠和極度實用的設計讓我所引發的尊敬感，遠大於其他展示館的展覽品）。蒸汽機車則和輕型飛機航海家號、古騰堡印刷機、名古屋城，以及放在皇居的草薙劍一樣，都是複製品。

最後，我進入翻修的倉庫，裡面展示著博覽會兩項業餘設計比賽的參賽作品。第一個倉庫陳列著國際「設計眼」比賽參賽作品。它的手冊上強調，總共有十七個國家的設計學生參加。目錄上精選了六十一位學生的作品，其中有四十七位是日本人。這場比賽的五位裁判有兩位是日本人。前十名的得獎者中有七位是日本人。可見日本的確領導著世界設計潮流。許多作品都以實用主義為傾向。參賽作品有電腦軟體、叫做Big Boom Box的收錄音機、安全帽、監獄、輪椅、停車收費計、能讓懷孕的母親和未出生的小孩一同傾聽音樂的CD播放機，以及提供想學韓文書寫系統的日本人的一套彩色輔助教材。電腦軟體奪得大獎。Big Boom Box則拿到裁判獎。

另一個比賽是設計傑作大賞，所有參賽者和六位裁判都是日本人。這個比賽的參賽作品比較天馬行空。作品有從茶壺製作的飛機、鱷魚形狀的木屐、有輪子而非腿的德國獵犬、一對藍色和紅色的企鵝戴著黑色的高禮帽走下木製斜坡，和一個能讓你的家充滿叢林氣息的機器。大賞的獎金是三百萬日幣，得獎作品是用拉鍊拉、不必打結的色彩鮮豔的領帶。但我的眼光卻為兩個沒得到任何獎的作品所吸引住。一個是叫做「不能坐的椅子」（Suwarenai Isu），由二十二歲的堀川清人所設計。那是一張小的紅色椅子，上面漆著亮黃色的旭日圖案，有著鋸齒狀的邊緣、凸塊、節瘤和尖刺。另一個是由十八歲的丸山桃子所設計的音樂盒。音樂盒漆上蒼白的膚色。當你旋轉它的鐵絲把手時，它就會播放美妙清脆的小曲調。音樂盒的四邊以啤酒罐、一瓶辣椒醬、木齒鐵輪、紐約摩天大樓、打高爾夫球的上班族，和破碎鏡子的圖案裝飾。音樂盒上站著兩個蒼白肥胖、赤裸著胸部的女人，它們的雙手被綁在頭上，等著被鞭打。「乖女孩！」我站在桃子設計的音樂盒旁，不斷低聲地說著。「乖女孩！乖女孩！說實話的乖女孩！」桃子把她的音樂盒取名叫夢。

2 George Stephenson，一七八一——一八四八，蒸汽機車的發明人。

第二章　衰亡

「祇園精舍鐘聲響，訴說諸行本無常。」是日本十四世紀軍記物語代表作，《平家物語》（*The Tale of Heike*）的第一句詩詞。像英國亞瑟王傳說或尼貝龍根之歌[1]一樣，這個長篇插曲式故事敘述了戰爭和敗仗，掙扎和犧牲，野心和衰亡。它不是由一位單一作者創作而成，而是透過口述和文學傳統，成為日本詩歌和戲劇源源不絕的偉大靈感來源。

平家（平音讀為hei，訓讀為Taira，諷刺的是，它意味著和平。但我將稱呼他們為平家〔the Heike〕，因為大部分的日本人都如此稱呼）是一門武士，為桓武天皇[2]的後裔。他們在平安時期（七九四至一一八五年）後半期興盛了三代，在十二世紀末期於平清盛[3]無情冷酷的領導下，攀登到權力的顛峰。一一六〇年，平清盛在兩個短暫艱苦的「內戰」中，打敗敵手，權力從此坐

---

1 *The Nibelungs*，德國中世紀史詩。
2 七三七—八〇六。
3 Tairano Kiyomori，一一一八—一一八一。

大，甚至超越天皇和宮廷。這個情況幾乎持續到他死亡為止。但在為他自己和家族鞏固勢力的過程中，平清盛招致另外一大武門，源氏（the Genji，漢字「源」的一個讀法是Minamoto）的憎恨。源氏在他們將領的領導下養精蓄銳，默默等待反擊的時機，在遠離平家控制的京都之外，將東部地區作為培養武士戰力的基地，最後在一一八〇年起而反抗平家的勢力。

這場持續五年的源平合戰從本質上徹底地改變日本，比後繼的任何歷史事件都要超越，只有一八六八年的明治維新才可與其相比擬。源平合戰粉碎了平安宮廷的風雅、美感和墮落頹廢，造成武士的抬頭。貴族政治的「黃金時代」成為過往雲煙，並恐懼萬分地屈服在吞噬大半個國家的戰火中，最後在武裝士兵屍身如山的慘況下滅絕。這場戰爭結束了宮廷和朝臣、后妾和天皇所居住的京都之主導地位，讓變幻莫測的權力鐘擺第一次向東移動，並東落在江戶（東京）的低矮山丘和沼澤平原之間。在此，兩世系的軍事獨裁者將以軍事法律統治超過四百年之久[4]。

平家的沒落和衰亡是日本最著名的史詩和悲劇。就像許多在人類意識中流傳千古的悲劇一般，這個毀滅的故事就部分而言，是由人類的愚蠢所造成——驕傲、貪得無厭或過於狂妄的野心。這個悲劇的主要角色，平清盛死於源平合戰的第二年，因此，雖然他的影子像傀儡師般籠罩著《平家物語》，但戰敗和報復的命運之斧卻是落在他的兒子、外甥、堂表兄弟和繼承人身上。他們都是血氣方剛的秀麗年輕戰士。一一八五年四月二十四日，於九州和本州西南部的下關海峽，在最後的壇之浦合戰中，平家終於潰敗。平清盛這位暴君在五年前所冊立的孫子安德天皇，此時八歲，由祖母抱著投海而死。天皇與草薙劍（或根據其他來源顯示，是它的複製品）和寶玉同沉大海。平家從京都帶著它們展開長途逃亡。而它們是自天照大神的孫子瓊瓊杵尊第一次行走於這些島嶼之後，代表日本皇權的象徵。

就是這樣。這是個扣人心弦的故事。最棒的是，它是個（基本上而言）真實故事。但就像許多其他在文學家手中得到昇華的歷史事實一樣，感動我們的不是事實的真相，而是我們稱之為命運的轉動。那個我們看不見的車輪的移動，飛揚跋扈又勇往直前，一路留下壓碎的殘骸，在不確定的凹溝中旋轉。日本歷代的詩人、劇作家和藝術家，在平家傳奇中找到靈感。他們通常都以佛教對世事的觀點來詮釋此故事，簡言之，也就是物語有名的開場詩，「諸行無常」這四個字。人類的輝煌繁榮和成就如櫻花般短暫。櫻花是日本形容榮華轉眼成空的最佳象徵。因此，儘管其英雄事蹟滿紙篇幅，全副盔甲的武士閃閃發光，勇敢打鬥的軍隊發出錚錚聲響，《平家物語》的調子卻充滿著悲哀，敘述由夏末轉至秋季的衰亡。傳奇的每個峰迴路轉之處，都沾染著日本藝術家自平安時代以來就有的意境，一種「物之哀」（mono no aware，自然傷感）的深沉哀愁。人類榮華的短暫與世事的永恆悲哀是詩人芭蕉——那個打中他的扁桃腺就得分的柏青哥機器——在五世紀前的《奧之細道》的這兩首俳句中，想要鋪陳的感受：

憐憫——

---

4 指源氏創建的鎌倉幕府和後來的德川幕府。

在武士的頭盔之下
草叢的蟋蟀長鳴
啊，夏末的草——
殘留著
勇敢武士的夢

芭蕉在日本海沿岸，小松市（Komatsu）附近的神社中，發現一副存放的頭盔。它引發第一首俳句的靈感。那是一位叫齋藤實盛[5]的武士的頭盔。他為平家而戰，而在源平合戰時被殺。根據《平家物語》的描述，他的頭依慣例被砍下，拿去獻給勝利的源氏將軍。由於他的頭髮和鬍鬚都是黑的，源氏大將竟然沒能認出他來。但當將軍命令他的手下去將頭顱洗乾淨時，頭髮和鬍鬚便轉變成白色。齋藤實盛是位老人——許多人覺得他老得不能再戰鬥了——他將頭髮和鬍鬚染黑，徒勞地想躲避時光的蹂躪。但他失敗了，就像人類——和草與蟋蟀——一定逃不過時光之輪一般。

在壇之浦合戰的潰敗之後，平家殘黨四散藏匿各地。至於他們四散逃逸的精確方向，《平家物語》並沒有提供線索。但如果你要相信八百年前崛起自各地的所有地方傳說的話，你會下結論說，逃過源氏追殺的殘黨足夠繁衍日本的半數人口。如果我每參觀一個平家後裔的祖先頭盔，就能拿到一萬日幣的話，那在我參觀完所有的頭盔之後，我就可以提早退休，並開始創造我自己的族人。我在九州中部的村莊、四國山丘的深處、本州東北和西南和中部、佐渡島、隱岐島（Oki）、八重山島（Yaeyama）、長崎外的五島列島（Goto）、對馬島（Tsushima）、壹岐島（Iki），以及日本海沿岸的各個地方都有聽說過平家殘黨落腳的故事。在山巒起伏的偏遠日本地區，若還有保存著某種古老生活方式的遺跡，你就會聽到這項傳說。它也許是神樂舞蹈、面具雕刻、建築或某種工藝或儀式的傳統；或者它也許只是一種心態，排斥著現代化腳步的步步逼近，而緊緊依附都會人所失去的生活方式。

尋找平家後代

沒有村莊宣稱是由勝利的源氏後裔所創建的，此事並不令人驚訝。潰敗所引起的共鳴比勝利還大，藝術家自埃斯庫羅斯[6]寫《波斯人》和歐李庇德斯[7]寫《特洛伊女人》以來，便深諳其中道理。如果西鄉隆盛存活過西南戰爭，並和東京政府達成和解，再度過著退隱的生活的話，他便

5　一一二一—一一八三。
6　Aeschylus，西元前五二五—四五六，希臘三大悲劇作家之一。
7　Euripides，西元前四八五—四〇六，希臘三大悲劇作家之一。

沒有機會成為一位神祇。大部分的日本英雄之所以成為英雄，就在於他們的生涯示範了伊凡・摩里斯[8]所說的「失敗的高貴」（the nobility of failure）。這個特徵從四世紀的傳說英雄日本武尊到十二世紀的平家，十九世紀的西鄉隆盛，和二十世紀的神風特攻隊，一以貫之。這個也不只是個日本特徵：古羅馬奴隸起義領袖斯巴達克斯（Spartacus）和他反叛而被鎮壓的奴隸；英王哈洛德（Harold）在一〇六六年反抗法國征服者威廉的哈斯丁戰役中被箭射中眼睛；羅蘭（Roland）在七七八年於隆瑟瓦耶為查理曼大帝所敗；猶太人古老要塞馬沙達（Masada）在西元七十年戰敗的男人；一八三六年為墨西哥占領的阿拉莫（Alamo）等：他們都呈現出「高貴的失敗」此特性，並讓後代敬畏和景仰。

我在深夜時分於房間內凝視著地圖，我常納悶多少平家村莊的傳說屬實。平家是一個大家族，在最後的壇之浦合戰前，早已開始四散逃逸，因此他們有可能到任何地方。從下關逃離的軍船也許會逃到對馬島或壹岐島。在九州的西北海岸看到男人最後戰敗的女人和小孩能輕易地往內陸逃竄，然後往南在熊本和宮崎之間的山丘行經數週或數月，在頭近（Toji）這個小村莊落腳。這個小村莊以它動人的搖籃曲「子守唄」而聞名，現因水壩的興建而人口近乎絕跡。他們也可能在山丘變成峭壁危巖的地區，於小小的梶原（Kajiwara）找到粗陋的家。我曾在那觀賞過八月的太鼓踊，它的來源已經流失在時間和亞洲的迷霧中，而不可考。我當時曾納悶誰會想住在如此偏遠嚴苛的所在。平清盛所領導的平家原本來自伊勢，它位於名古屋南方的紀伊半島，所以他們也可能往東逃回老家。但他們不可能在那停留太久。源氏在戰後已控制京都，而自京都到新幕府所在的關東地區的道路，則突然變成訊息傳遞的最重要動脈（它在江戶時代變成著名的東海道〔Tokaido〕，而在現代則連接日本第一條子彈列車）。潰敗的平家為躲過重重追殺和情報攔截，會想逃得離太平洋沿岸愈遠愈好。

除了十八世紀和十九世紀，於劇作家、民謠作家和木版畫家的作品中聲名遠播的幾條大幹道道路之外——東海道、中山道[9]和其他幹道——直到近代，日本商業和運輸的主要道路都是河流。三條重要的河流就在現代的名古屋西方注入伊勢灣。它們是揖斐川（Ibi River）、木曾川（Kiso River）和長良川（Nagara River）。揖斐川長一一四公里，流經琵琶湖畔的伊吹山脈（Ibuki mountain range）。木曾川長一九三公里，流經日本阿爾卑斯山脈到東北部。而長良川則長一二〇公里，流經岐阜縣，往北向飛驒山脈（Hida Mountains）而去。這些河流都可能提供平家逃亡的路線，引導他們遠離文明和危險重重的道路與城市，進入一片敵人不願追趕的偏僻地帶。當我盯著地圖，用鉛筆或手指循著這些河流從河口畫向源頭時，我想像坐著平底船的平家殘族，帶著女眷和哭泣的小孩，在祇園鐘聲的回音纏繞之下，慢慢在黑夜和迷霧中溯流而上，經過森林和峽谷直抵本州的山巔，然後徒步抵達日本海一帶，尋找艱困、貧窮、孤獨與和平的生活。

這個觀點沒有歷史線索或根據，但有許多事物能刺激想像力。其中之一是一個村莊的名字。

---

8 Ivan Morris，一九二五—一九七六，英國著名學者和翻譯家。

9 Nakasendo，由江戶經妻籠、馬籠到京都的古道。

它位於長良川源頭稍遠處，在分水嶺的另外一邊，越過岐阜縣而在今天的富山縣（Toyama）。我在這裡指的村莊不是一個小村落，而是指包含數個小村落的行政區域。這些行政區域在現代常常被劃分、命名或重新命名，因此，名字上的巧合不能成為八世紀以前事物的確切指南。雖然如此，這名字上的巧合很難加以忽略。這個村莊叫做Taira，用的漢字就是平家的平。於是，我決定走過長良川，直到抵達此地為止。

十月一日早晨，天空明亮。我走出名古屋，為我對此地所抱的粗魯態度感到羞恥。在秋天萬里無雲的天空下，名古屋看起來和感覺起來都很高雅。今天是禮拜天，這使得這個城市在工作天內，於平坦的混凝土屋頂和嗡嗡吵鬧的玻璃門之間，所散發的陰鬱平庸之感，得以稍微減緩。儘管高速公路的高架橋到處蜿蜒，但依棋盤格式而規畫的建築物（戰時劇烈轟炸的結果，使得人們有機會重新考慮都市規畫）在在使得名古屋看起來是個乾淨的都市。它的主要大道寬敞舒暢。雖然這裡完全缺乏我們在正常情況下所指稱的「文化」（名古屋最知名的文化發展是柏青哥機器，一九四八年取得專利），這裡的生活似乎比大阪或東京都要來得閒適。一位名古屋女人在聽說我在東京住了二十年後，認為我在相較之下，一定會發現名古屋是個非常悠哉的地方。Nombiri意味著放鬆、閒散或隨遇而安。它不會是我第一個選來形容名古屋的字眼，甚至不會是前十個。但在當我走出這個都市時，我立即瞥見那個女人所指稱的事物。比如，名古屋的交通號誌轉換，慢得如同永恆一般。

但自從封建時代以來，人們對名古屋便多所不耐，而我只是在遵循一個優秀的傳統。這是我在《柯林斯日本指南》（*Collin s' Illustrated Guide to Japan*）中對名古屋的描寫：「大部分到訪名古屋的觀光客想在這城市花的時間，和從東京到京都的子彈列車在這城市所花的時間相當（六十秒）。」我知道這很不禮貌，自此之後，我發現名古屋也有個迷人景點。在我白天垂頭喪氣地逛完博覽會之後，我連續三晚都回到那個景點。那是一家平常的烤雞肉串店，離名古屋車站只有幾分鐘路程。啤酒、烤雞肝串，和一盤盤的切絲包心菜放在我前面的櫃檯上。而端菜給我的女人是我在所有烤雞肉串店中所見過最美麗的女人。我猜她大概是二十七、八歲。她個性開朗友善，帶著微笑，身材纖瘦，顯然對她本身的迷人魅力毫無自覺。我一直盯著她看，想找出任何缺點。也許她的下巴太圓。她的無名指上有一枚戒指。烤雞肉串店總是非常擁擠，我每晚都要喝了兩瓶生啤酒後，才敢和她攀談。她第一晚問我的職業是什麼。我在回答這個問題時總是很不自在。

「我——呃——寫些東西。」我告訴她。

「喔，」她說，「你替雜誌寫東西嗎？」

「是的，有時候。」我低咕。

「你為哪本雜誌寫東西？」她問。

「嗯，我有時在《週刊新潮》發表文章。」我囁嚅著說。

當我隔晚回去時，她買了本《週刊新潮》。

「你的日文真好。」她說。

「呃——事實上，」我說，我的臉如彩虹般變換著色彩，然後漲得通紅，「我先用英文寫下來，他們再翻譯成日文。」

「喔，」她說，「我還以為你很聰明。」我凳子底下的混凝土裂了開來，我從地板跌進地下街。

「你真的走了那麼多公里的路嗎？」她問。

「是的，妳瞧，」我說，像瘋子般咧嘴而笑，將我的腳ㄚ舉到櫃檯上，大概與我右耳的高度平行，向她展示我骯髒的靴子。

「喔，」她又說，走開去替一個上班族拿烤內臟。

第三晚，我無法再壓抑我的熱情。我在和一位肥胖的商店老闆討論，究竟是西武獅子隊還是讀賣巨人隊會贏得日本冠軍賽，還有落合博滿會不會成為聯盟最有價值的選手時，我忍不住說，「你看，你看那個在櫃檯後面的年輕女人。你不覺得她很美嗎？我是說，真的很美。我覺得她很美。我不覺得她的下巴太圓。她很美。美得完美無比。我連續來了這裡三晚，就為了看她。」

「喂！」那位肥胖的商店老闆高聲叫道。整個店內安靜了下來。「喔伊！和子！過來一下！這個老外想吻妳！」

我沒有再回去那家店。我將永恆的剩餘時間花在地下街裡，高舉著腳ㄚ。堅持似乎沒有用處。而我在《週刊新潮》中對此事隻字不提。

我很高興能把名古屋留在身後，雖然這花了一整天的時間。沿著堀川運河的安靜路徑剛開始時嵌著色彩繽紛的火石板，顯示這是一條景觀道路。但是指定為運河景觀的兩側低矮木造房舍，屋頂到處塌陷，你看得出來它們就要因自己的重量而瓦解。日本似乎也不費心建築能持久的東西：在一個原物與複製品的差別鮮少被注意到，或複製品也被費盡心力地保存下來的土地上，這對任何人來說，都不是個問題。一個看板上用不同顏色解釋、規畫和區分，圍著複製城堡的護城河四周，那四條長短不一的慢跑步道。越過國道四十一號，我在那等了十分鐘的紅燈，運河在此變窄，往東北郊區彎個大彎而去。運河兩岸種植著路樹，其中有些是垂柳。運河沿著醜陋的灰色公寓緩緩向上爬升。一些夾雜在運河旁高樓陰影下的老房舍外面擺飾著許多盆栽，讓主人看起來好像住在溫室裡一般。靠近尾端，運河變淺，雜草變細，河水清澈到能讓男孩子們在裡面涉足而過，光著腳丫，拿著魚網捕魚。然後，我離開種著垂柳的安靜運河，進入一條非常繁忙的道路。我將沿著它走三十公里左右到犬山（Inuyama）。

沿著名古屋機場的道路聞起來有強烈的汽油和燃燒橡膠的味道。我開始納悶這裡是否剛剛才發生空難——也許在重新飛進機場時發生了一些難題。全日空的班機低空飛過，非常靠近路旁的建築物。如果班機上的窗戶能打開的話，乘客近到能傾身彎出窗外，拿走晾在陽台上的灰色衣物。破爛的五層樓公寓建築綿延數哩，隱身入汽油迷霧中，看起來有些距離。公寓建築為像原子小金剛（Atomboy）壽司屋等這樣的商業企業所零星打斷。原子小金剛壽司屋是個連鎖餐廳。它正試圖招募人員，並在海報上保證「你三個月內就會捏壽司」（或是壽司的複製品，因為在原子小金剛開張以前，壽司師傅的標準出師時間是六年）。一路上還有一個溫布頓咖啡店、一家叫不倒翁的撞球場、格林德瓦蛋糕店、另一個叫「我的麻子」的咖啡店，以及一連串閃閃發光、外面有杜廊的柏青哥。它們分別叫總統、玩樂園、哥倫比亞和黛安娜。在最後一家柏青哥外面，一個四、五歲的小女孩正在臭氣燻天的馬路旁，自己安靜地玩耍。她的父母在柏青哥裡面追求成人的娛樂，浪費他們的生命，也浪費她的生命。這之後是郊外小片的成熟稻田，被工廠和波浪鐵板小屋包圍。一家二手車經銷商旁邊有一座塑膠風車，陰沉地旋轉著，發出吱嘎聲響，像轉得太緊的彈簧。

原子小金剛不是唯一招募不到新進人員的地方。一路上的連鎖餐廳和大部分的加油站，都在它們的窗口貼著「打工」（arubaito＝德文arbeit）或「兼職」（paato，part-time簡稱）的廣告。在過去一年中，很多連鎖餐廳都有人力不足的困擾，因此它們提高兼職員工的薪水，程度高達百分之二十，但這是最後底線，因為如果再調高薪水，那麼兼職員工每小時賺的錢就會和全職員工一樣多。

日本一向以服務業和其他工業的效率聞名全球，但這份效率現在受到兩個相關因素的威脅。其一是，日本的年輕人鎮日被政府民調和廣告公司洗腦，將他們歸類為「中產階級」，因此不願接納任何骯髒或貶低身分的工作——即若那只是假期的打工。建築工業最先受到巨創，現在的勞工如此短缺，儘管已經通過意圖抑制非法移民的嚴厲法則，日本建商還是得常與黑道分子聯手，被迫仰賴伊朗或巴基斯坦的勞工。這些勞工以三個月的觀光簽證進入日本非法打工。人們常可在建築工地看見他們拖著沉重腳步行走，用毛巾遮住臉的下半部，可悲地掩飾他們的真實身分。再者就是那些嚴厲的法則本身。日本社會仍然不適應外國人長期定居的概念。每當堡壘的城牆出現裂縫時，它多半是闡述了偏見的潛在形式，而遠非提供日本所大力吹捧的「國際化」的證據。舉例來說，透過「特別措施」，南美洲人較容易在日本定居和工作，但那是在他們是日本後裔的前提之下才得以受到優待。因此，當日本實施這些嚴厲的法則時，他們戴上有色眼鏡，將數以千計名字叫做「汗」（Khan）的外國勞工自成田機場遣返回國，而在同時，當局則允許數以千計的外國「藤森」入境，以取代他們。

四點左右，我的腦海裡還想著「國際化」的問題時，我慢慢走進犬山的城下町，經過犬山公園的警察哨站。犬山公園有個標示以大型英文字體寫道，國際觀光景點。我走進一家餅乾店。它也是旅遊諮詢中心，可幫人們尋找旅館。那裡的老頭死盯著我，嘆口氣，非常不情願地拖著腳步走到他放手冊的小亭子裡。他沒有給我看任何手冊。反之，他拎起電話筒，撥了一個號碼，用粗暴、惱火、認命又抱歉的語調說：「你能處理一個老外，是吧？」沿著木曾川的混凝土河堤有數家旅館，我最後住進其中一間。木曾川以晚上傳統的鵜飼表演而聞名。

「今晚有鵜飼表演嗎？」我問坐在旅館櫃檯旁的年輕女人。

「喔，有的，」她說，「每晚都有表演。」

「不，不是那樣的，」一個在大廳吸塵的男人猛然回嘴道，「今天是十月一日。鵜飼表演昨天就結束了。」

無論如何，我還是出門去散步。我沿著陡峭的河堤漫步而上。就日本的標準而言，河水在這個季節寬廣而深沉。旅館借了我一雙過小的木屐（我想，對現代日本人的腳丫來講也太小，我不懂人們為何要繼續製造這種酷刑道具)，所以我沒走多遠。我一跛一跛地走到河邊坐下，看見一對年輕情侶正用自動照相機拍合照。但放相機的三角架太輕，一直被傍晚的微風吹翻。最後，他們終於手忙腳亂地設定好時間，靦靦地擺出V字型勝利手勢。

太陽西沉，形成完美的金黃色火球，當它的邊緣碰觸到地平線時，微風風勢轉強。我的旅館空蕩、拘謹而客套，我似乎是唯一的住客。為了讓旅館人員方便照顧我，我被安排住在距離大廳最近的房間。我晚餐時吃了三條冷冷的魚，看著旅館老闆電視上嘟嘟作響的綠眼怪物，縮小成電漿般的小球大小。然後，當我要睡覺時，我房間裡的冰箱開始發出巨大聲響，像全日空班機要重返大氣層所發出的引擎聲。我拉門上方的牆壁有個四方形的開口，大廳的燈光由此宣洩入房內。我發現拉門不是用紙做的，而是用半透明的塑膠片。我在房內搜尋三次，無法找到燈光的開關。旅館就坐落在木曾川的岸邊，所以我在房內怎會感覺不到自然的存在？一隻蚊子飛進房內，吵醒我五次，還好只叮了我的腳趾頭。

禮拜一早上，一道低矮陰暗的雲朵位於犬山城山丘的後方。城堡看起來彷彿是個爆發中的火山，但卻靜默地沒發出聲響。我在旅館櫃檯旁的女人的注視之下，將木屐用力放進鞋櫃。她對我稍微鞠躬，面帶微笑。於是，我穿著我的靴子去參觀犬山城。

雖然，犬山城就城堡而言，規模很小又單調乏味，卻因兩個原因而相當有趣。一者是，它是日本最古老的城堡。它是一五三七年織田信康[10]所建。他是偉大的織田信長[11]的叔父。當犬山城在建築時，織田信長只有三歲。他後來成為第一位冷酷無情的戰國獨裁者（總共有三巨頭，豐臣秀吉和德川家康分別是第二和第三位），並在數世紀的內戰後，統一日本。犬山城雖然在一八九〇年代和一九六〇年代經過徹底的翻修，但它沒有遭到拆毀或被複製品所代替的命運。城堡裡沒有電梯，沒有西班牙的絞刑具，也沒有數位鋼琴彈奏的背景音樂。另一個有趣的理由在於，它是日本唯一的私人城堡。德川家康在一六一八年將此城贈予成瀨正成[12]，以答謝他的支持。除了明治維新之後，所有的封建藩主都被奪去城堡的短暫時間之外，犬山城一直是成瀨家的家產。一八九一年的濃尾地震使城堡嚴重受損，因此，財力吃緊的政府以成瀨家出資修復城堡為條件，交還城堡。現在的城主成瀨正俊在一九七三年，由他父親手中繼承此城堡。如果藩主地位沒有被表面上的平等主義褫奪的話，他算來是犬山城第十二代直系城主。

成瀨一家一定都是侏儒。我想著，第八次將頭劈啪撞在門框上，門框離地板大概只有四呎六吋高。一位中等身材的日本觀光客看到我在天守閣的入口脫靴子時，就好心地警告我要注意低矮的門楣。也許那是拖延攻擊者的戰術。也許當地旅館會在敵人前去圍城前，提供他們木屐。我從天守閣的頂樓觀賞籠罩在朦朧迷霧中的周遭陸地。愛知縣向我的來時路延伸到名古屋灣的邊緣，

---

10 Oda Nobuyasu，一五三四—一五八二。
11 一五三四—一五八二。
12 Naruse Masanari，一五六八—一六二五。

地勢平坦，充斥著高壓線鐵塔和工廠煙囪。岐阜縣越過我要經過的河流，再遠處是窄小稠密的住宅地帶，通勤的人們從名古屋蜂擁至此。鉛灰色的山丘高聳。

十點十五分，我越過木曾川，進入岐阜縣。我走的橋梁上面有人行道、兩線車道和名鐵的雙線鐵軌。橋梁沒有分隔的柵欄，喝醉酒的駕駛和被狂風吹拂的行人一樣陷身於危險之中。我在經過的第一家郵局停下來，將我收集的一大包博覽會的手冊，寄回東京。

「那是印刷品，」我告訴櫃檯的女人。

「不是信件？」

「不是，是印刷品。都是些手冊。」

「手冊不算印刷品。」

「但它們是印刷的，妳看，」我說，打開包裹，將「夢想冒險交通工具」的手冊拿給她看。

「它們不算印刷品，」女人說。

「那什麼才算印刷品？」我問。

「報紙和雜誌，」她說，「還有電話簿。」

我為那個大包裹付了普通信件的郵費。那個價碼在別的國家可以將二十冊的大英百科全書，用空運繞著地球運送兩次。之後，我踏著重步，沿著日本萊茵河（JapanRhine）旁的國道二十一號前行。觀光宣傳部門將木曾川從犬山到美濃加茂（Minogama）的這個河段稱為日本萊茵河。這是一位當地地理學家志賀重昂的點子，他熱中於德國事物，並有個過於生動的想像力。如果你不將國道二十一號算在內的話，這段河流的風景還稱得上宜人，但絕不夠浪漫。日本萊茵河流經岩石和圓石之間，只有想像力豐富的志賀教授會將它們誤以為是懸崖和危巖。這段河流的主要觀光景點是一段急流。而主要的觀光活動是和長木舟上的兩位船夫討價還價。船夫戴著草帽，一個站在船首，一個站在船尾。船尾的船夫以一根長型木製船柄駕駛木舟，而船首的船夫則拿著麥克風介紹沿途的風光，或用掛在船尾桿上的一個手提錄音機的擴音器，播放民謠。木舟邊緣綁著兩條長長的綠色帆布，當急流大到會潑濺到身上時，觀光客可將帆布拉過來，蓋在襯衫、領帶和夾克上。這些木舟每隔一、兩分鐘便往犬山出發。我咳嗽著經過卡車擁擠的公路，看到不少標示著日本萊茵河的廣告看板。

十一點半，我在一家小木屋餐廳喝了兩瓶生啤酒。那是一家烤肉專門店。一位漂亮又愛說話的女孩為我服務，她對口紅的品味雖然大膽，但選的顏色卻不適合她。她將長髮的兩邊放下，在後面綁成一個精緻的髮辮。她認為在沒有特別景致的道路上行走，是很奇怪的事。

「但日本萊茵河呢？」我問她。

「喔，那個，」她說，髮辮輕快地飛動著，「那只是給觀光客看的，就這樣而已。我們根本不在意它。我從來沒有坐過木舟。我也從來沒去看過鵜飼表演，」她深表不贊同地噘者嘴，更加強調她對化妝品的錯誤選擇。我告訴她，我在倫敦長大。我也從沒看過女皇生日時的騎兵遊行和白金漢宮的衛兵交換。她坦承她不知道我在說什麼。但她認為我們有很多共同點。這讓我又點了一瓶生啤酒、一些辛辣的韓國泡菜和一盤醃肝。

當我們在聊天時，她的母親，或是她的婆婆，透過廚房門口惡狠狠地瞪著我們，神情活像金蛋被偷的食人魔，然後用力砍著早已死透的牛肉。

「這條去關（Seki）的路怎麼樣？」我問那個女孩，指著窗外我即將探險的小路。我受夠被廢氣嗆得不行的公路了。

「喔，那只是一些山丘，」她說著，又舞動她的頭髮。山丘意味著一片粗鄙偏僻的地方，正常人不會想去的所在。

但到關這個小城市的道路兩旁的風景，混合著鄉野風光和工廠建築的突兀景致。一路上，稻田較為寬廣，房舍也較為低矮，但小工廠和公寓建築後面的山坡上，仍然蔓延著高壓電鐵塔。栗園裡，栗子的橘棕色外殼裂開，散布在栗樹間的地面上，沾滿污泥，凝結成塊。在秋天的暑氣中，綠色的新苗從秋收稻田裡的斷株冒出。在靠近一個叫岳得爾（萊茵河離此只有五公里遠）的柏青哥店，我在一條水流湍急的溪畔躺下，打了盹，太陽曬在我滿是汗水的臉上。

我抵達關，走上一條文化大街（Bunka dori）。那是一條長而平坦的街道，有些商店賣著剪刀和廚房刀具。窗口上的海報提醒顧客，自平家時代以來，關便以鍛冶刀劍的鐵匠而聞名。現今，由於槍砲刀劍持有控制法的嚴厲執行（這個律法原本是由美國占領軍當局所制訂），使得這項古老貿易式微。關現在出產日本百分之九十的安全刮鬍刀。

我在空蕩無人的鎮中心閒晃，直到我發現一條兩旁種有櫻樹的運河。運河兩側設有散步步道，顯然是為方便在春季漫步賞花的遊客。步道同樣人跡罕至，但有一座大餐廳俯覽著運河。於是我走去那裡喝了更多的生啤酒，並詢問下榻的地方。害羞的老闆告訴我，鎮上有兩個地方可住。老闆告訴我這個訊息時，一直被一位顧客所打斷，並反駁他的話。這位顧客有一口暴牙，不是本地人，因此知道關所有的事情。鎮上有一家便宜的旅館和一個較為豪華的關觀光飯店。後者位於長良川畔，離鎮上有數公里遠。

「值得為它多付錢嗎？」

「不，不值得。」滿口暴牙的顧客說道。

「這個，」老闆說，「那要看你想不想看鵜飼表演。」

「我以為鵜飼表演已經結束了。」我說。

「對，結束了。」暴牙說。

「還沒，他們表演到十五日，」老闆害羞地說，「如果還有人要看的話。」

「沒有人要看。」暴牙回嘴說。

「我想看。」我說。

「是的，你該去看，」暴牙說，「表演很棒。那是文化。」

我跟老闆借電話打給飯店。他們告訴我，他們有空房，那晚還有鵜飼表演，如果我願意多付三千日幣的話，我就可以看到。所以，我說好，我願意多付三千日幣。

「那簡直是搶劫。」我又坐下時，暴牙說。

「有點貴。」老闆同意。

「但它值得，」暴牙說，「那是文化。」

餐廳空蕩蕩的，我們說話都有回音。老闆說，他唯一忙碌的時期是賞櫻時節。

「運河旁的櫻樹一定開得很漂亮。」我說。老闆開心地點頭。那位暴牙的顧客無法反駁這點，於是他改變話題，開始炫耀他一點也不想看名古屋的設計博覽會，也沒去看。

「我去看了。」老闆承認。

「哈！」暴牙嘲笑說。

五點過後，我穿越橫跨清澈淺底的長良川的橋梁，找到關觀光飯店。它是一座優雅的白色小型建築，大廳裡展示著發著光的平面圖。大廳櫃檯後的接待人員用手遮住嘴部，告訴我，她忘了替我定個船位。

「表演幾點開始？」

「六點。」她說，抓住電話筒。

但船位都滿了。六點十五分，那位接待人員領著我走過碎石鋪的停車場，到漆黑的河岸旁，也就是船下錨的地方。我和其他觀光客坐在船身兩側的坐墊上，每個人都發了一條小手巾，玻璃紙套子上印著慶祝船公司三十週年紀念的字眼。我驚訝地發現，我坐在兩名德國人的對面。他們穿著西裝，打著領帶，喝著綠色小罐裝的溫啤酒。那個啤酒叫做巴伐利亞。他們身旁是兩位說英文的日本同事，穿著類似，也拿著巴伐利亞的啤酒罐。我馬上注意到我襯衫和襪子的臭味。我沒有時間換衣服。但我沒造成任何困擾，因為那兩位德國人決定對我視若無睹。我將手伸進水中，驚訝地發現，雖然夜已深沉，我還是可以清楚地看到小魚滑行過河床的圓石。

「你給你鄰居一罐啤酒好嗎？」一位日本同事在以流利的美式英文和德國商人聊天後，建議說。

「嗯？」商人說。

「鄰居？」另一個商人說。

日本同事用手肘推推他，指指我。德國商人靜靜地將手伸入裝啤酒的袋內，遞給我一罐。

「你從哪裡來的？」我開朗地問他。

「德國。」他說。

我們坐著，臉上堆著笑容。

然後，另一團觀光客上船。一位毫無魅力的中年男子帶著三位年輕女人。女人們穿著設計師褲裙和訂製的夾克外套。她們也許是三位女演員，而他是她們的經紀人。但可能性不大，因為只有一位女性夠漂亮到可以當演員。他們的舉止都帶著演練過的誇張，大驚小怪地坐在船首，撫平弄皺的衣服，對著空氣微笑。

「妳們看，」經紀人說，「有三個外國人。妳們一人一個。」

「呵呵呵！」她們嘻笑著。

最後登船的是兩位胖胖的鄉下女人。她們在踏板上滑跤，當她們砰咚坐入坐墊時，整條船搖晃得很厲害。掌管船柄的船夫走到船尾，舉起一個紙燈籠，向停泊在側翼的鵜飼船打訊號。觀眾也聚集在那裡。表演開始。我們的船往前推行。一陣小浪花打來，將一位日本商人弄得濕透，於是他脫掉襯衫（他沒有穿內衣），站起來，用小毛巾擦拭著他恍若網球選手般的細瘦身軀。他的身體朝向船尾，讓女演員們大飽眼福。

「表演時間到！」我對她們說。

「呵呵呵！」她們嬌笑著。

「沒錯，」脫掉衣服的商人用日文大聲說，「妳們還要再付三千日幣！」

「那包括消費稅嗎？」我問。他沒有大笑。德國人皺著眉頭。

「真希望有卡拉ＯＫ。」一位女演員說。

兩分鐘內，鵜飼船航行到我們旁邊，進入舞台中央，船首掛著一桶燃燒的薪柴。穿著打結圍裙的鵜匠用力猛拉著十幾隻鳥兒脖子上的繩索。鳥兒們拍打著翅膀。兩位助手用船槳猛力敲擊船身。回音在河谷間迴盪。

長良川的鵜飼已經有千年以上的歷史。你會想，這有足夠的時間，讓某人了悟到這不是確保晚餐的有效方式。鵜的脖子上被套上緊實的項圈，讓牠們無法吞下獵物。船首的薪火是拿來吸引魚的，我猜想，船槳的重擊也是，但如果我是魚的話，我會被嚇得逃到海裡去。鵜潛入河水中後，將頭垂直抬出水面，游著泳，像小尼斯湖水怪。牠們依心情或飢餓的程度，潛入水中捕魚。每當有一隻鵜用鳥嘴抓到魚時，鵜匠便會用繩索猛然拉扯牠的項圈，迫使牠將魚吐在船底的魚籠裡面。然後鵜匠再將飢餓的鳥兒丟回水中。每當鵜被迫吐出魚時，女演員們都鼓起掌來。鵜匠拉扯著繩索，勒緊項圈，把鳥兒丟回水中，動作毫不溫柔，對待鵜的態度彷彿牠們是機械工具。整場表演延續十分鐘。我們在十五分鐘之內便回到岸上。

我徘徊在漆黑的河岸邊，跟別的觀光客一起到鵜飼船旁，看捕捉到什麼。表演在鵜飼船溯河而上時停止。船隻航行到舞台左邊，假裝在觀光客離開後，還會繼續捕魚。但一等我們的船抵達河堤，鵜飼船立即轉往河岸，迅速熄掉薪火。等我們走到船邊時，魚已經被分類好。十幾隻小鮎魚被放在白色飯店後方的混凝土河堤上。

「鵜是公的還是母的？」一位日本商人問。

「不知道。」鵜匠簡短地回答。

其他觀光客坐著轎車離開。我漫步回飯店吃晚餐。

我在鋪有榻榻米地板的大型餐廳裡吃晚餐。整個房間只有我一個人。一位豐滿肥胖的快活女侍為我端來晚餐。其中包括當令的松茸，那是在對岸河堤後的山丘摘採的。松茸現在是昂貴的珍品；它們無法栽培，而取得它們的唯一方式是在森林裡花時間採摘它們。最好的採摘場所是在四十或五十歲的赤松之間。我的松茸大概只有一顆的十分之一，切成薄片，混在米飯裡，嚐起來的味道很像喬伊斯[13]所描述的羊腎（「帶著淡淡尿騷味的強烈味道」）。不管怎樣，它和烤鮎魚配起來很好吃，不然我可能要花很多時間，尋找鵜的唾液的淡淡味道。

13 Joyce，一八八二—一九四一，愛爾蘭小說家。

然後，那個女人提了一鍋油來，讓我自己炸裹了麵衣的明蝦。

「我怎麼知道它們熟了沒有？」我問。

「它們變成褐色就是熟了，」她低語，然後消失在廚房中。

「你則變成番茄紅色，」當她回來將盤子端走時，告訴我。我四肢大張地躺在榻榻米上，喝我的第三瓶啤酒。而這還沒有把我喝的溫巴伐利亞算進去呢。我在秋陽下走了兩天，臉龐曬得紅得發亮。大廳的告示板上滿是住客和團體住客的名字，但餐廳整晚都是空的，我在走廊和電梯裡都沒碰到任何人。

「妳忙嗎？」我問那位快活的女侍。

「喔，是的，」她微笑。「我們快忙死了。」

晚上，我夢到我在倫敦長大的房子裡，到處都是蛇。一隻眼鏡蛇在花園裡攻擊我父親。我母親跑到街上啜泣。我在清晨四點起床時，喝了一罐冰烏龍茶。我將頭靠在窗戶的玻璃上，聽著第一場雨聲。

和紙與地酒

我在十點十五分離開飯店時，天空仍在下雨。在這之前，我坐在戶外陽台上喝著茶，寫了一個小時的鵜飼筆記，很久後才發覺我還穿著飯店的拖鞋。當我在玻璃門內換拖鞋時，接待人員謹慎地轉過她的背，假裝沒有看見。我在一家郵局裡提錢。坐在櫃檯後面的女人舉起我用日文填寫的取款單，大聲又緩慢地重複我的名字和住址。她唸了好幾次。

「有什麼問題嗎？」我問她。

「你的名字很奇怪。」她說。

因此，名字變成那早的主要主題。有家叫做「時髦頭髮」的美容院佇立在稻田後方的馬路上。靠近美濃（Mino）鄉村俱樂部附近，屹立著一個大型粉紅看板，廣告著「旋轉木馬飯店」，並說著「給我浪漫」。雨不停地下著。我快步向前行走，在中午前抵達美濃這個平坦的小城市。在此，山谷變得窄狹，山丘向兩側靠攏，比關還要貼近。建築物最高只有三層樓。美濃的許多商店和房舍都是以深色的木材蓋成，玄關則用冷冽的石板鋪成。

我走進一家深色木材蓋成的餐廳，看到一位呆板拘謹的女人。她穿著粉紅色的圍裙，正在將淡黃色的蘭花插在門旁的花瓶裡。

「我喜歡插花。」她告訴我。

大雨傾盆而下。我不急著上路，所以我們聊了花的事。我對這個主題一無所知。河岸兩旁的粉紅色大波斯菊開花了。我有看見它們嗎？那不是個很棒的名字嗎，大波斯菊？我有沒有注意到在稻田邊緣到處開花的紅色花朵？是的，連我都有注意到。它們是彼岸花（higanhana）。那也是很棒的名字，不是嗎？彼岸的花。其他人叫它們死人花。還有人叫它們幽靈花。也有人叫它們狐花。更有人叫它們捨子花。它們在英文裡叫什麼名字？我不知道。它們也許是某種孤挺花。啊，我知道彼岸花不能帶進屋內嗎？

「為什麼不行？」

「因為那是佛陀的規定。」穿著粉紅色圍裙的女人嚴肅地說。

她插的蘭花旁邊是兩張大型的油畫，雖然不起眼，卻記錄著讓美濃盛名遠播的事件。一張畫著四月祭，參與者都撐著櫻花花瓣般的大型陽傘。這些陽傘是由和紙製成。和紙是日本手製紙張（這兩個漢字意味著「我們的紙」）。美濃這個小城市與和紙的生產關係如此密切，以致美濃和紙（minowashi）成為紙的通稱。而在十五和十六世紀，美濃紙（minogami）這名詞指稱任何紙類。

紙應該是由韓國僧侶於六一〇年引進日本，但這只是傳說。我們能確定的是，最早的日本製紙張可追溯到七〇一年，用美濃和紙寫的美濃地區人口調查紀錄。早在十三世紀，美濃地區所生產的紙張價格就比任何地區都要低廉，品質卻更好。在十八世紀，美濃紙的尺寸成為全日本印刷書籍的標準尺寸。現在，製造美濃和紙的技術已被指定為無形文化財。雖然，目前在這個小城市裡和周遭地帶散布著現代造紙工廠，手工造紙的技術仍然延續下去。而這個傳承遠自平家時代之前就已開始。

品質最精良的美濃和紙是由桑樹樹皮製成。人們在秋末砍下這些矮樹，用蒸汽除去它的樹皮，內側纖維則用下列三種方法之一漂白：浸泡在河水中，埋在雪裡，或趁著黑夜掛在外面。然後，清洗纖維使它成為紙漿，再用手搖晃木製托槽（簀桁）將紙漿漉成薄薄的紙張，放在戶外的木板上曬乾。成品的纖維品質使得它廣受書法家的歡迎。它的不規則和柔軟賦予書法自然的風貌，並能吸收濃厚的墨水。穿粉紅色圍裙的女人告訴我，城市裡沒有著名的手製和紙工廠。它們都在附近的鄉野，那裡的河水比較清澈。

「我以為那是個造紙工廠。」我說，指著第二張油畫。畫裡面是一長排低矮的町家（城市住宅），看起來像十八世紀中期的建築。

「不，」女人說，「那是酒廠。它就在轉角處。你該去看看。」

「妳是說這些房子存在嗎？」我說。我原以為那是油畫家的想像。

「喔，是的，」女人說，「它看起來就是那個樣子。他們製造的酒叫百春。」

「我想喝一點。」我說。

「溫的或冷的？」

「哪一種比較好？」

「他們說溫的比較好喝。」

因此，我坐著品嚐百春，雨仍在玄關和插著淡色蘭花的花瓶外下著。它是種口感濃醇的酒，有一點甜，要是在我年輕的時候（啊，年輕時光！），我會點冷酒，因為那是地酒（jizake）行家偏好品嚐它們的方式。行家們偏好二級酒，而非一級或特級酒，因為他們認為，一級和特級酒的獨特口感已經被提煉殆盡。我以前習慣喝很多日本酒，尤其在長途徒步旅行中，某一種特殊的口感會成為淡淡的紀念和回憶。但現在我發現，如果我喝太多日本酒，會讓我在徒步旅行中所承受的失眠問題更加嚴重。所以，我現在多半都喝啤酒。啤酒嚐起來都一樣，不管你是在北海道或九州，在豪華飯店或農夫的溝渠邊緣喝它。它的味道都可預測。日本的啤酒都是大量生產，缺乏英國或比利時「真正的麥芽酒」那種廣泛多變的當地口味。如果你想體驗那種地區多樣性，你該嘗試地酒。但現在，甚至連地酒都變得稀少。日本酒市場原本已承受來自威士忌和燒酎的競爭壓力，如今又被混合威士忌逼到角落。

「他們讓人參觀嗎？」我問那個女人，對著油畫點頭。

「你得很幸運才行，」一個火氣很大，表情怏怏不樂的女性顧客回嘴說。她自己坐在桌旁吃著烏龍麵。「我知道有兩個人跑去參觀，但都被趕跑。」

「我們先打電話看看，」穿粉紅色圍裙的女人和藹地說著，那位悶悶不樂的顧客怒目瞪著空麵碗。酒廠叫我去店裡參觀。於是我揹上背包，付了午餐錢。但穿粉紅色圍裙的女人不讓我付酒錢。

外面仍在下雨。我花了不到三分鐘就找到百春釀酒廠。它的模樣和油畫中畫得一模一樣：狹長、低矮而陰暗。當我坐在店裡啜飲著抹茶時，豐滿圓胖的老闆娘告訴我，她在五年前翻修店面的時候，差點找不到工人來做屋頂。非常，非常難找。她穿著絨毛鬆軟的粉紅色喀什米爾開襟毛衣。她以嚴謹、柔和的口吻說著話，彷彿面對購買九谷茶器的顧客。而她就是用這種茶器幫我泡了抹茶。

從布里斯班來的紅髮女學童，安琪拉，跳著進入店面，說著「喔，哈囉！」然後又跳著出門，後面尾隨著老闆娘的女兒。她們要去買蛋糕，順便逛逛街。老闆娘解釋說，安琪拉是個交換學生。她一年接受一位交換學生，他們都是從澳洲來的。安琪拉已經待了三個月。現在她住在別的地方，今天下午回來看他們。

「他們喜歡這裡，」老闆娘透露，「他們喜歡這裡的歷史感。他們是澳洲人，所以沒有什麼歷史。我們在這釀造了兩百三十年的酒。去年，百春還得了獎。」

「恭喜。」我說。

老闆娘鞠個躬，非常開心，給我兩個鬆軟的和菓子，和一個用和紙做的小垃圾桶。

我們坐著聊天時，前後有兩個男人進門，詢問能否參觀釀酒廠。老闆娘很禮貌地告訴他們，釀酒廠不開放參觀。因此我按兵不動，直到喝完抹茶才問同樣的問題。老闆娘將裝瓶工人的主任叫過來，請他做我的嚮導。他個頭矮小，四十出頭，有點灰髮，穿著綠色運動衫和橡膠靴。

「他是幫我們贏獎的人之一。」老闆娘的臉發出光芒地說。

「恭喜，」我又說了一次。他倆鞠躬，高興得臉紅。

主任告訴我，他在這裡工作了十年。在這之前，他在名古屋的可口可樂工作。我半開玩笑地為此斥責他，我們一起輕笑了很久。現在不是釀酒週期的繁忙季節。所有的工作都在十一月底到四月十日完成。釀酒廠為那四個半月的時間，從新潟（Niigata）雇請六位男性臨時工來幫忙。他們沒有一天休息，連新年也不例外。現在只有四位專職女性員工負責裝瓶。因此，廠裡沒有什麼好參觀的，但還是歡迎我來看。

我們在大型綠色酒槽之間漫步。國稅局在這些酒槽上，小心地手寫上登記的容量。當這些酒槽在一九六二年安裝時，國稅局花了二十天來做測量。他們將酒槽裝滿水，然後用吸水管吸到小的測量用燒杯裡去。那些燒杯小得就像孩子的化學工具。

釀酒廠生產多少酒？

一年生產十五萬到十六萬升壜（shobin）的酒。一升壜是日本酒標準酒瓶的大小，大概是一點八公升多。所以，釀酒廠生產的酒量很普通，大部分都直接賣到名古屋或更近的商店和餐廳。釀酒廠也有個批發商。他將一小部分的酒批發到東京，然後從東京（啊，日本批發系統真是奇妙，大概跟鵜飼一樣合理）批發到大阪。

是當地的米或是水讓百春得了獎？

喔，絕對是當地的水。事實上，岐阜的米太容易碎，不適合拿來釀酒。因此，百春釀酒廠混和採用了滋賀（Shiga）、長野（Nagano）和兵庫（Hyogo）縣的米（全都是本州中部的縣，兵庫特別以酒而聞名）。我知道等級之間的差別在哪嗎？嗯，等級取決於所用米粒的多寡，和在發酵前米粒被磨得多小而定。用的米粒越大，酒就越粗糙和越便宜。最低級的酒，也就是二級酒，大概使用百分之七十二的米粒。一級酒的米粒大概是百分之六十八。特級則是用優良米粒的百分之五十五。比特級更好的吟釀酒（ginjoshu）只使用百分之四十，而所用的米都來自兵庫。

我們停在一個過濾水槽前，主任從水龍頭替我斟滿了一小杯新酒。它的口味清脆冷冽，和乾爽。我請他跟我喝一杯。

「不，」他說，「我不喝酒。」他的坦白讓我覺得有點困惑，就像他曾在可口可樂工作過一般奇怪。它讓我想起，有次我曾在吉隆坡的高級餐廳退掉一瓶酸掉的葡萄酒，並與馬來人的品酒師起了爭執。「你嚐嚐看，」我一直懇求他。「不，先生，」他嚴肅地回答。我們都知道他的宗教背景，而他國家的法律更是禁止他的嘴唇沾到任何一滴酒。「酒沒有問題，」他一直向我保證。「那就是它嚐起來的味道。」

日本人飲酒習慣的改變如何影響了日本酒酒業？

「啊，這個，」主任承認道，「人們不像以前一樣那麼識貨了。人們以為他們了解他們所喝的酒，其實並不然。我前天還得跑到名古屋去向一位顧客道歉。他抱怨在我們的酒瓶裡發現細小的固體殘渣。那可能是在清洗時跑進酒瓶的紙標籤。通常，如果有人抱怨我們的酒的話，他們會接受電話道歉，然後我們會寄幾瓶新酒給他們。但這個顧客要我們親自去道歉。他很高傲。他是某家小公司的社長，也許是個區會議員。他的模樣好像他是全世界最權威的日本酒專家。所以呢，我帶了三瓶新酒親自跑了趟名古屋，跟他鞠躬道歉，講了一堆無聊冗長的廢話。他不肯接受我帶去的酒。他火冒三丈，站著大叫說他不要新酒，他要陳年老酒。我猜，他大概讀過一點有關葡萄酒的書，以為日本酒也像葡萄酒一樣會熟成。但它當然不是。它比較像啤酒。你該趁酒在裝瓶後三個月內喝掉。而這個傲慢自大、滿口道理的男人以為自己懂得很多，其實什麼都不懂……」

回到店內，老闆娘叫我拿一瓶百春，好在我那晚要住的溫泉那裡喝。但她要給我的酒瓶子太重，我知道我永遠不會喝它。

「等旺季時再來喔，」主任在我離開時，鞠著躬說。「帶你的太太和女兒來。」

然後我又上路了。我經過美濃的另一個景點。一座建造於十八世紀的老舊木製燈塔，引導順著下游而下，將和紙運輸到岐阜市的船隻。它有個小門，在雕刻的黑色木柱裡，有一個陡峭的梯子。美濃靜靜地散發歷史的氛圍，不會盛氣凌人或喧譁雜亂地用它的景點，招攬步下巴士的觀光客。我直到在要走出小鎮，在文具行裡買了一些明信片時才發現，原來釀酒廠的店面已被國家指定為「文化財」，因為它有現存保持最完好的屋頂。那個屋頂是江戶時代風格的屋頂，稱做梲（udatsu）。這種屋頂在屋頂兩側，有裝飾精美的鋪瓦屋脊，除了裝飾之用外，也是防火牆。

雨已止歇，天空高處點綴著秋季的白色雲朵。我走過一條以凹凸不平的木板建造而成的老橋，跨越清澈平靜的長良川。一條空曠的道路順著蜿蜒曲折的河流前進。山脈在眼前高聳，籠罩在淡淡迷霧中。道路在靠近美濃的地方，經過一個安靜的大理石工廠、混凝土工廠和衛生紙工廠，然後探進金黃色的稻田和香味四散的小松林。樹叢間，紅色的幽靈花於下午微風的輕拂中彎下腰。在立花神社（Tachibana Shrine）附近，一家房舍將拉門打開，讓秋陽流洩至屋內，桌子上擺著喪禮用的齋膳。穿著黑色西裝的男人坐著吃飯和喝酒，或靠在街道外面的柵欄上，低頭瞪著淺淺的河流。我抵達通往湯洞（Yunohora）的道路。道路變得狹窄，順著河流逶迤而行，經過一座老舊的磚造拱門。拱門上貼著旅館的褪色廣告。

似乎只有一家湯本館還在營業。百春釀酒廠的老闆娘警告過我，湯洞既不有名，也不優雅，只不過是個曾經繁榮一時的老舊溫泉鄉野。但湯本館的女服務生以嚴謹恭敬的態度接待我，讓我坐在走廊裡等她清理房間，在她替我端來晚餐時，用法式侍者總管的口吻解釋菜色。這是河鱒，這是生鯉魚，這些是竹筴魚，這些是竹筴魚卵。而這是特別的招待：松茸。我知道它們是什麼嗎？他們那早在旅館後方的山丘上採摘而來的。它們是今年最早的松茸。它們有粗糙、原始和泥土的味道。我只能吃兩小薄片。

我讀著《平家物語》第一卷中的祇王故事入睡。祇王是個白拍子（女扮男裝的舞者），十七歲時便成為平清盛的寵妾。平清盛寵愛了她三年。之後，有一天，另一個白拍子，佛御前，出現在平氏的宅邸，平清盛便轉而寵愛新人。祇王被趕出宅邸，經過一年的沉思和哭泣之後，她被叫回宅邸，這回只是為了讓新的寵妾開心。祇王無法忍受這份恥辱和心碎，在二十一歲時剃髮，遁入空門。她的母親和十九歲的妹妹亦追隨她進入尼姑庵。而那位取代她寵愛位置的佛御前，在平清盛一年的恩寵之後，也於十七歲時看破紅塵。佛御前在宅邸的一扇拉門上，發現祇王在平清盛拋棄她的那天所做的詩：

平原的野草，
繁茂和枯萎，
每個都一樣。
所有事物的命運，
都在等待秋天。

我在十二點、四點和六點醒來。在走廊對面的房間裡，四個喝醉酒的男人喧譁了一整晚。拂曉時分，我唯一聽到的歌聲是窗外山丘內，老鷹的嗶嗶長啼。

大自然難逃一劫

我走的道路老舊、陰暗而靜謐，兩旁是森林和陡峭的山丘，太陽試圖從其間宣洩而下。

在半公里外的長良川對岸，新公路的交通繁忙，隆隆駛過一連串的隧道。隧道裡煙霧瀰漫。但在我走的這面河邊沒有隧道。從秋收稻田裡，泥土混合著稻草的強烈味道飄浮而來，表示我就快要接近一座村落了。河水清澈，從道路上可見河床的小鵝卵石。有時，河流變窄，流經從這岸延伸到那岸的大型石頭河床，或扭動成為激流，在岩石間翻滾，迫使小到看不見的鮎魚和五月鱒（satsuki masu）在春天從海洋逆流而上時，像鮭魚般跳躍和掙扎。河流在最狹窄處水流湍急，深不見底。它沒有許多日本河流在夏末筋疲力盡的風貌。我沿著安靜的舊路前進，而公路上的交通從隧道竄出，在天空湛藍和新鮮宜人的早晨，咆哮著噴出窒息的廢氣駛過。我沉思著建設省和水資源開發公團在二十年前對長良川的計畫，好在它沒有實現，要不然就會摧毀這道清澈的急流和五月鱒的掙扎。

長良川是日本主要河川中，最後一條沒有興建水壩的河川，但興建的行動早有計畫。早在一九六八年，政府便核准水壩的興建計畫，但由於當地團體的反對，直到二十年後才開始動工。這些當地團體主要是小鎮和城市的漁業工會。他們主張水壩會破壞河流的生態，並阻止鮎魚和五月鱒（長良川的特殊物種）溯溪回游，因而摧毀漁民的生計。他們也主張，水壩將損害鵜飼的活動。至少歷史學家是將這個論點聽進去了。雖然現在鵜飼已淪為一種觀光娛樂，但它曾受偉大的織田信長的保護（他對鵜飼的印象如此深刻，頒布命令規定長良川永遠不得建立水壩），並仍是宮內廳贊助的對象。

但在一九六〇和七〇年代，日本極力追求工業和經濟成長的氛圍中，建設省對這些反對意見絲毫不為所動。建設省執拗地重複道，水壩的目的在於控制洪水，提供名古屋一帶工業用水，和（在試圖左右漁業工會的意見中）防止海水回流至上游，污染養殖場和鄰近的農田。結果，反對興建水壩的一方提出證明，表示自政府首度調查以來，附近稻田的鹽分含量確有實質性遞減的狀況。他們也指出，只有在建設省實施第一階段建設計畫，即對河流下游至河口二十五到三十公里這段河段展開疏濬工程後，海水才會大量回流至上游。沒有水壩，就沒有疏濬。沒有疏濬，就沒有污染。但建設省宣稱，洪水控制和工業供水必須凌駕於生態議題之上，因為整體的福利大過於特定的自私團體（更別提組織興建水壩的建設老闆，利用發包默默牟取暴利的政客，提供借貸的銀行，雇用和控制勞工的黑道，還有一個快樂和設備完善的社會所擁有的基本要素等的福利）。在興建成田機場新近計畫的子彈列車路線，核電廠及儲存廠的預定地，以及當地反對勢力可能阻礙到盈利豐厚的「發展」時，政府都用過類似的論點而加以反駁。漁業工會一個又一個地屈服在政治和其他壓力之下，經過二十年的疲憊抗爭，和長期又反覆再三的討價還價之後（漁夫們唯一贏得的讓步是將鮎魚的養殖場納入水壩之中，但這對五月鱒毫無用處），怪手和推土機最後終於駛進長良川的河堤。

但一九六〇和七〇年代過去了，即使是在快樂和設備完善的日本，八〇年代的反思終於崛起。不惜一切代價追求工業和經濟成長的執念，開始遭到其他考量的質疑，其中包括保護剩餘的自然環境，這份新近萌芽的草根關懷。在此之前，這類關懷通常與其他優先考量結合在一起，舉如，對核能的厭惡（日本著名的「過敏神經」），或不願為公共事業放棄家族數世代以來耕作的農田。現今，這類關懷擴大範圍，並重新找到焦點。現在不只是家族的特有土地，而是自然本身也被視為值得保護的對象。新的反對聲浪興起，大聲對抗政府針對長良川的一千五百億日幣計畫。

一九九〇年代初期，長良川水壩藉由日本和外國記者、名人和科學家的幫助，成為日本新興環保遊說團體的兩項重要議題之一，並迫使政府停工（另一個是石垣島〔Ishigaki〕的新機場預定地，如果興建的話，將破壞東海中最大片的珊瑚棲息地）。在這數十年間，科學家、記者和業餘生態學家也得到日本政府環境廳的奧援。環境廳設立於一九七一年，隸屬於總理府（首相辦公室），廳長為閣僚級長官。環境廳雖然猶豫再三，但在長良川水壩和石垣島新機場的議題上，都站在反對陣營這一方，頻頻敦促政府重新審視原始計畫，並提出進行更詳盡的環境衝擊研究。批評者認為環境廳的動作大半只是表面功夫，意圖在於緩和來自國外的環保批評。而環境廳廳長欠缺像建設大臣和通產大臣這類閣僚的龐大勢力，因此他的意見很容易遭到否決，或因威嚇而噤若寒蟬。但這個從政府體制裡面產生的反對勢力才是迫使兩項計畫中止的主要因素。

興建水壩的計畫至少在目前又暫時取得勝利，長良川兩岸的怪手和推土機再度開始忙碌，但我沒看見它們的身影。我已走到河川的水壩工程預定地。這些爭論在這個清爽的秋大中投下一道陰影。我經過一個漁夫。他將細繩從河的這端引至另一端。他看起來就像五月鱒一樣，也是瀕臨絕種的物種。我問那位漁夫，繩子要拿來做什麼。成熟的鮎魚（母魚肚子裡飽含著蛋）現在正要開始牠們的年度遷徙，游到下游靠近河口的產卵場去。漁夫告訴我，牠們怕繩子，不願意游過繩子，因此，牠們會聚集在繩子後面，這使得牠們很容易被魚網撈捕。這是比用鵜還要實際的方法，但冒險性卻較低。可是運動家精神和效率只會相互扞格，就像沒建水壩的河流和存款富足的銀行存摺無法和平共處一樣。

第三章 岩石之間的空間

幽靈花在一個罕見的墓場裡開著花。罕見是因為所有的墳墓都是木造的，有著像小水井的屋頂，全是灰色。在隔壁稻田裡，乾燥的稻草上方，飄著一個以原色著色的氣球，像靶心一樣地嚇跑到處覓食的鳥兒。我從遠處看到三個小雕像，原本以為它們是地藏。地藏是仁慈溫和，保佑旅人的神祇。但等我在它們旁邊坐下，休息幾分鐘時，我才在近距離審視之下發現，它們是凶猛的三面女神，阿修羅。在印度教神話中，阿修羅是前雅利安魔神，向來和雷神及戰王因陀羅爭戰不休。阿修羅原本也是神祇，後來在諸天控制天庭時，被扔到水中或地上，但祂們仍舊保有和新神祇一樣強大的力量，並在三界中爭奪主控權。這些在路旁的小雕像呈現出阿修羅女神最簡單和純粹的印度風格：每張臉都露出兇惡的表情，一手持著懲戒世人的棍杖，一手拿著因果輪。祂唯一佛教化的跡象是站或坐在蓮花中。

在長良川的河岸旁發現原始的阿修羅雕像，讓我很驚訝。長期以來，我對祂的印象完全是來自於奈良興福寺那座最著名的阿修羅雕像。那座雕像完成於第八世紀，身材纖細，蘊含著衝突與矛盾。表情兇惡的魔神被轉化為保護世人的佛教女神，六隻纖細的手臂款款伸出，沒有武器。祂的存在令人覺得安詳。祂表情的複雜和人性是印度教手法所匱乏的。祂臉上閃過憤怒、苦痛、哀傷、漠然、驚訝和愕然的接受，以及祂最後通過佛陀的知識而得到的平和。事實上，這座興福寺雕像的正面臉龐凝視著你，雙手合十祈禱，如果不是祂臉上有那麼一絲暗示爭戰和不安的困惑和輕微皺眉，你幾乎要以為這是一尊觀音雕像。魔神的面貌在此消失無蹤。就像從中國傳來奈良和京都的阿彌陀佛，原本祂是個肥胖而愉快活潑的神祇，但在此卻變成傳達出兼具陰陽特質的纖細、悲憫和超世俗的美感。在其他文化概念的影響下，早期奈良和京都的佛像（有些是從中國或韓國遠度重洋而來）顯然在形式方面，混合了他們自己的特性。

來到夢想中的日本

我走過一個小村落，看見穿白色罩衫的女人哄著嬰兒，牽著小孩繞著小圈子走路。馬路封閉，正在重鋪柏油。一個瘦削的老安全警衛戴著塑膠頭盔，對整早唯一開過來的車輛大聲吹著哨子，在一片灰塵中大驚小怪地比手劃腳。那位駕駛見狀，轉個大彎，碾過老舊的瀝青，將它們噴到河岸邊。老警衛嚴肅地告訴我，我可以沿著路走，只要我不要在柏油上留下腳印，或弄亂建築工人排放的迷你沙袋即可。於是，我安靜地走了一個小時，越過青綠色的清澈靜止河水，銜接上忙碌的公路。最後，燃燒穀殼和在莖上枯萎的小茄子的香味飄散而去。我聞著柴油卡車咆哮而去的臭味，聽著平行駛過的單節電車發出的隆隆聲響，走了數哩，完全沒有坐下來休息的地方。

我詢問一家大型的新酒店，前面的公路上是否有餐廳。那位呆板拘謹的老闆娘看著一位一本正經的女性顧客，兩人臉上堆滿笑容。然後老闆娘說：「過下一個隧道就有一家。五分鐘車程。你會看到寫著札幌拉麵的看板。」

兩個女人拘謹地開懷低笑。

「這個，」我說，「走起來要很久。如果妳不介意的話，我想坐在這邊喝啤酒。」

「我介意，」老闆娘咧嘴而笑，嘴唇緊貼著整齊的牙齒。「你可以買販賣機的啤酒，然後站在外面喝。」

於是我離開，也沒有用販賣機買啤酒。一小時後，我在一家家庭餐廳內喝著兩瓶札幌生啤酒，吃了一盤炒得硬到像橡樹枝的炒麵。餐廳內有塑膠桌子和套著黃色塑膠套的椅子。中午炙熱的太陽透過整牆的窗戶流洩而入。等我從椅子上起身時，我流的汗比我進門時還多。

下午的剩餘時光，我沿著空蕩的舊路越過河流。公路上有不少設計給經過的車輛看的看板，廣告著有最新式「雪機器」的滑雪場、一個「天空餐廳」和一個「氡中心」（也就是說，一個具有療效的溫泉泉水藉由自然或人工設計，包含原子序八十六號氡這個元素。那是鐳的衰變產物。我邊走邊希望我有買保護衣物）。氡中心就位於郡上八幡（Gujo Hachiman）這個小鎮的外圍。我疲憊地在傍晚抵達小鎮，從遠處誤將看板上的電鋸（chainsaw）看成香頌歌曲（chanson），以為我這下可以在咖啡店中悠閒地坐著，聽著查爾斯．亞茲納佛[1]唱的小夜曲。而事實上，我正要進入的小鎮是我在近二十年前抵達日本時，所夢想找到的小鎮。這個小鎮如此特別，以致當我在晚上出門去散步時，都差點忘了跛行。

小鎮初初看起來很不起眼。只是一片擠在河流和逼近的山丘間，低矮平坦的楔形街道。公路接近小鎮，然後從西方飛掠而過，完全沒有特色。郊外排列著平常可見的加油站、汽車經銷商和水泥工廠。五層樓高的鋼筋水泥公寓只有在陽台上漆上亮藍色彩。車站附近有一座不起眼的旅館。總之，此地充斥著雜亂和沉寂淒涼的氛圍。我自公路轉彎，進入一條我猜是市中心的商店街道。一個雜貨店老闆告訴我，前面還有很多家旅館，但我頹然倒在第一家民宿的玄關，沒有再繼續找下去。它離鎮中心有一段距離，而且位於一個非常吵雜的角落。中年老闆娘向我解釋她沒有多少食物，似乎想讓我知難而退。但在我填寫過房客住宿單後，她就變得比較友善。我爬上樓梯到二樓，一路上都以為我的腳丫就要廢掉了。我吃完晚餐後，喝了一瓶啤酒，泡了澡，休息了一下。然後，我穿著民宿的木屐橐橐地走出前門。半分鐘後，我驚訝地呆在當地，納悶我在名古屋的展示館所搭乘的時光機器，現在是否真有一台送我回到過去。

所有主要的日本英文指南中，包括我的那本，只有一本介紹郡上八幡。那不是日本交通公社的《官方指南》，或是佛德（Fodor'），或是畢塞涅昂尼（Bisignari）的《日本手冊》。只有寂寞星球的《旅遊生存背囊》（*Travel Survival Kit*）對此鎮有一小段的介紹，它一開始就說，「這裡可看的事物不多」。可看的事物不多？這個，這裡是沒有徘徊漫步的牛羚、沒有在夜晚舞動的極光，也沒有將溶漿噴入地平線的喀托火山[2]。但這裡有每個為日本著迷的西方人在剛來到這個國家時，以為他會在每個角落所找到的風情（但卻大失所望地發現事實不是如此）。

此鎮的建築物低矮陰暗，以木材和灰泥蓋成，道路上鋪著碎石。河流流經小鎮。建築物的窗戶窄狹，有石板瓦格子。道路也很狹窄，兩旁的牆壁陡峭，街尾不是一家燈籠微暗朦朧的居酒屋，就是越過潺潺流水的石製拱橋。它看起來像是江戶時代的舞台背景，那種在東映攝影棚給觀光客看的氛圍。我有點期待會看到一位穿著燈芯絨夾克的導演拿著擴音喇叭，從一盆竹子盆栽後方跳出來，叫著「燈光！攝影機！開拍！」街道上沒有車輛停車或通行。還開著的商店是專為觀光客服務的店面——一家擁有民俗風情的小茶屋、賣編織品的商店，以及賣紀念玩偶和明信片的商店——但沒有觀光客潛伏在盆栽之間，就像這裡也沒有導演一樣。我不久就了悟到，貼在商店窗戶的海報上描繪著此鎮的主要觀光活動：從七月中旬到九月初每晚都會舉辦的夏季盆踊，它在盂蘭盆節的那四天達到高潮，因為那四晚大家會跳一整晚的舞。

我走進一家商店買明信片時，一個顯然在發抖的膽小女人告訴我，「觀光客跳得比當地人盡興。」她站在小櫃檯的後方，眼神瘋狂地在貨架上閃爍，彷彿在跟它們說再見。我感覺像是個從時光機器走出來的男人，正想打亂嚴肅的年度行事。那女人彷彿非常驚恐，發出一個又一個陷於

1 Charles Aznavour，法國歌手。

2 Krakatoa，位於蘇門答臘和爪哇之間巽他海峽上的活火山島。

危險中的訊號。「盆踊變得很有名，」她快速地從口中吐出這些字眼。「非常，非常有名。你該看看的。喔，你真的該看。」她像對著西班牙征服者投擲黃金偶像的印加人，意圖逃避火刑。「他們有時在公園的大型廣場裡跳，有時在十字路口。那不像其他祭典一樣，你得屬於某個團體才能參與。任何人都能加入盆踊。你也可以。」我離開那家商店，讓那個女人逃回安全的時光機器。我想著，跳舞的日數（今年是三十一天）使得郡上八幡變得稀罕。

英國廣播公司曾有一次尋求我的協助，要拍攝介紹日本盆踊的電視紀錄片。英國導演在最初傳來的傳真中解釋，他想拍攝日本人民「即興和毫無限制的奔放歡愉。」我讀到這點時的第一個想法是，別拍盆踊了，還是找個有兩面鏡子的按摩院比較實際。但，唉，紀錄片的旁白早就寫好了，它明白地指出「夏季祭典的自由氣氛……即使是拘謹的日本人也會在這個慶典中好好放鬆自己。」「至少在這裡，」腳本流露感情地叨叨說著，「他們全心全意地追求快樂，而義理（giri）──日本人的責任感和一致服從感──為人情（ninjo）或即興歡樂所取代。」這些字眼快快不樂地在我腦海中縈繞不去。在拍攝當天，我選擇了一個理想的攝影位置，花了半小時幫助攝影小組架設好機器。然後，我看著三十幾個警察將紅白相間的祭典布幔掛在兩個灰色警備巴士車身。這兩個巴士窗口都有鐵絲網，在盆踊即將開始前十分鐘駛到現場，停的位置剛好擋住我們觀看祭典的視線。

大部分的日本祭典並未顯示自由奔放的氣息，相反地，它們展現出各個組織團體小心翼翼規畫安排的熱情。這也並不是說參與的人就沒有玩得盡興。最後，英國廣播公司的攝影機捕捉到足夠的快樂和流著大汗的臉龐，可以向導演和他的傳真交差。但這些並非毫無肆忌的人們的臉龐。這些人們在數個月前就不怕麻煩地向準備委員會登記，還排演了數個禮拜。他們穿著跟同伴相同的衣服，規畫好在何時何地和跟誰一起跳舞，並在六點半於擴音器的命令下開始跳舞，然後在九點半的口哨聲中結束。他們顯然以能參與一個組織嚴謹的團體，並在身為其成員的歸屬感中得到驕傲和滿足感。他們絕非是從即興的歡樂中體會到快樂。拍攝完畢後，我對導演建議，也許玩樂作為某種自我的即興高潮，而非集體通力合作的結果這種概念，是種獨特的西方觀念。那位導演喜歡我用的措辭，「自我的即興高潮」，但是沒有印象深刻到將它納入旁白內。

儘管如此，這份集體通力合作仍有它的缺點。而當一個往常是（也應該是）地方上的小慶典轉變成華麗誇張的表演時，參與者和觀賞者的清晰界線變得更為鮮明。有時候，在德島市（Tokushima）所舉辦的阿波踊，由於它過於名聞遐邇，甚至有從觀光巴士中走出的觀眾，付錢坐在特別保留給他們的座位觀賞。諷刺的是，阿波踊的歌詞極力鼓勵觀眾的參與：「看傻瓜跳舞的人一樣是傻瓜，所以他乾脆也下去跳好了。」但現今，組織者、幹事、導遊和警察都費盡心思，讓拒馬和入場券盡量隔離開觀舞的傻瓜和跳舞的傻瓜。話說回來，從明信片商店那位發抖的女人窗戶上的海報中，我可看到穿著和服的群眾正毫無方向感的亂跳一通。我想，根據她所言，我也許該在八月份，帶著英國廣播公司到郡上八幡來才對，並鼓勵導演和攝影人員放下機器，大跳西米舞[3]。

就我個人而言，我很高興是在盆踊舉行一個月後，才來到郡上八幡（我的右腳丫感覺起來還是好像快掉了，我至多只會是個做壁上觀的傻瓜）。在這個十月初的晚上，整個鎮似乎只屬於我一個人。我循著一條鋪著石板的小巷而行，兩旁是圓石堆砌的高牆，走到一個死巷。一個泉水源源不斷地從石階旁湧出，噴到馬路上兩個長方形的水池中。我從主要街道一路走到這條死巷上，看到每家商店外面都掛著藍色的小旗幟，上面印著英文解釋說，這是「年輕之泉，宗祇水（Sogisui）」。旗幟上還寫道，「每個祝福都期望你佳節愉快」。看來寫這段英文的人將其大半生都拿來攻讀寫卡片的博士學位。事實上，宗祇水翻譯成「年輕之泉」不甚恰當；它正確的翻譯應該是「屬於地方神祇的泉水」。但我想，對執意要吸引外地人——尤其是外地的年輕人——將此鎮視為主題樂園和舞蹈宮殿的鎮議會而言，訴求「地方」會讓這個景點顯得過於狹隘。

我喜歡那個泉水、商店，以及高石牆的小巷。但我更喜歡一般的普通事物：夜間的黑暗和老舊的木材與灰泥房舍。路上不見任何觀光客。鎮上的靜謐並非被咆哮的車聲所劃破，而是由注意火災的手持木製拍板聲和潺潺潑濺的流水聲所打破。這些就是我在每一個日本小鎮中所尋找的事物。在大部分的小鎮中，它們因缺乏保存價值而不再存在。我最喜歡的是燈籠微暗的居酒屋。因此，雖然才剛吃完晚餐，我仍然舉步踉蹌地走進年輕之泉附近的一家居酒屋，在裡面喝啤酒。

或許是我選的店不對，或許是觀光季節已經結束，街道上不再徘徊著穿和服的舞者，因此所有的居酒屋都散發著意氣消沉的氣氛。居酒屋裡只有另外兩位顧客。他們是一對情侶，不愛說話，吃著烤青蛙。我坐在他們的櫃檯旁邊，絞盡腦汁地想和他們聊些天。老闆結實粗壯，沒有一絲笑容，左邊臉頰有一道長疤。他端給我一瓶啤酒，我請他給我下酒的點心。

「隨你配，」我開心地說。因此，他抓住這個機會，將一個老舊壺裡的醃章魚內臟幾乎都倒出來給我。他為那一對情侶烤了更多的青蛙大腿，在上面灑鹽，放在煤氣爐上燒烤。青蛙腿滲出水分，滋滋作響。然後，他回去坐在櫃檯的另一端看電視。我過了一會兒才搞懂，老闆正在看坐完牢的黑道分子（yakuza，「八九十」）如何洗心革面的紀錄片。我搞錯紀錄片的主題，以為它談的是病人。這是在我嚇到店裡其他三個人後，我才發覺我的錯誤。我聽到紀錄片裡不斷重複著康復[4]這個字眼，因此我以為它談論的是某種疾病。

「他們談論的是什麼疾病？」我問坐在旁邊的年輕女人，想打開話匣子。她的視線越過男友，投注在電視機螢幕上。螢幕裡正播放著試圖從前幫派分子的肩胛骨上，除去大型菊花刺青的笨拙手法。

「疾病？」年輕的女人微笑著說。

「是的，」我說，「那是某種皮膚癌嗎？」

「你跟他解釋。」年輕女人對老闆叫道，微笑著吞噬青蛙的大腿。

---

3 shimmy，顫抖著身體跳的一種爵士舞。

4 rehabilitation，也意味著重新做人。

老闆默默地站起身，來到我的櫃檯對面，傾身越過滲著水珠的青蛙。他有疤痕的臉頰離我的章魚內臟大概只有一呎遠。他吼叫似地說：「黑道分子。」然後，他回去坐下。

我沒有再嘗試引發更多的對話。不久後，老闆的好友進門。他燙著頭髮，稍有染色，穿著黑色西裝，打著玫瑰圖案的絲質領帶。老闆為他煮了一條油脂肥厚的大魚之後，他們就坐在櫃檯遠處，小聲地討論事情。照這樣子看來，我很確定我會被敲竹槓。我又點了另一瓶生啤酒，然後在頭上揮舞我的帳單。我告訴自己，我絕不付超過兩千日幣。我相信老闆會開口要五千。我該怎麼做？在我看過的一部黑幫電影中，緒形拳[5]拿下他穿的木屐，用它們毆打敵手的頭部。我想，那是傳統解決爭端的方式。而這是個傳統的小鎮。巧的是，我穿的正是木屐。我趁別人不注意時，伸手到櫃檯下面，拉拉木屐的天鵝絨帶子，以確定它們跟鞋底綁得很緊。問題是我的大腿很痛。我的水泡真的快把我害慘了。我根本沒辦法用一雙木屐用力敲打敵人的腦袋瓜，再站在那裡等著他們還手，因為我的腿搖晃得太厲害，無法跛行著逃開。

我起身。

「多少錢？」我問，將眼睛瞇成細縫，沿著櫃檯一路瞪著老闆。他的朋友看著剩下的魚，陰鬱地皺著眉頭。

「總共是一千八百日幣，謝謝。」老闆說道，朝我走來，抹著手，眉開眼笑。這是他那晚第一次也是唯一的一次笑容。

「好好照顧你自己，並祝你旅途愉快。」在我走出居酒屋時，他開心地說著。我的木屐在他玄關的地板上發出喀答的聲響。在街道上，警告火災和要人小心火燭的拍板聲仍在鋪石的道路中迴盪。那些聲音也在我夢中的前十分鐘迴響。我夢到，鼻子上傳來木頭破裂劈啪的聲響。

我慢慢地吃著早餐，並觀看一個電視節目。四位美國年輕人正在日本短期學習車輛生產，他們向心滿意足的主持人保證，他們學到的東西可多著呢。然後，我下樓，想出門去好好看看白天的郡上八幡。我碰到民宿的老闆。他穿著卡其服裝，全身都是口袋，口袋裡塞滿原子筆。他那早特意晚點去上班，這樣他才能告訴我該去觀賞什麼景點。他身材細瘦，似乎對刮鬍膏過敏。他在樓梯底下等我，手裡拿著鎮上免費的街道圖。他在上面用紅筆畫了一條線，並在他認為不容錯過的景點上畫圈：城堡、美術館，和年輕之泉。

他的下巴有片紫紅色的皮疹。他快速而帶著呼吸聲地解釋，郡上八幡是個城下町。但城堡在明治維新時代遭到拆毀，現在那個盤據在山頭，以封建風格重建的城堡建立在一九三四年。它是此鎮過往輝煌的「象徵」。我無論如何都該去看一看。我也該去看美術館。如果我要朝白鳥（Shirotori）的方向走去（我計畫那晚抵達白鳥），我就該在途中去參觀白山長瀧大神社，它的寶物殿收藏了三千多個文化工藝品，其中包括安藤廣重[6]畫的陶器。我看著細瘦、下巴皮疹遍布的

5 Ogata Ken，一九三七年生，日本演員。
6 Ando Hroshge，一七九七—一八五八，浮世繪畫家。

老闆。他口袋裡裝滿著原子筆，說到安藤廣重時不禁激動起來。當他停下來呼吸時，我讚美他的學識似乎很淵博。「是的，」他同意地點點頭，「但我只知道這附近的知識。」我很欣賞他這種自大又謙虛的態度，因此，我帶著注解好的免費地圖上路，跟著上面所有的紅筆線條觀光。

在白天，當局想讓觀光客覺得郡上八幡吸引人的努力顯而易見。每個地方都有指示看板和地圖。我在仔細地審視下，發現鋪著石板的道路年代不會超過三年。石板對稱性地鋪在新而乾淨的混凝土上，每天一定都有人掃地，還每兩個禮拜就刷洗一次。石板的對稱整齊在年輕之泉附近和通往美術館的道路上最為顯著。美術館展示著書法、畫軸、茶道道具、貼有圖畫的屏風、陰暗庭院裡的一口古井，還有一個小心翻修（不是複製）的茶室。它也有一個完善的石製倉庫。入口處，一個個子嬌小的女人在我出現時，興奮的不得了。這使我納悶，這個小美術館到底有多少觀光客。當我參觀完，要從玄關出門時，看到另一位觀光客。在那位興奮的女人請我在訪客簿中留下名字和住址時，他在一旁大聲地輕笑。我真的寫下來時，他笑得更大聲。然後，他輕快地走到門外，準備好相機，拍攝下我離開美術館的歷史鏡頭。

在吉田川（Yoshida River）的河岸，水車慵懶地旋轉著。水車也許有數世紀的歷史，但它看起來像在上個禮拜才安裝上去。在描繪盆踊的海報中，夾雜著一張廣告演奏會的海報。阿根廷阿科斯五重奏樂團將在兩週後，於文化中心演奏。我回民宿去拿背包，在踏上廢氣燻天的公路前，於一個精緻和充滿民俗風情的咖啡店裡小歇。員工和三名顧客尊敬地稱呼一位肥胖圓滾、穿著灰色西裝的男人「先生」。他在我將背包靠放在桌腳時，打斷夏威夷不動產市場的滔滔大論，高聲地評論說：「你看，郡上八幡也變得國際化了。」

「恭喜，」我對他說，並對著大家側身鞠個躬。當大家發現我會日文時，整場陷入一片喃喃低語聲。而在他們發現我竟然讀得懂日文菜單時，大家更是偷偷地評論不已。那位穿灰色西裝的「先生」想知道我從事什麼行業。我回答說，我為英國不動產經紀人的一個共同融資財團做土地調查。全場安靜下來，在沉默中帶著迷惑，但先生沒有退卻。

喔，是嗎？那我在郡上八幡做什麼？

土地調查，我說，然後又鞠躬，闔上菜單，點了摩卡馬塔利咖啡。

土地調查？什麼樣的土地調查？

嗯，很多英國人有興趣買有水車的河邊房舍。

先生點點頭，那三位顧客看看彼此，然後看看先生，再看看我。

因為所有的蘇格蘭城堡都被美國人和日本人買光了，所以一個英國退休基金會要我推薦一座日本城堡。他們想買日本城堡，但當然不要太老舊的，也不要太大的。一個在一九二四年以封建時代風格建築的小城堡，正合他們的意。

一個穿著紅色襯衫，缺了門牙的年輕人張開他原本交叉的大腿。他隔壁的女人拿起又放下茶匙。

我剛剛才花了一小時謄寫一個拍賣提案，那叫什麼來著——叫什麼？——喔，年輕之泉。

「你在開玩笑。」眉頭緊皺的先生說道。

「沒錯，」我嚴肅地說，「我是在開玩笑。」

那之後，氣氛變好，但沒有人再提變得國際化的事。

公路和沿著長良川河岸的老舊道路似乎再度趁著夜晚偷偷地交換了靈魂。公路上的卡車車輛驟減。而老舊道路變得比較寬敞筆直，交通繁忙，有時突兀地像現代的旁道。一路上工廠和新公寓聚集，偶爾可見加油站和小而雜亂的餐廳。河流似乎也做過取直工程，像伸展的緞帶直直通往藍色的山脈。我穩定地走近山脈。山脈的最高峰是二七〇二公尺的白山（Hakusan），今早的山峰籠罩在雲朵中。沿著河流岸邊，丟棄的車胎被拿來栽種植物，緋紅色的蜻蜓在其間大膽地忙碌探索。在一個村落中，有一家英文會話學校和一座用波浪錫板屋頂蓋的新建築。越過河流，公路上孤立著一家咖啡店。它叫做畢里斯多咖啡吉爾，特德咖啡俱樂部，始自一九八六年。我看，它有足夠的外國名字來創建左岸咖啡館。

我越過河流，在大和鎮（Yamato）一家安靜的壽司店吃午餐。我坐在櫃檯旁。通常這段時間是餐廳最忙碌的時段，但顧客卻只有我一個人。

我納悶，大和的中心在哪。這似乎不是個活潑的小鎮。

「它根本不算個鎮，」壽司店老闆解釋，「它是幾個村莊的組合。我想，你可以說這裡是中心，因為鎮公所在此。但這裡不是城鎮，你到十二公里外的白鳥，才會再看到城鎮。」

「但我們還是有很好的魚，」老闆向我保證，找著話題。「我們在本州的中央，所以有分別來自日本海和名古屋的魚貨。更別提河流裡的河魚。還有，你的日文說得很流利。比說得差勁的日本人還流利（這個普遍使用的評論是種讚美）。你幾歲？」

「我看起來幾歲？」

「三十五。」

「你幾歲？」

「我看起來幾歲？」

「三十四歲。」

我們禮貌而笨拙地找著話題。老闆和他的助手站在櫃檯和空凳子後面微笑，等了老半天也沒客人上門。老闆纖瘦的母親滿嘴銀牙，坐在電話旁邊，準備接外送的訂單。我在那坐了一個小時，沒有人叫外送。然後，我注意到老闆頭後面牆上的正方形白色紙板上，有個相撲選手的手印。我問他那是誰的手印。

「喔，那是小錦的，」老闆說，轉頭去看巨大的紅色手掌和手指，以及用黑墨水簽的龍飛鳳舞的簽名。「對夏威夷人來說，他的字寫得不錯，不是嗎？」

「比寫得差勁的日本人要好。」我說。

「我想那不是他自己的簽名，是嗎？」助手說，「我想它是印的。」

「不，那是他的簽名。」老闆說。

「我的意思是那是他的簽名的印本，」助手說，「他簽名，然後他們再將它印刷起來。」

「不，那確實是他的簽名，」老闆的母親說，「那不是他的簽名嗎？」

「那是印刷，」助手說。他舔舔中指，輕輕地擦過小錦最粗的筆畫上，他的指頭沒沾到任何墨水。

「你看，我說得沒錯吧。」助手說。

「嗯，原來如此……！」老闆的母親非常高興地說。

「是印刷的，」老闆自言自語地在空蕩的店面中解釋，對展示在牆壁上的巧思傑作感到驕傲，臉上散發出光芒。

那天，近傍晚時分，我跟著四個小男孩走進白鳥。他們跑在我前面，大聲尖叫著，頻頻回頭看著我，並慫恿彼此看誰敢等到我追上來，但他們都沒有勇氣。我感覺像是要到他們鎮上亂踏一陣的酷斯拉，但小鎮看起來沒有什麼值得大費周章的所在。白鳥是個低矮空蕩的小鎮。它唯一的生命跡象是在商店街裡用擴音器轉播，一個全國知名的青少女歌手和舞者團體，「嬌嬌女」（O-nyanko）的專訪。在我以沉重的腳步到處尋找住處時，她們「喵，喵，喵」地唱個不停。我終於找到一家旅館。一個肥胖友善的女人擦著大膽的紅色口紅，身上的亮翠綠色襯衫顯得突兀，戴著三條養殖珍珠項鍊，頭髮用髮膠噴得非常固定。我想，你可以在她頭髮上放一個時鐘。她問我，想喝咖啡或茶，用此來表示歡迎。

「我想喝啤酒。」我告訴她。

「好，」她發出微笑，端給我一罐朝日生啤酒。「因為你是喝啤酒，而不是喝茶，我們不收你錢。」

我馬上喜歡上這家旅館。我去泡澡時，那位肥胖的女人洗了我的衣物，將它們晾在我窗口外面的晾衣桿上。當我下樓時，她正在老式庭院的池塘裡餵鯉魚。池塘裡有二、三十隻黑色、金色或雜色的鯉魚，都和女人一樣胖嘟嘟。

「牠們吃住客剩下來的東西，」女人解釋，「米飯、醃菜，什麼都吃。」一個老女人正在採摘小黑莓，並將它們放在大圓碗裡。

「那些是野葡萄，」女人說，「這個——你知道這是什麼嗎？」一大根樹枝上覆滿著紫白色的繭，那種酷斯拉從裡面孵出的繭。

「這是通草（akebi）。」女人說。

「那些繭是什麼？」

「不是繭，它們只是莓子。」

「它們看起來好像裡面長了大型幼蟲一樣，」我評論說，「妳們拿它們來做什麼？」

「喔，我們只拿它們來做裝飾。我小時候，我們會吃它們。但現在沒人吃了。我們叫這種植物山姬。吃這種名字的東西，感覺有點奇怪。」

肥胖的女人大笑，放下樹枝，噴髮膠的頭前後搖動，像木乃伊棺材一般堅硬。

翌晨，她慌張喧鬧地上下樓梯，跑進我的房間。我當時還穿著內褲。「糟糕。糟糕。你的衣服還是濕的。喔，我們要怎麼辦才好？」

「妳有塑膠垃圾袋嗎？」

她慌張地下樓，然後再慌張地上樓。

「這個可以嗎？你覺得怎麼樣？」

我們將我的濕衣服放進垃圾袋中，然後，我將它放進背包，拉好拉鍊。昨晚很冷。第二十五號颱風正沿著太平洋岸迂迴而上。氣象報告說會下雨。女人喧鬧地跑進跑出。

「來一杯咖啡。」

「非常謝謝。」

「這是帳單。這兩枝筆是紀念品，讓你帶回去。你要去哪？」

「蛭野高原（Hirugano Plateau）。」

女人跑出房間，再跑回來，拿著一張時刻表。

「巴士九點半開。這之後的巴士都只到半路上。你不快點的話，就趕不上了。」

「我不搭巴士。我走路。」

「走路？你指的走路是什麼意思？」

「我昨晚告訴妳，我正在徒步旅行。我從名古屋一路走來……」「沒錯，但你不能從這裡走到蛭野高原。那會花上你一整天！」

當我穿好衣服，準備離開時，那位女人突然在榻榻米上跪下，著實讓我吃了一驚。她有要事要懇求我。她低下頭鞠躬，從前面看起來她的頭部好像是麻線纏繞的小球，閃閃發光。

「我現在想請你幫個忙，」她說，「你介意拍個照片嗎？你是住在這裡的第一個外國人，我想，我們還要好久以後才會再碰到一位。」

我們一起下樓。我站在摘採莓子的老女人身邊。女人拉住經過的鄰居，要他操作她的自動相機。她叫鄰居站在街道對面，然後跑到鄰居身邊，從鏡頭看她旅館的名字有沒有納人鏡頭。她跑回來，抓住我的手臂說：「喔！你真是個可愛的男人！」

鄰居舉起相機。

「你確定有看到旅館的名字嗎？」老女人問道，轉身抬頭看旅館名字看板。相機喀嚓閃了一下。

「再拍一張。祖母沒拍好。」女人說，對祖母咯咯叫著，緊捏我的手肘。

等相機再度閃了一下之後，祖母蹣跚地走到對街，從眨著眼的鄰居手中拿過相機，從鏡頭斜瞇著眼，以確定是否有將名字看板拍進去。

「再來喔。」她叫道。

「再來喔。」鄰居叫道。

「再來喔。」女人容光煥發地說著，在我踏著重步離開時，揮著手，然後撫摸她的養殖珍珠。「嬌嬌女」今早很安靜。三三兩兩的購物者沿著街道匆忙地行走，抬頭看著低矮的秋空，和一小撮逼近的暴風雨雲朵。

傳統優先

老舊道路結束。公路開始陡峭爬升，迂迴曲折。長良谷漸行漸窄，直到後來，它的寬度只能剛好容納河流、公路和鐵軌。鐵軌再往前行六公里，然後消失在山脈中央。三者都循著長良谷彎曲前進，像磨損的捻線緊隨著它。我在白山長瀧的岔路附近抵達大神社。在郡上八幡，下巴起一片皮疹的男人告訴我，那裡收藏了安藤廣重的作品。但寶物殿關閉。十一點，我經過北濃（Hokuno）的停車場，鐵路在此結束，道路仍在攀爬之中。天氣愈來愈冷，天空愈來愈蕭瑟，開始下雨。冬天這裡是滑雪勝地。在逶迤的公路兩旁都有看板廣告尚未營業的度假村。一個彩虹塔飯店有法國餐廳。另一個度假村叫做平家公寓。山丘從河流邊陡峭地升起，上面不可能種植農作。零星的小片稻田聚集在原本是河床的旱田上，但較常見的人類跡象是森林裡的壕溝、裂縫和大洞，以及造成這些景觀的挖土機。三台挖土機正在破壞整片山丘，在路上搖搖擺擺地發出鏗鏘聲響。道路旁有一排鐵板樁牆，以防止土石流埋沒地面。

兩點，河流變窄，河水湍急。河水在鏗鏘聲響的挖土機、彎曲的公路和聖摩利茲公寓下遠方流過。停車場中，每輛柴油卡車的司機不是在打盹，就是讓引擎隆隆地開著，空氣跟隧道裡一樣糟。我經過的大部分建築都是民宿，但都關門大吉，等到雪季才會開張。兩點後，雨勢變大。我在關門的民宿車庫屋頂下躲了大約二十分鐘的雨，看著巴士滑行過彎曲道路，雨刷搖晃，潑濺著水。但雨勢沒有絲毫暫緩的跡象。我只好穿上雨衣，吐個口水，嘴裡詛咒著，踏著重步上路。三點十五分，我抵達一道瀑布。根據告示的解釋，這是長良川的源頭。但雨勢轉為傾盆大雨，幾個建設工人正用電鑽在搗毀附近的混凝土牆，所以我沒留下來欣賞這片美景。最後，四點過後不久，道路變得平坦，我發現我已來到蛭野高原。在最初的幾棟建築中，屹立著一座有紅瓦尖塔的阿爾卑斯式教堂。我乍看之下覺得相當困惑。等我擦掉眼裡的雨水後，我才發現那是一個賣法式薄餅的商店。在那之後則是白朗峰天空餐廳、不來梅餐廳、覆盆子屋，和啄木鳥小屋。這些異國風情的名字都不再令我驚訝。

我沿著空蕩的公路啪喳啪喳地前進，兩旁是護牆板滴著水的公寓和玩偶房子般的商店。商店裡賣著填充玩具，外面的旗杆上掛著飄揚但濕透的英國或美國國旗。我了悟到蛭野高原是針對年輕人（yangu＝young）所創造的天堂。在蛭野高原，年輕人可以在這裡找到所有屬於城市的舒適事物，比如，披薩、法式薄餅、流行音樂和泰迪熊。也就是說，他們倒不如待在城市的公寓裡，省下遠來此地的麻煩。但話說回來，在這裡，他們可以體驗到所謂鄉野和雪地的樂趣。這片年輕人的冬季仙境以外國事物做裝飾，並不令人意外。你要考量到，儘管日本許多地區的年度下雪量又大又穩定，但像滑雪和溜冰這樣的冬季運動是在十九世紀的最後二十多年，才被外國人引進並加以大力推廣（除了雪橇是個例外，它在某些下雪地區是孩童的傳統休閒運動）。比如，日本人是直到一九一一年才聽說滑雪這項運動。一位駐在東京的奧地利武官西奧得・范・勒區，教導駐屯在新潟的帝國陸軍步兵第五十八連隊這項運動。日本在國際比賽中常常稱霸的冬季運動溜冰，則是最早引進日本的運動（於一八七七年，由美國離鄉背井的人士在札幌引進）。但直到一九一〇年，它才開始蔚為風潮。

我最後走進一家玩偶屋般的咖啡店。老實說，如果我在裡面看到用線綁著手肘和膝蓋的木偶，臉色桃紅，在桌子間跳著華爾滋，我也不會感到意外。但店裡只有一位神經質的害羞女人。當我問她有沒有地方可以留宿時，她發出嘶嘶聲，說了三、四家民宿，但告訴我，它們全都沒開。

「妳是說完全沒有住的地方？」

這想法似乎使她發抖。我喝了一瓶啤酒。我裝著塑膠袋的衣物滲出水來，在她的粉紅色木條鑲花地板上流了一大片水池。然後，我對她施加壓力，希望她態度明確。日本人往往會避免特別推薦一個生意場所，免得話傳回同業的耳中，因此傷害社區的和諧。即使是在淡季的禮拜五，我仍然拒絕相信在這一帶類似阿爾卑斯山地區的眾多民宿中，沒有一家提供我它廣告上的設備，尤其是在我願意花錢的情況下。粉紅色木條鑲花地板上的水池越變越大。

「你可以試試『圍爐裏』（irori），」女人最後說，閉上眼睛，承受良心的苛責。「你還要走一公里的路。它前面有個旋轉號誌，就像警察在事故現場用的號誌一樣。即使號誌沒有在旋轉，你還是可以進門試試。」

「妳想他們會開嗎？」

她發著抖，身體畏縮成一團。

我啪噠地沿著道路前行，找到圍爐裏。號誌沒有在旋轉，餐廳空無一人。但一個女人站在玄關，咧嘴而笑，舉高五個手指。

「我是母親，」大雨打在我塑膠頭罩外，她大聲地說著，「一宿兩餐是五千五百日幣。」

「妳一定是接到了電話，」我大笑著說，將我的雨衣掛在三張椅子的椅背上。

「我當然接到了電話，」母親精明地說著，「母親必須準備好，不然母親會要怎麼辦？」

母親五十多歲，穿著時髦的寬褲裙和凱蒂貓圍裙。另一個女人和一位青少女坐在餐廳中，將手巾緊緊捲起來，但她們在五點半回家。母親在晚上關上餐廳，自己經營民宿。母親是個圓滑活潑的鳥兒，說話的聲音像烏鴉，臉上表情豐富，沒有一刻停下來。她比手劃腳地為我示範可能影響她生意的積雪狀況。

「當雪這麼深時，」她告訴我，舉出兩隻靠攏的手指頭，比出四公分左右的深度，「一天要一萬日幣。而這麼深時，」她說，舉出靠攏的四隻手指頭，「要兩萬日幣。」

「沒有下雪時是多少？」

「那麼，」她說，「母親就等待。」

這兩年的雪下得不多，因此生意清淡。現在不像以前，你可以期待四公尺的積雪，然後母親會在一個下雪的禮拜天早上醒來，亂蹦亂跳地興奮大叫，「顧客至上！」她會對著自己唱歌。然後，她會摩擦雙掌，雙手合十，這舉動同時象徵著祈禱和期待金錢的到來。

母親這家餐廳兼民宿的名稱「圍爐裏」就是她忙碌於提供住客整潔舒適生活的象徵，「圍爐裏」是電視和電毯發明以前，全家人在冬天圍著坐在旁邊的木炭炕爐。他們在炕爐裡烤魚和燒茶，蓋著棉毛被，在徹骨的寒風中取暖。你仍然可以在鄉野的民宿，或特意保存民俗風情的餐廳裡看到這類炕爐。這類餐廳提供都市人一種鄉村生活的野趣。你也可以在東京的昂貴古董店裡，發現木製的沉重炕爐。而在一些外國銀行家由公司租賃的舒適都市公寓裡，他們的妻子會將炕爐改裝成種植物的小花園，並在上面放上玻璃咖啡桌。我環顧母親的民宿，徒勞地找著一座真正的「圍爐裏」的身影。但她一定是覺得光這名字便能夠引發鄉愁，並提供她舒適多金的鄉野生活，因此不必用到真正的炕爐。

那晚「圍爐裏」其他的住客包括五位來自名古屋的高級主管，一位造園師和他的兩位助手。高級主管們那天去打高爾夫，有著灰色的頭髮，穿著乾淨的高爾夫鞋，抱怨民宿沒有烘乾機。造園師八田先生獨自坐著，對著他正在設計的大型手畫庭園藍圖沉思不已。母親來將晚餐的托盤收走。高級主管們和助手跑去泡澡，比較揮桿動作，或擦亮他們的鞋子。八田先生邀請我和他共飲一瓶鬼殺（Oni Goroshi）。那是觀光小鎮高山（Takayama）的地酒，現在已和小鎮一樣有名。他跟我討論這個他花了一輩子研究和從事，但卻快要消失的造園工藝。八田先生五十七歲，他的兒子是三十六歲。他的兒子如今也進入造園界，但八田先生對他兒子的手法充滿悲嘆。他兒子滿腦子是自己的創新點子，憂慮的八田先生嘆息。他兒子似乎以為造園可以憑空想像。但一座庭園必須傳達傳統原則，而設計者必須熟知這些原則，才能創造出知名的庭園來。八田先生跟著他父親進入造園界，在京都作了五年的學徒。無庸置疑地，京都是造園工藝的重心，每個造園師都必須在此學習。在那之後，他便出師，但由於不滿意自己的工作，他又去當學徒。他學習插花和茶道這些與造園有密切關係的藝術。他還考到教授日本傳統舞蹈的執照，他特別為此感到驕傲。

八田先生是個個頭矮小、筋肉橫生的男人，穿著淡藍色的田徑服。他的臉曬成棕色，如皮革般堅韌，手指則像蝸牛。他用手指移動著桌上的平底杯、菸灰缸和空酒瓶，用以向我闡釋被稱做「錨」的庭園基本精神和因素。錨是八田先生的工藝的關鍵。除非你了解它們的用法，否則庭園的布局都會錯得離譜。造園師的工作是在小而限定的空間內，重新創造自然的特質。當然，這需要極大的想像力，而且你得手腦並用，仰賴直覺、知識和訓練。但你得將設計奠基於傳統上。那是基本，傳統優先。

八田先生打開目前正在設計的藍圖。那是一個私人庭園，只有岩石和沙子，長度長達房舍的一側，並將耗資五百萬日幣——那是一個便宜的庭園。八田先生解釋，這個價碼起碼能讓他使用長了苔蘚的老舊石頭，而不是直接從河床取出的岩石。但即使你使用的是新石頭，秘訣仍在於你如何安排岩石。相較之下，這類庭園的安排較為簡單，因為它設計的觀賞角度只有一邊。但造園師還是必須考量到，當客人從房舍前面抵達時，他的眼角餘光所會瞥到的庭園景致。最棘手的是某些老舊房舍和廟宇的方庭，設計觀賞的角度有三到四種；這類方庭必須在遵循原則和「錨」的安排之下設計，直覺和想像力往往毫無用武之地。

我發覺八田先生的藍圖上，包括一個觀賞用瀑布。是的，八田先生說，墨水的那道點線代表一個瀑布，雖然在實際上，它只是一個染成藍色的石頭。在一個他特別感到驕傲的昂貴庭園裡，八田先生發現一種融合真正瀑布的精巧手法。他利用土地的自然地勢，而不用幫浦做成那個瀑布。這不但替屋主省了一筆昂貴的電費，也示範了原則和錨的完美安置。

八田先生住在福井縣的小都市鯖江（Sabae），那裡靠近日本海。他的生意局限在福井、石川（Ishigawa）和岐阜三個縣。他說，對庭園抱持著最嚴肅態度的屋主住在石川縣，尤其是在金澤（Kanazawa）的老舊城下町。有些人願意花上一筆財富蒐集適當的石頭。再來是他所居住的福井縣的居民，因為他們有很強烈的武士和商人傳統。最後是岐阜人。他現在的工作對象就是岐阜人。他們擁有耕作和農夫的文化，因此，他們不懂造園，只要求價格便宜。他和屋主總是同意兩個價碼，一個是造園的價碼，一個是維護的價碼。專家每年上門一、兩次來維護庭園，通常是在春天和秋天。他們會將樹木包裹起來，讓它們看起來像茅草的金字塔。草地最不容易維持，因為草地需要不斷地照顧。八田先生通常會警告想要草地的屋主，他們得自己照顧草地。何況，草地不合日本風味。我告訴八田先生一個笑話。一位美國觀光客非常欣賞漢普頓宮的草地，因此，他要求見見園丁工頭，並詢問他如何在他家創造這類草地的秘訣。

「這個，先生，」園丁開始告訴美國觀光客播種、除草、施肥和其他基本要素的細節。美國觀光客仔細記下筆記。

「還有，先生，」園丁舉起帽子，嚴肅地點頭，強調他的話語，「你必須用沉重的輾壓機輾壓過草地，一日一次，持續四百年。」

八田先生開心地輕笑起來。是的，他重複，草地不合日本風味。

在我們快結束討論軼事和錨時，八田先生給我一本表面光滑的手冊來代替名片。手冊中介紹一個在石川縣新近開幕的主題樂園。那是一個富裕的慈善家的點子。他將附近鄉野的老舊屋舍原封不動地搬到主題樂園裡去。八田先生設計了整個布局，並成功地將現存的地貌因素融入設計之中，而不是用推土機將沙土搬走。他對此頗感得意。一系列房舍以人工方式遷移，居民被趕走，從村莊被遠道搬來，插上標示，並在解釋性手冊中加以描寫，還得付費才得觀賞——這些似乎都不會使他不安。讓他心煩意亂的是，觀光客團體不願花上超過十五分鐘參觀主題樂園。那些房舍現在進駐了傳統工匠——陶器家、玻璃吹製工，以及諸如此類的工匠——他們整天對著帶著相機、好幾輛巴士的觀光客展示快要消失的工藝。但要了解這些工藝的製作過程，觀光客至少得花上兩個小時觀賞。但現在誰有這麼多空閒？

那五位高級主管顯然沒有。他們早早起床，七點就出門，在等著司機來接他們時，討論著俱樂部的事。

「你沒被卡車吵醒嗎？」母親在我爬下樓，吃早餐的吐司抹果醬時問。「他們從三點就在路上轟轟駛過。吵得不得了。沒有把你吵醒嗎？」

「沒有，」我說，「倒是高級主管們把我吵醒。卡車聲沒吵到我。一定是喝了鬼殺的關係。」

我發現八田先生正在刷牙。

「龍安寺的庭園有什麼特別之處嗎？」我問他。龍安寺的石庭是有關京都的旅遊指南中，最常被引介的禪寺。

「岩石之間的空間。」他回答，滿嘴都是牙膏。

那之後，母親用亮綠色的拋棄式相機替我拍照。她請一位早來的顧客替我倆拍合照。然後，她替我和昨晚那個捲手巾的女孩拍合照。女孩豐滿漂亮，臉上有不少黑斑，一早起來弄烤麵包機。

「這是妳的大好機會！」母親告訴她。

我在十點離開「圍爐裏」，大步走過岩石之間的空間。

第四章　醃漬文化

「自從文治元年（壇之浦合戰失敗的那年）的冬季以來，平家的子孫都遭到俘虜或殺害。似乎只有還在平家女人子宮中的後裔倖存了下來……」

那些沒在壇之浦喪生的驍勇平家武士，隨後遭受萬般屈辱，抑鬱地死去。平清盛的三男，平宗盛[1]繼他父親之後，成為家族的領導者，跟他的長男一起被斬首。他們的頭顱遊行經過京都的街道，最後掛在監獄外面的檀香樹上。源氏將他八歲的兒子能宗，從乳母的懷抱中拖走，在賀茂川（Kamo River）河岸斬首。而平清盛的五子，平重衡[2]曾在與奈良的好戰僧兵交戰之中，放火將興福寺和東大寺的大佛殿燒成灰燼。他在合戰中遭到俘虜，被運到這些僧兵手中。僧兵們原本想立即將他埋入土中，只讓他露出頭部，然後用鋸子慢慢地將他斬首。但後來，他們達成較慈悲

1　Hinemori，一一四七—一一八五。

2　一一五七—一一八五。

的決議，以慣常手法用刀將他的頭顱砍下，然後釘在般若寺的大門上。「梵天[3]在他的宮殿裡過著平靜的生活，」一位僧侶在宗盛即將被砍頭的前夕開導他。「但別忘記像他那樣的舒適生活也是轉眼成空。你在這世上的人生還能剩多久？繁華榮耀都像閃電或朝露一般轉瞬消失……」

留在京都的平家孩童，包括那些家臣和僕人的孩子，都被從母親的懷抱中奪走。年幼的小孩遭到溺斃或活埋。年紀較長的則被勒斃或刺死。最後遭到殺害的是平清盛的曾孫，六代。他在十二歲時被俘虜，活到二十六歲，然後像伯叔公般被斬首。

「六代死後，平家永遠消失。」物語如是說。

雖然平家的子孫滅絕殆盡，我們知道（或以為我們知道，或被當地傳說如此鼓勵）倖存者——低階家族官員、遠親、姻親，和在女人子宮中的孩童——逃到日本的偏僻角落，成為傳奇。蛭野高原位於海拔九百公尺，為本州的分水嶺。如果平家殘黨抵達此處，女人們便能逃入山巒起伏的鄉野，不受戰爭和饑荒的干擾，而在和平的環境中產下小孩。

我很驚訝，經過一個禮拜的上坡攀爬之後，我發現自己正在下坡。我原本預期道路會在六十公里遠處的富山縣邊界才會往下而行。長良川為庄川（Sho River）所取代。河流的水流起泡、急流形成漩渦，沿著下坡的道路而過。我踩著濕透的靴子，以沉重的步伐前進。在莊川村（Shokawa）邊界的看板以鄉土英文開心含糊地說著「彎迎」（Well Come）。庄川的源流相當壯麗。它是一連串的瀑布、圓石，和綠色水池，水流湍急，在循著狹窄山谷的道路下清澈可以見底。天空烏雲密布。一座小鑄鐵工廠獨自佇立在道路旁，起重機、桁梁和氧乙炔噴燒器，都未能破壞我的心情。我一心只沉浸在這片潮濕偏僻地域的美景中。

村當局費盡心力，努力改善和提升窮鄉僻壤的樂趣。除了村莊邊緣的「歡迎」看板之外，道路兩旁是一連串解釋性告示，諄諄告訴你莊川村的所有象徵。村樹是白樺（縣樹則是紫杉）。村花是夏季百合，你有時會在箭竹之間發現它們的野生花朵。一個告示牌屹立在河堤，誇示著在兩年前開放的幾個野餐地點。村中當然有「白樺野餐地點」、「日本百合野餐地點」、「放鬆野餐地點」，一個「山毛櫸森林」和「橡樹森林」。每個都為來訪的城市鄉巴佬仔細歸類，否則他們會因為徘徊入一片荒野中，而不知所措。

烏雲籠罩的天空有時雲層劃開，霎時帶來陽光的溫暖，可惜都不持久。一家民宿宣稱自己是「安靜的住宿」（shizuka na yado），但只有一條狹長的蘿蔔田分隔它與國道。每當一個「景點」隱約浮現時，看板和告示牌便急著在旁解釋。一個在一九五九年發現的侏羅紀化石安放在方形底座上，四周圍著鐵絲網，旁邊是一個印刷的解說文，害我花了十分鐘才讀懂。最壯觀的景點是兩株聳立的老櫻樹。圍爐裏的母親告訴過我，她小時常來這裡玩。櫻樹下的土地現在淹沒在御母衣水壩所創造出來的湖中。御母衣水壩興建於一九六一年，高四百三十呎，儲存的水量為三億七千九百七十萬平方公尺，為東亞最大的岩石水壩。根據標示指出，那兩棵櫻樹有四百五十年的歷史，並在水壩興建五年之後，被指定為縣天然紀念物。它們的樹幹和樹枝巨大扭曲，為苔蘚所覆

---

3 印度主神之一，為創造之神。

蓋，以像電線杆般的粗重柱子支撐，從湖邊延伸到公路上來。它們和一些較不幸運的樹木成為強烈的對比。那些樹木身軀漆黑，幾乎淹沒在水裡，樹枝自水壩的綠色湖水中伸出，旁邊沒有標示。

不管潮不潮濕，窮鄉僻壤的樂趣都沒能持續多久。櫻樹周遭的土地和人工湖狂風直吹，是我這八天的徒步旅行以來，最荒涼沉寂的地方。在這個半淹沒的山谷中沒有社區，只有鬼魂和記憶中的童年時期。雨水落下，冷冽異常。我穿上毛衣，走過長而彎腰的箭竹。箭竹聚集在人工湖的周邊，呈現淡棕和淡黃褐色，稀稀疏疏，正快死去。一片低矮的雲層離湖面不到六十公尺，籠罩住灰色山丘的山岡。幾輛從大阪來的觀光巴士緩慢地經過櫻樹，但沒有停車，告示牌也無人閱讀。

兩點，我越過一道橋梁，進入白川鄉（Shirakawa）。這名字雖意味著「白河」，但卻沾染著歷史的陰暗色澤。後白河天皇[4]為日本第七十七代天皇。史學家和他的當代人都認為，他是平家和源氏之間戰爭的罪魁禍首，最該為其所造成的混亂和毀滅負起責任。後白河天皇的治期很短（一一五五至一一五八年），在戰爭爆發前早就結束，但作為退位的天皇（或稱之為「院」，即上皇），他繼續在幕後對整個大「動亂」發揮極大的影響力，直到壇之浦合戰七年後才消失。他最初樂於接受平家的後盾，之後，藉助一個影響力強大的僧侶來削弱平家在朝廷中的力量。他暗中利用平家和源氏之間的對抗，在其間漁翁得利。他還在壇之浦合戰後，挑撥源氏領袖源賴朝[5]和弟弟源義經的感情，致使兩人反目成仇，在此事中扮演重要的角色。沒人能確定白川鄉是否是以這位讓世局動盪不安的十二世紀天皇而命名（它也可能是以穿越這片偏僻的山谷，於水壩之前潺潺奔流的河流而命名）。而日本有幾個村莊極力主張本身曾是平家殘黨定居的落腳之處，其中之一就是白川鄉。但我猜想，低階或尚未出生的平家倖存者，在不清楚宮廷紛爭和後白河天皇在他們的敗亡中所扮演的角色之下，也許會為了向這位精通於權謀詐術的天皇表示效忠，而將他們偏僻的新家命名為白川。

通向他們新家的道路現在是幾條骯髒而沒有燈光照明的隧道。隧道窄狹，很難供笨重的卡車和觀光巴士雙向通行。我走了數哩路，沒經過任何建築物，一路上只見數不清的道路工人正在施工，減緩卡車和巴士的行進速度，直到潮濕的空氣中，充滿著令人窒息的柴油廢氣。一條隧道附近的道路，有半條崩毀，落入湖中。在另一條隧道中，一個小佛像用水泥固定在牆面上，以標示有人在此車禍身亡。我對此一點也不意外。週末的摩托車騎士呼嘯著駛過這些隧道，根本懶得打開大燈。所以，那些排在路旁的水泥攪拌機可能是在那裡準備等著固定更多的佛像。

最後，我毫髮無傷地抵達巨大的水壩和御母衣湖中心餐廳。我在餐廳喝了一瓶啤酒。那個岩石水壩真是礙眼。但二十一萬五千瓩的水力發電廠、高壓線鐵塔和小型發電廠排列在低矮山丘和聚集在道路彎處，所造成的景觀更是讓人難以忍受。一位穿著西裝背心、打著領帶的時髦年輕人

4 Go-Shirakawa，一一二七—一一九二。

5 Yoritomo，一一四七—一一九九，鎌倉幕府創始者。

為我端來啤酒。他告訴我，他在十五歲時跑去東京，在那住了五年，想當一位演員。他深愛電影。但離此地最近的電影院，是在一百一十公里遠的岐阜市和九十六公里遠的高岡市（Takaoka），所以他去看電影的機會很少。他在東京待了五年後，他父親生病了。他在強大的壓力下返家，繼承家族外燴事業。這是個老掉牙的故事。鄉下男孩的哀歌。我在全日本的鄉野地區都聽說過。在儒家思想下，單調乏味的工作總是勝過年輕的夢想和活潑的野心。

「再過兩週這裡就會變得很寂寞，」年輕男人說著，瞪著窗外的水壩。「一下雪，觀光客就絕跡了。」等雪季過去，他才能再去看電影。

年輕男人興致勃勃地闡述他喜歡和厭惡的事物。日本教育系統很荒謬，他不要他的孩子吃這種苦頭。我的徒步旅行也很荒謬，以不同的方式讓他捧腹大笑。如果我那晚計畫住在六或七公里外的平瀨（Hirose）溫泉，「服務」最好的地方是富士屋旅館。年輕男人馬上替我打電話訂房。「希望能再見到你，」我付帳單時，他嚴肅地說。我走出餐廳，發現一小台紅色迷你巴士正在等我。司機是個沒刮鬍鬚、嘴巴大張的男人。他從富士屋一路開車過來接我。當我告訴他，我要走路時，他看起來非常煩惱。他在下一個隧道入口等我，發現我沒有改變心意時，感到困惑而心煩意亂。他也在隧道出口等我，嘴巴下垂，眼睛往下看。但我向他道歉，鞠躬，並在臭氣燻天的灰色柏油路上前進。原本水勢洶湧的白川因水壩的堵塞而突然變得乾涸和泥濘不堪，在我身邊像生病的狗般淌流著。

我從餐廳的筷子紙套上發現，白川鄉有豐富的民謠。但在我踏著重步進入鄉內時，卻沒聽到擴音器以我習以為常的方式，大聲播送和廣告它的文化。我對大部分印在筷子紙套上的歌詞感到陌生，但從其中一、兩個字中，可以感覺到平家在八世紀前抵達此地時的感受。比如，這些來自〈白川出世〉（Shirakawa Shossho）的字眼：

從現在開始是艱辛的生活；
我們忍受了無人能想像的艱苦。

Shossho是shuse（出世）的方言，意味著在人生中取得繁華富貴，出人頭地。這種失落感一定縈繞在平家的心頭，即若在長久時間後，他們的後代已成長為鄉村的男人，還是揮之不去。下面這個〈白川輪島〉的歌詞說：

這些深山連鳥都飛不進來，
雖然住在此地的人將此處當作首都。

輪島（Wajima）位於石川縣向陰鬱的日本海遠遠伸出的能登半島（Noto peninsula）頂端附近。它是個小城市，以漆器而聞名。人們認為，這首歌名字的由來，是在描寫輪島工匠深入岐阜山區，去採集野生漆樹樹汁的景況。收集樹汁是個緩慢而煞費苦工的過程。而輪島人也許會花上四年，住在白川的山區居民之間。這時間長到足以充分觀察到他們的窮苦困境和生活方式。在歌詞中，首都此字所用的字眼是miyako（都），為古老帝都京都的同義字。平家在京都興起，取得繁榮富貴和權力的巔峰，也為戰火和刀劍趕出京都，他們的孩子遭到出賣和殺害。

在御母衣水壩的粗石堆下，於一個警告來往的翻斗車的看板旁邊，我碰到我第一個看到的指定「景觀」。而我在往後的三天之內，將會看到很多這類景觀。白川鄉和鄰近的五箇山（Gokayama）地區（包括平村，也就是我這次徒步旅行的目的地）以保存一種稱之為「合掌造」（gasshozukuri）風格的建築而聞名。「合掌造」意味著「興建得像雙手合十祈禱的建築」。這個術語描述這些老舊木板建築的陡峭茅草屋頂斜坡。它的用處是保護房舍免受這地區厚重積雪的侵害。屹立在水壩下的「舊遠山家民俗館」有英文標示，為一棟五層樓建築，興建於一八二七年。因此，以日本的標準來說，堪稱古老。它屬於在這一帶鄉野耕作的遠山家族。由於陡峭逼近的山區使得適於耕作的土地面積相當有限，因此，遠山家族沒有選擇餘地，他們不像平坦地區的家庭般富裕，沒錢讓次子和更小的兒子們分家。在這種情況下，父親、母親、長子一家、叔父嬸母、兄弟姊妹、甥姪和孫子都擠在同一棟陡峭屋頂下。全體人員超過四十人。難怪遠山家如此寬敞（長二十二公尺，寬十三點三公尺，高十四點五公尺）。

雖然這棟房舍有五層樓高，但只有一樓和勉強可被稱做「夾層」的部分二樓層面可供居住。其餘樓層被用來當成倉庫或養蠶。這些樓層無論如何都無法居住，因為當時的日本造屋師傅還沒有煙囪這種概念，於是從位於一樓大炕爐所產生的濃厚油膩的大量煙霧，紛紛透過隙縫竄升至樓上，最後自茅草屋頂消散。我納悶，蠶兒怎麼沒因窒息而死？

由於傳統房舍的建築方式，就像「圍爐裏」的母親所說的一般，大部分的日本人很能忍受冬天的酷寒，卻被夏季的暑氣逼瘋。因此，木材透過熱漲冷縮而彎曲，在牆壁上所形成的空隙和裂縫，或紙拉門的變舊或破損，或——我們敢說老實話嗎？——建造房舍師傅不夠精湛的技巧，都被視為優點。在暑氣正酣的夏季，涼風透過這些裂縫徐徐吹入，稍減悶熱。在日本某些地帶，尤其在北部和日本海沿岸地區，涼風在十一月轉變為冷冽的疾風。人們於是在冬季想出一個權宜之計，就是利用茅草編織而成的彈性外罩，將建築物整個（或至少是較低矮的樓層）包裹住，直到五月才拆下。我從展示的照片和冬天的合掌造繪圖中，看得出這方法在白川鄉山區一帶也相當盛行。在遠山家巨大陰暗的樓下想到雪時，不禁讓我發抖。

無須贅言的是，遠山家已被指定為重要文化財，由當局負責看管，並將它翻修成博物館。它的英文手冊指出並解釋，「這房舍如此寬廣，內部燈光如此幽暗，以致不適合現代生活方式」。它只適合用來提醒我們，「真正的日本」以前曾經是什麼樣子，還有提供觀光客在觀賞磨損的老舊農具時，發出「喔」、「啊」和「真令人懷念呀」（natsukashii）的聲音。而那些觀光客對所展示農具的使用方式一竅不通。我花了兩百一十塊日幣，在漂亮的老炕爐旁坐了一個小時。老炕爐仍有木炭灰的味道，而厚重的黑色橫梁聞起來還帶著油脂、魚腥、蘿蔔和煙霧的臭味。

五點過後，我抵達平瀨溫泉。建築物三三兩兩地在我走了一整天的單一道路上散布。我訂的旅館是左邊最後一棟建築。老闆十九歲的女兒出來迎接我，態度友善而從容不迫。她拿給我一小雙木屐，說著「您辛苦了」。

「這是個不錯的老地方。」我說。

「太老了。」她扮個小鬼臉回答，然後帶我參觀樓下的走廊。走廊裡有兩個棕色的玩具熊，還有一張一位迷人女士的裝框照片。她是一個常演黑幫老大、演技很爛的電影演員的女兒。我有次看到他演初中老師，但他舉手投足之間仍流露著黑幫老大的神態。那張照片是用來宣傳此地的溫泉。他女兒拍攝時，坐在雪地的露天風呂中，一絲不掛。她和拍攝人員從東京飛到富山，一路坐車抵達此地，在浴池裡花了三小時不斷拍照，然後再坐車回富山，再飛回東京。全在一天之內完成。老闆的女兒認為這個行程簡直是瘋了。然後，她給我看另一張爛演員的女兒的裝框照片。那是她與當地校長的合照。當校長聽到有位名人來到此地時，變得異常興奮，並堅持要和她合照。他也曾是老闆女兒的校長。老闆的女兒認為這又是發神經的另一個更明顯的例子。然後，在她完全不覺得不對勁的情況下，她讓我看興建御母衣水壩的推土機照片，欣賞粗石堆堆成的醜陋水壩，彷彿它在這片景觀中形成永恆的美感。

我去露天風呂泡澡，現在它已經沒有演員的女兒，只有兩個年輕人。他們舉止生硬無禮，講話粗率，都是警察，而非黑幫老大。他們正在喝著表面結塊的白色濁酒[6]。它顯然是這地區的烈酒。旅館玄關的海報上廣告著一個濁酒祭典，過幾天就要舉行。你要喝多少酒就喝多少，只要你撐得下去，沒有昏倒就行。那兩位粗魯的年輕人用優雅的紅色漆杯啜飲著烈酒，稍微遲疑之後，也請我喝了一點。我喝了後，如行家般鑑賞地說，它有水果的味道。一位年輕人說，不，不可能，它是用米做的。他說話的態度彷彿在指點一個剛從月亮上掉下來的生物。警察們沒多久後就離開，浴池裡只剩下我一個人。

浴池在旅館對面的公路旁，以人行橋相接，是個岩石風呂。感覺起來有點像在賽車跑道上泡澡。隔壁是個四季皆宜的網球場，它的廣告看板遠在數哩外的公路上就看得見。我在路上看到時，很怕我訂到的旅館是某種粗陋的運動中心。好在這家旅館古色古香，內部陰暗，建築物非常有特色，充斥著彎曲的走廊和走路會發出聲音的樓梯。但這些反倒給旅人一種古怪的突兀之感。女兒對它的年代古老扮著鬼臉說，這是我的家。當然，這不是我的家。露天風呂的水不夠熱，因此，在好奇心的驅使下，我走回人行橋，回到室內的木製浴池。平瀨溫泉的泉水在流出地面時是九十度，經過幾個浴槽冷卻之後，才送到浴池裡。通到露天風呂的距離過長，使得水溫不夠舒適。但室內浴池卻熱得讓我幾乎坐不下去。我在裡面泡了五分鐘，然後懶洋洋地躺在燙人的邊緣，頭昏腦脹地瞪著蒸汽遍布的窗戶。一位中年住客來泡澡，踏進浴池中，說聲「好燙！」然後又跨出浴池。一個女人的聲音從表面已開始剝落的灰泥牆壁另一側傳來，「只有你一個人嗎？」「不，我不是一個人，」住客說。「妳不會相信這種事，浴池裡有個老外！」然後，他用英文跟我說：「我們再來挑戰一次！」住客又跳入水中，說著：「好燙！好燙！好燙！」三十秒後，就跳

6 doburoku，以米麴發酵兩、三週的米酒，色澤混濁。

出來。

晚餐裡有一道菜是將拌著味噌的野菜切碎，用玉蘭花葉放著，在石蠟上烤熟。老闆娘解釋說，這道菜很花功夫，不容易找到大小合適的葉子，還要清洗乾淨。我得小心不要讓葉子燒焦。但我在吃飯時睡著了，將葉子燒得焦黑。雨從清晨開始便擊打在飄落的樹葉上：這些可供兩週的晚餐之用。

雨勢在早餐時（味噌和稍濕的葉子）仍沒有暫緩的跡象。我在露天風呂坐了一個小時，試著溫暖身子，雨水順著我的臉流下來。我又花了一個小時和老闆的女兒聊天，再花二十分鐘將濕透的衣服裝進她找來的塑膠袋中。我最後在十一點半出發，傾盆大雨在此時轉變成雨雪。寒風徹骨，我詛咒著，踩著重步沿著公路而行。那天是禮拜天，我花了不少時間畏縮著身子，躲過駛來的觀光巴士。在向北的山坡上，狂風將雨水吹進我的眼睛、嘴巴、耳朵和脖子。等我抵達叫做「白川鄉合掌之里」這片如詩如畫的茅草屋頂山谷時，我已經沒有心情欣賞景點，何況它坐落於庄川第二著名的醜陋水壩之下。我所看到的最初四個合掌造建築，一個是博物館，一個是紀念品商店，兩個是餐廳。我頹然走進第一家餐廳，脫下滴著水的塑膠長褲。雨水在我腳下形成的水池愈來愈大。我與七位年長的澳洲人同桌。

七位澳洲人中，有一位退休警察、一位工程師、一位養羊業者、他們的妻子和一位圓潤豐滿、臉有黑痣的女人。那個女人的口氣像透了柴契爾夫人。她告訴我，她出生於英國的魯格比[7]，但在澳洲住了四十二年。她解釋說，她很欣賞「日本紀律」。澳洲的馬虎怠惰和罷工太多了。我花了十分鐘才把服務生叫過來。

那位養羊業者坐在豐滿女人的對面，叫我過去和他聊天。「他們叫我們小心野生生物，」他說，對著退休警察眨眨眼睛。整場人都在仔細檢查我的外表。養羊業者肥胖，戴著潮濕的兔皮帽，想和我聊戰爭的事。「我就像詹姆士·龐德一樣，」他咧嘴而笑地對我說，「我有殺日本鬼子的執照……」

「留心聽著，」他認真地說，「我想他們是友善的民族。甚至當我們在和他們打仗時，我都比大部分的澳洲人來得了解他們。日本鬼子的士兵住的情況比我們惡劣許多，所以，他們自然對俘虜的態度較差。你很幸運，你那時還沒有出生。你不介意我問的話，你在這裡做什麼？」

「我是個作家，」我含著滿口的烏龍麵告訴他。

「你就是我要找的人，」他說著，拍著我濕透的肩胛骨。「也許你可以幫我一下。」

我發出呻吟。臉上有黑痣的女人從嘴唇間拿出一個玫瑰色的梅乾，以柴契爾夫人式的神情，厭惡地盯著它。養羊業者從他的夾克口袋中取出弄皺的一封信，地址是寫給《日本時報》（Japan Times）的編輯。

「你可以幫我把口氣修得再強一些，」他建議，把信拿給我讀。信中寫的是，養羊業者在戰

7 Rugby，英格蘭沃里克郡一個區和自治市，當地的魯格比公學為著名私校，該校也是英式橄欖球發源地。

爭結束五週後，於北婆羅洲認識了一位日本司機。養羊業者想查出這位司機的下落，這樣他們可以來個重聚。他用原子筆寫了滿滿兩張信紙。

「已經夠好了，」我告訴養羊業者，「不需要再修改。」

養羊業者的妻子跟別的妻子坐在退休警察的一邊，對她丈夫說：「你該試試這個。」舉出一枝筷子，筷尖沾了點味噌。養羊業者滿臉狐疑地看著筷子，彷彿那是剛從牲畜藥浴用的藥液中撈出來的。他妻子說：「用你的手指。」養羊業者從妻子那拿來筷子，用舌頭舔一舔，然後說：「沒有維格麥特[8]好吃。」他妻子噘著嘴拿回筷子，將它泡在茶中，試圖除掉她丈夫的唾液。「很有味道。」養羊業者說著起身，去上廁所。他在幾分鐘後回來，向我保證，儘管澳洲移民當局每隔一段時間就要叫一叫，亞洲人其實很不錯。

「伯斯（Perth）有一、兩個很好的亞洲人，」他告訴我，「醫生之類的。有腦袋的傢伙。」他嚴肅地感慨而說，他殺人的執照很久以前就失效了。

「你的旅行還愉快嗎？」我問他。

「鄉野很漂亮，」他說。我們倆透過窗戶，瞪著滂沱而下的雨。我為這七位澳洲人和他們的日裔美國籍導遊感到悲哀。那位導遊在美國出生，十歲時，戰爭爆發，她隨父母回到日本。她在名古屋住了四十七年，身上仍然帶著外國人登錄證[9]。她從皮包裡拿出登錄證，驕傲地展示。他們偶爾會來這些茅草屋頂的山谷。兩週前，這裡還是炙熱的夏季。兩週後，山谷會呈現出緋紅色、深褐色和黃褐色斑點的金黃色。現在，看到的只有雨。當我穿上濕透的塑膠長褲時，養羊業者說：「如果你來到伯斯……」

我那天下午什麼都沒看，也沒那個心情。我只想讓自己變得乾燥。四點十五分，我跋涉入荻町（Ogimachi）的觀光村，看到四十輛本田摩托車在一間茅草屋頂咖啡店前排列著。我在第一家旅館訂房。老闆娘向我抱歉連連，唯一的空房俯覽著公路。但我不在意，只要能躲雨，我連公廁的小型隔間都會接受。事實上，在我貧窮的學生時代，我曾在公廁住過一、兩晚，情況也沒聽起來那麼糟。無論如何，荻町的旅館遠比公廁舒適，況且，布魯諾．陶德（Bruno Taut）曾經住在那裡。老闆娘在帶我去房間時跟我說，布魯諾．陶德曾住在這裡。我在電視機架下的漫畫書之間發現荻町的觀光手冊，上面也說布魯諾．陶德曾住在這裡。我納悶，這位布魯諾．陶德究竟是誰。我將發臭的衣服從垃圾袋中取出來，掛在四周的牆壁上。

布魯諾．陶德（一八八〇—一九三八）是位德國建築師，一九三三年為躲避納粹追捕而來到日本（很有趣的選擇），並在日本待了三年。他在停留期間，成為某些傳統日本建築形式的擁護者。他特別欣賞簡單的線條和善用自然資源的風格（儘管他自己是以使用鋼鐵和玻璃等「進步」材質而聞名）。他尤其讚賞京都那座十七世紀的桂離宮，並將它稱之為「天皇藝術」。他將條頓族的鄙視宣洩在日光那棟極度裝飾的東照宮，並輕蔑地將其稱之為「將軍藝術」。他似乎也很欣

---

8 Vegemite，濃縮酵母菌抽出物，有鹹味，拿來抹麵包吃的醬。
9 日本政府規定，打算在日本居住三個月以上的外國人都要辦理外國人登錄證，並隨身攜帶，以供臨檢。

賞「合掌造」建築，在他較異想天開的熱忱中，他將這些粗糙的茅草建築的「獨特性」與桂離宮和伊勢神宮相較。這種比較在一九三三年，可能會被視為對天皇的大不敬和褻瀆。好在當時的日本人對說他們好話和讚賞他們工藝的外國知識分子，都抱著崇高的敬意，絕不會對他不利。

所有的旅館住客在一起吃晚餐時，都得觀賞一個電視紀錄片的錄製節目，其中的旁白以無限尊敬的口吻，提到布魯諾．陶德的名字。餐廳內吊著紫色簾幔，在簾幔分開時，露出後面的大型電視螢幕，它從餐廳天花板沉重地垂掛下來。我看到簾幔打開時，那股戲劇感使我懷疑，我走進的是一個主題樂園，而不是一座村莊。那個錄製節目是個老節目，而對我來說，娛樂的高潮在於突然插入的一則新聞快報，報導英國軍隊已經在福克蘭群島登陸。除了這點意外之外，節目播送的是一個合掌造房舍重新置換屋頂的情況。那是個龐大的工程，需要上百名志工參與。而師傅拿著紅色塑膠喇叭下達命令和指示。一個合掌造房舍的屋頂每隔三、四十年就要換新，而村民的目標是一年換一個。即使如此，這個謹慎的計畫還是遭到師傅人數驟減和工藝迅速流失的威脅。旁白者預測，在數年之內，除了那些已被縣政府指定來做特別保護的民家之外，這地區的所有合掌造建築都會消失。

我沉思著這個即將要緩慢消失的國家寶藏。它雖受到一位條頓民族的建築師所認可和欣賞，但日本的建築師卻漠然地看著它消失，不採取任何資金或手段來阻止。我的晚餐同伴是四位來自鄰近長野縣的年輕人。他們堅持將我原本獨立擺放的桌子拉到他們桌旁，這樣我們就能成為「朋友」。他們是兩個男人和兩個女人。我不知道，他們之間的確切關係是否超過「友誼」。「我們都是好朋友，」他們像鳥兒般啁啾著，重新安排我的碗筷。「他是我的好朋友，我是她的好朋友，現在你是我們的好朋友。」

我花了五分鐘跟他們坐在一起，害怕自己是掉進一群重生的宗教家手中。這下我別想喝啤酒了。有次，在我抵達東京後不久，我在自己的公寓裡洗完澡，一絲不掛地走出浴室，發現我從沒見過的兩個漂亮女人正站在我的廚房裡。她們對我的赤裸毫不感到印象深刻，逕自宣布要來替我煮午餐。我急忙套上長褲。她們則用她們自己購買的食材來幫我煮飯。你碰到豔遇了，我興高采烈地這樣想著。我吃著她們替我煮的午餐，奇怪的是，她們不肯加入，只是一直說，我們三個人將變成多好的朋友。但一等我吃完午餐，她們便堅持要我陪她們去參加一場當地聚會。聚會在附近一位「好朋友」的公寓舉行。在唱過幾首由吉他伴奏的〈We Shall Overcome〉之類的歌後，一個滿臉疤痕的男人開始發表長篇演說，譴責所有的外國事物，並說他是在廣島出生。群眾對著他點頭微笑。我後來才發現他們屬於一支佛教俗人信徒組織。那組織叫創價學會（Soka Gakkai）。在淺嘗這次的國際友誼之後，我學會往後在洗澡時，要將前門鎖好。

但這四位來自長野的住客沒有顯示任何重生、想唱歌或發表長篇演說的跡象。相反地，他們熱忱地加入我，喝掉八大瓶啤酒。

「日本人不是很棒嗎！」坐在我隔壁、頭髮有灰色斑點的男人說道，「我們這麼和藹可親！我們跟任何人都能成為朋友！」

我問他從事什麼行業，以改變話題。

「我經營豬排飯店，」他大笑，而他的朋友們不知為何，也覺得這點很好笑。「我看起來不像豬排飯店的老闆吧？」

他和他的朋友在白川鄉做什麼？

他們來富士屋的小網球場打球。他們已經定好明早的球場。我在翌晨跟他們共進早餐時，豬排飯店老闆已經喝了兩瓶啤酒。早餐時間也有播放錄影帶。一個節目表演當地的獅子舞，據說可以追溯到平家時代。另一個節目則顯示人們從茅草屋頂上鏟雪的光景。我觀賞完錄影帶後便離開，沒有加入去喝他們的暖身啤酒。我九點出門，到村中，或說主題樂園中到處晃晃。這兩者的界線在此地相當模糊。

的確，還有四處走動的村民，或說是看起來像村民、供人觀賞的人們。就像其他村的村民一樣，他們大部分是老人，全都戴著草帽，背上綁著編織的草墊。他們很樂意讓年輕人用拋棄式相機拍照，也願意接受中年攝影師的指使。攝影師用累贅的三腳架，拍下他們站在如詩如畫的屋簷下，凝望白山方向的身影。有些村莊房舍有人居住。潮濕的茅草屋頂冒出騰騰的蒸氣，早上的陽光努力將其曬乾。那些煙看起來像是炕爐的煙霧，因此連商家都像有人居住一般。從荻町城跡展望台可以俯瞰紀念品商店、餐廳和咖啡店。攝影師們在拍攝過戴著草帽的村民後，都走向這個特別興建的景觀展望台。但在路旁的稻堆中曬乾的稻草，早晨蔚藍的天空和習習涼風，都使得在路徑上漫步成為宜人的運動。雖然我沒有相機或三腳架，而且還抱著一種認為此地不過是個主題樂園的批判心態，我的心情仍然很好。我在涼風習習的路徑上漫步時，想起我為什麼來到日本的原因——不是尋找如詩如畫的風景，而是尋找某種我認為還存活著，但事實上已經死亡的事物。

化石文化

在近二十年前，讓我來到日本的最初原因是戲劇，特別是叫做能（Noh）的戲劇形式。我在伯明罕大學主攻戲劇。我現在相信那是個致命的錯誤。因為戲劇是一種像屋頂蓋草技術的實際藝術，但將它轉變成一種學科，或在學生能適當地掌握實際要素之前便灌輸他戲劇知識，將會危及到學生對戲劇的熱愛，並影響到他選擇此作為職業的意願和能力。我熱愛戲劇，相信戲劇就是我的天職。但在我花了三年試圖爬梳出論述在戲劇張力上的重要性究竟有多強，而到底是布萊希特或阿爾托或史坦尼斯拉夫斯基或葛羅托斯基[10]才是掌握戲劇法則的真正先知後，我對戲劇的熱愛轉成不耐，我拋棄對戲劇的實際取向，轉而擁抱浮誇的理論。

我最喜愛的浮誇理論是，為了在電影、電視和其他新奇的媒體競爭中生存（不管我是否遵循浮誇的理論，競爭都已夠嚴苛），舞台劇必須回到它的「根源」。而不管在西方或東方，這些根

---

10 Brecht，一八九八—一九五六，德國戲劇家；Artaud，一八九六—一九四八，法國演員和劇作家；Stanislavski，一八六三—一九三八，俄國表演藝術家；Grotowski，一九三三—一九九九，波蘭導演。

源都是宗教。這不是說，我認為現代戲劇表演應該類似教堂禮拜；而是我相信，如果舞台要實現它們讓觀眾「參與」（一個危險的理論概念）的最大潛力，它們必須包含強烈的慶典和儀式因素。再者，古代讓表演者與觀眾融合為一的戲劇動力則來自於共同的信仰——上帝、雅典的傑出超群，或某些類似的共同信條。從事現代戲劇的人的責任（我向笨到會聽我的話的人堅持，包括我花了六個月仍拿不到它的補助金的英國藝術協會委員會）便在於重新使這種動力復甦。聽起來很不錯，但該如何做？

在我念碩士的那一年，我在大學和地方劇院導演戲劇，它們都包含強烈的儀式性質，並對我來說，慶祝著某些事物——雖然很難講清楚慶祝的究竟是什麼。我導演的戲劇全都是古典戲劇，是悲劇而非喜劇。我導演的《浮士德醫生》舞台背景上有個大型的五角星形。我用自以為是中古日本服裝來導演哈辛[11]的《菲拉德》（當別人對我的手法提出質疑時，我主張「像水墨畫」的單調線條和色彩，正反映了哈辛詩詞中著名的枯淡）。我導演《哈姆雷特》的Bad Quarto版本[12]。（「但你喪失所有的詩意！」約翰·盧塞·布朗教授坐立不安地說，他後來成為國家劇院的戲劇顧問。他對是我的作品，而非他的作品，去代表英國參加比利時的一個戲劇節此事，相當惱火）。我用的背景是兩大張撲克牌，分別是黑桃國王和皇后（代表死亡、機運、天意，和沒有價值的國王）。我還導演了索福克勒斯（Sophocles）的《伊狄帕斯王》和《在科隆涅的伊狄帕斯》，在靠近伯明罕市埃吉巴士頓區，一個板球場旁的環狀列石地表演，時間持續到很晚，背景是一個叫阿爾法和一個叫奧米加的祭壇，夕陽（真的太陽）在伊狄帕斯自殘雙眼時西沉。

然後，當我開始找不到可以搭配我理念的熟悉古典作品時，我在馬爾文（Malvern）的二手書店中，發現唐納・基恩（Donald Keene）的《日本文學選集》（*Anthology of Japanese Literature*）。我在念大學時，對日本藝術有著模糊的興趣。我去參觀過木版畫展覽，買了一本有關日本建築的書。我和篤信天主教的女友一同在伯明罕戲院觀賞新藤兼人導演的〈鬼婆〉（Onibaba）。最後，當那個戴著魔鬼面具的老太婆跳過為她準備的死亡坑洞，哭著喊道，「我是個人類！」時，我的女友見狀竟然暈了過去，害得我得將她抬出大門。但這個事件給予我足夠的鼓勵，讓我興起追求日本藝術奧妙的念頭，因此，我以二十一先令的高昂價格買了那本文學選集，發現其中有四部能劇的翻譯。我愈讀愈加興奮起來。

能劇可追溯自十四世紀，是由觀阿彌和他才華洋溢的兒子世阿彌（兩人都是演員）從古典文學、民俗舞蹈、宗教或半宗教的儀式中，編撰出來的高度複雜的戲劇形式。能劇立即吸引住當時新近對禪宗感到興趣的統治階級。直到今日，它仍被官方認可為代表日本文化的最高傑作。在能劇中，一小群演員或舞者，詠唱的謠手，三、四位舞台樂士共同描繪傳說故事，或比如，平家傳奇的插曲。後者鋪陳貫穿《平家物語》中所強調的無常觀、認命感，和不可避免的命運。能劇典型的劇情常是，一位雲遊四方的僧侶碰到一位神秘的陌生人，陌生人向僧侶講述古老的故事，但

---

11 Racine，一六三九—一六九九，法國古典主義悲劇代表作家之一。

12《哈姆雷特》的首版，只有現版的一半長，場景順序不同，著名演說用的字眼也不同。

卻怪異得讓人感覺到那好像是親身經驗。稍後，在短暫的插曲之後，陌生人表明正身，比如，原來他是一位年輕武士的鬼魂。然後，他表演一場舞蹈以慶祝他的人生或死亡，並驅趕他的悲傷。面具和精緻的袍子，幾乎沒有裝飾的舞台，透過儀式性動作和姿態的引介，簡短的詩文可以無限延伸，過去和現在的微妙混合，無須像如戲劇張力這般庸俗的要件，簡單的主題強化演員和觀眾之間所分享的了解——這些都使得我的美感意識如獲至寶。我在讀了幾天之後，便決心導演選集中的其中兩齣能劇。一個是〈善知鳥〉，劇中獵人的鬼魂重新搬演如何布置陷阱殺死鳥兒，這行徑使他墮入佛教的地獄。另一齣能劇叫〈綾鼓〉，一位因單相思而自殺的老園丁的鬼魂回到舞台上，追憶愛情的殘酷詭計，使他成為受害者。

我從沒看過能劇表演，但這不成問題。我對試圖複製一種表演風格沒有興趣。我的興趣主要在於，日本今日顯然仍擁有一種生氣蓬勃和保存良好的戲劇形式，它包含舞台劇想要確保在現代社會的角色的所有因素，並與「根源」維持完整的關係。我將那兩齣能劇轉變為現代舞蹈戲劇，六名女性表演者穿著緊身連衣褲表演。我們使用面具、空無一物的舞台，和小型敲打樂器。舞者在演出過程中跟隨節奏舞蹈，表演，並揚棄樂器的拍子而隨興舞動。我們創造出許多啞劇和儀式性姿態。我在一九七〇年進行這些實驗。當年，大阪正在舉辦一場經過大力宣傳的萬國博覽會。少數對日本事物稍有興趣的英國知識分子注意到此事（比如，在查令十字路的Better Books書店經理便贊助我們的倫敦表演）。《每日新聞》派出倫敦特派員來報導我的能劇（他一整晚自滿地微笑著）。之後，英國大學紛紛邀請我去演講日本戲劇。

這時，即使新近得到聲名，我仍被迫停下腳步，重新估量我的處境。我不只不曾看過能劇表演，從未聽過它的謠或曲，對能劇的歷史或技巧更是一無所知。我只讀過兩百四十齣能劇中翻譯的四齣。但我深深為它感到著迷，著迷到我決定旅行至日本，以親自觀賞能劇。跟現在比起來，這個決定在一九七〇年是個很冒險的決定。我沒拿到英國藝術協會的補助金，沒錢做此旅行。因此，我和倫敦的語言學校簽約，到東京教兩年英文（我原本想我會在一年後毀約回英國）。我拿到免費的飛機票，飛到日本，住在池袋四帖半榻榻米大的房間，房內有冰箱和電風扇。

在我抵達東京九十七天後，三島由紀夫[13]在市谷陸軍自衛隊總部的辦公室內用短刀切腹自殺，並讓他人砍去頭顱。東京是個生氣蓬勃的地方。我在教導英文會話課的空檔（不是教導真正的英文，課堂由擁有正規資格的日本老師以日文教導），花了很多時間去東京的主要能劇劇場，觀世會館看戲。我在初期對它懷抱著單純的敬畏，但幻想隨即破滅。

現在我看過能劇表演，我不能再像以前對在查令十字路的舞者那般開心地說，能劇是種生氣蓬勃的戲劇力量。能劇具有強大的文化教化作用，因而，人們費盡心力、原封不動地保留它。就像許多在日本被視為值得敬畏的事物一樣，能劇與生活完全脫節，並被凍結成化石。它不積極要求觀眾的「參與」，而是高傲地忽視他們。它的外在形式自十四世紀創造以來，幾乎沒有改變（最重大而不在意料之中的改變是，今日表演者的步伐比十四世紀時還要遲緩許多，這要歸諸於

---

13 一九二五—一九七〇。

歷代在模仿原始步伐和姿態時所要求的極致謹慎和精確）。我們並未感覺到，我們正在參與一個現場表演，而是被動地接受一場美學歷史的課程。那就像所有英國莎士比亞戲劇的現代表演全在複製的伊莉莎白時代劇場演出，穿著伊莉莎白時代的戲服，說著伊莉莎白時代的正統得文（Devonian）腔一樣。這個手法想必會吸引一小撮古文物研究家的興趣，專業導演也有可能從其中學到演出技巧的重要課題（就像威廉·波爾[14]和哈利·葛倫威爾·巴克[15]在本世紀初，推行復興莎士比亞的伊莉莎白時代舞台技巧時，大家所學到的一般）。但如果每個搬上舞台的表演都得根據這般古代標準，莎士比亞將會失去社會中任何階層的愛好。學者和「行家」也許會因滿足而興奮地顫抖。但我看，任何對戲劇內容和意義的興趣遠大於外在形式的人，任何尋找共同信念或現代戲劇救贖的人，或任何只是想在晚上好好享受一場娛樂的人，乾脆都待在家裡算了。

我在觀世會館所看到的主要演員，也就是仕手（shite），他們大多是六、七十歲的男人，扮演青少女或年輕未婚女性。逼真在能劇中毫不受到重視。而這些受到大力尊崇的演員有些還被政府官方指定為人間國寶，在我看來，他們比較類似於瀕死國寶。觀眾的層次也大部分是中、老年人，顯然相當富裕，休閒時間充足。大部分的觀眾並不是為了尋找啟示或心靈淨化或娛樂而來，他們屬於呆板的研究團體。觀眾之間最顯眼的是穿著和服的老婆婆。她們每週參加唱謠課程，花上一下午坐在劇院中，將頭埋在書法優美的劇本裡，從來不抬起眼睛看看舞台。那些不念劇本或不屬於研究團體的人，則傾向於將語言拋諸腦後，專心觀賞歌曲和舞蹈。他們如此做的一個原因是，能劇的語言就像它所有相關的事物一樣，是十四世紀的語言，特別在由戴著沒有開口的面具的瀕死國寶演唱時，不但令人無法理解，也和現代日本社會完全沒有交集。想想用古英文朗誦《貝奧武夫》[16]在現代英國社會所能得到的迴響吧。

沒多久後，我便開始對觀世會館的博物館氣氛感到窒息，越來越少去。但我還是未完全喪失我對能劇的興趣，並想盡辦法要保存它。我決定，不光是花錢觀賞戲劇，我必須學到它的一或其他種藝術要素：即曲、謠，或舞。因為，當我抵達日本時，我對日文一竅不通，更遑論讀懂用龍飛鳳舞的書法所寫成的十四世紀劇本，因此，我便排除掉謠這個項目。我在數堂課的實驗性探究後發現，仕舞（shimai），或說舞蹈的課程相當昂貴，而且只注重「型」（kata，外在形式），與任何意義、訊息，或關於「根源」的浮誇理論都沒有關係。那就只剩下曲可供我學習。巧合的是，我在那時剛好以為自己迷戀上英文會話班的一位年輕女學生。而那位女學生正在學習小鼓（kotsuzumi）——它可能算是能劇樂器合奏中最重要的部分。

那位年輕女性很高興我能陪她去上小鼓課（她的母親可就不怎麼高興了）。她將我引介給她的老師，老師同意讓我上課。我在往後的幾個月中，每週上一次課。我規矩而正式地跪坐在老師前面的榻榻米上，一跪就是四十分鐘，膝蓋、小腿和大腿都像在著火，右手不斷被包紮小鼓的布

14 William Poel，一八五二—一九三四，英國演員兼製作人。
15 Harley Granville Barker，一八七七—一九〇六，英國演員和戲劇導演。
16 *Beowulf*，約於一一〇〇年完成的英國史詩。

料絆住，還得注意左手手指抓住小鼓的方式，以及放在右肩上的正確角度。在我掌握這些細膩的形式之前，老師不打算進一步教我任何技巧，連拍鼓發出聲音都不行。我有那麼一、兩次，用我的破日文，冒險問老師一個有關能劇拍子結構的問題。老師皺緊眉頭。介紹我來上課的年輕女人（我此時對她的迷戀已迅速消失在永恆的轉瞬即逝中）漲紅雙頰。三、四位學生安靜地發出輕笑，對彼此竊竊私語，「真難讓外國人了解……」但了解在此並不重要。「你左手的小指角度不對，」老師嚴肅地說。我則重新將鼓用它的刺繡布料包住，再從頭來一次。

最後，在上課近半年之後，老師宣布要我參加她的流派的發表會。在此時，我已被允許輕敲小鼓兩次。不行，我抗議，我不能這麼做。我完全不曉得我能在發表會中表演什麼。儘管如此，老師還是堅持要我在三週後初次登場——我是她唯一的外國學生——她會借我正式的和服。不，我更加堅定地說，我還不了解這項藝術，而且我也還不打算接受觀眾的嚴厲審核。你不用擔心，老師以無懈可擊的禮數說道，你只要做老師交代的事情就可以了。學生之間又竊竊私語著，「真難讓外國人了解……」不行，我說，旋轉我痛得很厲害的膝蓋，我不是因為我是個外國人而覺得事情困難而卻步。那是因為我只學了五個月的小鼓，而班上的前輩們卻學了十五年。何況，我還不被允許去看樂譜。我完全不會讀譜。我也沒和能劇合奏的任何其他樂器，如笛和太鼓等排演過。不管我有沒有穿借來的和服，如果我如此毫無準備地在公眾舞台上露臉，我只會讓自己看起來很荒謬而已。這個，如果我不接受她的提議，我隨時可以中斷我的課程，老師甜美地建議說。我就照辦了。我自此後從未再碰過小鼓。我也從沒碰過那位引介我去上課的年輕女性。她在差不多和我中斷小鼓課的同時，再也沒去上英文會話。

我從二十年前的回憶中醒轉，回到現實。我正站在荻町的紀念品商店前，看著一個全新的編木（bin-zasara）。那是為販賣給觀光客而製造的。編木是另一種古老的樂器，但不是用在像能這般的古典藝術上，而是用在娛樂神祇的神社祭典裡，鄉下神樂的民俗表演之上。它是一種長而彎曲的撥浪鼓，上百個小而平坦的木片以繩索相連而成。若將它舉在雙手之間輕快地搖晃的話，它會發出介於破碎屋瓦滑下屋頂和大蛇的嘶嘶聲之間的聲響。我拿起編木，搖晃它，想著要掌握編木的秘訣也許不需要十五年。而且只要學會如何正確地抓住它，不要到五個月就可以被允許搖晃它了吧。這個樂器比小鼓簡單太多了。等一等，也許只要四個月。

我走出如詩如畫的荻町，無法確定日本附有標示的化石文化，究竟是使我失望，還是使我火大。我該不該為能劇和合掌造村莊尚未消失此事，感到感激。讓藝術死亡並安葬，還是讓藝術死亡，然後將它泡在福馬林中，哪個較好？我想，後者絕對比較能帶來經濟利益。而那個要賣給觀光客的編木價碼高達五頓大餐的錢。

第五章　鬼路

白山山巔染著秋季的皚皚白雪，雖然陽光普照，天氣卻很陰冷。我在走出荻町後不久，經過一個茶屋，三分之二的茅草屋頂為紫棕色錫製波浪板所取代。這些房舍最後全會變成這樣，我咕噥著。那家茶屋叫做夢。

道路開始探進一連串沒有燈光的長隧道。隧道沿著一個老舊路徑的鬼魂彎曲前進。我在蕁麻長得不那麼茂密時，便走老路。

這條鬼路也蜿蜒經過狹窄、潮濕、漆黑和破裂的隧道。我在裡面發現用來蓋屋頂的芒草，並因懼怕蛇的出沒，而小心地踩踏我的步伐。我瞥見河流兩次，每次它的河岸景觀都被破爛的砂石處理廠或新的天藍色水泥工程所破壞。曾是村莊的幾座棄置小屋有時在雜草叢生的道路旁佇立。河流往下陡落，越行陡峭。我在隧道中因寒冷而發抖不已。到處是沉重的落石，破壞道路的堅硬路面。在表面崎嶇的峭壁和碎石堆旁，有人堆起小圓石作為祈禱之用。我攀登過這些小石山坡，有刺植物用力拉扯我的袖子。我整條腿因下雨而變得僵硬，而攀登碎石坡讓我上氣不接下氣。中午左右，隧道結束。鬼路與生氣蓬勃的道路一起出現。我行經岐阜縣最後一個村莊，橡實放在公路旁邊的草席上曬著，發電機的嗡嗡聲響是人類製造的唯一聲響。

現在我走到一連串的七座吊橋。它們集體形成一個縣政府大力宣傳的「景觀」。橋下遠處，河流細細地流經蜿蜒的峽谷。連鳶都看不到在此逃亡的平家殘黨。水流之後變得洶湧，翻滾過陡峭的峽谷。我在越過第二道標示的「飛驒七橋」的中央，離開岐阜縣，進入富山縣。映入眼簾的是另一座發電廠和一個榻榻米大的稻田。在第三道橋的中央我又進入岐阜縣，而在第四道橋我則回到富山縣。我在第五道橋再度回到岐阜縣。直到走完第六道橋，富山縣才算真正開始。我看見一些草草拼湊的宿舍，供建築水壩的工人居住。

在第七和最後一道飛驒橋的另一端躺著上平村（Upper Taira）。烏龍麵店四散延伸，紀念品商店賣著茅草房舍的迷你模型，巴士停車場裡的電線杆上掛著擴音器，播放民謠歌曲以招攬觀光客。這些都是有人生活的最初跡象。再過去，一棟合掌造建築被翻修成博物館，周遭是咖啡店和販賣籃子的攤販，還有用國際牌擴音器播送的地區音樂遺產。在一個住家外面，一位摩托車騎士停下來，為一個將橡實灑在草席上的老女人拍照。「我可以為妳拍照嗎？」他緊張地問她。「請拍，」老女人說。當摩托車騎士取出相機時，她跑進屋內，然後再度出現。她筋肉橫生的手臂各抱著一隻貓，坐在消防栓之上，離橡實和草席老遠，比出V字形手勢拍照。懊惱不已的摩托車騎士喃喃抱怨，按下快門。

再更遠處，於左邊的峽谷中，在觀光客的公路下方遠處，屹立著一整村的合掌造建築。它們已集體被指定為文化財。村莊叫做菅沼（Suganuma）。要不是我被雨水淋得僵硬的腿部就快站不穩了，我可能看都不會看這個村莊一眼。我的手臂、手腕和脖子因有刺植物和蕁麻而刺痛。我用手遮住眼睛，斜著方向看，發現村莊中一家茅屋有個看板，上面寫著民宿。因此，我在三點半離開公路，大步走進峽谷，停下來參觀菅沼的兩間小博物館。其中一間只有我一個人參觀。我在這間觀賞了一系列的蓑衣和農具。在我買完票後，年長的管理員為我播放評論民謠的錄音帶。在另一間博物館裡有一個電動遊戲，我用假毛瑟槍對著靶心射擊（「瞄低一點，」第二個年長管理員建議），如果射中的話，我可以觀賞三十秒鐘的影片，其中兩方的武士將對方轟成碎肉。我蹣跚走進民宿的玄關時，雙腳搖晃不已。我拉開滿是灰塵的木門，大叫哈囉。

一個揹著嬰兒的女人出現，睡眼惺忪。

「妳還有空房嗎？」我問她。

臉如犬面般的女人瞪著我半晌，沒有說話。嬰兒從女人的脖子旁看到我，開始大哭。

「我是說，妳知道，我想住上一晚……」

女人瞪著我。嬰兒嚎哭。

「我是說，如果妳可以的話。如果妳有空房的話。」

「哪裡都可以嗎？」狗臉女人吼叫似的說。

「喔，是的，哪裡都可以。」

她瞪著我，更加沉默。

「你們有幾個人？」

「只有我一個人。」

瞪眼。抽鼻涕。打嗝。

「你得和別人同房。」

「這個，好，沒有關係……」

「跟很多人。」

瞪眼。沉默。

最後，我既然不願轉身離開，另一個選擇似乎就是把這個狗臉女人自玄關推開。這時，一個老頭忽然從拉門後跳出來，在一條沾滿血的圍裙上抹著手。

「歡迎。」他說。

「他自己一個人。」狗臉女人發出嘶嘶聲說。

「沒關係，」老頭說，將她推出地板骯髒的玄關。「歡迎。歡迎。歡迎。」

「住宿費是七千日幣。」狗臉女人叫著。

「如果你要吃雉雞鍋的話，」老頭說，「我現在正在煮。那是我們的特色餐。不吃的話，只收四千八百日幣。」

「這個，好，我要吃雉雞鍋。」

「你只有一個人？」

「是的。」

「原來如此。」

「我現在能進來了嗎？」我說，開始放下背包。老頭將狗臉女人推向陰暗的屋內。嬰兒大哭起來。我脫下靴子。

「歡迎，」老頭說，「歡迎。」狗臉女人直瞪著我，彷彿我是來謀殺她的第一個小孩一般。

我一進房子就了解那女人所謂的「同房」是什麼意思。房舍的內部仍然保持在原始狀態。裡面是一間大房間，沒有拉門隔間。過夜的住客有兩個選擇：一是跟睡在樓下的人睡在一起，二是跟睡在二樓的人睡在一起。二樓是另一個唯一可居住的空間，現在沒有養窒息的蠶兒。我被領到二樓。我得跟一位銀座咖啡店的年長老闆同房。他在我之後五分鐘抵達，也沒有預約，但是沒遭到多大刁難就住了進來。他驕傲地告訴我，他的長孫才剛出生。我將我濕透的衣服掛在茅草屋頂下的粗糙橫梁上。他的兒子是個醫生，在巴黎學胃病學。日本的胃病學研究現在已與美國同步。所以，他解釋，要學先進技術的人就去歐洲，特別是巴黎。巴黎的技術非常先進。

咖啡店老闆是放自己幾天假嗎？我問，將襯衫的水扭出來。

喔，他現在已經不怎麼做事了。除了在全世界一平方公里最貴的商業地區中心擁有一家咖啡店之外，他還在東京高級的麻布（Azabu）區擁有一棟公寓。他將它租給雇用外國股票經紀人的公司。不，他不必怎麼做事。

夜色深沉，其他客人開始抵達。一對從岐阜來的年輕情侶、一位旅行社男性員工、一位女學生，和四位從大阪來的報刊經銷商。三個年輕女人一逕害羞地微笑，沒有人忍心問她們來自哪裡，或從事什麼行業。六點，我們吃著油脂豐厚的雉雞鍋。七點，我們圍坐在冒著煙的炕爐旁邊。我喝了一瓶啤酒。民宿家庭的小孩聚集在一起，看著巨大的彩色電視。一個六歲的女孩規矩地正坐在榻榻米上，兩手握緊，優雅地放在大腿上。兩個肥胖的女人撲通坐下，伸展雙腿，赤裸的棕色腳趾離燃燒的木炭只有一公分遠，陷入昏睡中。報刊經銷商們喝的是燒酎。咖啡店老闆向我們保證巴黎先進的胃病學研究水準。老頭將沾血的圍裙脫掉，開始在炕爐上用竹串烤油膩的嘉魚。害羞的年輕女人離開炕爐，到角落睡覺。

「把她們叫起來，」老頭叫道，「嘉魚烤好了。再睡就吃不到了。」但炕爐旁沒有人動一下。嘉魚發出滋滋聲響。中年女人在房舍的其他地方揹上小孩，傳來沙沙的聲音。那兩個昏睡女人的腳趾幾乎就要碰觸到冒煙的灰燼，無意識地抓抓胯下，開始打呼。

「這村莊以前製造火藥，」老頭自顧自地說，「所有的人都加入製造的行列。它是個正規產業。」我想，原來如此，這解釋了電動遊戲和用毛瑟槍將彼此轟成碎片的武士。

「啊，跟有知識的人在一起真好。沒有這種機會的話，我不知道我該怎麼辦。你知道，在冬天，二樓沒有暖氣，所以我們能收的住客人數很有限。他們得躺在地板中央，這樣樓下炕爐的熱氣才會讓他們的背變得暖和。」

我想，煙霧會趁他們睡覺時，把他們嗆死。狗臉女人出現，磨著牙齒。

「我能再喝一瓶啤酒嗎？麻煩妳。」我問她。

「我拿你的帳單來了，」她猛然回嘴，將一張骯髒的紙條塞進我手裡。日光燈以螺絲釘固定在炕爐上的木梁上，中間有五張黏答答的捕蠅紙。我在昏黃的燈光下斜眼看著帳單。炕爐上方，一條像拳頭一般粗的黑色鐵鍊吊著平嘴水壺。

「妳要我現在付錢？」

「沒錯。」

「什麼，現在就要收住宿費和晚餐費？」

「沒錯。」

我輕笑著，從牛仔褲拿出皮包，發現只有一張萬元大鈔。

「我沒辦法找開，」狗臉女人吼叫著。

「抱歉，我只有這張。」我說。

四位報刊經銷商看看彼此，快速喝光杯裡的燒酎，禮貌地跟老頭道晚安，消失在遙遠的角落裡。

「沒關係，沒關係，」老頭說，「他像大家一樣，早上再付就好了。」狗臉女人死瞪著我，文風不動。流著鼻涕嗚咽的嬰兒換了好幾個人揹，最後在老頭背上沉沉睡去。

「我要打電話到東京。」我說。

狗臉女人跟著我走進廚房，在我打電話時，站著盯著我。我打完電話時，放下聽筒，等接線生打電話來告訴我，我打的時間和費用。但等電話一響，我拿起話筒時，狗臉女人將話筒一把搶過去。

「兩百一十元，」她說，瞪著我的臉。我用口袋中的零錢付了她錢。

「過來，我們來喝燒酎，」老頭在我回微暗的炕爐時說。那兩個肥胖的女人仍在昏睡，在燒盡的木炭中烤著腳趾。其他人，包括咖啡店老闆，都已到建築的角落去睡覺。

「不要再給他酒喝，」狗臉女人從廚房跟著我回來，但老頭對她置之不理，她只好拖著腳步離開。老頭問我幾歲，我告訴他，我四十二歲。老頭叫她拿平底杯子過來。四十二歲是個好運年。我們坐著，燒著平嘴水壺。

「你喜歡雉雞鍋嗎？」老頭想知道。

「喜歡。」我說。它嚐起來像油膩的雞肉。

「那是我們的特色餐，」他驕傲地告訴我，「我們有來自各地的客人特地來吃。明天中午就有四個。」

「你工作很勤奮。」我說。老頭傾過身，從半空的酒瓶裡，斟酒到我杯中。

「煩人的事多著呢，」他說，他像是對著自己和沉睡的女人說著，而不是對我。他輕柔地聳聳肩膀，嬰兒在睡眠中嘆息。「屋頂得趕快換了。它是在二十年前換的，用十三、四年後，屋頂就會變得破舊。現在某些地方會發傳單，從城市裡找志工幫忙。你該看看他們的模樣！」他大笑。「尤其是蛇。」

「蛇？」我說，感覺到牆壁裂縫吹來的風。

「喔，是的，」老頭說，「牠們在屋頂築巢。那也是牠們的家。我們這一帶的人不怎麼擔心蛇。但城市人覺得蛇很邪惡。」

我告訴老頭，我有次如何殺了一條眼鏡蛇。那是在我丈母娘位於檳榔嶼的屋外草地上。下雨過後，蛇順著河流，跟著小青蛙跑進花園。我丈母娘養的德國牧羊犬們跑上去圍攻眼鏡蛇，有隻牧羊犬咬了蛇一口。不到半分鐘之內，蛇背上的傷痕就爬滿了小廚蟻。整條蛇發青，知道自己死定了。牠僵硬地在草地中央昂起身子，警覺地等著我接近牠。牠知道會殺死牠的不是廚蟻或狗，而是我。我們靜靜地轉著，繞了十五分鐘的圈子。狗兒們在狗籠裡喘氣，看得入迷。廚娘站著，兩手抓住頭的兩側。我妻子靠著通往涼爽屋內的大門，用日本製相機對準我們。最後，眼鏡蛇疲憊而厭惡地低下身子，躲進剪齊的草中。我跨兩個箭步上前，用帕朗彎刀殺死牠。

「我並不想殺牠，」我對老頭解釋說。他盯著噴著水的水壺。「但傷口上有螞蟻。牠們會將牠折磨至死。」

「你不冷嗎？」老頭突然問我，「你怎麼能坐在那，還捲起袖子？」

「喔，我習慣冷天氣，」我大笑，「我是英國人。」

「英國，」老頭盯著水壺說，「我知道那裡很冷。它靠近南極。」

「去睡覺，」狗臉女人命令道。她從廚房探出身體，在快燃燒殆盡的木炭上投下一道長長的影子。「十點了。我想睡了。」

老頭不發一語，瞪著水壺，聳聳肩膀，嬰兒在他背上發出咿嗚聲。我喝掉杯裡的燒酎，爬上樓梯，鑽進鋪在咖啡店老闆旁的床墊。他正在打呼。我有好幾個小時都睡不安穩，夢到成堆扭動著身軀的復仇者，從屋頂掉到我的臉上。

七點，交響樂的大聲玎璫聲響喚起整個沉睡的村莊。七點半，擴音器開始廣播社區事宜，離我頭上最近的屋頂細縫大約只有兩公尺遠。我在早餐前出去散步。茅草房舍之間的路徑為觀光客鋪上平直的混凝土。但廣播一停止之後，菅沼便沒剩下多少主題樂園的跡象，不像荻町老是散發出這類氛圍。這裡沒有咖啡店或餐廳，只有我的民宿在午餐提供雉雞鍋。它嚐起來像油膩的雞肉，而且需要預訂。村中沒有紀念品商店，沒有展望台。小型彈藥博物館外表看起來像私人住宅，直到你走得夠近，才能聽到錄影帶播放的屠殺吶喊聲。村莊附近的山丘非常陡峭。從空中鳥瞰，茅草房舍看起來一定像沉在杯底的茶葉。但所有的房舍似乎都有人居住。

老頭穿上他整天穿著的沾血圍裙，已經開始在忙著砍雉雞肉。他在早餐裡，給了我一個蛋，並在中間戳了一個洞，方便我將蛋黃吸出。他也給銀座咖啡店老闆一個蛋。咖啡店老闆緊張地邊凝視著蛋，邊刷牙。

「很冷，不是嗎？」一位肥胖的老女人說，她的腳趾整晚離燃燒殆盡的灰燼只有一小段距離。狗臉女人正用奶瓶餵嬰兒，抬頭看著我，給我一個模糊的微笑。

「很抱歉昨晚對你很不禮貌，」她說，「但你早上的臉還是紅的。」

我對她閃過一絲和藹可親的微笑，隨即花了三分鐘，想不通她究竟在說什麼。

「我以為你喝醉了，」她最後解釋，「當你來玄關時，臉紅成那樣。我以為你會惹很多麻煩。但你的臉一直是紅的。」

不，我嚴肅地說，那是因為我花了兩週在秋陽底下走路。

「你的皮膚太白了，」她說，「你的皮膚那麼白，總有一天會惹上麻煩。」她又露出隱約的微笑。但她還是叫我第一個付帳。八點半，她就發出噓聲，將我們全趕出門。

「歡迎再來，」她說。揹在她背上的嬰兒探出頭來，從她上下震動的脖子看到我，嚎哭起來，哭聲的分貝可媲美社區廣播。

早晨非常美麗，清新冷冽，天空一片湛藍。我在公路上發現大型看板，極力主張未來興建的子彈列車將「為富山帶來新的世界」。但現在的世界似乎就修繕得夠舒適了。道路指示有小心翼翼的英文翻譯。整齊和悉心照顧的花圃在等距間種植著深紅色的鼠尾草，旁邊附有標籤。再遠處，在公路越過緩慢的綠色河流之處，有條老舊道路以英文標示為「民謠愛好家步道」，而另一個標示（縣當局一定解決了鄉村人力不足的窘境——雇用了大批的標示謄寫員）用英文說，「五箇山美觀區域：傳統的民謠音樂之里」。

旅行的終點站

富山縣費盡心思要讓經濟較差的其他縣縣民印象深刻，在誇示他們的富裕之餘，還要讓其他縣民為沒住在此感到惋惜。就像擺架子和沒有安全感的英國中產階級，它要你欣賞它的餐巾。好幾年前，當我縱走日本時，我從嚴肅實際的北方來到富山，馬上注意到差別所在。在別的地方，家族墳墓以簡單的墓石做標示。但在富山，墳墓像公共紀念碑。富山的巴士站放置有簸箕和掃把，咖啡店的廁所裡有粉紅色的毛絨馬桶蓋。從新潟進入鄰近的富山，有點像在一九六〇年代從南斯拉夫越過邊界，進入奧地利一樣。就像從一個穿著襤褸雨衣、手和腳丫有老繭的工人國度，進入一個將鬍鬚刮得乾淨、吃著奶油麵粉糕餅、帶著懷錶，將珠寶放在銀行保險櫃的公民國家。路旁悉心照顧的花圃和以兩種語言標示著的地區和道路，似乎是富山縣的特徵。但它如何推廣民謠愛好家步道？我猜想，應該是用掛在樹間的擴音器，還有當地的獅子會會員穿著燈籠褲，戴著奧地利提洛爾帽（有著羽毛），在樹枝下演奏手風琴。

儘管如此，民謠愛好家步道與其他較為空曠的鄉野道路，沒有太大的區別。作為一個民謠愛好家，我感到懊惱的痛楚，就像你抵達最喜歡的糕餅店，卻發現蘋果餡捲餅全都被賣光了一樣。我走在空蕩的路上大約一個小時後，經過兩家翻修成餐廳的茅草房舍。兩家都關門大吉。一隻威嚴的老鷹坐在高高的松樹樹梢，牠所發出的尖銳刺耳的嗶聲，是我所聽到最接近音樂的聲響。一位女人掃著大門，撣撣院子裡用熟石膏做成的獾。她告訴我，不必再走下去了，因為這條路很快地就會消失在山丘之內。我最好走過碰到的第一道橋，越過河流，重新回到公路上。我照辦了。我走過一群操作翻斗車和電鑽的工人。十一點三十分，根據第無數個小心書寫的標示顯示，我已經走到平村的邊緣。這個村莊的名字喚醒平家和歷史的迴響，也是我這兩週來徒步旅行的目的地。

我一回到公路上所看到的第一個事物是另一座翻修成博物館的合掌造建築，和一個橫過道路的大型旗幟，上面宣稱此地區為「筑子（Kokiriko）故鄉」。（筑子是編木撥浪鼓較為口語的別名。）路上還有一個海報通知我，萬一我不遠千里迢迢地來參加年度筑子祭，令人惋惜的是，它已在兩週前結束，所以我錯過祭典了。我在一家餐廳喝啤酒。老闆一逕兒對吸食著麵條的午餐食客，示範筑子的演奏方法。我將背包留在櫃檯後面，漫步去參觀第六或第七座博物館。

這個博物館以前屬於一個叫村上的家族，是我看過最老的博物館。根據管理員遞給我的三頁英文手冊上說（富山縣真的很努力推展觀光），這房舍建造於一五七八年。這表示它遠在日本形成一個統一國家之前，也在莎士比亞撰寫他第一個戲劇十年前就興建好了。它的風格反映了主人的武士地位（也就是說，它有客房）。它的建造方法和所有合掌造建築一樣，沒有用到釘子或暗筍。它們的位置以繩索算出，並加以緊緊銜接。室內陰暗而煙霧瀰漫，展示著老舊農具，讓花錢進門的觀光客對著它們發呆。它和我參觀過的房舍兼博物館沒什麼兩樣。裡面還有一位藝術家：一個戴著貝雷帽的男人坐在樓下的桌旁，快筆畫著屋頂和迷濛山脈的印象派水墨畫，一張賣三千日幣。

餐廳老闆在示範筑子演奏的空檔建議我，不妨到相倉（Aikura）去看看。他稱其為「平之中心」。相倉（表面意義上是「倉庫聚集」）是另一個小村莊，其間充斥著博物館、紀念品商店、咖啡店和民宿。如果我夠幸運的話，我也許可以在那住上一晚。餐廳老闆在告訴我時對我眨眨眼，村民也許還會表演舞蹈。因此，我離開公路，沿著陡峭和未鋪柏油路面的碎石道路出發，繞過一條一公里長的陰鬱隧道，從背後進入相倉。在我攀登路徑的半小時之間，天空變得烏雲密布。等我回到小村莊鋪柏油的道路後，經過巴士站和計程車招呼站，眼前整個景觀瞬間看起來像一幅水墨畫。

村莊中似乎在進行著某種祭典。幾個攤販沿著村莊的主要道路旁擺放。數個臉色蒼白的年輕人正在賣著沾裹味噌、用竹串串起的米餅。我問他們，在進行什麼祭典。沒有，一個年輕男人說。每個禮拜天下午他們都會推攤子出來賣。今晚有學校出來遠足，他們準備要賣給學生。他們在週末都很忙。

「我希望我能住上一晚。」我告訴他，發現他的味噌米餅攤販是個旅遊諮詢中心。那位年輕人叫他母親過來。他母親從攤位後面的茅草房舍走出來，雙手抹擦在乾淨的圍裙上。她告訴我，全都客滿了。

「真可惜！」她驚呼，「真可惜！真可惜！今晚有舞蹈。但兩百五十位高中生在一個小時內就會抵達，他們要住兩晚，所有的合掌造建築都客滿了。」

「那不是合掌造建築的地方呢？」我問。那個女人說，的確有幾個地方，但若合掌造建築沒客滿的話，沒人想住在那裡。她會替我打電話。她打了，但沒人接電話。

「喔，我們這下該怎麼辦？該怎麼辦？」她快活地說，點點頭，抿緊嘴唇。她不斷咯咯叫著，豎起頭來。我從她的聲調和充滿母愛的態度上判斷得出來，只要我裝出一副可憐兮兮的表情，不吭半聲，她一定會想出解決的方法。

「去散步個四十分鐘，」她告訴我，「你可以把背包留在這裡，去逛博物館。如果到時民宿還是沒有答覆，我會打給山谷裡的兩家旅館，你可以搭計程車來看舞蹈。」

因此，我跑進兩家博物館參觀。裡面煙霧瀰漫的角落裡，仍然展示著讓人發呆的農具，上面都是灰塵。錄音帶用平板的聲調解釋，以前如何製造火藥和紙。背景音樂是太鼓、笛和編木伴奏之下，莊嚴的〈筑子曲〉：

鵯在遠處山丘啼叫，
低鳴的聲音，高昂的聲音，
我們起床剪除早上的草，
剪除早上的草。

在一家博物館內，我發現一張地圖顯示，傳說是平家逃亡之後的落腳之處，範圍從本州北部分布至九州南部的四十八個地點。其中最顯著的，自然是我現在所在的位置。館外，一個孤單的女人穿著粉紅色罩衫，戴著長及手肘的黑色橡膠手套，站在田中捆著稻草，像在示範博物館錄音帶的內容。她對吃著米餅、用相機對準她的觀光客，毫不在意。相倉是介於荻町與菅沼之間的觀光勝地，比不上如詩如畫的荻町優美，卻比菅沼優越，是個指定的「名所」。而相倉的居民——

不只是不斷點頭的母親——似乎都精神奕奕、彬彬有禮、隸屬於中產階級。也許，身在富山縣的他們曾被當局送去學習禮儀課程。

當我回到攤販的母親那邊時，還是沒有住的地方。她又打電話給那兩家民宿，但仍然沒有人接電話。她再打電話給在山谷裡的旅館，但一家客滿，一家關門了。

「我們這下該怎麼辦？該怎麼辦？」

我買了一串味噌米餅，坐在房舍前的牆壁上，滿足地咀嚼著。坐滿高中生的巴士開始抵達。我看著巴士停車。高中生們下車，開始在村莊街道間閒逛。

「當然……我們還是可以再試一家……」

我開心地抬頭看，小口咬著米餅。

「你瞧，這不是一個大學校。我是說，只有兩百五十位高中生。在某些週末，我們還得接待四百個人，那時所有的民宿都會客滿，你連門都擠不進去。」

「哈哈哈。」我說，試圖想像民宿住滿高中生的光景，這下我慘了。

「村莊尾端有一家最小的合掌造建築，他們只住了十三個高中女生……」

「十三個高中女生，」我說，「很有希望。」

「既然他們平常收的住客較多，我想，他們應該可以讓你住在二樓的房間……」

「二樓的房間。」

「你不介意的話。」

「喔，我一點也不介意。不，不會。睡在靠近屋頂的地方很好。我走了老遠的路，不想錯過這場舞蹈。十三個高中女生。很有希望。」

因此，母親不再大驚小怪，似乎從我一踏進小村莊，這個安排就決定好一般。我走到路上最後一家合掌造建築。一對七十多歲的溫和夫妻歡迎我的到來，並將暖桌（kotatsu，桌底有電爐裝置的桌子）抬到我要睡的閣樓房間，以抵禦十月的寒冷。在見識過菅沼蛇類盤據的屋頂之後，這房間不免令人失望。所有的橫梁和屋頂都為印製得像壁紙的塑膠板所覆蓋。老人的脖子上圍著厚重的繃帶，告訴我，這房子已被他家族住了三百二十年。但我完全感覺不到這股歷史感。他是第十代。而這棟房舍興建於他家族搬進來的八十年前，那是和豐臣秀吉的興起，從九州驅逐耶穌會教士，以及莎士比亞的〈愛情非同小可〉和〈錯中錯〉同一個時代。

一樓的客廳裡有座炕爐，地上散布著仙貝碎屑、扯壞的填充玩具和玻璃紙袋。這對老夫妻似乎並不準備在那十三位女生抵達前將它清理乾淨。老頭八歲的孫子和年紀相仿的朋友在樓梯間跑上跑下，穿梭在我貼著假壁紙的房間和雜亂的炕爐之間。他們對我叫著從電視廣告學來的日式英文。他們的母親從廚房每隔十秒鐘就叫著，「去跟他說話！去跟他說話！」大力鼓勵他們的冒險。

高中女生抵達時，我正在洗澡。我穿著浴衣出現時，她們發出「嗯」、「啊」和「喔」的聲音。我馬上被領到二樓。

「我不能在一樓和大家一起吃飯嗎？」我問，但老頭微笑，低頭看著他的腳丫。

「你瞧，這是我們第一次認識你，」他害羞地說。他們端來我的晚餐托盤，我獨自吃晚餐，為塑膠板所包圍。

八點，我穿上牛仔褲和毛衣，以及民宿的塑膠拖鞋。我走到村莊神社前的空地，跟兩百五十位從橫濱來的高中生，一起觀賞鄉土舞蹈。他們有四位男老師陪同。但老師們都站得離我遠遠的，當我的眼神和他們交錯之時，他們都低下眼瞼。還有一位女老師。她一時失察，悲慘地發現自己就站在我身邊，因此在整個表演期間，假裝我不存在。

一個男人拿著麥克風在舞蹈開始之前，向我們解釋。他的西裝在燈籠照射下變成鏽粉紅色色調。大部分的學生根本沒聽他說話，而我身邊的高中女生在他解釋和播放歌曲時，一逕地聊著天。他們的老師沒叫他們安靜下來，只是瞪著地面。

那個男人告訴我們，相倉擁有二十三座合掌造建築，在一九七〇年，全被指定為國家文化財。此地的民謠和建築一樣聞名，而我們今晚將觀賞的民謠和舞蹈是無形文化財。平家從首都一路長途跋涉，逃亡到此定居。而村莊的傳統和歌曲都來自他們。我們聽的歌曲全都是喳喳作響的錄音帶。舞蹈則由村莊中的年輕人表演。十七、八歲的女孩穿著橘色和服，生硬地瞪著觀眾的頭頂，害羞而苦惱不堪。負責在攤販賣米餅的年輕男人有些配戴著刀劍，穿著刺繡著平家家徽的正式袴。有些則穿著檸檬黃色和服，戴著尖翹的草帽，上面的羽毛遮住臉部。男人們跳舞時比女孩有自信，跟隨著嚴謹的節奏，展現適當的高傲。在〈筑子曲〉裡用的簓（sasara）這個樂器有一百零八塊木片，代表著在除夕夜由寺廟鐘聲——一如祇園精舍的鐘聲——敲響的一百零八種世俗苦痛。那個男人解釋道，由於箏深植於本地文化，今日在爵士樂隊中都可看見它的蹤影。橫濱來的學生則坐立不安，踢著腳下的塵土。在三十分鐘和六場舞蹈之後，我們解散。老師們這時好像才突然記起他們的任務。學生們則緩慢地回到幽暗的炕爐、塑膠板和茅草房舍的鄉村沉悶之中。

平家曾經抵達平村嗎？

引導我到達此地的道路，在今天的日本，以某種程度來說，幾乎是獨特的。它帶我經過老舊傳統仍然殘存，或被費盡心力復興的城鎮和村莊。比如，關，它自十二世紀起以鍛冶刀劍而聞名，現在卻只是供應安全刮鬍刀的生產商，而其鄰近的長良川則上演著滑稽的鵜飼表演。美濃手工製紙業的發展早於平家四個世紀，古老釀酒廠以得獎為傲，而其精緻的鋪瓦屋頂是一個古蹟。郡上八幡這個小鎮彷彿是個攝影棚，夏季祭典長達兩個月，有著名的年輕之泉和水車。還有八田先生的景觀庭園。在偏僻的五箇山附近，佇立著類似主題樂園的茅草屋頂村莊，有著豐富的博物館、炕爐和民俗傳統（像為那些好動的城市小孩所表演的舞蹈，它們以箏和〈筑子曲〉作為伴奏和背景音樂）。而其中一些傳統無疑地可遠溯自平家和戰爭之前。

除了舞蹈是個可能的例外之外，這些傳統和遺風都不可能是來自壇之浦合戰後，散布各地，而逃亡經過這些山丘的平家。坐著平底船而逃亡的朝臣不可能會在名古屋外停上三天，以設立一個鍛鐵店，或在更上游的地方，不顧孕婦的惱火和沮喪，忙著用瀑布造園，或組織大眾舞蹈。但對大部分的週末遊客來說，他們造訪這些古老城鎮和村莊，是為了浸淫在過去那份無可定形的迷霧之中。古老的事物就是古老，沒有必要為原因和結果去想破腦袋。平家曾使用刀劍和箏，不是嗎？他們跳舞，也許也曾用繩索綁住鵜，讓牠們像尼斯湖小水怪般地捉魚。所有的歷史——甚至，或特別是——一九三〇和四〇年代的近代史都是重重的謎團，就留待予大師們去解開。而這些舞蹈和村莊禮貌客氣且精緻；它們值得讚賞；它們是日本事物。

至於聲稱平家定居在五箇山的傳說，它在理論上的確可能，即若在實際上不甚可行。這地區顯然能提供他們完美的躲藏地點，跋涉路途艱困，山丘高聳，峽谷蜿蜒彎曲。直到一九二〇年代，人們還是只能經過一個七百公尺高的山隘，用步行抵達五箇山。這裡直到昭和天皇時代才有電。此地區中古時代的人口據說和現代一樣多。紀錄顯示，十四世紀中期的南北朝時期[1]也有躲避戰爭的逃亡者，逃至此地，就像平家也許在一個半世紀以前的選擇一樣。這地區因此已成為生在錯誤時代中的人們的棲身之所而聞名。

但五箇山的偏僻並非全部來自地理位置。在十六世紀末期，這地區成為加賀藩的領地，它的首府是位在日本海沿岸的金澤。庄川東岸的村莊是加賀藩主的流放犯人之地，而這是保持此地偏僻的政策。在加賀藩的鼓勵之下，西岸村莊，如菅沼和相倉，埋首於製造藩軍所用的火藥，以及藩幣使用的原料紙材。這些半秘密的產業使得藩當局採取嚴厲的手段，嚴格控制在此地區出入的人口，並維持它的偏遠。在如此隱密和完全與外界斷絕接觸的地區，這片官方刻意維持偏僻的地域自然會發展出野史故事，以人們豐富的想像力加以潤色，並將地方歷史推前至火藥和藩幣製造之前的年代。

但在平家分散逃亡的時代，五箇山並不屬於任何藩族。它是個寺廟領地，隸屬於奈良的興福寺。在壇之浦合戰之前五年，平重衡曾帶領著平家軍燒毀興福寺，夷為平地。平重衡後來遭到興福寺的僧侶斬首。我們很難想像，平家倖存者會在不共戴天的敵人土地上尋求庇護之所。但毫無疑問地，在佛教勢力的主要樞紐和這些偏僻、多雪、強風吹襲的山丘之間，情報傳遞地相當緩慢。也許平家殘黨認為，既然平重衡已為燒毀寺廟而付出性命，他們至少能從他的死亡中，得到一些利益和住在此地的道德權利。

這些想法在我漫步回相倉陰暗擁擠的街道時，在我腦中來了又去。老師們對我視若無睹。他們抿緊嘴唇，低頭看著地面，快速行走。穿著牛仔褲的小孩向他們打招呼，開懷低笑。我覺得胃部有點刺痛。也許是我吃壞肚子了……也或許我喝了太多啤酒。也許，攀爬本州的山脊比我想像中還要令我疲憊。也許我只是覺得冷而已。

在西班牙無敵艦隊戰敗那年[2]所興建的房舍裡，躺在塑膠板牆壁的閣樓中，我聽著城市小孩聚集在角落所發出的聲響。他們訂著約會，交換笑話，大聲納悶著他們究竟要如何熬過一個無聊的禮拜一，在這個偏僻的地方採集蕨菜和編織稻草。都怪他們被忙碌而垂頭喪氣的老師帶著坐巴士到這裡來。九點鐘，我聽到木笛的聲音，但那只是個開頭，之後是警告村民和住客小心火災的錄音廣播。我胃部的不適之感仍舊持續著，二十七個月之後，醫院才檢查出我得了癌症。我在徒

1　一三三六至一三九二年，朝廷分裂成足利擁護的北朝，和逃至吉野建朝的南朝。

2　一五八八年。

步旅行的最後一天墜入夢鄉。最後，我的腦袋中只剩下簓的聲響：粗糙刺耳的聲音帶著沙沙的韻律，夾雜在劈啪聲和嘆息之間，像穿梭在秋季森林裡急促奔跑的某種東西。

國家圖書館出版品預行編目（CIP）資料

日本秘境之路／亞蘭・布斯（Alan Booth）作；廖素珊譯.
-- 三版. -- 臺北市：馬可孛羅文化出版：英屬蓋曼群島商家庭傳媒股份有限公司城邦分公司發行，2022.10
面；　公分. --（當代名家旅行文學；MM1098Y）
譯自：Looking for the lost: journeys through a vanishing Japan.
ISBN 978-626-7156-30-8（平裝）

1. CST: 遊記　2. CST: 日本

731.9　　111014299

【當代名家旅行文學】MM1098Y

日本秘境之路

Looking for the Lost: Journey through a Vanishing Japan

作　　者❖亞蘭・布斯 Alan Booth
譯　　者❖廖素珊
封面設計❖陳文德
內頁排版❖張彩梅
校　　對❖魏秋綢
總 策 劃❖詹宏志
總 編 輯❖郭寶秀
編輯協力❖黃美娟、胡元媛

事業群總經理❖謝至平
發 行 人❖何飛鵬
出　　版❖馬可孛羅文化
115 台北市南港區昆陽街16號4樓
電話：(886)2-25007696
發　　行❖英屬蓋曼群島商家庭傳媒股份有限公司城邦分公司
115 台北市南港區昆陽街16號8樓
客服服務專線：(886)2-25007718；25007719
24小時傳真專線：(886)2-25001990；25001991
讀者服務信箱：service@readingclub.com.tw
劃撥帳號：19863813　戶名：書虫股份有限公司
香港發行所❖城邦（香港）出版集團有限公司
香港九龍土瓜灣土瓜灣道86號順聯工業大廈6樓A室
電話：(852) 25086231　傳真：(852) 25789337
馬新發行所❖城邦（馬新）出版集團 Cite (M) Sdn Bhd.
41, Jalan Radin Anum, Bandar Baru Seri Petaling,
57000 Kuala Lumpur, Malaysia
電話：(603) 90563833　傳真：(603) 90576622
讀者服務信箱：services@cite.my
輸出印刷❖中原造像股份有限公司
三版一刷❖2022年10月
三版三刷❖2024年 7 月
紙書定價❖580元
電子書定價❖406 元

ISBN：978-626-7156-30-8（平裝）
ISBN：9786267156315（EPUB）